U0090095

民國歷史與文化研究

十一編

第8冊

抗戰研究十五講

李常寶 著

花木蘭文化事業有限公司

國家圖書館出版品預行編目資料

抗戰研究十五講／李常寶 著 -- 初版 -- 新北市：花木蘭文化事業有限公司，2020〔民 109〕

目 4+284 面；19×26 公分

（民國歷史與文化研究　十一編；第 8 冊）

ISBN 978-986-518-113-0（精裝）

1. 中日戰爭 2. 歷史

628.08　　109010085

ISBN-978-986-518-113-0

民國歷史與文化研究
十一編　第八冊　　ISBN：978-986-518-113-0

抗戰研究十五講

作　　者　李常寶
總 編 輯　杜潔祥
副總編輯　楊嘉樂
編　　輯　許郁翎、張雅淋　美術編輯　陳逸婷
出　　版　花木蘭文化事業有限公司
發 行 人　高小娟
聯絡地址　235　新北市中和區中安街七二號十三樓
　　　　　電話：02-2923-1455 ／傳真：02-2923-1452
網　　址　http://www.huamulan.tw　信箱　hml 810518@gmail.com
印　　刷　普羅文化出版廣告事業
初　　版　2020 年 9 月
全書字數　259881 字
定　　價　十一編 11 冊（精裝）台幣 28,000 元

抗戰研究十五講

李常寶 著

作者簡介

李常寶，安徽懷寧人。四川大學歷史學博士。現供職於山西師範大學歷史文化學院，副教授，碩士生導師。中國會黨史研究會理事，四川大學中國西南文獻中心兼職研究員。在《近代史研究》、《史學月刊》、《抗日戰爭研究》和韓國《亞洲研究》、《中國史研究》等中外學術期刊發表學術論文 20 多篇；出版學術專著《抗戰時期正面戰場的榮譽軍人研究》一部、合著三部；主持參加省部級以上社科項目 5 項。博士學位論文榮獲「2013 年四川省優秀博士學位論文」。

提　要

本書是作者研究抗戰問題的有關思考，分為十五個專題。因求學與工作關係，本人在西南和華北之間奔走，因而對於抗戰時期大後方歷史檔案和共產黨在山西的檔案頗多涉獵，因而習慣於從比較的視野看待抗戰期間的有關問題。按照研究範圍，本書主要分為兩大門類：（一）國民黨方面，主要內容有：（1）1935 年華北危機之際南京國民政府對華北事變應對；（2）1936 年 5 月西北「剿匪」副總李生達被暗殺，從長遠的歷史角度考察，此事成為日後國共兩黨政治命運的拐點。（3）抗戰爆發之前國人對於蟲媒傳染病瘧疾的認知演變及其不足，以及該種疾病對於中國抗戰的危害；（4）南京國民政府兵役管區制度與國民兵身份證制度述論；（5）抗戰時期國軍傷殘收治機制的形成；（6）從國軍官兵傷殘狀況反觀國軍的戰力軍力；（7）1938 年 11 月長沙大火的責任認定；（8）重新審視國民黨中條山敵後游擊根據地的淪陷。（二）共產黨方面：（1）中共太行根據地的小學教育及其功效；（2）抗戰時期中共在教育事業當中對知識分子的形塑；（3）華北敵後根據地政權對一貫道等民間信仰的處置；（4）1942 年華北旱災期間中共的災荒賑濟及其效能與影響；（5）中共在內蒙大青山地區抗戰的起落與檢討等。

目次

第一講　華北政局的惡化：冀察政務委員會之出臺

題記：1933 年塘沽協定簽訂後，南京政府尚未實際控制的華北地區多方派別並存，為日本謀劃分離華北提供了機會。此後，日本外相廣田倡導的「協和外交」也符合南京政府的「安內」政策，至 1935 年初「中日親善」氛圍形成。然此間南京政府昧於對日政情的瞭解，疏於對華北局勢的準確研判和應對，且為中日親善而對日在華北的分離活動多加妥協，及至 11 月份冀察局勢惡化之際，南京政府既難以獲得冀察當局的誠心擁戴，又無法遏阻日本分裂華北的野心，只有妥協成立冀察政務委員會。此舉標誌著南京政府對華北危機的處理，既算不上安內，更不足以攘外。

1933 年 2 月關東軍進犯熱河省期間，日參謀本部派遣板垣征四郎等來天津組建特務機關，開展分裂華北活動，打下了華北自治的根基。1934 年底，日本外、陸、海三省會議議定對華分治方法——使華北五省脫離南京政府。1935 年日本加緊此項分裂活動，南京政府交涉之餘決定妥協讓步，12 月於北平成立了冀察政務委員會。目前大陸和臺灣學界對這個機構有過一定的研究，尚存在一定的認識分歧。〔註1〕尤其是冀察政務委員會成立前的華北特殊局勢、冀察當局在特殊局勢下的真實心理等方面的研究還有待深入。本文在前人的研究基礎之上，就這個機構的出臺重新梳理，從而較為完整的再審視這個特殊機構的由來。

一、《塘沽協定》簽訂後的華北地區情勢

1933年2月，日關東軍進犯熱河，3月11日熱河省全境淪陷，隨即日軍南犯長城沿線，中國當地守軍組織抵抗，南京方面亦派遣中央軍北上參戰。不過，長城抗戰是南京政府對日「一面抵抗、一面交涉」方針下的舉措，〔註2〕一則為了順應國內日益激烈的抵抗籲請，二則為避免在最為不利的情況之下與日妥協。尤其是為了圍剿長江流域的反政府武裝〔註3〕，南京政府為「安內」計而願結城下之盟。1933年5月31日，軍事委員會北平分會總參議熊斌與日本關東軍司令部參謀副長岡村寧次在塘沽簽署了《中日塘沽停戰協定》（通稱《塘沽協定》）。

《塘沽協定》規定：「（一）中國軍即撤退至延慶、昌平、高麗營、順義、通州、香河、寶坻、林亭口、寧河、蘆臺所連之線以西以南地區，不再前進，又不為一切挑戰攪亂之舉動。（二）日本軍為確悉第一項實行之情形，可用飛機或其他方法視察，中國方面應行保護，並與以便利。（三）日本軍確認中國軍已撤至第一項協定之線時，不超越該線續行追擊，且自動概歸還至長城之線。（四）長城線以南，第一項協定之線以北以東地域內治安維持，由中國警察機關任之。（五）本協定簽字後，即發生效力。」〔註4〕《申報》、《大公報》

〔註1〕相關研究有：鄭玉純：《從策劃「華北五省自治」到「冀察政務委員會」成立的始末》，《北京師範大學學報》1985年第4期；常凱、蔡德金：《試論冀察政務委員會》，《近代史研究》1985年第4期；包巍、劉會軍：《冀察政務委員會的組織變動與對日折衝》，《民國檔案》2015年第3期。另外，臧運祜在《七七事變以前的日本對華政策》（社會科學文獻出版社2000年版）書中對於這一時段的日本政策變化有交代。

〔註2〕1932年5月10日汪精衛在中央紀念週報告今後對於外交態度問題說：「今後吾人對外交仍抱一面交涉，一面抵抗之態度」，見景：《「一面交涉」與「一面抵抗」的評價》，《朝暉半月刊》第一卷第二期，1932年5月20日，第1頁。

〔註3〕1933年11月，代理北平軍分會委員長何應欽曾向岡村寧次交底：「實際上我國現在最難辦的是共產黨勢力的抬頭，故而不願引起對外問題。如果日本不就此停止對我國的壓迫，其結果中日兩國都將給共產黨以可乘之機。」見〔日〕稻葉正夫編，天津市政協編譯委員會譯：《岡村寧次回憶錄》，中華書局1981年版，第449～450頁。

〔註4〕《中日塘沽停戰協定》，《外交月報》第2卷第6期，1933年6月15日，第225頁。

等主流媒體載文指斥該協定是「一種屈辱與失敗」〔註 5〕，因為它實質上承認熱河省納入偽滿版圖，並使得長城成為了中國與偽滿的「邊界線」。尤其是該協定條款簡略，易被日人曲解，為其進一步滲透華北提供「合法性依據」。

不過，蔣介石不以為然，覺得《塘沽協定》的簽訂終於可使其騰出手來整頓內外。6 月 5 日，蔣氏日記記載，「上星期以來，協定發表後，停戰政策得告段落，國民乃得比較安定。國際當有進步，對內對外得此整頓準備之餘豫，復興之基，其立於此」。〔註 6〕7 月 28 日，蔣汪在廬山聯名發表對時局的通電，確定了以「剿共」為主的安內政策，在對外政策方面主張利用「列強惟恐日本獨佔中國，影響其依不平等條約自中國取得的利益，又轉而同情中國，敵視日本」形勢〔註 7〕，採取「以夷制夷」策略——爭取歐美大國的援助以遏制日本獨霸中國的野心。為了不至於刺激日本，蔣汪於 1933 年 8 月 6 日在牯嶺召開談話會，指出「現在國勢阽危，興亡之機，間不容髮，對外對內，皆應委曲求全」，為此的對日方針是，「除割讓東省、熱河，承認偽國，為絕對不可能外，對其他次要問題如稅則等仍應與之作相當之周旋，謀適宜之處置，並極力避免一切刺激日方情感之行動及言論」。〔註 8〕但日方並不領情，認為只有中方實際上表現出誠意時，即南京方面實現「在帝國的指導下實現日滿華三國的提攜共助」政策時，「我方再相應地採取善意態度」〔註 9〕。針對南京政府展開的爭取外援活動，日本強烈反對。1934 年 4 月 17 日，日本外務省情報部長天羽英二發表聲明（即「四一七聲明」），時人指出該項聲明之要旨在於「用武力手段出兵華北，再佔領我國領土，為其東亞門羅主義之勢力範圍，列強如出干涉，不辭一戰」〔註 10〕。25 日，中國政府發表聲明，「中國之主權與其獨立之國格，斷不容任何國家以任何藉口稍予損害，中國與他

〔註 5〕中央檔案館、中國第二歷史檔案館和吉林省社科院合編：《日本帝國主義侵華檔案資料選編——華北事變》，中華書局 2000 年版，第 119 頁。

〔註 6〕《蔣介石日記（手稿）》，1933 年 6 月 5 日，斯坦福大學胡佛研究院檔案館藏。

〔註 7〕蔣緯國：《國民革命戰史第三部．抗日禦侮》第十卷，臺北，黎明文化事業公司印行 1978 年版，第 212～213 頁。

〔註 8〕楊天石：《黃郛與塘沽協定的善後交涉》，《歷史研究》1993 年第 3 期。

〔註 9〕臧運祜：《七七事變前的日本對華政策》，社會科學文獻出版社 2000 年版，第 97 頁。

〔註 10〕高宗武：《日本對華外交之演化與「四一七」聲明之背景》，《時事月報》1934 年第 10 卷第 6 期，第 349～350 頁。

國、我與國聯之一切關係，斷不容任何國家以任何藉口稍加干預」〔註 11〕。

儘管如此，南京方面實際上還是展示出日方所稱的「誠意」。自 7 月起，關內外正式實現通車，通郵談判也將開始。7 月 3 日，南京政府公布實行新的海關稅率，對主要進口於日本的各種商品給予優惠，被稱為「親日稅率」。7 月 13 日，蔣介石在廬山軍官訓練團發表了題為「抵禦外侮與復興民族」的精神訓話，〔註 12〕表示日本已完成了一切準備，而中國在物質上和實力上沒有具備一點條件，所以當然抵抗不了日本，因此當前的急務是安內攘外。10 月，蔣介石為打開「正進入最後關頭」的中日僵局，口述並由陳布雷筆錄了《敵乎？友乎？——中日關係的檢討》一文，指出「解鈴還須繫鈴人——打開中日僵局的主動，當然在日本」，中國只須要求日本放棄土地侵略，歸還東北四省，並表示只要日本表現出解決的誠意，則中國「其他方式不必拘泥，過去懸案應以誠意謀互利的解決」〔註 13〕。

由於塘沽停戰協定的訂立是由關東軍經手，日外務省沒有參加，而戰後華北局勢日趨複雜化的局勢，為日本軍政兩手分裂華北活動提供了演雙簧的機會。當時華北地區有多種勢力存在，如：晉系商震部、東北軍于學忠部、西北軍宋哲元部、中央軍和從東北撤退而來的抗日義勇軍。各方趁著停戰後的亂局積極謀求自己的政治利益以保全和壯大自身。而此時南京政府在華北地區立足未穩，難以有效管轄，這些均給日本實施分離華北的計劃提供了機會。因為，日本既想保證其扶植的偽滿與華北接壤的邊界安全，進而為將來對蘇作戰提供戰略防禦縱深地帶，同時「因礙於對俄兵力之不足，致對華北及內蒙之各種行動，不得不依賴政略及謀略以補其不足」〔註 14〕，為此積極策劃華北自治。所謂的「華北自治」，實則以種種手段逼迫冀、察、晉、魯、綏五省政權脫離南京中央進行自治，再由親日滿的華北地方實力派主持新的覆蓋華北五省的自治政權，從而擴大日本在華北的勢力範圍及非法權益。1934 年，日本陸、海、外三省的一些官員圍繞對華施策進行了多次協商，最終通

〔註 11〕吳漢祺：《日本「四一七」聲明獨圖霸遠東之含義》，《國防論壇》第 2 卷第 2 號，1934 年 5 月 1 日，第 4 頁。

〔註 12〕張其昀：《先總統蔣公全集》第一冊，臺北，中國文化大學出版部 1984 年版，第 875～896 頁。

〔註 13〕徐道鄰：《敵乎？友乎？——中日關係的檢討》，《外交評論》第三卷第 11、12 期合刊，1934 年 12 月 20 日，第 20 頁。

〔註 14〕日本防衛廳戰史室：《日軍對華作戰紀要叢書（一二）——大戰前之華北治安作戰（一）》，（臺）國防部史政編譯局譯印 1988 年版，第 3 頁。

過了《關於對華政策之件》。其中的《對華北政權之方策》就很明確地提出要使華北逐步脫離中央而親近日滿。

為處理停戰後的華北政務，強化中央在華北的控制力和影響力，1933 年 5 月 3 日，南京政府行政院決定設立由黃郛主持的「行政院駐北平政務整理委員會」（簡稱「政整會」）。但是此間長城抗戰尚未結束，而日本軍部及天津特務機關堅持要等到對己方更有利之時才展開談判。5 月 6 日，陸軍省向關東軍發出了《華北方面緊急處理方案》，華北戰火隨即再起。為獲得日方的支持以為將來更好地處理河北事務，黃郛於 5 月即訪問日本駐上海機關的相關負責人，同時派遣殷同赴長春謀求日方的同意與支持〔註 15〕。遷延至 6 月 17 日政整會才在北平正式成立。加上 1932 年 8 月 19 日在華北設立的國民政府軍事委員會北平分會（簡稱「軍分會」）〔註 16〕，國民政府終於從政軍兩方面確立起停戰後處理華北問題的機構。

成立後的政整會主要秉承南京中央旨意負責對日交涉，同時也負責整頓處理華北政務。黃郛主持的政整會在華北停戰後，一是接收戰區，重建戰區的政權與秩序。在接收戰區方面，成立戰區接收委員會，通過長春、大連、北平等多次會談與日方就接收戰區事宜進行交涉。1933 年 11 月 9 日與日方代表岡村寧次、喜多誠一等人訂立《關於停戰協定善後處理之會談》，戰區接收始算解決；在重建戰區政權及秩序方面，政整會恢復了受戰爭影響的縣級政權，並且，在戰區設立了灤榆區、薊密區來管理戰區的縣級政權，分別由殷汝耕、陶尚銘出任專員。二是整頓華北交通，協助中央統一華北財政。前者在 1934 年通過與日方多次談判解決了通車通郵問題；後者則經黃郛改組政整會內部組織，執行中央關於統一財政的指令而有所實現。與此同時，軍分會在代委員長何應欽的主持下，遵照蔣介石「協定既成，以後軍事建設急須進行」之指示，從規模、軍費、思想等方面大力整編華北軍隊〔註 17〕。

經過政整會和北平軍分會從行政、軍事層面對停戰後的華北進行的整頓

〔註 15〕中央檔案館、中國第二歷史檔案館和吉林省社科院合編：《日本帝國主義侵華檔案資料選編——華北事變》，中華書局 2000 年版，第 119 頁。

〔註 16〕北平軍分會委員長初由張學良擔任，張因熱河淪陷於 1933 年 3 月 12 日辭去本職，改由國民政府軍政部部長何應欽代理至 1935 年 11 月 26 日該機構被撤銷。

〔註 17〕《蔣委員長致何應欽部長指示停戰協定成立後急須進行軍事建設電》，1933 年 6 月 6 日，見秦孝儀主編：《中華民國重要史料初編．對日抗戰時期．緒編（一）》，中國國民黨中央委員會黨史委員會 1981 年版，第 657 頁。

後，國民黨中央政府較為有效地應對了停戰後華北的特殊局面。不過，南京政府處理戰後華北事務，多屬於善後，談不上積極經略華北，尤其不清楚日本軍政對於華北地區的真實圖謀，儘管有《敵乎友乎》一文近乎苦口婆心的規勸，顯然是不知彼狀況之下的一廂情願。並且，日本駐華北軍人越來越感受到政整會和軍分會就是南京政府在華北的代理人，它們的存在對於日方推行的華北分離運動大有阻礙，遂利用停戰協定中條文的不嚴密性來尋找機會，製造中日衝突挑起爭端，企圖將南京方面擠出華北，阻止華北中央化。

二、1935 年日中親善背景下的華北危機

1935 年開局之初，日本政府以外務省為主，表現出呼應南京政府的「日中親善」活動。1 月 23 日，廣田外相表示：「改善日中關係是政府的理想，其中日中關係的好轉占最大部分。政府已有十分的決心和以適當的方法加以處理的方針，希望中方也能體諒帝國的真意」。並且在 26 日再表示，「我確認在任期間不會發生戰爭」〔註 18〕。儘管蔣介石認為此舉緣於《敵乎友乎》一文對日產生了實質性影響。不過，國民黨內部持謹慎樂觀者不乏其人。2 月 6 日，（農曆正月初三）汪精衛在中央政治會議「臨時提出對倭賊表示和緩原則」，然與會眾人「表示懷疑者甚多」，邵元沖尤甚。11 日，中常委委員召集各省市黨部委員在中央黨部開會，「精衛謂日寇以我教科書中有排日教材，要求刪除，故主將中小學教科書中關於日寇侵略中國之史實，完全刪去」，邵元沖「痛陳其不可」，汪精衛「怫然」〔註 19〕。並且，邵元沖對外交次長唐有壬極為不滿，「唐弄臣有壬等，挾倭寇自重，汲以挾制中樞，俾遂彼派私固權利之計，其肉庸足食乎？」恨恨之情，躍然紙上。〔註 20〕為中日親善計，2 月 28 日，南京方面免去邵元沖國民黨中央宣傳委員會主任一職，由葉楚傖繼任。5 月 17 日，中日雙方同時宣布，派駐對方的使節由公使升格為大使級別，中國首任駐日大使為蔣作賓，日本首任駐華大使有吉明。6 月 10 日，南京國民政府發布了「敦睦邦交令」，成「我國當前自立之道，對內在修明政治，促進文化，以求國力之充實，對外在確守國際信義，共同維持國際和平，而睦鄰尤為要著，中央已屢加申儆，凡我國民對於友邦，務敦睦誼，不得有排斥及挑撥惡感之言論行為，尤不得以此目

〔註 18〕臧運祜：《七七事變前的日本對華政策》，社會科學文獻出版社 2000 年版，第 155 頁。

〔註 19〕《邵元沖日記》，1935 年 2 月 11 日，上海人民出版社 1990 年版，第 1211 頁。

〔註 20〕《邵元沖日記》，1935 年 2 月 26 日，上海人民出版社 1990 年版，第 1217 頁。

的組織任何團體，以妨國交。茲特重申禁令，仰各切實遵守。如有違背，定予嚴懲」〔註21〕。此間雖有「察東事件」〔註22〕，然中日關係倒也波瀾不驚。

正當日本與南京政府的親善日臻高漲之際，冀察風雲突變。5月，河北事件發生〔註23〕；6月，察哈爾事件發生〔註24〕。日天津駐屯軍和關東軍，逼迫南京政府和華北當局先後達成《秦土協定》和《何梅協定》。日本軍部何以與政府步調不一致，相關資料顯示：1935年5月間，日本首相岡田啟介與元老西園寺商定了對華政策方案，即以「擴張在華勢力」為目的，「在行動上不妨採取迂迴曲折之手段，動員文化、政治、經濟、軍事、外交各種力量，分頭向中國進攻」，具體則「採取雙管齊下之手段，一方命令關東軍部，以急進步驟威脅中國的歐美派，一方在外交上故作親善之交接，以扶植親日勢力」。〔註25〕其結果就是，國民黨中央軍、中央黨政機關駐華北的機構、東北軍被迫離開華北，冀察平津地區力量空虛。趁此時機，北洋失意政客白堅武受日人唆使，糾合一批地痞黨徒，勾結日浪人團體，於6月27日發動「豐臺兵變」，企圖一舉奪取北平宣布自治。最終被尚未撤走的北平駐軍擊敗而逃散。

不過，「豐臺兵變」倒是給因《秦土協定》而受排擠的宋哲元部提供了一個進入平津一帶的契機。「豐臺兵變」發生後，宋哲元接受部下蕭振瀛的建議，藉口北平駐軍不足以維護治安為由，在徵得北平軍分會代理委員長鮑文樾同意後，調二十九軍馮治安部進入北平外圍地帶，穩定了局勢。〔註26〕

〔註21〕《國府公布敦睦邦交令轉行知照等因布告稟遵由》，《上海市政府公報》第159期，「布告」，1935年8月10日，第180頁；《國府明令敦睦中外邦交》，《申報》1935年6月11日，第三版。

〔註22〕1935年1月15日，關東軍藉口駐沽源縣境內長梁、烏泥河等村落的宋哲元部隊侵犯偽滿洲國境，由是向中國軍隊發起進攻，是為「察東事件」（日方稱為「熱西事件」），2月2日雙方在豐寧縣境內的大灘達成口頭協定，即「大灘口約」，這為其侵佔察熱邊界附近領土提供了便利。

〔註23〕1935年5月初，天津日租界漢奸報人胡恩溥、白逾桓被暗殺以及抗日義勇軍孫永勤部進入遵化縣城，駐天津日軍在河北省政府門前連日武裝示威，並舉行巷戰演習，此為「河北事件」。

〔註24〕6月初，日本藉口4名日本特務在張北縣受到第二十九軍官兵的「暴力侮辱」，製造「第二次張北事件」，即察哈爾事件。

〔註25〕參謀本部抄件（1935年5月26日）《中日外交史料叢編》（五），第44～45頁。轉引自臧運祜：《七七事變前的日本對華政策》，社會科學文獻出版社2000年版，第162頁。

〔註26〕蕭振瀛：《華北危局紀實》，中國國際廣播出版社1989年版，第12頁；全國政協文史資料研究委員會編：《文史資料選輯》第1輯，中華書局1960年版，第7頁。

然而，宋軍的入平卻打亂了國民政府的計劃。實際上，為應對《何梅協定》簽訂後的華北局面，國民政府已於「6 月 25 日特任商震為河北省主席，程克為天津市長」〔註 27〕；蔣還想讓何應欽以中央大員駐平長官的身份再赴華北主持華北大局。而宋哲元部入駐北平則使蔣的計劃受到了很大影響。蔣對此深表不滿。他曾一度想讓日本逼迫宋部南下〔註 28〕。而面對華北如此之勢，蔣介石只得承認宋部入駐北平的事實〔註 29〕。同時，為防宋投向日本懷抱以及拉攏宋服從中央，蔣介石於 7 月電召宋部高級將領秦德純赴廬山，對其指示「中央現已決定，以宋明軒將軍完全負起北方的責任，在北方能多支持一天，便可使中央對各種建設多充實一天，你們維持的時間越久，對國家的貢獻越大」。〔註 30〕還密電宋哲元「以忍辱負重，維持華北危局」〔註 31〕，並於 8 月 28 日任命宋哲元擔任平津衛戍司令」〔註 32〕，正式承認了宋部入駐平津一帶的事實。8 月 29 日，國民政府為適應新的華北狀況，將北平政整會予以撤銷。

當初宋部進入平津地區，宋曾派遣蕭振瀛於事先取得了日方的諒解。宋部控制了冀察實權，日方更加以宋哲元為工作重心，加緊實施華北分離運動。9 月 24 日，新任中國駐屯軍司令多田駿發表聲明力倡指導華北獨立政權，並表示如受南京政府之阻，行使武力以達目的亦在所不惜〔註 33〕。10 月，受日本軍部通過的《鼓勵華北自主案》影響，日本駐華北軍人積極活動，加快推進華北自治。土肥原奉關東軍司令南次郎命令再次到達華北後，積極幫助中國駐屯軍運動華北實力派——尤其是宋哲元實行自治。同時，還收買北洋餘孽、失意政客、土匪勢力組織華北自治團體，炮製所謂的地方「民意」，鼓譟自治。11 月，日駐華北軍人對華北當局的逼迫達到極致。

〔註 27〕南開大學馬列主義教研室，中共黨史教研組編：《華北事變資料選編》，河南人民出版社 1983 年版，第 558 頁。

〔註 28〕全國政協文史資料研究委員會編：《文史資料選輯》第 1 輯，中華書局 1960 年版，第 8 頁。

〔註 29〕高素蘭編注：《蔣中正總統檔案．事略稿本 31》，臺北國史館 2008 年版，第 506 頁。文曰「馮治平師調北平拱衛」。

〔註 30〕秦德純：《秦德純回憶錄》，傳記文學出版社 1973 年版，第 165～166 頁。

〔註 31〕秦德純：《秦德純回憶錄》，第 20 頁。

〔註 32〕南開大學馬列主義教研室，中共黨史教研組編：《華北事變資料選編》，第 558 頁。

〔註 33〕南開大學馬列主義教研室，中共黨史教研組編：《華北事變資料選編》，第 559 頁。

11 月 10 日，冀察當局致電何應欽「北事危在眉睫，盼中央速有整個辦法」以解危局〔註 34〕。11 月 11 日，宋被土肥原逼迫過甚，乃致電正在召開的國民黨「五全」大會，要求大會還政於民以示對中央的挑戰來應付日本的糾纏〔註 35〕。次日，關東軍司令南次郎為配合土肥原在華北的自治活動，派關東軍一部於長城一線集結。〔註 36〕同日，土肥原「要求宋哲元於 11 月 20 日前樹立華北五省自治政府」〔註 37〕，宣布華北自治，否則關東軍將南下以武力奪取華北。13 日，關東軍司令南次郎向日本外相廣田弘毅提議加快推進華北自治工作。〔註 38〕11 月 16 日，關東軍藉口中國中央軍沿隴海線北上和保護山東日僑為由，命令空軍六個中隊，集結於山海關、錦州地區。〔註 39〕日本策劃的華北自治進入了白熱化階段，華北局勢處於失控邊緣。

三、南京政府對華北危機的折衝

針對日人分離華北活動，1935 年 10 月中旬蔣介石飛赴太原，說服閻錫山要慎重。與此同時，蔣派遣參謀次長熊斌北上，與商震、宋哲元、韓復榘、沈鴻烈等接觸，實行懷柔工作，「因而宋哲元仍採取觀望態度，其他將領也避免和日軍接觸，商震於 16 日從保定南下」。〔註 40〕蔣熊的華北之行，尤其是蔣介石電告宋哲元、商震等人，「中（蔣）在中央一日，必對華北負其全責，決不使華北各同志獨任其難」〔註 41〕，使得華北實力派均表示會忍辱負重服

〔註 34〕《雷嗣尚自北平報告日關東軍特務機關長土肥原在津迫促變局甚急情形致何應欽部長電》，1935 年 11 月 10 日，秦孝儀主編：《緒編（一）》，第 710 頁。

〔註 35〕南開大學馬列主義教研室，中共黨史教研組編：《華北事變資料選編》，第 312 頁。

〔註 36〕日本防衛廳戰史室編纂，天津市政協編譯委員會譯校：《日本軍國主義侵華資料長編（上）》，四川人民出版社 1987 年版，第 258 頁。

〔註 37〕南開大學馬列主義教研室，中共黨史教研組編：《華北事變資料選編》，第 559 頁。

〔註 38〕中央檔案館、中國第二歷史檔案館和吉林省社科院合編：《日本帝國主義侵華檔案資料選編——華北事變》，中華書局 2000 年版，第 484 頁。

〔註 39〕日本防衛廳防衛研究所戰史室著，田琪之譯：《中國事變陸軍作戰史》第一卷第一分冊，中華書局 1979 年版，第 49 頁。

〔註 40〕日本防衛廳防衛研究所戰史室著，田琪之譯：《中國事變陸軍作戰史》第一卷第一分冊，第 49 頁；秦孝儀主編：《中華民國重要史料初編．對日抗戰時期．緒編（一）》，第 701 頁。

〔註 41〕《蔣委員長致熊斌次長指示宋哲元、商震等傳達旨意電》，1935 年 10 月 15 日，《中華民國重要史料初編．對日抗戰時期．緒編（一）》，第 703 頁。

從中央政令，不會受日方引誘參與華北自治運動。同時為緩和與日關係，11 月 6 日還撤消了袁良北平市長一職，改由察省主席秦德純擔任。由此可見，南京政府此際對日多採妥協，即便是正在召開的國民黨五全大會，其對日主旋律也是如此。如 11 月 19 日，蔣介石在大會上講演外交關係時，強調了不輕易開啟戰端，盡可能以和平手段解決外交問題〔註 42〕。20 日下午 5 時，蔣接見日本駐華大使有吉明，就華北問題蔣表示，「對於華北類似獨立之自治運動，乃妨礙中國行政之完整，在國家立場上，無論如何不能承認。惟中央最近將在河北設置一有力之機關，派有力之人員統率軍民兩政，並處理河北境內中日一切問題及所談三原則之實施」〔註 43〕，蔣還指出，要想中國承認廣田三原則，日本就不能策動華北自治。同時，蔣介石將國民黨中央對於華北自治的態度和處理方針致電宋哲元等華北地方長官，以安其心。〔註 44〕

然而這種妥協並未獲取日方的諒解，國民政府於 11 月推行的幣制改革更引起日本的強烈反對。11 月 19 日，日外務省發表《關於中國幣制改革問題的非正式談話》，指責中國實行幣制改革未與日方充分協商且取得合作，「對此表示甚為遺憾」，並表示對英國借款「始終持反對態度」。同時，日陸軍省、參謀本部表示對此不能無視，因為中國此舉實為犧牲民眾幸福，破壞東亞和平，「帝國要斷然加以排擊」。〔註 45〕參謀本部甚至同意關東軍「藉口華北形勢不穩」而出兵。〔註 46〕由此，關東軍及中國駐屯軍決心加速推進華北自治工作。

隨後，土肥原至北平向宋哲元提出經過關東軍司令官批准的《華北高度自治方案》，「在華北五省建立『華北共同防赤委員會』，以宋哲元為委員長，土肥原為總顧問；截留五省之關稅、鹽稅、統稅；脫離國民政府的白銀國有令，而與日幣發生聯繫；開發華北礦物資源，振興棉花栽培，『為建立日滿

〔註 42〕南開大學馬列主義教研室，中共黨史教研組編：《華北事變資料選編》，第 318 頁。

〔註 43〕《外交部以蔣委員長與有吉大使商談贊成廣田三原則不承認華北類似自治運動致我駐日大使館之馬電》，見秦孝儀主編：《中華民國重要史料初編．對日抗戰時期．第六編．傀儡組織（二）》，中國國民黨中央委員會黨史委員會 1981 年版，第 84 頁。

〔註 44〕秦孝儀主編：《中華民國重要史料初編．對日抗戰時期．緒編（一）》，第 719 頁。

〔註 45〕臧運祜：《七七事變前的日本對華政策》，社會科學文獻出版社 2000 年版，第 181 頁。

〔註 46〕日本防衛廳防衛研究所戰史室著，田琪之譯：《中國事變陸軍作戰史》第一卷第一分冊，第 49 頁。

華三國的經濟提攜而努力』，『撲滅三民主義與共產主義，代以東洋主義』」。〔註 47〕並向宋哲元發出最後通牒——11 月 20 日前宣布自治。

面對冀察局勢，蔣介石一方面激勵撫慰宋哲元和商震，並要求在津與日本交涉的蕭振瀛「堅韌應付，審慎內外情勢，不卑不亢，折衝樽俎」〔註 48〕，另一方面電告他們，「日本內閣與元老等恐惹起國際糾紛，不准行使武力」〔註 49〕，不要受日人的恫嚇，要與中央一致行動，中央正在決定派大員北上協助應付一切。接到蔣上述指示後，宋哲元中止了與土肥原的談判，並於最後通牒日下午 3 點離開北平避走天津。蔣介石還特別電覆商震等不可以「自由行動降敵求全，則中央決無遷就依違之可能，當下最後之決心」〔註 50〕，而後，韓復榘、商震二人也未前往北平參加所謂的自治協商。鑒於當時國民黨五全會議之後中國政府的態度，而日本軍部也未同意駐華軍方的《華北高度自治方案》，倫敦裁軍會議又即將召開，日本元老及內閣不願因為華北問題引起國際糾紛使得日本在會上處於不利地位，21 日，日本外陸海軍省官員再次在外務省東亞局長室開會，基本上否定了關東軍的「高度自治」方案，改為漸進的「輕度自治」，把自治期限由 20 日推延到當月底。

此舉使得土肥原等的計劃擱淺。不過「現地陸軍方面認為，時間的拖延越發減弱宋哲元的決心，助長其拖延策略，應首先在戰區（停戰地區）實行自治」〔註 51〕，土肥原等遂決定扶植殷汝耕單獨成立反南京的漢奸政權，進而再逼迫華北當局就範。在其鼓動下，河北省灤榆區行政督察專員殷汝耕在 11 月 24 日向全國發出通電，宣布「自本日起脫離中央進行自治」，並組織「冀東防共自治委員會」。25 日，冀東防共自治委員會正式成立。〔註 52〕

〔註 47〕秦鬱彥：《日中戰爭史》，原書房 1979 年新裝版，第 64～65 頁。

〔註 48〕《蔣委員長致蕭振瀛委員望其堅韌應付協助宋哲元克盡厥職電》，1935 年 11 月 17 日，秦孝儀主編：《緒編（一）》，第 712 頁。

〔註 49〕《蔣委員長致宋哲元司令告知華北自治風說日內閣與元老等恐惹起國際糾紛已電令駐華武官制止妄動電》，1935 年 11 月 19 日，見秦孝儀主編：《緒編（一）》，第 713 頁。

〔註 50〕《蔣委員長覆商震主席告以如平津自由行動則中央決無遷就依違之可能望依然拒絕參加切勿赴平電》，1935 年 11 月 20 日，見秦孝儀主編：《中華民國重要史料初編．對日抗戰時期．緒編（一）》，第 715 頁。

〔註 51〕日本防衛廳防衛研究所戰史室著，田琪之譯：《中國事變陸軍作戰史》第一卷第一分冊，第 50 頁。

〔註 52〕南開大學馬列主義教研室，中共黨史教研組編：《華北事變資料選編》，第 336 頁。

26 日，國民政府行政院召開緊急會議，決議「（一）北平軍分會應即行撤銷，其職務由軍委會直接處理；（二）特派何應欽為行政院駐平辦事長官；（三）特派宋哲元為冀察綏靖主任；（四）電令冀省府將灤榆區專員殷汝耕免職拿辦」〔註 53〕。27 日，國民政府財政部長孔祥熙會見日總領事須磨彌吉郎，就華北時局進行談話。孔稱「華北之情勢、極為重大，一旦處置錯誤，中日兩國之關係將有全盤發生糾紛之虞」〔註 54〕，而須磨則希望國民政府不要用武力去解決華北問題以順應華北自治之勢。

27 日，日軍在平津、豐臺兩地阻止火車南下並在同日向平津增兵〔註 55〕，進一步威嚇華北實力派。宋哲元 30 日致電蔣介石，說華北「憂患迭乘，情勢危迫，刻下民情愈益激昂，綜衡情勢，似非因勢利導，別有以慰民望、定民心之有效辦法」〔註 56〕。從冀察當局電文可以發現他們此時強調的是華北「愈益激昂」的民情，強調南京方面的「因勢利導」。並且，12 月 1 日，天津、北平兩市市長程克、秦德純致電行政院，希望中央順應華北情勢。由此可見，冀察當局出現了新的變化。

鑒於這種新變化，11 月 30 日，蔣介石「兩度邀集五院院長及何應欽、熊式輝、陳儀、唐有壬、殷同等會議於陸軍官校官邸，決定不顧日人的反對，立促何應欽率熊式輝、陳儀等即行北上」〔註 57〕，並分別致電宋哲元、韓復榘：「中央授權敬之部長北來負責處理華北糾紛」〔註 58〕。30 日當天，外交次長唐有壬走訪日駐南京總領事須磨，向其透露了南京派遣何應欽北上的處置方法，（即後來日方一直想讓宋哲元行使的「六項目的」，「一、北方目前當務之急厥為防共，緣共匪經國軍兜剿後，主力雖已挫敗，而餘孽竄饒已及陝甘，萬一滋蔓及於滿蒙邊境，則施剿益形困難，應有協同防衛之策，以收徹底肅

〔註 53〕南開大學馬列主義教研室，中共黨史教研組編：《華北事變資料選編》，第 370 頁。

〔註 54〕南開大學馬列主義教研室，中共黨史教研組編：《華北事變資料選編》，第 374 頁。

〔註 55〕南開大學馬列主義教研室，中共黨史教研組編：《華北事變資料選編》，第 378、561 頁。

〔註 56〕南開大學馬列主義教研室，中共黨史教研組編：《華北事變資料選編》，第 407 頁。

〔註 57〕李雲漢：《宋哲元與七七抗戰》，傳記文學出版社 1978 版，第 118 頁。

〔註 58〕《蔣委員長致宋哲元司令、韓復榘主席告以中央授權何應欽部長北來負責處理華北糾紛電》，1935 年 11 月 30 日，見秦孝儀主編：《中華民國重要史料初編・對日抗戰時期・緒編（一）》，第 725 頁。

清之功。二、自幣制改革以來，河北人民以為現銀悉移京滬，其實我國幅員甚廣，絕無集中現銀於一地區之必要，故政府已有令，就各重要地區設立分庫，以為各該地方鈔幣之準備，有中央、中國、交通等銀行在北方設置未遍，遽令一時難以實行，事實上亦或有未便之處，因地制宜責在政府，如試行結束，果有未能便民者，自無妨適宜加以修正。三、關內外人民交通素繁，經濟關係極為密切，自當視事實之需要，謀圓滿之聯絡。四、年來民生凋敝，產業衰落，扶植啟發刻不容緩，得斟酌財政狀況，從事於生產建設，以裕民生。五、當地對外懸案在合理條件之下，得謀就地解決，以杜糾紛。六、地方應興應革某事，應儘量容納民意，遴才選能，隨時舉辦，以期建設合理之政治，增進人民之福祉」)。〔註 59〕並說明何應欽北上僅以旁人的身份協助華北當局處理華北問題。12 月 2 日，蔣介石電告宋哲元，「河北危局，賴兄等始終苦撐，中央得有布置餘暇。具徵運用得宜，公忠體國，至深欣慰。何部長此行用意，全在襄助吾兄，應付危局」〔註 60〕，以此來穩住宋哲元。

四、冀察政務委員會的出臺

值得注意的是，11 月 30 日何應欽銜命乘車北上之前，蔣曾指示他將兩種處置辦法與宋相商：其一，按照行政院決議，如情勢許可，（何應欽）即就任行政院駐平辦事長官職；其二，是「最後辦法」，即如果駐平長官不能擔任，則參酌西南政務委員會，設立冀察政務委員會〔註 61〕。12 月 3 日何抵達北平。日方認定中國應對華北問題的方案，「可以說仍像過去駐平政務整理委員會那樣的東西」〔註 62〕，3 日當天，日本海陸外三省一致訓誡其駐華北機關「何應欽等來華北，我方現地機關均拒絕會面，不予理睬」〔註 63〕，使得何應欽北上處理問題只能與宋哲元協商。

〔註 59〕《行政院駐平辦事處長官訓令》，轉引自臧運祜：《七七事變前的日本對華政策》，第 188 頁。

〔註 60〕《蔣委員長致宋哲元司令告以何部長北上此行用意全在襄助其應付危局請與之就近切商電》，1935 年 12 月 2 日，見秦孝儀主編：《中華民國重要史料初編．對日抗戰時期．緒編（一）》，第 727 頁。

〔註 61〕秦孝儀主編：《中華民國重要史料初編．對日抗戰時期．緒編（一）》，第 740 頁。

〔註 62〕日本防衛廳防衛研究所戰史室著，田琪之譯：《中國事變陸軍作戰史》第一卷第一分冊，第 52 頁。

〔註 63〕中央檔案館、中國第二歷史檔案館和吉林省社科院合編：《日本帝國主義侵華檔案資料選編——華北事變》，中華書局 2000 年版，第 475 頁。

3 日晚，何與宋哲元、秦德純、蕭振瀛開會商討華北處置辦法。4 日，何再次召集宋哲元、秦德純、蕭振瀛、熊式輝、陳儀正式商談應付華北的方案。當天，宋對記者團談到「華北時局於無辦法中已有一些辦法，何部長北來後，本人絕對聽命中央，本中央意旨做去，將來如何部長能常駐北平負責處理一切，本人願在何部長領導之下努力一切，綏靖主任亦可就任」〔註 64〕。然而 5 日晨，宋突然宣稱「避赴西山休息」並發表書面談話，「危疑震盪的華北大局，自何部長來平，已有轉危為安的希望。而衛戍司令部，近又有令準備撤銷，本人責任，從此當可減輕，此後一切困難問題，當悉聽何部長負責處理也」〔註 65〕。

一日之隔，宋哲元態度消極，很大程度上是受到日方的脅迫。宋「對付日寇的辦法是『表面親善，實際敷衍，絕不屈服』；他的口號是『不說硬話，不作軟事』」〔註 66〕。當然，這也說明宋哲元並不希望設立行政院駐平辦事處，就宋前期的言行而論，自己對日妥協但又不完全屈從於日本，這是為了力量的保存，並且這種保存並非就是要脫離中央，當然，中央政府在其生存受到壓制時，則需要出面給予紓解，而不是派遣何應欽來主持冀察政務，正因為如此，在宋看來，前期的對日抗爭完全沒有必要。有鑑於此，何應欽遂致電蔣：「職到平後，觀察所及，認為駐平長官一職，絕對不能就任，故冀察之事仍宜畀宋負責處理。」〔註 67〕由此看來，南京政府通過設置駐平辦事處處置冀察事務之辦法受阻。且 5 日有自稱是「『北平市民眾代表請願團』的代表到中南海門前請願自治」〔註 68〕。當天，多架日機在平上空示威，宋又避而不見。何應欽進退兩難，不得不遵照蔣曾指示的「最後辦法」，仿照西南政務委員會，在冀察兩省和平津兩市，設立「冀察政務委員會」。

12 月 10 日，就冀察政務委員會的權限問題，日外務省訓令駐華大使有吉明要力爭「六項目的」。所謂的六項目的，是 11 月 30 日南京政府決定何應欽

〔註 64〕南開大學馬列主義教研室，中共黨史教研組編：《華北事變資料選編》，第 411 頁。

〔註 65〕南開大學馬列主義教研室，中共黨史教研組編：《華北事變資料選編》，第 411 頁。

〔註 66〕全國政協文史資料研究委員會編：《文史資料選輯》第 1 輯，中華書局 1960 年版，第 9 頁。

〔註 67〕秦孝儀主編：《中華民國重要史料初編．對日抗戰時期．緒編（一）》，第 729 頁。

〔註 68〕南開大學馬列主義教研室，中共黨史教研組編：《華北事變資料選編》，第 413 頁。

北上就任行政院駐平辦事處長官之時，議定的賦予何應欽的六項職權。（見上文）日本明明知道此六項職權並非直接授予冀察當局的，而是由何應欽暗中掌握與宋哲元等進行交涉的。但是，他們故意曲解，並把這六條與四項原則相混淆，指定此六項職權就是「華北自治辦法六項目」，並把南京方面的六項職權內容簡化為：一、在華北實行共同防共；二、新幣制不適於華北之點，加以修改；三、使關內外人民之間的經濟關係完善起來；四、為適應華北特殊形勢，對華北財政給予相當的支配權；五、對外各種懸案，合理地進行就地解決；六、選用適合上述工作的人才，實現理想之政治。〔註 69〕

由此可見，日本參考南京政府賦予何應欽的六項職權而單方面決定的日方「華北自治辦法」，其意在排斥何應欽之後，而要求南京政府將此「六項權限」賦予宋哲元為首的冀察政務委員會。南京方面的對策是，宣布撤銷何應欽的行政院駐平辦事長官一職，其六項權限亦隨之取消；成立日方也同意的冀察政務委員會，宋哲元的權限則遵照《冀察政務委員會暫行組織大綱》。

12 月 6 日，蕭振瀛攜帶冀察政務委員會草案到津與土肥原賢二、多田駿、酒井隆協商，徵其意見，土肥原初不同意，覺得離自己期待的自治政權有很大差距，後「經酒井婉勸，土始認可」。之後，中日雙方圍繞委員人選問題進行了商討，經過多次爭執，雙方妥協讓步後才告定。12 月 7 日，蔣介石致電何應欽，「冀察政會組織大綱第九條，擬定單行法規呈請國民政府備案句，應改為呈請國民政府核准備案；第十條組織大綱必要時得隨時修改之句，應改為於必要時得呈請國民政府修改之，其餘大致可行」〔註 70〕。

12 月 11 日，國民政府頒發了組織冀察政務委員會的命令，共計 17 名委員，屬於 29 軍的有宋哲元、蕭振瀛、秦德純、張自忠、門致中、石敬亭六人；隸屬於東北軍系統的為萬福麟、劉哲、胡毓坤、程克四人。餘下為王揖唐、王克敏、高凌霨、賈德耀、李廷玉、冷家驥、周作民，這七個人當時被視為親日派。冀察政務委員會原定於 16 日舉行成立典禮，但因當日出席會議的委員不足，又因「當日北平各大中學學生大舉遊行請願」〔註 71〕，故決定召開

〔註 69〕日本防衛廳戰史室編纂、天津市政協編譯委員會譯校：《日本軍國主義侵華資料長編（上）》，第 261 頁。

〔註 70〕秦孝儀主編：《中華民國重要史料初編．對日抗戰時期：緒編（一）》，第 734 頁。

〔註 71〕南開大學馬列主義教研室，中共黨史教研組編：《華北事變資料選編》，第 458 頁。

預備會議。12 月 18 日，該會在北平正式宣告成立，包括委員長在內的委員（除周作民、王克敏及程克外）都參加了成立大會並舉行了就職典禮。同日，宋哲元就冀察政委會成立、委員長及委員就職事發表通電。〔註 72〕1936 年 1 月 17 日，國民政府公布該大綱。

結論

1935 年成立的冀察政務委員會，是華北特殊局面下設立的中央名義治下卻又有很大自主權的一個特殊機構。學界有認為該會「對中國主權與行政權的完整上，自然都構成一種損害」，不過也是「中國對日本謀略戰的勝利」〔註 73〕，正因為如此它才能取得日方的諒解，才能存在。它的存在有效地使日本策動的明面的華北自治趨於停滯，使其華北自治圖謀不能實現。它「不僅代表主權的象徵意義，事務上也可牽制駐華北日軍，發揮保衛華北的功用」。〔註 74〕不過，本文認為上述評價還是沿襲「安內攘外」政策得出的結論，或者說為南京政府此項政策追加一個補注。卑之無甚高論，冀察政務委員會的作用不宜拔高，因為，雖說該機構的成立確為國民政府爭得了抗戰準備時間，但日本人也因此獲得了一個進一步染指華北的藉口，並步步緊逼，由輕度自治走向高度自治，從而脫離南京政府。那麼，此舉類似抱薪救火。

值得注意的是，南京政府所做出的妥協，其妥協對象是日本，還是依違中日之間的華北實力派？本文認為，南京政府對二者都有妥協。有論認為宋哲元「在日本的華北分離工作中，儘管動搖過，但最終還是拒絕了與日本的合作，選擇了國民黨政府的統一化之路，適應了抗日民眾運動的潮流」〔註 75〕。那麼，在中日爭端之間宋的真實心態則不能不加以考察。儘管是糾合西北軍舊部而成第 29 軍之首領，但宋個人的短處「就是過於自信，自信得有些剛愎」〔註 76〕，因察哈爾事件被南京免去該省府主席，儘管蔣介石電告宋「尚望含羞忍辱，猶須慎重將事」，然宋氏依然難以釋懷。尤其是當時宋聽聞中央有調

〔註 72〕南開大學馬列主義教研室，中共黨史教研組編：《華北事變資料選編》，第 462 頁。

〔註 73〕李雲漢：《宋哲元與七七抗戰》，傳記文學出版社 1978 年版，第 123 頁。

〔註 74〕王建朗：《兩岸新編中國近代史．民國卷（上）》，社會科學文獻出版社 2016 年版，第 381 頁。

〔註 75〕〔日〕安井三吉：《圍繞宋哲元冀察政權的若干問題》，《中國人民抗日戰爭紀念館文叢》（第五輯），1995 年，第 310 頁。

〔註 76〕劉汝明：《劉汝明回憶錄》，中華書局 2014 年版，第 326 頁。

二十九軍南下剿共之說，又接蔣「切盼來川一會」之電，於是斷定蔣要借刀殺人，借剿共剪除異己。〔註 77〕作為地方實力派，宋自然對平津大權有覬覦之心。〔註 78〕那麼，宋哲元等勢難放棄在中日華北衝突當中騎牆居間以圖存在的機會。並且從國民黨政權在大陸整個統治時段來考察，1935 年可以看做是它對華北獲得實際控制的一個關鍵階段。因為，華北實力派要是真的和南京政府一起抗衡日本的進逼，以後見之明而言，具有可行性。出現這樣的準自治機構，只能看成南京政府安內政策之下的一場妥協。弔詭的是，這個準自治機構顯然又是與其「安內」國策背道而馳的，是南京政府內政外交的一個頓挫，因為這個機構既沒有安內，更不足以攘外，雖然可以表述為日後的全面抗戰贏得了一個準備時間，但是，日後的戰爭依然還是圍繞這個機構而起。對於日本來講，華北工做到頭來的結果只是成立了一個剛剛達到自己最低要求的由華北實力派宋哲元主持的冀察政務委員會，它「也許還是和以前的華北政務整理委員會一樣的機關，不過是改了招牌罷了」〔註 79〕。為此，日參謀本部在 1936 年頒布三次《華北處理要綱》，指示駐屯軍暗中從各方面對冀察政委會進行指導，使其逐漸脫離中央而自治。而宋哲元應付不下這個局面，乾脆躲回老家一事便是明證。

就這一個特殊機構出現的背景而言，1935 年日中親善的論調表現國民政府無論蔣介石還是汪精衛因昧於對日本軍政真實策略的瞭解，都表現出對日苦苦相勸的情緒化傾向。在法西斯日漸成為全球戰爭根源的世界共識之下，（中共也調整了政策口號）這種情緒化背景下的決策給自身政權的合法性帶來了普遍質疑。因此，11 月 1 日汪精衛被刺，12 月 25 日唐有壬被暗殺，都是社會共識的外在表現。這也表明，在華北尤其是冀察兩省可能失控的風險前景下，依然堅持安內政策不惜對日妥協，南京政府執政者視野之侷限性可見一斑。因為就事態過程來看，冀察政務委員會的出現不是華北危機的終結，恰恰是南京政府執政期間始終未能有效管控華北地區的一個結果，自 1928 年 6 月第二次北伐底定北平以來，華北地區就一直處於地方實力派之手，而全面

〔註 77〕秦孝儀主編：《中華民國重要史料初編‧對日抗戰時期‧緒編（一）》，第 688 頁。

〔註 78〕政協天津市委員會文史資料研究委員會編：《天津文史資料選輯》第 2 輯，天津人民出版社 1979 年版，第 53 頁。

〔註 79〕〔日〕土肥原賢二刊行會編，天津市政協編譯組譯：《土肥原秘錄》，中華書局 1980 年版，第 45 頁。

抗戰爆發之後更是陷於日偽政權治下。而從一個較長的時段考察，南京政府中央勢力沒有實際掌握冀察平津地區，也就難有經略東北的前沿陣地，這也是全面內戰爆發之後，國民黨丟失東北的一個重要原因。實際上，南京政府自建政之日起，其有效統治也就侷限於長江流域，說它形式上統一了全國，並非奚落。

第二講　命運的分水嶺：1936 年李生達之死

題記：1930 年中原大戰閻錫山兵敗下野後，晉綏集團開始離析，除商震、傅作義移防他省外，閻氏部下李生達表現出與南京方面較多的聯繫。1934 年李生達率部入贛參與「助剿」，並於 1935 年當選為國民黨中央執行委員。1936 年 5 月，東征紅軍回師陝西後，蔣介石下令晉綏軍以及入晉增援的中央軍組成「剿匪」總指揮部，李生達出任副總並負責具體指揮。5 月 30 日李生達抵達晉西離石縣指揮部即被刺身亡，兇手亦被當場擊斃。李生達之人生際遇反映了安內攘外背景下地方實力派之下屬輾轉於央地之間的艱難處境，並且成為南京政府強勢安內的犧牲品，因為閻錫山不願意李生達率部過黃河，而此際開始轉向抗日反蔣的張學良，表現出與閻錫山利益的趨同。李生達之死有利於西北抗日大聯合的形成。而南京方面因兩廣反蔣事起亦無力深究此事，李生達被害一案遂不了了之。不過從以後的歷史發展的態勢來看，1936 年李生達被殺可以說是國共兩黨政治命運的分水嶺。

1936 年之蔣介石可謂是經歷了過山車一般的人生遭遇。該年裏蔣氏心心念念之安內大任漸見事功，地方好事之徒為其賀五十大壽之頌辭時常見諸報端。也是在這年歲末西安平地驚雷，張楊發動「兵諫」，蔣介石乃身陷囹圄。儘管此事後來和平解決，然此事為蔣氏飲恨終生。同樣，這一年發生的另外兩件與蔣有關的重要事件理應引起重視，一是5月30日，中央執行委員、陝甘晉綏四省剿匪副總指揮李生達被刺身亡；另一是10月25日，蔣氏重要謀士楊永泰江漢關碼頭被刺殞命。楊氏被害，蔣介石嚴令軍警機關限期偵破，要求對策劃者及兇手依法嚴懲，國民黨中委宣傳部長劉蘆隱為之入獄。李生達同為國民黨中委，然其遇刺身亡之後卻不了了之。有文章認為此舉乃閻錫山所主使，意為防止晉軍主力被抽調入陝西剿匪，決心剷除李生達，拔除蔣介石苦心經營安插在晉軍中的釘子。〔註1〕不過，此類說法多基於個人好惡而缺乏事實依據，也缺乏相應的歷史邏輯分析。時過八十餘年，這樁命案塵封已久，但本文認為此事乃歷史的拐點，學界顯然低估了此事的歷史影響。因為，如果1936年6月李生達如期率部過河進剿陝北紅軍，我們今天能看到的歷史會是另一種面相：已經退回陝北且已開始西征的中共中央會向西北方面越走越遠，也不會有當年10月的三軍會師。同樣，對於張學良而言，李生達此時若率部過河，張學良著手實施的抗日反蔣計劃勢必前功盡棄，改變中國命運的西安事變也就無可能出現。因此，一件看似平常的刑事案件，實則一場重大歷史轉折的節點。本文就此做一基本梳理求教於同仁。

一、李生達的生平事略

民元以來，地方實力派極為重視經營其利益集團，其間地緣關係就用來加強利益集團內部的聯繫與控制。閻錫山亦不例外，在其主政山西後，較為倚重忻州定襄五臺縣人，（如王靖國、楊愛源等人）外縣人士次之，外省人尤次之，這也是公開的秘密。

李生達，字舒民，1890年生，山西晉城縣人，「初由文中校投入陸軍小學」，畢業後，入清河陸軍預備學校、保定軍官學校。在保定軍校期間，李生達與王靖國、李服膺（崞縣人）同屬於步兵第五期5連。〔註2〕1918年該三人由保定軍校畢業，李生達回山西先後充任學兵團隊附、連長等職。但李生達與傅作義（河津萬榮人）等屬晉南籍貫出生，在閻錫山手下供職前期升遷均落後

〔註1〕相關說法有：陳長捷《關於李生達之死》，見全國政協文史資料委員會編：《文史資料存稿選編》（軍事派系．上），中國文史出版社2002年版；魯輝：《論閻錫山與蔣介石的政治關係》，《晉陽學刊》1992年第5期。

〔註2〕河北省政協文史資料研究委員會、保定市政協文史資料研究委員會編：《保定陸軍軍官學校》，河北人民出版社1987年版，第384～385頁。

於李服膺、王靖國等人人。這種情況一直持續到 1926 年有所改變。是年時任 10 團 1 營營長李生達負責大同北門防務。馮玉祥部國民軍由北京地區撤往西北之際圍攻大同，李生達代理 10 團團長，堅拒國民軍的猛攻與勸降。固守大同凡三閱月。戰後論功行賞，「蒙閻百川不次之擢」，未及兩月，由團長而五旅旅長，而 15 師師長，並兼晉北鎮守使，「紅極一時」〔註 3〕。北伐軍興，李生達奉令率部轉戰燕晉之間，「尤以固守鐵角嶺，襲取滿城之戰績為著。當升第七軍副軍長。平津克復，率部警衛津沽。後任第五軍軍長」。〔註 4〕

1928 年 5 月，李生達升任第 5 軍軍長，率部參加二次北伐，7 月，李部進駐天津，其勢力由原第 15 師的 3 個團，補充了陳長捷之第 9 師與霍原壁之第 27 旅，另有部分直屬部隊，與時任天津警備司令傅作義來往頻繁。1929 年 1 月，南京政府召開「編遣會議」，按編遣方案第 5 軍改編為第 36 師〔註 5〕，下屬三個旅長除段樹華外，其餘陳長捷、霍原壁及九個團長均非晉籍，大部分的旅長、團長又多為李生達在保定軍校的先後期同學。據稱，此舉招致閻錫山所信賴的五臺系同儕對李生達的詬陷，閻錫山也對李生達漸不放心。此外，李生達在天津期間，與國民黨天津市黨部主委苗培成過從甚密〔註 6〕，苗、李二者均是山西晉城人，同鄉二人經常晤談，漸為深交。而苗培成贊成南京政府統一理念，反對地方勢力割據一方，又是國民黨 CC 系分子，此舉遂致閻錫山大為不滿。

1930 年中原大戰倒蔣失敗後，閻錫山避居大連。蔣介石曾指派苗培成到天津，通過山西名流劉厚同的關係，鼓動傅作義回晉主持善後，並指派李生達幫同打理。然傅慮及當時自身實力不濟，未敢輕諾此事〔註 7〕。蔣介石遂將晉綏軍交由張學良改編。此後，李生達改任傅作義第 35 軍之第 72 師師長，預定開往綏遠傅作義的第 35 軍轄區歸建。但是，閻錫山在大連遙控指使親信

〔註 3〕陳長捷：《關於李生達之死》，見全國政協文史資料委員會編：《文史資料存稿選編》（軍事派系．上），中國文史出版社 2002 年版，第 681 頁。

〔註 4〕《時人匯誌．李生達》，《國聞週報》第五卷第 27 期，1928 年 7 月 15 日，第 70 頁。

〔註 5〕姜克夫：《民國軍事史》第 2 卷，重慶出版社 2009 年版，第 9 頁。

〔註 6〕李維岳等：《李生達與閻錫山的矛盾及李生達被暗殺真相》，見山西省政協文史資料研究委員會編：《山西文史資料全編》第一卷第 9 輯，山西文史資料編輯部 1998 年，第 649 頁。

〔註 7〕劉冠儒、關民權：《閻錫山殺害李生達的前前後後》，見全國政協文史資料委員會編：《文史資料存稿選編》（軍事派系．上），中國文史出版社 2002 年版，第 678 頁。

王靖國的第 70 師開綏西，趙承綬的騎兵軍開綏東，從而使傅部處於自己心腹東西夾持之下，而李生達所部則被留在晉東〔註 8〕。1931 年秋，國民黨山西省黨部重組，並召開第三次山西省代表大會，成立第三屆省黨部執行委員會，苗培成當選為省黨部委員兼任山西省教育廳長。在此期間苗培成與李生達互相來往，頗為密切，並在李與蔣介石之間穿針引線。

閻錫山隱居大連期間，山西軍政發生了重要變化。1931 年 7 月，石友三借寧粵對立之機出兵反對張學良，期間山西發生了晉軍商震部第 67 師高鴻文旅、黃光華旅，以協助中央及東北軍截擊石友三部為名脫離了晉軍編制的重大事件。為防晉軍發生更多意外，8 月初，閻錫山秘密潛回山西五臺河邊村，並悄然著手重掌山西政局。「九一八」事變之後，太原學生組織起來向山西省黨部請願，要求政府出兵抗日，遭到山西黨部警衛開槍射擊，造成流血慘案，憤怒的學生包圍了省黨部，到處搜尋苗培成。苗培成最終是在李生達的掩護之下離開省垣，於 12 月 17 日抵達北平〔註 9〕。據稱，閻錫山通過此舉將國民黨勢力逐出山西，並再掌山西軍政〔註 10〕。

1931 年 11 月，南京方面召開第四次全國代表大會，山西派李生達、王靖國、孫楚以軍事代表身份出席會議，11 月 16 日南京方面通過「組織對日問題專門委員會並推定委員案」，李生達當選為委員，該委員會由戴傳賢、何應欽召集〔註 11〕，而同行之王、孫二人無此殊榮。此後李生達與南京方面來往頻繁，並較為擁護南京。如在 1933 年末孫殿英以青海屯墾督辦名義進佔西北期間，李生達曾向蔣介石通報孫殿英的軍事行動及其目的，並向蔣建言獻策，提出主張武力解決的方案〔註 12〕，李、蔣之間的關係進一步地密切。而孫殿英兵敗後，閻錫山收編了其殘部。閻、李關係日漸微妙。

1934 年 7 月，蔣介石對江西紅軍的第五次「圍剿」業已奏效，為最後完成其「剿共」大業，亦為顯示國民政府之「軍令統一」，乃令山西閻錫山及山

〔註 8〕陳長捷：《關於李生達之死》，見全國政協文史資料委員會編：《文史資料存稿選編》（軍事派系．上），中國文史出版社 2002 年版，第 682 頁。

〔註 9〕《苗培成抵平》，《時報》1931 年 12 月 18 日，第 2 版。

〔註 10〕〔美〕唐納德．G．季林：《閻錫山研究——一個美國人筆下的閻錫山》，牛長歲等譯，黑龍江教育出版社 1990 年版，第 218 頁。

〔註 11〕榮孟源主編：《中國國民黨歷次代表大會及中央全會資料》（下冊），光明日報出版社 1985 年版，第 57 頁。

〔註 12〕《蔣中正總統檔案．事略稿本》（24），（臺）國史館印行，2007 年，第 125～126 頁。

東韓復榘各派一部赴贛助剿。據稱閻錫山對此頗感為難，不依令出兵南下會遭致蔣氏疑忌，派兵則擔心在外期間易被南京方面吞併收編。〔註 13〕徐永昌與閻錫山考慮不同，他認為調晉軍入贛顯示出南京方面的一視同仁，晉省及時出兵能消除南京對山西的疑忌〔註 14〕，閻錫山因之同意出兵。但就派誰統兵赴贛一事，晉軍高級將領大都不願就職，閻錫山一開始有讓親信孫楚率部南下之打算，然孫不願。閻錫山乃考慮李生達為人選，並託賈景德疏通辦成此事。〔註 15〕後來，李生達率所部 72 師及周元健之獨 2 旅開赴江西。由此可見，李生達赴贛並非蔣介石欽點，也不是李生達主動請纓。

李生達率部抵達江西之後，中央紅軍主力業已開始長征，除與紅軍留守部隊曾有接觸外，李部與紅軍無有大規模的戰鬥。其時，苗培成新任皖贛監察使駐節南昌〔註 16〕，進一步密切了蔣介石與李生達之間聯繫，李因此時常得以覲見蔣介石。1934 年 11 月，蔣介石下令李生達所部編為第 19 軍。〔註 17〕1935 年 2 月，李生達任陸軍第 19 軍中將軍長兼第 72 師師長。〔註 18〕

李生達在外期間與南京方面交好，印證且加劇了閻錫山出兵之前的疑忌。但實際上，李生達部在外的境遇並非閻錫山等人所想。1935 年 5 月，據徐永昌稱，「一月前中央將入贛李生達部協餉十萬停止發」，後因為山西省財政困難請繼續發放。「昨接蔣先生由貴陽回電，謂已令該部移駐徐蚌，可隨時開回晉省，協餉再發兩個月，即七月一日停止」。25 日，閻錫山要求徐永昌「再去電請，無須開回，以晉省財政實無力擔任，即開回亦須編遣也云云」。〔註 19〕29 日，蔣介石為此考慮「調李生達加入陝北」〔註 20〕。6 月，軍事委員會令派陸軍中

〔註 13〕《徐永昌日記》第三冊，1934 年 9 月 7 日，（臺北）中央研究院近代史研究所 1991 年，第 166 頁。

〔註 14〕《徐永昌日記》第三冊，1934 年 7 月 30 日，（臺北）中央研究院近代史研究所 1991 年，第 146 頁。

〔註 15〕《徐永昌日記》第三冊，1934 年 9 月 22、23 日，（臺北）中央研究院近代史研究所 1991 年，第 178～179 頁。

〔註 16〕山西省史志研究院：《山西通志．人物志》，中華書局 2001 年版，第 577 頁。

〔註 17〕國民政府：《第 2303 號指令》，1934 年 11 月 2 日，《國民政府公報》第 1581 號，1934 年 11 月 3 日，「指令」，第 10 頁。

〔註 18〕國民政府：《第 464 號指令》，1935 年 2 月 26 日，《國民政府公報》第 1677 號，1935 年 2 月 28 日，「指令」，第 10 頁。

〔註 19〕《徐永昌日記》第三冊，1935 年 5 月 25 日，（臺北）中央研究院近代史研究所 1991 年，第 263 頁。

〔註 20〕《蔣介石日記（手稿）》，1935 年 5 月 29 日。

將李生達為陝北剿匪副總指揮〔註21〕，統一指揮本部第19軍和井岳秀第86師、高桂滋第84師〔註22〕，「清剿」陝北紅軍。當月，李生達率部北上到達石家莊。未幾，閻錫山以綏東偽蒙軍異常活動為由，抽調李生達部獨2旅周原健部赴大同歸騎兵軍趙承綬指揮，改派101師師長孫楚代替李生達任總指揮，並調李部陳長捷旅屬孫，調段樹華旅呂端英團到永和守備河防〔註23〕。至此李生達所部僅剩段樹華旅一部駐留正太線，李生達對此極為不滿，遂稱病辭職。

1935年11月，國民黨召開第五次全國代表大會，李生達當選為中央執行委員〔註24〕。在當時的山西軍政要員中，僅有閻錫山、徐永昌、趙戴文、傅作義等四人為中委，資歷較老的楊愛源尚為候補中央委員。並且，李生達自任19軍軍長以來，太原行政公署的相關行文均只稱李生達為師長，不承認李生達的軍長職銜。

二、李生達遇刺前後

1936年2月底，陝北紅軍東征山西，晉軍苦心經營的黃河河防一擊即潰。紅軍越過石樓、中陽，取得關上大捷，消滅了獨2旅周原健部之李清華團，直撲兌九峪。閻錫山見紅軍銳不可擋，孫楚指揮不力又疲於奔命，遂將孫楚免職，啟用「病居」的李生達接替孫楚任北兵團總指揮。李積忿賦閒半年，以為建功立業時機已到，欣然就職。遂率在正太線上的段樹華旅（欠呂端英團）開赴汾陽，令霍原壁旅放棄雲綺嶺孤立抵抗陣地，北移至孝義歸復72師建制，收容周原健旅潰部，並重新做出軍事部署。同時，閻錫山令楊效歐66師推進至孝義南、68師李俊功旅推進至孝義北，總計集結八個步兵旅，兩個炮兵團死守兌九峪，雙方在此展開激戰。紅軍因對敵估計不足，力戰不可，遂主動撤退，並兵分兩路北上南下。有鑑於此，李生達親率72師（欠陳長捷旅）尾隨紅軍北進於方山，後又南下離石、中陽。鑒於晉軍疲於奔命的被動局面，李生達向閻錫山建議效法江西「剿匪」方式，在中陽、石樓、永和、

〔註21〕國民政府：《第1634號指令》，1935年6月27日，《國民政府公報》第1780號，1935年6月29日，「指令」，第9頁。

〔註22〕陳長捷：《關於李生達之死》，見全國政協文史資料委員會編：《文史資料存稿選編》（軍事派系．上），中國文史出版社2002年版，第683頁。

〔註23〕文聞編：《晉綏軍集團軍政秘檔》，中國文史出版社2009年版，第97頁。

〔註24〕榮孟源主編：《中國國民黨歷次代表大會及中央全會資料》（下），光明日報出版社1985年版，第392頁。

隰縣間構築碉堡，限制紅軍活動〔註 25〕，待援晉蔣軍到位後，再與紅軍主力決戰。未幾，陳誠率中央軍火速增援山西。面對形勢的不利變化，為避免大規模內戰，東征紅軍於 5 月初趁山西方面碉堡防線未完成之前，從永和縣清水關、鐵羅關西渡黃河，回師陝北〔註 26〕。

戰後，閻錫山重新整頓晉軍，李生達因在戰役中表現「突出」，被正式任命為第 19 軍軍長，其部下陳長捷升任 72 師師長，段樹華旅擴充為三團制的獨立旅，李部比戰前增添了一個團。然而，閻錫山同時也為楊效歐、李服膺等師各添一個團〔註 27〕，李生達雖有不快，卻也無奈。

此時蔣介石想乘勢渡河追剿西撤的紅軍。並且經此一役，蔣介石對李生達更加「籍重」，「中央已定湯（恩伯）軍及關（麟徵）李（仙洲）兩師共十六團，希望晉綏亦出十六團，閆先生之十團由李舒民帶往」〔註 28〕。同時指定湯恩伯之第 13 軍，李仙洲之第 21 師，高桂滋之第 84 師均歸其指揮〔註 29〕。因入晉增援山西的中央軍並無撤退跡象，閻錫山為讓中央軍出晉省而不得不答應蔣介石的要求。除李部自己原有七個團外，另調獨立第 7 旅馬延守三個團，湊齊了蔣要求的十個團。但是此舉使得晉綏軍其他將領大為不滿，尤以五臺系王靖國為最。以為李生達本就統帥重兵、地位日高，如今又指揮大批中央軍和陝北地方部隊，如此重兵集團由晉入陝，坐鎮綏德、榆林間，與綏遠傅作義更能便宜聯繫，原 72 師本屬傅 35 軍體系，這樣一來勢必要造出晉綏分家的形勢，山西方面則實力大為削弱。閻錫山對此憂心忡忡。

5 月下旬，李生達命 19 軍和獨立第 7 旅在三交、柳林沿河一線集結，湯恩伯軍在離石、中陽一帶集結，計劃於 5 月 30 日在柳林河灘檢閱部隊並虛張聲勢，暗中由陳長捷率 72 師 208 旅接近軍渡河口，奪取黃河西岸紅軍控制的

〔註 25〕陳長捷：《閻軍在陝北和晉西對紅軍作戰資料》，見山西省政協文史資料研究委員會編：《山西文史資料全編》第 12 輯，《山西文史資料》編輯部 2000 年 5 月，第 878、880 頁。

〔註 26〕軍事科學院軍事歷史研究部：《中國人民解放軍全史》第 3 卷，軍事科學出版社 2000 年版，第 332 頁。

〔註 27〕陳長捷：《關於李生達之死》，見全國政協文史資料委員會編：《文史資料存稿選編》（軍事派系．上），中國文史出版社 2002 年版，第 683 頁。

〔註 28〕《徐永昌日記》第三冊，1936 年 5 月 13 日，（臺北）中央研究院近代史研究所 1991 年，第 424 頁。

〔註 29〕李維岳等：《李生達與閻錫山的矛盾及李生達被暗殺真相》，見山西省政協文史資料研究委員會編：《山西文史資料全編》第一卷第 9 輯，山西文史資料編輯部 1998 年，第 652 頁。

宋家川、吳堡地區，建立橋頭堡，以掩護其主力渡河〔註 30〕。在柳林河灘檢閱畢後，李生達當晚即回到離石縣城的 19 軍軍部，計劃於 6 月 1 日率部渡河，不料當晚李生達被兇手槍殺，而兇手亦被衛士當場擊斃於室內。西安追隨楊虎城的成柏仁主持的《秦風週報》對此有較為及時的報導：

> 「中央執行委員兼陸軍第 19 軍軍長李生達，在山西離石督隊，前往陝北剿匪，突於上月 30 日晨，被暴徒刺殺身死。」堂堂副總司令為何被人暗算，據其參謀處長李明鼎稱，「李軍長抵離石後，下榻祥記公司煤油莊，因其以軍次駐紮商號，原屬權宜辦法，雅不願一次復影響商號營業，故雖駐節號內，而對禁衛並不森嚴，以便該商號可以自有營業。……30 日晨四時，李即起床，擬向正在開拔的軍隊訓話，準備出發之際，突有暴徒一人，即對李開槍射擊，李之弁兵聞聲，於倉促間，抽出手槍，立向暴徒還擊，以槍彈均中要害，故李軍長隨即殞命，暴徒當亦死去」。〔註 31〕

與此敘事大體相同的是，李生達部下之陳長捷稱，其在案發後第二天趕至離石縣城軍部，發現李生達是頭部被手槍彈從右後腦斜穿左前額，當場斃命，而兇手則是被一個較小的手槍彈從前額直貫後腦，其時右手緊握一把手槍。由此可知，兇手是在槍殺李生達後，轉身又被另一人所殺，且都是一槍斃命。據稱，兇手係李生達原來的衛士，名熊希月，山西朔縣人，充當多年勤務兵，服侍李生達多年，但日常喜賭好飲，性情蠻橫，頭腦簡單。令人費解的是，軍部人員均稱李生達待熊甚好，「雖然他生活很墮落，卻很少責備，多次走後又回來，李總與收容，且置身旁，沒有變態，何來深仇毒恨」〔註 32〕？案發後，副軍長霍原壁和軍法處長曾廣昕主持調查，發現熊希月有一胞兄熊希軒在太原晉陽日報社擔任採訪員，熊希軒通過汾陽郵局在十幾天中給熊希月匯款 800 元以上〔註 33〕，而且熊希月與軍部傳達班長馬文興關係密切，據

〔註 30〕陳長捷：《關於李生達之死》，見全國政協文史資料委員會編：《文史資料存稿選編》（軍事派系・上），中國文史出版社 2002 年版，第 684 頁。

〔註 31〕魯：《李生達軍長被刺》，《秦風週報》第 2 卷第 18 期，1936 年 6 月 8 日，第 3 頁。

〔註 32〕陳長捷：《關於李生達之死》，見全國政協文史資料委員會編：《文史資料存稿選編》（軍事派系・上），中國文史出版社 2002 年版，第 685 頁。

〔註 33〕李維岳等：《李生達與閻錫山的矛盾及李生達被暗殺真相》，見山西省政協文史資料研究委員會編：《山西文史資料全編》第一卷第 9 輯，山西文史資料編輯部 1998 年，第 653 頁。

馬文興交待：熊希月最近很有錢，對朋友很慷慨。由此可見，正是由於熊希月能夠接近李生達，遂被幕後集團所收買來行刺李生達。至於幕後金主謂誰，因兇手當場被斃，無從知曉。

據稱，閻錫山對於李生達遇害極度悲傷，案發後，閻以軍情不穩改變了李生達的原定計劃，命 72 師陳長捷只留一旅在河西駐守，不得前進。任命王靖國接任第 19 軍軍長，仍統轄自己所部之第 70 師，原李生達部陳長捷 72 師和段樹華獨立第 5 旅，改由「綏署」直轄〔註 34〕，李生達所部力量重新掌握在閻錫山手下。

李生達的靈柩從離石運回太原，6 月 5 日是李生達頭七，各方往祭不絕。夜間 10 時天微雨，執事者將各方所贈花圈輓聯等移置靈前外廊。「12 時許，僧道唪經化紙，致不慎將花圈等燃著，火勢甚猛，時夫人王氏偕公子文隆（年甫七齡）在靈旁守喪，家人搶救將公子救出，夫人已數日不食，堅欲殉節不出，最後拉出，已體無完膚。急連公子送入川至醫院，以傷勢過重，今晨 10 時逝世，公子亦在危殆中，恐無生望」。據稱，「閻（錫山）聞耗哀極，囑備棺在醫院裝殮，上午移本宅。火時，李柩由後窗移出，幸無恙。李院中焚毀甚廣，惟屋內均未染及。夫人年三十，與李為同鄉。長子文隆，次子僅二齡」。〔註 35〕6 日徐永昌記述道：「晚飯在正大飯店，阿王請憲兵司令述李舒民妻殉節（原來是「難」字，後塗改為本字）情形甚詳」〔註 36〕。可見，李妻被火燒致死之事時人解釋為殉節。同期，坊間亦有傳聞稱李妻是被李部下推入火中，因該氏與衛士熊希月有染。於是，公眾對李生達死因的理解越發符合自身的興趣，並詮釋為一場風花雪月的桃色故事。而這樣的輿情正好遮蔽了事件背後地方當局需要澄清的事實。

三、張學良與閻錫山利益的接近

李氏緣何而死，放置於特定時空之下，可謂南京政府安內背景之下央地之爭的犧牲品。承上文所述，蔣介石任命李生達統率重兵赴陝「剿匪」，此等恩

〔註 34〕陳長捷：《關於李生達之死》，見全國政協文史資料委員會編：《文史資料存稿選編》（軍事派系．上），中國文史出版社 2002 年版，第 686 頁。

〔註 35〕太原：《李生達夫人灼傷殞命》，《興華週刊》第 33 卷第 22 期，1936 年 6 月 17 日，第 40 頁。

〔註 36〕《徐永昌日記》第三冊，1936 年 6 月 6 日，（臺北）中央研究院近代史研究所 1991 年，第 433 頁。

寵有加，給閻錫山的部曲展示了該追隨誰更為有利的生動一課。（1935 年參謀團入川之後，蔣介石在四川也使用同樣的招數來拆解劉湘集團）對閻錫山來說，一旦李生達率近四分之一的晉軍入陝，將使得自身力量充當為蔣介石火中取栗的角色，但此間陳誠所率的中央大軍駐晉，閻錫山沒有理由也沒實力違抗南京方面剿匪命令。而陝北之中央紅軍一方面開始西征另做他圖，另一方面正積極開展對閻錫山的統戰工作。5 月 25 日，毛澤東分別致信閻錫山、李生達和楊效歐，託被俘釋放之晉綏軍第 66 師 392 團團長郭登瀛帶回。〔註 37〕在致閻錫山信中，毛澤東指出，「側聞蔣氏迫先生日甚，強制晉軍二度入陝，而以中央軍監視其後，是蔣氏迄無悔禍之心，漢奸賣國賊無與為匹，三晉軍民必有同慨。先生如能與敝方聯合一致，抗日反蔣，則敝方同志甚願與晉軍立於共同戰線，除此中國人民之公敵」〔註 38〕。不能不說，毛澤東在信中一針見血指出了閻錫山的隱憂，閻錫山也不想充當南京方面「安內」的炮灰。

尤其需要指出的是，蔣介石此際督令晉陝各路軍隊進剿業已退回陝北的紅軍，不僅不符合閻錫山的利益，也攪亂了此際張學良構想的西北政治格局。歷史就是如此的弔詭，經過周恩來等人的反覆工作，西北「剿總」副司令張學良此際恰恰發生了重大政治轉向。據周恩來派往張學良處工作的劉鼎 4 月 27 日密報李克農：

> 「這位老頭子昨夜同我見面，他第一給我一個東西。第二表白他的不小的計劃。這二者都可見他一日千里地進步著。當然不久前的一些補濟已經發生效用，同時春季茂茂的萬物也迫使了他，促使了他，此外加上他的大老闆越發在他面前理惡，他家大大小小的嘴也利害，很多人逼他，而且他已經感覺到大老闆對他開始了惡毒的布置，你看他的計劃，最大則要把他家這幢大房屋原的一角（靠他住的一邊）完全拿過來（東鄰一條一路他全圈），小則把他的幾個用人全都練為強幹的打手。最近他準備出去大活動。目下還要裝得老實些，趁這個工夫要向他全部的各房本家以及住在他們家的愛好老藍布被子的幾個小夥子和老老等相好公，他已開始『愛□』，『抗□』活動，開始向內外活動。將使大老闆無法公然反對，同時預備著，

〔註 37〕中共中央文獻研究室編：《毛澤東年譜（1893～1949）》（上卷），人民出版社、中央文獻出版社 1993 年版，第 591 頁。

〔註 38〕毛澤東：《致閻錫山》，見中共中央文獻研究室編：《毛澤東書信選集》，中央文獻出版社 2003 年版，第 29 頁。

> 更預備著同大老闆打一架也可以。家中老人病，要找大煙泡子，是找得到的，只是等一等，等老頭自己出去走一次，有希望要一根新的（晉貨），老頭也要這套傢伙呢」。〔註 39〕

4 月 29 日，張學良飛太原，「向閻錫山解釋中共的抗日民族統一戰線政策，說明紅軍東征的真正意圖不是搶他的地盤，而是要借道山西進軍河北抗日救國。同時還把自己和楊虎城認為『只有抗日，才能統一』的觀點以及力勸蔣介石停止內戰，團結抗日的想法和做法，毫無保留的告訴閻，視閻為同盟者。閻看到全國人民強烈要求抗日的形勢，為了能『自存與自固』，想利用張、楊西阻紅軍、南退中央軍，以保存自己的實力與地盤，於是表示『同意張的看法與做法，並願意與張配合，共同行動』」。〔註 40〕隨著「活路事件」的解決，西安張楊在政治上有了進一步的聯合，堅定了張楊停止內戰、共同抗日的決心。〔註 41〕

5 月 7 日，張學良託周建屏向周恩來轉達，「第一點為蔣有令，直屬四師軍隊由黃河西渡會合楊虎城向上推進，要求我們以山西牽制，以防西渡，言下之意在於恐蔣楊聯絡對張。第二點，希望我方給中央軍以打擊，不要回陝北，如回陝北，恐有 6 個師部隊隨之西渡，對紅軍與對張均不利」。〔註 42〕並且，已經有了聯合西北實行自己主張的張學良的「東北軍在蔣介石嚴令下向北推進。中共中央決定西遷保安，將瓦窯堡讓給東北軍」〔註 43〕。如果在此背景之下，李生達督率大軍渡河進剿，張學良勢必被動捲入這場圍剿，那麼就必然是假戲真做，使得他抗日反蔣的轉變工作難以開展。〔註 44〕那麼，讓李生達所部不過黃河是符合張學良與閻錫山二人的利益的。因此，5 月 27～29 日，西安張楊再度飛赴太原與閻有過商討，並相飲甚歡〔註 45〕，就不難推斷二者利益的一致性。

〔註 39〕張友坤、錢進主編：《張學良年譜》，社會科學文獻出版社 1996 年版，第 996～997 頁。

〔註 40〕張友坤、錢進主編：《張學良年譜》，社會科學文獻出版社 1996 年版，第 997～998 頁。

〔註 41〕張友坤、錢進主編：《張學良年譜》，社會科學文獻出版社 1996 年版，第 1003～1004 頁。

〔註 42〕張友坤、錢進主編：《張學良年譜》，社會科學文獻出版社 1996 年版，第 1002 頁。

〔註 43〕金沖及主編：《周恩來傳》（一），中央文獻出版社 2008 年版，第 504 頁。

〔註 44〕楊奎松先生也表示了相類似的看法，參見楊奎松《西安事變新探》，山西人民出版社 2012 年版，第 98～99 頁。

〔註 45〕《徐永昌日記》第三冊，1936 年 5 月 27～29 日（臺北）中央研究院近代史研究所 1991 年，第 429～430 頁。

「天遂人意」的是30日李生達被害。之後，閻錫山以該時軍心不安，強令入陝，恐害大局，幾經協商之餘，閻錫山始准陳長捷所部72師撥歸湯恩伯指揮入陝〔註 46〕。實際上，李生達在此節點上的死對於晉綏軍不安於室者是具有警示作用的。但本文並非據此認為李案即為閻錫山所指使。且考察李案前後閻錫山日記，因其「不記事而記事之理」撰寫原則，其日記也難有蛛絲馬蹟，「5 月 23 日，不能不錯，必須要能改錯，始能挽救；5 月 30 日，死生不可定，只有從正義；6 月 3 日，兩個軍官，一個自行浪漫無紀，惟願聞部下錯，其軍可用。一個拘謹嚴正，不願聞部下錯，其軍不可用；6 月 6 日，兄弟鬩于牆，外禦其侮，是道理亦是利害，不此之能，己不若常人，豈可更甚焉」〔註 47〕。儘管其言辭之間似有隱衷，然外人不甚明瞭，不好置喙，但是，從字裏行間不難看出此間閻錫山的心神不寧。

四、安內政策下微妙的央地關係

但若說李案與閻錫山沒有任何瓜葛，顯然也難以令人信服。從一個長的時段來看，本案符合閻錫山在南京政府中央化之下如何自存的邏輯。

如果說閻百川氏有心問鼎中原，放手與蔣介石一搏，那是 1930 年春夏之交有過的往事。中原大戰敗績之後，閻氏隱居於天津、大連等地，1931 年 8 月 5 日由大連經大同，回到五臺河邊村老家。據稱，閻氏曾向蔣介石上悔過書，大意為「錫山治全國而不足，治兩省而有餘」。〔註 48〕此間正值蔣胡「約法之爭」寧粵對立之際，蔣介石為對付廣州方面，也為安定北方，準備任命閻錫山為太原綏靖公署主任，遭到國民黨山西省黨部的反對。而閻錫山則策動省垣學生驅逐省黨部。1932 年蔣介石歷經下野到重新上臺，在汪精衛的提議之下，閻錫山任太原綏靖公署主任，不久還出任國民政府蒙藏委員會委員長。1933 年閻錫山為表示與南京方面的同一性，還拒絕了與察哈爾民眾抗日同盟軍之間的合作。1934 年 11 月 8 日，蔣介石由綏遠飛抵太原，9 日還與閻錫山一起訪問河邊村閻氏故里。途中二者交流甚多，閻錫山不僅分析

〔註46〕陳長捷：《閻軍在陝北和晉西對紅軍作戰資料》，見山西省政協文史資料研究委員會編：《山西文史資料全編》第一卷第 9 輯，山西文史資料編輯部 1998 年，第 881 頁。

〔註47〕《閻錫山日記》，山西出版傳媒集團、三晉出版社 2012 年版，第 280～281 頁。

〔註48〕〔美〕唐納德・G・季林：《閻錫山研究——一個美國人筆下的閻錫山》，牛長歲等譯，黑龍江教育出版社 1990 年版，第 115 頁。

了當前的中日矛盾向蔣介石建言獻策，還就央地關係之處置闡明方針。不過今非昔比，蔣氏對此言論的觀感為：「此其杞憂過甚之言，而於內外現狀未甚注意也。」〔註 49〕由此可見，閻氏此際在蔣介石眼裏不再是先前的風雲人物，也許這就是閻錫山所謀求的「拒蔣」就要「擁蔣」之道。當然，蔣介石並未放鬆閻錫山可能的離心傾向。如 1934 年 11 月 8 日，蔣介石為處置蒙疆危機由綏遠飛抵太原，蔣氏對於閻錫山的觀感是，「百川規模與經營不能不為遠大，奈何不用之於全國與民族之上也」〔註 50〕。所謂的全國和民族在此的本意肯定是南京方面所理解的層面，而蔣氏認為「通過自己的雪恥與忍辱負重」，終於達成相當的目標。1936 年 6 月 1 日，蔣介石撰寫五月反省錄，云「十一年來共匪問題人人以為必不能解決也，三年以前無論上下文武，其心理尤盡以共匪為懼，人心動搖，全國鼎沸。惶惶然認為禍至之無日矣。而能堅忍［韌］不拔，始終奮鬥，不顧一切者，惟余與忠勇將士而已。至今晉匪被我攻滅，其計不復得逞，蓋已入最後末路。於是年革命啟光明之路，民族乃有復興之基」。〔註 51〕

在 1930 年代安內攘外國策之下，南京方面之安內所指，除南方蘇區革命勢力之外，兼有武力稱雄與南京對峙的地方實力派。在此大歷史進程當中，地方實力集團為抗拒南京的大一統而對其部下之「心懷二心」者格外警惕，但因「中央化」時代話語權和政治道德方面的制約，該等整肅門戶之事卻又格外的隱秘〔註 52〕。並且，李生達的死也確乎出現在中央難以為之昭雪之際。

是年 5 月，兩廣精神領袖胡漢民病逝，陳濟棠久靜思動。6 月，南北西三方面局勢朝向不利於南京方面發展，「粵陳派王若周密往北方運動叛變」。〔註 53〕華北「宋哲元訪魯韓；二、宋（哲元）擅委津市長與察主席而不報中央」。〔註 54〕6 月 22 日，「宋韓聯名致電國府馬電，其通逆結寇之陰謀已灼然可見矣」。對此，蔣介石之處置為「設法挽救之，應使其知脫離中央，即脫離

〔註 49〕《蔣介石日記（手稿本）》，1934 年 11 月 9 日，斯坦福大學胡佛研究院檔案館藏。

〔註 50〕《蔣介石日記（手稿本）》，1934 年 11 月 8 日，斯坦福大學胡佛研究院檔案館藏。

〔註 51〕《蔣中正總統檔案．事略稿本》（37），（臺）國史館印行，2009 年 12 月，第 153～154 頁。

〔註 52〕與李生達之死相類似者，還有 1937 年 5 月楊效歐之不明不白的死去。

〔註 53〕《蔣介石日記（手稿本）》，1936 年 6 月 2 日。

〔註 54〕《蔣介石日記（手稿本）》，1936 年 6 月 19 日。

中國之毒計」。北路綏遠德王的「獨立為時間問題」，宋哲元「冀省叛變，圖謀脫離中央將成事實，或可及時消弭乎」，雲南方面「滇龍似有挾兩廣以自重之心，乃欲以調人自居」。〔註55〕此情此景，南京方面確也無力無暇深究李案。當然，對蔣介石而言，李生達之死無疑失去一次削弱閻錫山集團的重要機會，蔣介石當初對李生達優待有加難以排除借機分化晉綏系之目的〔註56〕。歷經中原大戰之後的閻錫山，在傅作義、商震相繼淡出自身周邊之後，深知要確保自己的存在，深知須得將山西經營為一個政治經濟軍事等方面均能獨立的政治單元，如此方能與蔣介石的南京中央周旋，新桂系屢仆屢起就充分證明了這一點。那麼南京方面利用晉軍中重五臺、晉北系，而輕晉南系的矛盾，對晉南系將領加以分化、收買，只能使得閻錫山對晉綏核心層控制更加嚴密。

當然，李案發生之後，各方面明面上表現感人。據稱，19 軍軍部急電閻錫山報告李生達死訊，閻錫山回電稱「舒民被刺，使我痛心不置」，且命綏署優備棺殮，派專人前往離石視喪，並指示將靈柩運回太原治喪。後靈柩由段樹華率部護送至太原，「閻親迎於汾河橋上，悲傷至極，竟不能舉步，還是由隨從扶持至柩前，掩面痛哭不能自理」。〔註57〕當然，6 月 1 日蔣介石給閻錫山的電報同樣得體：「告以接李軍長陣亡凶耗，不勝悲傷。惟為國犧牲，乃我軍人天職。李軍長為剿匪救國而死，乃求仁得仁，實為國家永世之光。尚望轉告李夫人養老扶幼，勿過哀傷，以竟李軍長未盡之志而慰其在天之靈，是為至盼。」同時，蔣介石又電告閻錫山，「告以政府發給李軍長家屬撫恤費三萬元，請轉達為荷」。〔註58〕尤其是面對兩廣風起雲湧的局勢，蔣介石顯然此間還需要山西保持與他的一致性，並且，蔣介石電告陳誠「轉請閻先生勸兩廣（當即擬發）」〔註59〕。及至 9 月，蔣李廣州晤面告以兩廣事變結束，李案已成往事。

〔註55〕《蔣介石日記（手稿本）》，1936 年 6 月 22、29 日。

〔註56〕蔣介石與當時各地方軍閥的鬥爭中，其用中央名義來感召與用金錢和官職收買對手之部下是互為表裏的策略，並且是屢試不爽者，李濟深、唐生智、李宗仁、馮玉祥等都敗在蔣氏這種策略之下。

〔註57〕陳長捷：《關於李生達之死》，見全國政協文史資料委員會編：《文史資料存稿選編》（軍事派系．上），中國文史出版社 2002 年版，第 685 頁。

〔註58〕《蔣中正總統檔案．事略稿本》（37），（臺）國史館印行，2009 年 12 月，第 156 頁。

〔註59〕《徐永昌日記》第三冊，1936 年 6 月 4 日，（臺北）中央研究院近代史研究所 1991 年，第 431～432 頁。

結語

1930 年代李生達之境遇，折射出安內背景之下地方實力派當中徘徊於央地之間者的政治生態。南京方面的一個看似輕描淡寫的賦予該等權勢的舉措，都會給李生達這個非晉綏核心圈內者帶來很多的負面。儘管李生達保持著與南京方面的距離，即便是在 1935 年 6 月南下助剿事畢，其在勵志社刊發表倡言，也並未用 19 軍軍長銜，而是以 72 師師長名義發表。〔註 60〕但是，考察李生達對勵志社擴充之言論，可謂言者無意，聽者有心。李氏此番言論也就一應景之說，無甚高論，然字字句句暗合了南京方面「攘外安內」的國策，也似乎表明自己該時段在山西之外的所作所為是順應時代的要求，是復興民族之舉。揆諸史實，閻錫山及其利益集團看到此番言說，勢必覺得是在「蠱惑人心」而離散地方實力。因為發表言論所在之地——勵志社，是當時的南京方面所樹立的一個政治道德指針。

李氏在其言論中開宗明義曰：「武力為政治之工具，軍人為武力之靈魂，復興民族，已為全國一致之要求，第民族如何復興，斯全在軍人之如何努力為定。」隨即李氏舉例蘇聯、德意志、土耳其、意大利等國由弱到強的發展史，指出其原因「實皆藉武力以成其偉大之事業」，在此基礎上，李生達認為中國受列強之壓迫，「與蘇德土意相類，何其結果若是之相反也」？其最要關鍵的因素在於「吾輩軍人，未能為國家盡其作進行政治工具之職責」。由是開始盛讚蔣介石：

> 委員長鑒於軍人為推動一切政治之原動力，並深知過去軍閥之腐敗，欲復興國家，必先有良好之軍人，使軍人有能力，有血性，有氣節，有道德，勇敢向前，為國奮鬥，以作復興國家民族之中堅分子。乃創勵志社，以砥礪軍人志節，修養軍人道德，統一軍人革命意識，造就軍人健全人格，七載以來，社務無時不在進展中，能使全國多數軍人風氣一變，置國家民族於復興之軌道，實皆委員長倡導之力也。望我全國軍人本委員長之意旨，努力修養，期為現代革命軍人，他日國家復興，民族復興，追從各國，實造端於斯也。生達不文，聊述所懷，期於國內袍澤共勉之。〔註 61〕

〔註 60〕李生達：《對勵志社擴充之芻言》，《勵志週刊》第 3 卷第 24 期，1935 年 6 月 16 日，第 4 頁。

〔註 61〕李生達：《對勵志社擴充之芻言》，《勵志週刊》第 3 卷第 24 期，1935 年 6 月 16 日，第 4 頁。

但是，即便如此，李生達也不致死。然而歷史到 1936 年就出現了這樣的機緣，促成了李生達的死，而最根本的死因就是南京政府推行的安內政策，使得地方實力派對於任何心懷二心者倍加提防；也是安內政策逼迫此際張學良的政治轉向，並加緊與閻錫山的利益聯合；因此，此際正準備督師過黃河進剿陝北紅軍的李生達不知覺當中處於危險的境地。而恰恰也就是這時，陳濟棠反蔣舉動凸顯，蔣介石、陳誠重心南移，使得此際李生達被害，南京政府也無暇深究山西地方當局。

李生達被害後，國民政府給恤令為：「陸軍第十九軍軍長李生達，弱冠從戎，夙稱忠勇。十六年奉命北伐，轉戰冀察一帶，身先士卒，迭奏奇功。邇來率軍剿匪，馳驅贛晉，懋著勳勞。茲聞被刺殞命，良深痛惜。李生達著追贈陸軍上將，給予治喪費伍千元，並交行政院轉型從優議卹，生平事蹟存備宣付史館，用示政府追念勳勤之至意。此令。主席林森、行政院長蔣中正。」〔註 62〕國民黨中央的獎卹為：「中央執行委員第 19 軍軍長李生達，久歷戎行，功在黨國，近以奉命剿匪，突遭狙擊殞命。經中央常務委員會第十六次會議決議，由國民政府追贈上將，發給治喪費，從優議卹，事蹟宣付史館，並由中央定期舉行公祭。」〔註 63〕

總之，李生達被暗殺後，閻錫山因「悲痛無法自已」而無心追凶，蔣介石因兩廣內亂急如星火而無力昭雪。可見，地方實力派的下屬在安內背景下呈現出來的傾向南京的選擇，儘管具有時代的進步性，但是缺乏特殊時代處理好央地關係的政治智慧，容易成為央地之間鬥法的犧牲品。但是，隨著李生達的死去，蔣介石下令過河追剿之事也就不了了之。此後晉綏陝甘寧之局勢發展成為我們當下看到的史事。歷史在李生達遇害的那時出現了拐點，陝北存在，並且此後與張楊聯繫日益加強，且有日後的西安事變和國共的和解。而在 1936 年 11 月 18 日下午，因綏遠危局，蔣介石巡視山西，事畢準備飛回洛陽，還於太原機場接見過李生達遺族。〔註 64〕此舉出乎真情還是假戲，惟有蔣公自己知道。歷史就是這樣的複雜多歧，留給後來諸多的遐想。

〔註 62〕《陸軍第十九軍軍長李生達追贈陸軍上將令》，《國民政府公報》第 2108 號，1936 年 7 月 24 日，「令」，第 3 頁。

〔註 63〕《褒卹李委員生達》，《中央黨務月刊》第 96 期，1936 年 7 月，「紀事」，第 763 頁。

〔註 64〕見《國聞週報》第 13 卷第 48 期，「國內時事」，1936 年 12 月 7 日。

第三講　瘧疾：一個戰時凸顯的窒礙軍力因素

題記：瘧疾是由寄生於人體內的瘧原蟲所引發的傳染病，該病一直伴隨人類生活史。近代以來，建立公共衛生體系以防治傳染病漸成國家職責的應有之義，南京國民政府亦有此初衷。20 世紀二三十年代，國民政府針對中國區域性瘧疾高發狀況有過一定的應對，初步掌握了瘧疾在中國南方的分布狀況以及瘧疾種類，澄清了民眾對於瘧疾認知的誤區，揭開了雲貴地區瘴氣病的真相。然此際醫學新舊雜陳，民眾亦缺乏基本的衛生健康知識，兼以國家積貧積弱政府內外交困，全國性的瘧疾防控體系未曾建立，至抗戰爆發，瘧疾窒礙中國抗戰之局面凸現。

在當代醫學解釋中，瘧疾是經按蚊（Anopheles，俗稱瘧蚊）叮咬或輸入帶瘧原蟲者的血液而感染瘧原蟲所引起的蟲媒傳染病。寄生於人體的瘧原蟲共有四種，即間日瘧原蟲、三日瘧原蟲、惡性瘧原蟲和卵形瘧原蟲，中國瘧疾多因間日瘧原蟲和惡性瘧原蟲引發。瘧疾常於夏秋季週期性規律發作，發病時全身發冷、發熱、多汗，且長期反覆發作，易引起貧血和脾腫大。該病在熱帶及亞熱帶地區一年四季皆有，且易流行，中國南方長江流域和珠江流域為多發地帶。目前，大陸地區每年瘧疾發病人數約為 1.4 萬，全國 95%的縣市區瘧疾發病率已降至萬分之一以下，除雲南、海南兩省之外，其他省份已

消除惡性瘧疾。〔註 1〕而在南京政府時期，中國每年瘧疾發病人數達 3000 萬。學界對此研究不多。〔註 2〕

一、中西醫關於瘧疾認知的分野

瘧，為「瘧」簡體，《說文解字》解釋為「熱寒休作，從疒從虐」。中國有關瘧疾的記錄可上溯至《左傳》。〔註 3〕自上古以來，關於瘧疾病因漸有五說：鬼神說〔註 4〕，氣候說，飲食說，瘧母說及五行說〔註 5〕。

時至 1638 年，西方殖民者在秘魯發現美洲土人患瘧疾時多服用金雞納樹皮，頗具奇效。金雞納遂於 1640 年由殖民者帶回本土，給歐洲瘧疾患者帶來了福音。〔註 6〕與此同時，不斷改進的顯微技術亦推動了西人對於瘧疾發病機理的研究。1880 年，法國軍醫拉佛朗（Laveran）在非洲瘧疾患者的血紅細胞中發現了瘧原蟲（Malarial parasites）。1889 年，戈爾基闡明瘧原蟲無性分裂週期與瘧疾發作週期相一致，由此揭示了瘧疾患者間歇性週期發燒的病理。1897 年，英國生物學家羅斯（Ross）在印度發現按蚊體內瘧原蟲的合子，並闡明了人體內與蚊體內瘧原蟲的發育史以及瘧疾的傳播方式，羅斯因此獲得 1902 年諾貝爾生理學或醫學獎。至五四前夕，「瘧疾之學識漸湊完備，為目下諸病中最為明曉之一」。〔註 7〕此際，金雞納以及奎寧類西藥也被中國醫界用於瘧疾的治療，然較諸西人對於瘧疾日新月異的研究，中醫及國人對於瘧疾的認知並非與之同步。

民國肇建，醫界對於瘧疾的認識漸有改觀，西學習醫歸國者秉承西說關於瘧疾發病機理及其傳播途徑等知識，指明瘧蚊（按蚊）即瘧疾「元兇」，宣

〔註 1〕李紅梅：《分三年和十年消除麻疹和瘧疾》，《人民日報》2010 年 7 月 31 日，第 2 版。

〔註 2〕相關研究有：左鵬：《宋元時期的瘴疾與文化變遷》，《中國社會科學》2004 年第 1 期；唐力行：《城鄉之間：1947 年歙縣旅滬同鄉會撲滅家鄉瘧疾運動會》，《史林》2013 年第 1 期。

〔註 3〕劉利譯注：《左傳》（昭公十九年），中華書局 2007 年版。

〔註 4〕（晉）干寶：《搜神記》卷十六，中華書局 2012 年版。此說對國人影響至深，時至 20 世紀三十年代，川省民眾患瘧者多謂為神鬼所致，「多秘而不宣」，諱言「寒二哥」或「擺子」，患瘧者「多求諸端公書符咒以資攘除」。王慎之：《四川之瘧疾》，《新醫藥刊》第二十三期，1934 年 10 月 15 日，第 6 頁。

〔註 5〕李濤：《我國瘧疾考》，《中華醫學雜誌》第十八卷第三期，1932 年 5 月，第 415 頁。

〔註 6〕朱憲彝：《瘧疾小史》，《醫學週刊集》第四卷，1931 年 2 月，第 112 頁。

〔註 7〕吳旭丹：《說瘧》，《科學》第四卷第五期，1919 年 1 月，第 473 頁。

傳「驅除蚊蟲」和「殺滅孑孓」為防治瘧疾之辦法，相關文章論及治瘧用藥金雞納的劑量問題。〔註8〕民四年，有關文章具體解釋了瘧蚊與瘧疾的關係，「蚊蟲為虐甚矣，間有一種專以散佈寄生物，使瘧疾轉相傳染，已染瘧疾之人，其血中有一種寄生物，此物發達，漸漸成熟，蚊吸飲此人之血，此寄生物入蚊之口部，復由口部深入腸胃，七八日後，蚊之唾液中皆此物。故此時此蚊復齧他人，寄生物即隨蚊之唾液傳於人血中，於是無病者亦染瘧疾，此瘧疾傳染之由來也」。〔註9〕民七年，馬孟元專門討論了瘧疾的症狀，列舉了中西醫治療瘧疾的方法。〔註10〕此後，西方關於瘧疾的病理及其治療方面的專論漸次被譯介至中國。〔註11〕

不過，在此歐西學識未傳入中土之前，「凡言致瘧之原者，不外乎風寒內侵與夫瘧鬼作祟而已」。值得注意的是，五四新文化之後，西醫援引西學對於瘧疾的醫學詮釋，而中醫堅持延引傳統的解釋。而此間國內西醫自稱「新醫」，稱中醫為「舊醫」，二者之間乃有「新舊之爭」——先進與落後之爭；而中醫自稱「國醫」，稱西醫為「西醫」，將中西醫之爭視為「中西之爭」。二十年代「廢止中醫」說漸起，西醫之激進者對中醫之批評更近乎苛刻，中西醫之爭由此激化，雙方各據輿論要津——西醫以《中華醫學雜誌》為大本營，中醫以滬上、京津等地的國醫類刊物為主陣地，如天津市國醫研究會《國醫正言》等。此間中西醫家論述瘧疾的文章不斷面世，且數目眾多，彼此間貌似相安無事，實則體現在瘧疾病理詮釋一事上的針鋒相對，折射出二者在醫界話語權的爭奪。〔註12〕

〔註8〕江聖鈞：《麻拉里亞（瘧疾）預防撲滅及治療法》，《醫藥觀》第一期，1914年2月1日，第61～73頁；江聖鈞：《瘧疾治療法》，《醫藥觀》第三期，1914年8月15日，第23～40頁。

〔註9〕秉志：《瘧蚊》，《科學》第一卷第十一期，1915年11月，第1303頁。

〔註10〕馬孟元：《瘧疾中西治療之大要》，《中西醫學報》第8年第4期，1917年11月，第10頁。

〔註11〕健民：《瘧疾之原因與防禦治療法》，《東方雜誌》第十六卷第三號，1919年3月15日，第189頁。黃國材：《瘧疾中西診治論》，《紹興醫藥學報》第十卷第十二號，1920年12月20日，第208頁。

〔註12〕一則類似雙簧的醫患問答頗能反映問題：有許平一投函醫家慨歎患瘧五次之苦，對比了西醫勝過中醫的療效，且陳述了患瘧原因的自我猜測，「第三次因冬天夜間起身小便致感風邪，其餘均係野外洗澡後感風所致」，西醫董道蘊為之作答瘧原蟲致病原理，並詰責許平一猜測患瘧原因，「難道要提倡文化復古，來崇拜風邪等陰陽師所講的名稱嗎」？《大眾醫刊》第十一期，1931年9月16日，第68～70頁。

較諸西醫闡釋瘧疾成因的邏輯合理性，此際中醫也分門別類解釋了瘧疾的寒熱交作症狀，「夏傷於暑，秋必痎瘧，痎乃間日之義，瘧即肆虐之謂也。蓋暑必自汗，腠理悚鬆，風寒乘間得入，營衛二氣被傷，循行失其常度，水濕因之阻滯也。夫風暑，陽邪也；水寒，陰邪也。邪正不並立，遇則相爭，所謂出與陽爭，陰勝則寒；入與陰爭，陽勝則熱，陰陽俱勝，汗出而解矣」。〔註 13〕同時，中醫認為瘧疾有「寒瘧、溫瘧、癉瘧之分」，各自的發病機理為，寒瘧「由夏傷暑濕」引起，「既傷暑濕，故腠理為之鬆解，其汗乃大出，適遇淒滄之寒水，藏於皮膚，至秋金風栗栗，復著於玄府之內，玄府秘藏，則寒瘧之病成矣」。此論的依據是《素問・瘧論篇》，「夏傷大暑，其汗大出，腠理開發，遇夏氣淒滄之水，寒藏於腠理皮膚之中。秋傷於風，則病成矣」。並且，對於瘧疾寒熱反覆發作的解釋是，「夫寒者，陰氣也；風者，陽氣也，先傷於寒，而後傷於風，故先寒後熱也」。溫瘧的發病機理與此相反，緣於「先傷於風，而後傷於寒，故先熱而後寒」。至於癉瘧，則是「熱而不寒」，其理論依據為《金匱要略》所載，「陰氣孤絕，陽氣獨發，則熱而少氣，煩冤，手足熱而欲嘔」。〔註 14〕時至三十年代，中醫界尚認為瘧疾是因為「夏氣酷暑，暑必傷人，傷則必病，莫之能禦也」，至於為何不在夏天發病而在秋天，中醫的解釋為，「自夏徂秋，歷有多日，積就延遲，遂致釀成為痎瘧，有逢秋必發者，是殆伏氣之為病也，遙想夫盛暑之時，溫度極高，高則空，血管擴張，張則虛，空虛其竅，無殊緝盜而開門。況又貪涼吃水，畏熱當風，浴取泉流，生啖瓜果，致使寒冷之邪，直從口鼻而入，蓄積於經隧所歷之界，而潛伏其中，迨至秋風漸起，新邪誘動舊邪，觸而即發，則痎瘧遂成矣」。〔註 15〕顯然，起碼在理論上中醫並未在瘧疾診療領域敗北。

因此，儘管南京政府於 1929 年有過廢止中醫的動議，然因該提案引發中醫界全國性的抗爭而作罷。揆諸史實，該動議之息止還在於中醫藥亦非純屬無稽。檢視一則醫案為例，四川隆昌羅文富患「伏暑化痁瘧」，就診中醫開具藥方，「淡竹葉 8 錢，香藿葉 4 錢，嫩青蒿 6 錢，象貝母 1 兩，蜀漆苗 3 錢，

〔註 13〕潘彤侯：《論痎瘧》，《青浦醫藥學報》第一期，1922 年 8 月 20 日，第 10 頁。
〔註 14〕翁齊賢：《寒瘧溫瘧癉瘧辨》，《中醫雜誌》第六期，1923 年 3 月，第 19～20 頁。
〔註 15〕陳應期：《夏傷於暑秋必痎瘧論》，《國醫正言》第十七期，1935 年 10 月，第 33～34 頁。

連翹殼 8 錢，淡豆萁 8 錢，青橘皮 4 錢，瓜蔞霜 6 錢，生梔子 1 兩，清半夏 3 錢，枯黃芩 4 錢」。〔註 16〕考察該藥方使用了青蒿，而現代醫學證明青蒿具有清熱解暑除蒸截瘧功效，是一種廉價的抗瘧疾藥。〔註 17〕由此可見，中西醫理論均源於實踐經驗，因各自不同的觀察方法、思維形式及表述方式，乃形成兩個不同的醫學體系。西醫理論建基於縝密的觀察和科學的實驗，其結果具有直接關聯性，容易使人信服。中醫理論建立在中國古代自然哲學之上，具有較多的思辨性和模糊性，在科學主義時代，難免遭致質疑。

當然，本文難以統計二十年代中醫和西醫在治療瘧疾方面各占的比重。不過，經過西醫的不懈努力，從西醫角度解釋瘧疾病理的衛生知識得以傳播，部分外國人亦開始在華從事關於中國瘧疾的分布及其種類的調查。1926 年，一位名為 Faust 的外國人調查得出中國瘧疾的分布狀況，「瘧疾在中國之西北地方，完全絕跡，如張家口山西省之中部，陝西省之南部，甘肅省之中部。瘧疾傳染區域係起於揚子江下游，伸展東南海濱，直至瘧疾最為盛行的臺灣海南。在雲南省之西南部，被瘧疾所傳染甚為深重，而尤以與緬甸接壤區域為最。揚子江上遊人民，如四川省中部受瘧疾傳染者甚為劇烈。東三省除近西伯利亞瀕海數省的阿穆河流域為瘧疾之集中點外，患瘧疾者為數較少」。就中國各處所發現的各種瘧疾分類，「間日瘧散佈最廣」。〔註 18〕此說從靜態上反映出了中國瘧疾的分布狀況，若考慮到南北地區人口的流動，則中國瘧疾的傳播遠遠超出了此說所界定的範圍。

1927 年南京國民政府建立，此後至抗戰爆發前十年有「黃金十年」之說，兼以 1934 年「新生活運動」的影響，其公共衛生事業漸有雛形，中國嚴重的瘧疾問題也引起了國民政府的關注。

二、南京政府針對瘧疾的有關工作

歷史上瘧疾戕害人類之事不單存在於中國。一戰之後，瘧疾再成世界範圍內的醫學及社會問題，1918 年至 1923 年間全球瘧疾流行區瘧疾復發，單個國家在技術上以及財政上均難以應付，1923 年國聯衛生委員會為之專門組設

〔註 16〕周禹錫：《伏暑化痞瘧案》，《醫界春秋》第 84 期，1933 年 10 月 15 日，第 28～29 頁。

〔註 17〕《中國藥典·青蒿》，http://www.zysj.com.cn/zhongyaocai/yaocai_q/qinghao.html。

〔註 18〕宋大仁：《瘧疾在中國分布之情形及其治療法》，《社會醫藥》第四卷第 9 期，1937 年 6 月，第 823～828 頁。

瘧疾委員會。〔註 19〕該委員會首要工作為調查各國瘧疾狀況，曾於 1924 年至 1929 年六年間組織了六次旅行調查隊，前往保加利亞、希臘、意大利、羅馬尼亞、蘇聯和巴勒斯坦、西班牙、美國、印度等國調查當地瘧疾流行狀況。1931 年夏秋中國長江流域發生特大水災，洪澇之後，瘧疾等時疫大肆流行。國聯衛生委員會為此派遣裘格博士來華協助中央衛生實驗處組織調查研究。1932 年國聯衛生委員會第一次發表關於瘧疾的論著《有關瘧疾各國及世界瘧疾之考察》，指出「瘧疾使世界各國鄉間致死人數，多於任何疾病，對於個人、社會、國家的經濟和福利損失亦較大」。〔註 20〕其次，該委員會還聯合各國專家專門研究瘧疾，先後於 1934 年、1935 年在新加坡舉辦的第一、二屆國際瘧疾研究班，共同謀求全球範圍內的瘧疾防治。1936 年國聯再次發表「瘧疾與治療」一文。1937 年遠東各國彙集印尼萬隆舉行會議共商各國鄉村瘧疾之處理。〔註 21〕

南京國民政府以奉行體制外交立國，認同國際社會的規範，聯合國際組織，遵循國際法規開展各類活動。〔註 22〕此間，發軔於西方的公共衛生思想漸為國人所重視，基於防疫、人道、民族以及經濟的考慮，有識之士籲請政府重視公共衛生建設。〔註 23〕南京政府對此有過回應，在其政權建立之初即專設衛生部，內設防疫司，下設三科，其中第一科職掌為調查報告、預防、撲滅傳染病和地方病。〔註 24〕衛生部建有中央衛生試驗所，內設病理等科室負責「檢驗鑒定製造研究事項」。〔註 25〕還先後派遣醫師參加國聯 1934 年、1935 年在新加坡舉辦的第一、二屆瘧疾研究班。由此可知，南京政府建政之

〔註 19〕李濤：《國際聯盟瘧疾委員會之工作》，《中華醫學雜誌》第十八卷第三期，1932 年，第 396 頁。

〔註 20〕《國際瘧疾研究班》，《內政消息》第八號，1935 年 3 月，第 812 頁。

〔註 21〕《中華醫學雜誌》第二十六卷第 12 期，1940 年 12 月，第 1014 頁。

〔註 22〕陳廷湘等著：《近三十年中國現代思想史研究》，巴蜀書社 2012 年版，第 225 頁。

〔註 23〕參見黃子芳：《中國衛生芻議》，《中華醫學雜誌》第十三卷第五期，1927 年 10 月，第 338～354 頁；姚永政：《公共衛生的意義》，《醫藥評論》第三期，1929 年 2 月 1 日，第 11～12 頁；胡鴻基：商務印書館，《公共衛生概論》1931 年 9 月；鍾惠蘭：《中國急宜發展公共衛生》，《新生活週刊》第一卷第四十六期，1935 年 4 月 3 日，第 13～16 頁。

〔註 24〕《衛生部各司分科規程》，《衛生公報》第一卷第一期，1929 年，第 40 頁。

〔註 25〕《修正中央衛生試驗所組織條例》，《衛生公報》第一卷第二期，1929 年，第 34 頁；《漢市府撲滅蒼蠅和蚊蟲辦法》，《湖北省政府公報》第 98 期，1935 年 5 月 16 日，第 26 頁。

際，確也把建立公共衛生體系作為國家和地方政府的重要職責。當然，要在短短幾年內確立起全國性的衛生醫療體系，其難度可想而知。僅就防治瘧疾參與國際合作一事，時論道出了中國的差距，「我國抗瘧工作尚在萌芽時代，此次出席瘧疾班之學員，如能於未出國前先將國內之一切瘧疾問題詳加考慮，而後將比較重要與困難者交付國際專家討論，同時細察各國瘧疾狀況與抗治方法，將來回國時，必大有所貢獻也」。〔註 26〕

具體到防治瘧疾一事，南京政府較多地遵循國聯瘧疾委員會的防瘧規則，即先行調查，再做具體研究，因而在 1927～1937 年間開展過各項針對瘧疾的調查，初步掌握了長江流域、珠江流域和西南地區的瘧疾狀況，對於瘧疾的認知及其治療亦不斷深入，〔註 27〕並統計出瘧疾患者在主要傳染病當中令人堪憂的比重。（見表 1）且獲知瘧疾的流行，除了傳播媒介之外，還與當時的人口流動及經濟的狀況密切相關，這在新建住宅區（尤其是臨時勞動力居住的伐木、築路等公棚區）和城市周邊地區尤為明顯。從而認識到，中國南方普遍存在的瘧疾不僅僅是公共衛生體系缺失的問題，尤其與農業區的欠發達和貧窮人口的流動存在密切聯繫。〔註 28〕1937 年日本全面侵華戰爭爆發，此項事業被迫中斷。

表 1　傳染病寄生蟲病分區之調查及對於全體病人所佔之百分數

	民國 22 年	民國 23 年	民國 24 年			
			黃河流域	長江流域	珠江流域	共計
鉤蟲病	——	——	0.13	0.16	0.80	0.24
流行性腦脊髓膜炎	0.07	0.06	0.01	0.07	0.02	0.04
白喉	0.13	0.16	0.10	0.14	0.07	0.12
黑熱病	0.14	0.81	0.27	0.20	0.02	0.21
痲瘋	0.30	0.21	0.02	0.05	0.15	0.05

〔註 26〕《國際瘧疾研究班》，《內政消息》第八號，1935 年 3 月，第 811、813 頁。

〔註 27〕孔麟：《近世瘧疾之治療及其預防》，《同濟醫學季刊》第三卷第一期，1933 年 3 月 31 日，第 116～119 頁。

〔註 28〕孫宕越：《瘧疾與地理》，《地理學報》第三卷第三期，1936 年 9 月，第 551～563 頁。

瘧疾	1.80	1.57	0.17	1.44	4.22	1.36
回歸熱	0.09	0.11	——	0.05	0.06	0.04
猩紅熱	0.07	0.05	0.05	0.03	0.01	0.03
血吸蟲病	0.05	0.08	——	0.06	——	0.03
天花	0.04	0.03	0.02	0.01	——	0.02
傷寒	0.73	0.62	0.08	0.34	0.40	0.25

資料來源：劉瑞恒：《十年來的中國醫藥衛生》，中國文化建設協會編《抗戰十年前之中國（1927～1936）》，見沈雲龍主編《近代中國史料叢刊續編第九輯》，（臺）文海出版社有限公司印行。

（一）區域性瘧疾狀況之調查

國民政府所開展的區域性瘧疾狀況調查最初開始於淞滬杭地區。1929年入秋後，上海廣慈醫院收治的瘧疾病人數倍於前幾年，「起病已有二月或一月，為不規則之間歇熱，貧血，脾大。檢得過半數病者血液中均有惡性瘧原蟲」。根據調查確認淞滬鄉間是惡性瘧疾高發區，「大約占居民三分之一，雖不臥床，均呈貧血症狀，脾臟腫大」。〔註 29〕而當年浙江青溪縣惡性瘧疾「蔓延甚廣，死亡人數不少」。〔註 30〕並且實地調查讓民眾始料未及的是，湖水澄清水草雜生的西湖居然是最適於瘧蚊繁殖的場所。〔註 31〕1928 年杭州市政府衛生科統計，杭州當年死亡人數為 5609 人，其中因瘧疾死亡者 88 人（男 51，女 37），占死亡人數的 1.57%。調查顯示，若氣候炎熱，則瘧蚊之繁殖極速，患瘧者亦隨之增加；亦即說明氣溫的高低與患瘧者之多寡，成正比例。（見表 2）同時還發現男性在 30 歲以內者，患瘧的人數與年齡成正比例，30 歲以外則成反比例。女性患瘧之人數與年齡成正比例。〔註 32〕表 2 數據無意中顯示了瘧疾高發期與瘧蚊的繁殖旺季同步，即夏秋兩季為瘧疾高峰期。

〔註 29〕吳雲端：《淞滬鄉間現在流行之惡性瘧疾》，《醫藥評論》第 24 期，1929 年 11 月 16 日，第 41～42 頁。

〔註 30〕浙江省政府民政廳：《第 20708 號訓令》，《浙江民政月刊》第 24 期，1929 年 11 月 20 日，第 210 頁。

〔註 31〕洪式閭：《杭州之瘧疾》，《醫藥學》第八卷第二期，1931 年 2 月，第 5 頁。

〔註 32〕李鳳蓀：《杭州瘧疾與瘧蚊之初步調查》，《浙江省昆蟲局年刊》1932 年第二號，第 324 頁。

表 2　氣溫的高低與患瘧比例表

月份		1	2	3	4	5	6	7	8	9	10	11	12	總計
溫度(F)		34	35.2	50.7	57.9	64.4	71.1	77.8	83	71.3	60.4	52.7	39.4	
瘧疾	人數	42	43	53	57	75	126	251	287	230	212	77	41	1494
	%	2.8	2.9	3.4	3.8	5.0	8.4	16.8	19.2	15.4	14.2	5.1	2	

資料來源：1932 年《浙江省昆蟲局年刊》第二號，第 324 頁。

該項調查強調，「瘧蚊之發生地，與患者之多寡有密切關係」，比方說，「岳墳一帶為瘧蚊最多之處，故患瘧者亦較多。衛生科位於城市之中央，距瘧蚊發生地甚遠，故患瘧最少」，另外靈隱小學患瘧者較他處尤其多，這主要是該處學生「家道貧寒」無力購買蚊帳，「惟有任蚊蟲之吸食」，因此患瘧者甚多，其中間日瘧最多。〔註 33〕（見表 3）從現代傳染病學來說，本次調查發現的表述不甚規範，但卻觸及了控制傳染源在傳染病防治工作中的重要性。

表 3　瘧疾與瘧蚊生產地之關係表

地點	機關	患瘧人數	未患人數	調查人數	患瘧百分比
靈隱	靈隱小學	11	13	24	46
城內平海路	市府衛生科	2	21	23	9
岳墳	昆蟲局	36	74	110	33
	市立中學二部	39	102	141	27
武林門	中正橋小學	39	138	177	22
總計		127	348	475	27

資料來源：1932 年《浙江省昆蟲局年刊》第二號，第 325～326 頁。

進入三十年代，國民政府所開展的區域性瘧疾狀況調查比較集中於華南與西南地區。1932 年，馮蘭洲考察廈門島中柯厝村 42 名山麓工人，其中 35 人的血液中查出瘧原蟲，脾腫大者 25 人；禾山村 31 位村民當中，18 人攜帶瘧原蟲。不過，廈門市內居民患瘧疾者較鄉村少。〔註 34〕

〔註 33〕李鳳蓀：《杭州瘧疾與瘧蚊之初步調查》，《浙江省昆蟲局年刊》1932 年第二號，第 325 頁。

〔註 34〕馮蘭洲：《廈門之瘧疾及其傳染研究》，《中華醫學雜誌》第十八卷第三期，1932 年，第 374、378、385 頁。馮蘭洲（1903～1972），山東臨朐人，現代醫學寄生蟲學家，中國醫學寄生蟲學的奠基人之一。

1934 年，相關醫院匯總的一份京滬杭鐵路員工的血檢報告顯示，1031 人中攜帶瘧原蟲者 131 人，占被驗人數的 12.61%，其中間日瘧患者 97 人，占 71.76%。就感染瘧疾類型而言，常州與吳淞兩地鐵路員工多感染間日瘧，蘇州多是惡性瘧。而且此項瘧疾調查當中，在鎮江發現回歸熱螺旋體血片一份，在吳淞發現血吸蟲血片一份，〔註 35〕具體情形見表 4。

表 4　1934 年京滬鐵路 7～9 月瘧疾調查報告表

送驗院所	被驗人數	脾腫人數	脾腫程度			瘧原蟲血片數	瘧疾類別				附錄
			○	I	II		間日瘧	惡性瘧	四日瘧	混合瘧	
南京診療所	204	89	205	85	4	12	9	3			發現回歸熱螺旋體血片一份 發現血絲蟲血片一份
鎮江診療所	154	21	133	19	2	37	26	11			
常州診療所	89	24	65	22	2	29	25	4			
蘇州診療所	166	31	135	31		19	8	11			
上海醫院	87	10	77	10		11	7	4			
吳淞診療所	241	26	215	26		23	19	4			
總計	1031	201	830	193	8	131	94	37			
被驗人數百分比			19.31			12.61	71.76	28.24			

資料來源：《中山醫報》第一卷第一期，第 40 頁。

1934 年上海浦東高橋的調查顯示，「居民患瘧者甚多，兩年來查驗血液已達四千四百餘人，發現瘧疾原蟲者占百分之九，以間日瘧為最多，三日瘧次之」。〔註 36〕

雲南思茅地區自 1919 年始有瘧疾流行，至三十年代中期，瘧疾危害慘烈，「初時每戶中可免死亡，但不能免無病；繼則每戶中可免死絕，但不能免不死。後則每街每段，或可免居民死絕，但不能免無全戶死亡者」。〔註 37〕1935

〔註 35〕張理覺：《京滬路瘧疾調查報告》，《中山醫報》第一卷第一號，1936 年 1 月 1 日，第 37～38 頁。

〔註 36〕賴斗岩：《上海高橋區瘧疾調查報告》，《中華醫學雜誌》第二十卷第四期，1934 年 4 月，第 575 頁。

〔註 37〕後晉修：《思茅之瘧疾及其流行之初步研究》，《西南邊疆》第三期 1938 年 12 月，第 24 頁。

年後晉修調查該地區瘧疾流行狀況，通過抽檢了 110 名小學生的血樣，血檢狀況如表 5。

表 5　思茅縣立小學 12 歲以下學生 110 人檢查脾臟血片表

檢查事項	人數	百分率
脾腫大者	58	52.7%強
脾腫大同時血片有瘧原蟲	15	14%弱
僅血片有瘧原蟲	8	7.3%弱
脾不腫大無瘧原蟲	39	37.3%弱

資料來源：《西南邊疆》第三期，1938 年 12 月，第 27 頁。

從上表可知，此 110 名學童當中，脾腫者占 66.7%。依據瘧疾學上脾腫指數而言，脾腫率小於 10%，不算是流行；大於 10%，始為流行；脾腫率在 25% 以上，為大流行；若超過 50%，即為劇烈的大流行，據此可知三十年代思茅地區的瘧疾流行程度。同時，根據瘧原蟲分類統計可知思茅地區以三日瘧為最多，惡性瘧次之，三日瘧與惡性瘧混合型又次之，四日瘧最少。見表 6。

表 6　三百份瘧疾病人血片中瘧疾原蟲分類表

原蟲種類	人數	百分率
三日瘧	120	43
惡性瘧	84	28
四日瘧	15	5
混合型（惡性瘧與三日瘧混合）	72	24

資料來源：《西南邊疆》第三期，1938 年 12 月，第 27 頁。

1934 年，馮蘭洲赴華南調查，查得廣東省南部九龍地區 1181 名工人患瘧疾者 951 人，其中 526 人確定了所感染的種類，「間日瘧 142 人，惡性瘧 375 人，三日瘧 6 人，混合瘧 3 人」。粵北地區砰石樂昌鐵路工人 1764 人當中，40%有脾腫大症狀。海南島上「瘧疾雖不若天花及鼠疫流行時之惹人注意，然其確為每年使人生病及死亡率高最大之原因」。1936 年 9 月的調查顯示廣西龍勝等桂北山區屬於「重地方性瘧疾」。其中兒童患瘧疾最多，而成人較少，「因之小兒自幼即受連續傳染，漸生免疫力，及至成人時期則患瘧者甚微也」。而百色、南丹及梧州地區主要屬於「輕地方性瘧疾，以梧州為最重，百色次之，南丹又次之」。〔註38〕總體而言，兩廣山區瘧疾發病率遠較平原地區為重。

從上項各類調查基本可以看出，鄉村環境更適合於瘧蚊的繁殖，鄉民感染瘧疾的機率遠大於城市居民。

（二）揭秘瘴氣病就是惡性瘧疾

瘴氣病在未被現代醫學探明真相之前，是西南各省山嶺區域的一種流行病的通稱，以雲貴兩省為最。據《黔南叢書》記載：「瘴氣蔓延於廣西省邊界與貴州省鎮寧縣之間，氣呈紅綠彩色，狀似霓虹或若夕陽西下時至落霞。受瘴氣時，應急速臥地，或嚼齧檳郎，或含沙於口以避其毒。否則，病即染身，病狀頗似瘧疾，且有黃疸腹臌等症，二三年必死。醫治之法，可用黃花之根」。〔註39〕相傳雲貴地區瘴氣病是由於吸入了腐爛動植物所發生的毒氣而引起的，一到春末花落，瘴氣出來之時，道路旅人為之絕跡。〔註 40〕人中此毒氣，「初頭痛發熱，繼則昏迷，病者亦有經此而轉癒，亦有不數日即死，但最常見者，即病人發生黃疸、腹臌、消瘦等經年而死」。並且，「客籍蒞行是地，較當地人民病死更多」。清末貴州坡腳駐有騎兵五千人，屢有患瘴氣死亡者，當局疑是該地衛生不良，於是建築了堡壘避疫，仍然無濟於事，「計數年內士兵死亡三千人之多，終乃畏避移防」。瘴氣最終使得坡腳由黔南重鎮一變為蕭條之處，「每年販運罌粟至廣西，行經貴州邊界瘴氣盛行之區，十人中死於病約四人，因是商旅視為畏途」。當地歌謠道出了安龍縣自石門坎往南至坡腳河受瘴氣影響的狀況，「走到石門坎，鬼在後面喊；走到梅子口，鬼在後面候；走到三道溝，閻王把簿勾；過了坡腳河，寫信回家嫁老婆」。〔註 41〕在瘴氣流行最劇烈地區，居民稱其為「悶頭擺」，儘管瘴氣病症狀和流行狀況與瘧疾相似，「當地醫家仍認為瘴氣為一種固有獨特之疾病」。〔註42〕西醫曾懷疑瘴氣病就是瘧疾，然缺乏足夠證據，以至於瘴氣是

〔註38〕馮蘭洲：《兩廣瘧疾問題之研究》，《公共衛生月刊》第二卷第七期，1937 年 1 月 1 日，第 519～523 頁。

〔註39〕（清）田雯：《黔書》，任可澄編《黔南叢書》第二集第四冊，貴陽文通書局 1924 年刊印，第 63 頁。

〔註40〕艾蕪：《山中送客記》，《艾蕪短篇小說選》，人民文學出版社 1978 年版，第 78 頁。

〔註41〕《貴州及廣西邊界瘴氣病之調查》，《公共衛生月刊》第一卷第八期，1936 年 2 月 1 日，第 36 頁。

〔註42〕《貴州及廣西邊界瘴氣病之調查》，《公共衛生月刊》第一卷第八期，1936 年 2 月 1 日，第 36 頁。

一種固有的病還是瘧疾的誤傳一直未能澄清。

1923 年貴州省派軍討伐陳炯明，行抵廣西百色時，「彈猶未發，而士兵死於瘴氣則千餘人」。1935 年春，「中央軍抵貴剿共，亦因瘴氣之為害感受而不治者甚多」。〔註 43〕5 月，蔣介石專電衛生署，要求派員前往雲貴，調查防治瘴氣。衛生署迅即派出該署技正姚永政率隊前往調查。

姚永政一行在黔南瘴氣最嚴重的安龍縣坡腳等村鎮調查半年有餘，探明貴州瘴氣病多分布於該省南盤江及其支流的山谷，其中鎮豐（今作貞豐）、冊亨及安龍等縣屬各地是瘴氣病的重要流行區，「最猖獗之處則是坡腳、王母等地」。凡是山麓間地勢低窪濕熱之處，瘴氣最為流行；而在海拔二千尺以上地區，難見瘴氣病。如安龍縣城地處海拔四千尺以上，「無瘴氣痕跡」；而坡腳村，離縣城不過六十里，但地勢比縣城低二千尺，瘴氣病甚為猖獗。〔註 44〕根據瘴氣病的發病症狀，姚永政等認為瘴氣病就是瘧疾。但當地醫生並不認同此說，他們認為「瘧疾必有規則之寒熱，死亡率少，而瘴氣則寒熱無規則，病者消瘦，死亡率高」。姚永政為此對當地醫生診斷為瘴氣的患者進行血檢，均查得惡性瘧原蟲；再對安龍縣城內收治的 12 名診斷為瘴氣的病者復行血檢，亦檢出瘧原蟲；另外還診查坡腳村 68 名患者，血檢均發現瘧原蟲。（見表 7）至此，瘴氣病就是惡性瘧疾不僅是姚永政等通過現代流行病學之調查所得，也是通過現代醫學臨床診斷的客觀結論。〔註 45〕

表 7　貴州南部瘴氣盛行區域內兒童脾腫及瘧原蟲指數

地名	檢驗 12 歲以下兒童					瘧原蟲種類							
	總數	脾腫數	脾腫指數	有瘧原蟲	瘧原蟲指數	惡性瘧		間日瘧		三日瘧		混合型	
						總數	%	總數	%	總數	%	總數	%
坡腳	41	18	43.90	19	46.34	14	73.68	3	15.79	2	10.53	0	0
攀枝花	42	10	23.81	20	47.61	16	80.00	1	5.00	1	5.00	2	10.00
打坐	19	4	21.05	9	47.37	5	55.56	2	22.22	1	11.11	1	11.11
板屯	6	4	66.67	5	83.33	4	80.00	0	0	0	0	1	20.00

〔註 43〕《貴州及廣西邊界瘴氣病之調查》，《公共衛生月刊》第一卷第八期，1936 年 2 月 1 日，第 37 頁。

〔註 44〕《貴州及廣西邊界瘴氣病之調查》，《公共衛生月刊》第一卷第八期，1936 年 2 月 1 日，第 33～35 頁。

〔註 45〕姚永政、林樑城、劉經邦：《瘴氣病之研究其一：貴州及廣西邊界瘴氣病之真相》，《中華醫學雜誌》第二十二卷第二期，1936 年 2 月，第 97～106 頁。

三道溝	9	6	66.67	6	66.67	4	66.67	2	33.33	0	0	0	0
總數	117	42	35.90	59	50.43	43	72.88	8	13.56	4	6.78	4	6.78

資料來源：《公共衛生月刊》第一卷第八期，1936 年 2 月 1 日，第 39 頁。

三、抗戰前有關瘧疾問題的認知

1927 至 1937 年間，國人對瘧疾的傳播問題有了進一步的認知，除認為瘧疾流行與衛生狀況有關之外，此間最大的發現就是認識到人口流動能加快瘧疾的交互感染及其傳播速度。在此十年之間，中國內戰相對集中，各參戰軍隊遷徙不定，因此瘧疾流行區的軍隊有可能把瘧疾帶到無瘧地區，而該地民眾對於瘧疾無免疫力，因而感染。反過來，軍隊由無瘧地區到有瘧地區，也會同樣而感染。此十年間中國軍隊傳播瘧疾與一戰歐洲軍隊傳播瘧疾進而影響全歐洲甚為相似。並且，各地的瘧疾種類不同，其所在地民眾所獲得的免疫力也不同，一旦另一種瘧原蟲傳入，民眾對此無甚免疫力而易被傳染，甚至形成瘧疾的爆發性流行。

吳興地處太湖之濱，歷來多發瘧疾。國民革命興起，該地南北軍隊過境頻繁，1929 年當地瘧疾患者增多。「一二八事變」前後，十九路軍等南方軍隊進駐京滬地區，「又遇久雨，乃有 1933 年之瘧疾患者百分數再升高」。〔註 46〕見表 8

表 8　吳興縣 1928～1935 年患瘧統計表

年月	住院人數	瘧疾患者	百分比
1928	2455	226	9.20%
1929	2649	341	12.87%
1930	2711	267	9.85%
1931	2774	234	8.43%
1932	2562	179	6.98%
1933	2353	239	10.15%
1934	2176	168	7.49%
1935	2095	226	10.73%

資料來源：《中華醫學雜誌》第二十六卷第八期，1940 年 8 月，第 730 頁。

〔註 46〕翟培慶：《浙江吳興之瘧疾》，《中華醫學雜誌》第二十六卷第 8 期，1940 年 8 月，第 731 頁。

廣東河源地區瘧疾「本不甚嚴重，多半為間日瘧」。1932 年，一支在廣州感染瘧疾的軍隊沿東江進至河源，「死亡極眾，且患者多係惡性瘧疾」，河源居民因之相繼感染，9、10 月「因之而死者除小孩不計外，凡七百餘人」。〔註 47〕

1931 年夏長江水災，全流域難民眾多，時值南京政府在長江流域「剿匪」，各地開拔而來的軍隊攜帶不同種類的瘧疾，一時在該流域民眾之間互相傳染，瘧疾為之爆發。〔註 48〕11 月，國聯衛生委員會為此委派瘧疾專家裘格博士來華調查，行政院衛生署委派技正姚永政和北平協和醫學院許雨階陪同。本次調查長江沿岸還選取蕪湖、安慶、九江、南昌、漢口、武昌、高河埠、樅陽鎮、小池口、湖口、沙河等十一處。該十一處受檢學生 5002 人，脾腫者 86 人，占 1.72%；受檢士兵 630 人，脾腫者 51 人，占 8.1%。又如，126 名學生血檢，10 人查有瘧原蟲，其中 7 人為間日瘧，1 人為三日瘧，2 人為惡性瘧。75 名士兵血檢，37 人查有瘧原蟲，「其中 7 人為間日瘧，25 人為惡性瘧，5 人為混合型」。〔註 49〕僅此瘧疾檢查一項即可看出，三十年代學生的健康狀況優於士兵。

那麼，此間軍隊的瘧疾狀況如何？「軍隊並無正當醫藥之保障，彼等將多數新種之瘧疾，帶入別處區域，而此項區域，以前從未發現此項新種瘧疾」。令人憂慮的是，「若長此內戰不已，結果恐使此地方病的區域因軍事關係而平均分布」。〔註 50〕此種論調絕非杞人憂天，1934 年軍醫署發布統計顯示，「赤痢和瘧疾在軍隊中普遍地蔓延」。〔註 51〕與其他疾病對比，瘧疾就是士兵的常發病。（見下表 9）南昌行營第一臨時醫院的診治記錄也證明了此點，該院收診的 179 名病患士兵當中，瘧疾患者位居患病人數第二位，〔註 52〕（見下表 10）軍人的健康狀況及軍隊衛生狀況可見一斑。

〔註 47〕馮蘭洲：《兩廣瘧疾問題之研究》，《公共衛生月刊》第二卷第七期，1937 年 1 月 1 日，第 519 頁。

〔註 48〕許雨階：《我國瘧疾問題》，《中華醫學雜誌》第十八卷第三期，1932 年 5 月，第 364 頁。

〔註 49〕衛生署瘧疾室：《南京蘇州杭州武康及長江沿岸各地瘧疾流行之初期調查》，《中華醫學雜誌》第十八卷第三期，1932 年 5 月，第 452 頁。當然，本次調查所得數據並未反映出瘧疾大流行的真實狀貌，原因在於調查時間已是冬季。

〔註 50〕宋大仁：《瘧疾在中國分布之情形及其治療法》，《社會醫藥》第四卷第 8 期，1937 年 5 月，第 823 頁。

〔註 51〕《瘧疾病人檢驗例記載表》，《軍醫公報》第 51 期，1934 年 5 月 10 日，第 49 頁。

〔註 52〕汪禹浪：《軍隊中的赤痢和瘧疾》，《校聲》第四期，1935 年 6 月，第 34～36 頁。

表9　1933年11月～1934年1月各醫院及師軍醫處病人分類表

地點	病兵所在	病名	各月份病人數			合計	現有病人
			1933年		1934年		
			11月	12月	1月		
樂安	27師軍醫院	赤痢	98	160	104	362	
		瘧疾	482	305	158	945	
		腳氣	29	21	12	62	
	行營第五臨時醫院	赤痢	158	141	94	303	57
		瘧疾	47	43	21	111	17
		腳氣	1	5	12	18	6
永豐	93師	赤痢		54	17	71	
		瘧疾		72	24	96	
		腳氣					
	保衛2師	赤痢		16	2	18	
		瘧疾		34	8	42	
		腳氣					
	行營第六臨時醫院	赤痢		91	33	124	
		瘧疾		47	18	65	
		腳氣					
九江	軍政部第七臨時醫院	赤痢		25	51	76	
		瘧疾		41	75	116	
		腳氣					

資料來源：《軍醫公報》第51期，1934年5月10日，第50～51頁。

表10　收治病兵統計表

病名	患病人數	百分率
消化系病	50	27.94%
呼吸系病	33	18.44%
循環系病	2	1.12%
泌尿生殖器病	13	7.27%
神經系病	3	1.66%
瘧疾	37	20.67%
外科疾病	32	17.87%
其他	9	5.03%
合計	179	

資料來源：《校聲》第四期，1935年6月，第34頁。

在流行病醫學看來，若士兵攜有瘧原蟲，則軍營中相互感染的機會增多；而軍隊四處調動，無疑就是一個流動的傳播源。1931 年夏秋，中共鄂豫皖根據地在反「圍剿」之際，軍隊流行瘧疾，「打擺子一下子傳染開來」，張國燾患瘧疾達數月之久。〔註 53〕同期，因「剿匪」而麇集南北軍隊的湘贛兩省也爆發流行瘧疾。一份調查指出，湘南地區瘧疾病例原本極少，「每年所見之患者約三十人，俱係由他處遷來，曾經旅行漢口或貴州，江西等省」。如，邵陽中華循道會普愛醫院反映自 1932 年起，「診治由江西剿共歸來之軍人及其他人員之惡性瘧疾患者，日有所遇」。而湘贛兩省交界的平江縣則是惡性瘧疾的高發區，「人民全家傾覆於此，非死亡即病廢不能工作者，村村可見」。〔註 54〕同期，江西省政府統計得出瘧疾患者在法定十類傳染病患者中居於首位。（見表 11）〔註 55〕與此相互印證的是毛澤東在江西期間共發兩次「紅軍的流行病——瘧疾」，一次從 1929 年 7 月遷延至 11 月下旬，以至於外界誤傳毛澤東死於肺結核。另一次發病於 1934 年 9 月中央紅軍長征前夕，後經傅連璋治療，勉強能夠隨軍長征。〔註 56〕

表 11　1933～1934 年江西各市縣法定傳染病分類統計表

年	月	各類傳染病者	瘧疾病者	百分比	各類傳染死者	瘧疾死者	百分比
1933	1	5256	779	14.82%	1103	85	7.71%
	2	2226	624	28.03%	255	45	17.65%
	3	2140	448	20.93%	276	29	10.51%
	4	4369	171	3.91%	5853		
	5	3095	678	20.91%	401	18	4.49%
	6	4794	1586	33.08%	598	73	12.21%
	7	5321	1677	31.52%	648	80	12.35%
	8	6512	2618	40.20%	568	72	12.68%
	9	6256	2623	41.93%	468	80	17.1%
	10	4596	1923	41.84%	375	46	12.27%
	11	1920	355	18.49%	193	46	23.83%

〔註 53〕張國燾：《我的回憶》（第三冊），現代史料編刊社 1989 年版，第 96 頁；陳錫聯：《陳錫聯回憶錄》，解放軍出版社 2004 年版，第 40 頁。

〔註 54〕畢家造：《1934 年湖南省志瘧疾》，《中華醫學雜誌》第二十一卷第六期，1935 年，第 669 頁。

〔註 55〕江西省政府統計室編：《江西年鑒》，1935 年 10 月，第 437 頁。

〔註 56〕王占仁：《1934 年前後毛澤東擬赴蘇聯治病的原委》，《光明日報》2014 年 2 月 12 日，第 14 版。

	12	2282	1017	44.57%	69	23	33.33%
1934	1	1198	599	50%	134	40	29.85%
	2	1290	619	47.98%	142	38	26.76%
	3	1227	464	37.82%	125	36	28.8%
	4	824	310	37.62%	89	8	8.99%
	5	160	33	20.63%	34	4	11.76%
	6	9198	4985	54.20%	767	61	7.95%
	7	4813	1677	34.84%	648	80	12.35%
	8	6514	2618	40.2%	568	72	12.68%
	9	6256	2623	41.93%	468	80	17.1%
	10	4596	2925	63.64%	375	46	12.27%
	11	2920	1355	46.4%	193	46	23.83%
	12	2282	1017	44.57%	69	23	33.33%

附注：1.法定傳染病指鼠疫、霍亂、天花、傷寒、赤痢、白喉、斑疹傷寒、猩紅熱、流腦和瘧疾等 10 類。2.1933 年統計資料係根據南昌市、上饒、贛縣 41 縣報告彙編。3.1934 年數字係根據宜豐、瑞昌、寧岡、宜春、黎川等 32 縣報告彙編。

資料來源：江西省政府統計室編《江西年鑒》，1935 年 10 月，第 437～438 頁。

同期，因地方環境和經濟狀況惡化而產生的游民或流民，設若感染瘧疾，在其遷移他鄉之際，也無意間將瘧疾廣為散佈。兼以中國基層民眾生活程度低落，體質羸弱難以抵抗瘧疾的進襲，因此，素日瘧疾不甚多發區域，此際亦易成流行區。例如長江一帶，素日雖有瘧疾，然而不甚重。而自 1931 年以來長江流域水患無常，難民群集，兼以剿匪軍人自南方帶來瘧疾，因此瘧疾在長江流域民眾之間相互傳染。〔註 57〕

1934 年秋，南京八卦洲三叉河等地瘧疾大流行，中央衛生實驗處派員實地調查。「脾腫率為 11.66%，瘧疾感染率為 1.66%」。〔註 58〕根據本次調查，衛生實驗處指出八卦洲瘧疾流行與其地理環境有關，該處江潮泛濫，沼澤河溝眾多，尤其是築堤挖土時留下數目眾多的土坑，蓄水之後即成瘧蚊的滋生地。堤外蘆葦叢生，也是瘧蚊的藏身之處。該處夏季濕熱，適宜於瘧蚊生長。同時，八卦洲居民 90%「均居茅屋，而且旁河沿溝而居，與瘧蚊接觸機會，

〔註 57〕許雨階：《我國瘧疾問題》，《中華醫學雜誌》第十八卷第三期，1932 年 5 月，第 363～364 頁。

〔註 58〕衛生實驗處寄生蟲學系瘧疾室：《八卦洲瘧疾調查報告》，《衛生半月刊》第二卷第二期，1935 年 1 月 31 日，第 3～4 頁。

日夜無間。一旦瘧疾發生，傳染必易」。且該處農民「智識幼稚，生活困難，縱患瘧疾，亦不經意，任其發作傳染」。〔註59〕八卦洲居民 4466 人當中 90% 為原籍安徽無為者，此等農戶在安徽原籍也有耕田若干，每年農忙及年節時期，常闔家返回原籍，因此，該等常年在蘇皖之間流動不定。該等居民多為外來移民，在原籍多半患過瘧疾，血液中攜帶各原籍不同種類的瘧原蟲有性生殖體，經過瘧蚊傳播而交互感染，遂致八卦洲瘧疾大流行，「各機關人員，幾乎沒有一個不患瘧疾的」。〔註60〕

尤為重要的是本次調查揭示出客籍移民與瘧疾流行之關係：凡瘧疾流行區域，人口中患瘧疾最多者為客籍移民——客籍者或來自無瘧區，一生未曾患瘧，一旦進入瘧疾區，即為易感人群；或有來自瘧疾區，然瘧原蟲種類不同，在甲區患過瘧疾所得的抵抗力，對於乙區的瘧原蟲毫無效力。凡此總總，二三十年代中國長江流域之瘧疾常常呈混合型爆發，民眾不堪其苦。

四、戰前南京政府的瘧疾防治工作

南京政府在其公共衛生建設過程中，對鼠疫、霍亂等烈性傳染病的重視度顯然高於瘧疾，1928 年衛生部頒布《傳染病預防條例》臚列法定傳染病共 9 種：傷寒或副傷寒、斑疹傷寒、赤痢、天花、鼠疫、霍亂、白喉、流行性腦脊髓膜炎、猩紅熱，〔註 61〕瘧疾不在其列。然因瘧疾在當時中國的普遍性，防瘧工作不能不引起一定的重視。除上文所述的各類調查之外，南京政府衛生部於 1929 年曾頒發《滅蚊防瘧辦法》，宣導民眾「除產地、滅孑孓、殺蚊、防蚊」，「使人民瞭解蚊瘧間之特殊關係」。〔註62〕同時下發《滅蚊防瘧宣傳大綱》，通令各省舉行滅蚊大運動，具體方法「如從前之滅蠅滅鼠大運動方式，組織滅蚊團，由衛生局率同各醫院會同各社團組織」。〔註63〕由此，一定程度上普及了瘧疾常識，滅蚊防瘧辦法也有一定的推廣，如剷除蚊子產地，清除溝渠瓦甕積水，「滅孑孓，殺成蟲」；又如「安窗紗，掛蚊帳，剷除雜草，使

〔註59〕衛生實驗處寄生蟲學系瘧疾室：《八卦洲瘧疾調查報告》，《衛生半月刊》第二卷第二期，1935 年 1 月 31 日，第 4～5 頁。

〔註60〕衛生實驗處寄生蟲學系瘧疾室：《八卦洲瘧疾調查報告》，《衛生半月刊》第二卷第二期，1935 年 1 月 31 日，第 5 頁。

〔註61〕《北平市市政公報》第五期，「法規」，1927 年 11 月，第 20～25 頁。

〔註62〕見《衛生月刊》第二卷第七期，1929 年 7 月，第 21～27 頁。

〔註63〕《衛生局將舉行滅蚊防瘧大運動》，《廣州市市政公報》第 326～327 號合刊，1929 年 7 月，第 84 頁。

用蚊煙驅逐」等等。〔註 64〕

不過，民眾對於政府的滅蚊防瘧工作並非認同，民眾「知蚊能吮人之血，擾人清夢」，但民眾更多「迷信瘧疾為神鬼作祟，或胃［謂］感瘴氣所致」〔註 65〕，能認識到瘧疾具有傳染性的民眾「不及幾萬分之一」。之所以如此，「一則中國是素向崇拜古說的，……二則因為從未見過瘧疾能從甲直接傳染到乙」。〔註 66〕同時，民眾對瘧疾「早已司空見慣」，即便是瘧疾患者，「僅於發熱之際稍事休息而已」，〔註 67〕或「發作時方認為有病，發作後即以為健康」，〔註 68〕患瘧並非立即斃命，時好時發，兼以傳統的瘧疾非病觀念，因而多數民眾自身並不把瘧疾當做病。〔註 69〕由此可知民眾對於瘧疾的危害認識有限。當然，社會存在決定了社會認知。普通民眾居住環境惡劣，衛生條件難以提升，西南重慶等地民眾夏天露宿戶外，聽任蚊蟲叮咬；兼以普遍經濟狀況不佳，蚊帳普遍缺乏〔註 70〕。廈門鄉村中雖「室內皆有蚊帳，然多破爛不堪，且空隙粗大，不能阻止小蚊之侵入，尤以微小按蚊為最常見」。〔註 71〕而且缺乏疾病預防觀念，防蚊子消滅孑孓並不是一種自覺行為，因此，民眾的反應冷淡不難明白。

〔註 64〕《醫學常識——瘧疾》，《農村月刊》第七期，1930 年 5 月 1 日，第 39～40 頁；童志青：《瘧疾之預防及治療》，《醫藥學》第七卷第九期，1930 年 9 月，第 49～52 頁；《撲滅蚊蠅之辦法》，《鐵道衛生季刊》第一卷第 3 期，1932 年 3 月，第 75～77 頁；《瘧疾症狀及其預防方法》，《民智月報》第二十期，1933 年 8 月 16 日，第 19～22 頁；鳴岡：《惡性瘧疾是什麼》，《衛生月刊》第六卷第十一期，1936 年，第 522～525 頁。

〔註 65〕《令各縣長市長廣州市公安局長梅菉市政局長奉衛生部令滅蚊防瘧辦法仰遵照由》，《廣東民政公報》第 31 期，1929 年 4 月 29 日，第 17 頁。

〔註 66〕姜振勳：《瘧疾也會傳染麼》，《新醫與社會彙刊》第一集，1928 年 11 月，第 336～337 頁。

〔註 67〕王慎之：《四川之瘧疾》，《新醫藥刊》第二十三期，1934 年 10 月 15 日，第 4 頁。

〔註 68〕後晉修：《思茅之瘧疾及其流行之初步研究》，《西南邊疆》第三期，1938 年 12 月，第 21 頁。

〔註 69〕胡克成：《瘧疾是不致命的小病嗎》，《科學世界》醫藥專號，1936 年 9 月 25 日，第 791～794 頁；馮蘭洲：《廈門之瘧疾及其傳染研究》，《中華醫學雜誌》第十八卷第三期，1932 年，第 374 頁。

〔註 70〕王慎之：《四川之瘧疾》，《新醫藥刊》第二十三期，1934 年 10 月 15 日，第 5 頁。

〔註 71〕馮蘭洲：《廈門之按那斐雷蚊與其傳染瘧疾之關係》，《中華醫學雜誌》第十八卷第三期，1932 年 5 月，第 382 頁。

當然，此間還存在一個技術問題。儘管西學探明瘧疾乃按蚊叮咬所致，但是，「中國至少有十四種按蚊，其中雖有數種疑為傳染瘧疾，然多根據在他國之證明，在中國是否亦為傳染媒介，則從未經明確之研究」，〔註 72〕其結果就是，滅蚊工作本來就難，而殺滅蚊子當中的哪一種最有效，醫學界都難有公論，遑論一般民眾。如在 1935 年作防瘧運動及擴大宣傳之前，民眾對於「瘧疾係由瘧蚊之媒介而起，防蚊即所以防瘧」知之甚少。〔註 73〕頗為詭異的是，其他蚊蟲的滋生地是溝渠污水，瘧蚊幼蟲卻喜歡清潔有水草的水源，「凡西湖中有水草之處，莫不有之，惟多寡不同而已。但至九十月間以稻田皆已收穫，瘧蚊集中於西湖產卵，除湖濱一帶外，各處水中瘧蚊孑孓很多」。〔註 74〕如此一來，當局極力宣傳要清除陰溝倒棄污水即可減少瘧蚊的說法，顯然是對防瘧工作的一知半解。

實際上，如何有效防治瘧疾，國聯瘧疾委員會 1932 年即提出預防第一要事就是殺滅瘧原蟲，「診治病人及預防不被蚊吮為第一要務」。〔註 75〕因為殺滅了病人血內的瘧原蟲，按蚊的傳播源就消失了，由此可見國聯不把滅蚊作為第一要事不僅僅是出於經濟等方面的考慮。需要指出的是，南京政府在瘧疾防治一事上與國聯不盡相同，多宣傳滅蚊，雖然這是一個最根本的辦法，但實際上不如防止被瘧蚊叮咬更有效。承上文八卦洲防瘧一事，當局認為最根本的方法是治蚊，但當局也不得不承認該費用至巨，「僅能施之於人口繁密，經濟豐裕之市鎮，鄉村之瘧蚊，雖富庶之國家，亦治不到也」。尤其是八卦洲的貧瘠和人口稀少，更談不到治蚊問題。至於防蚊方面的種種方法，如蚊帳紗窗等，「也僅僅限於經濟比較充裕的公務員、巡警、商人階級，對於占全洲居民百分之九十以上的貧苦農夫，恐亦不易做到也。」〔註 76〕

另一種防瘧辦法則是懸掛蚊帳。儘管調查顯示雲南思茅地區「瘧疾流行

〔註 72〕馮蘭洲：《廈門之瘧疾及其傳染研究》，《中華醫學雜誌》第十八卷第三期，1932 年 5 月，第 371 頁。

〔註 73〕後晉修：《思茅之瘧疾及其流行之初步研究》，《西南邊疆》第三期，1938 年 12 月，第 22 頁。

〔註 74〕李鳳蓀：《杭州瘧疾與瘧蚊之初步調查》，《浙江省昆蟲局年刊》1932 年第二號，第 328 頁。

〔註 75〕許雨階：《我國瘧疾考》，《中華醫學雜誌》第十八卷第三期，1932 年 5 月，第 364 頁。

〔註 76〕衛生實驗處寄生蟲學系瘧疾室：《八卦洲瘧疾調查報告》，《衛生半月刊》第二卷第二期，1935 年 1 月 31 日，第 6 頁。

十數年，居民死亡在三分之二以上」，但研究者發現當地居民蚊帳多用厚布，透氣效果不好，「（居民）臥時多不關閉，占百分之八十者，蓋不以帳之功用在防蚊，而以之作為臥房裝飾品。又多數人家，帳被鼠咬或通隙，常任其破爛。故雖有蚊帳而不能防蚊」。〔註 77〕

值得指出的是，1934 年 2 月蔣介石在南昌倡導「新生化運動」，儘管其內容部分含有健康衛生要求，如夏令衛生運動、清除垃圾和污水、滅蠅競賽等，然新生活運動更多的是強調以「禮義廉恥」為基礎的國民教育運動，其著意於再建儒家倫理，對於民眾提升衛生健康觀念之影響不大。

毋庸諱言，南京政府立國之初百廢待興，因為經濟及人才所限，衛生設施之短缺自不待言。〔註 78〕如 1929 年秋季浙江惡性瘧疾流行之際，省政府除「派員施治撲滅」外，其要求則是勸令當地「此後當思患預防能否就地籌募款項設置縣立醫院以垂永久而利救濟」〔註 79〕，可見，素來富庶的江浙地區，其基本衛生設施亦乏善可陳。另外就技術層面而言，鑒定是否患瘧在當代看來甚為簡單，只要從患者血液中檢出瘧原蟲，即可確診。然 20 世紀二三十年代因普遍缺乏相關醫學檢驗設施，醫生只能從「臨床症候（惡寒、發熱、出汗等）、脈搏頻數、脾臟腫脹」等方面來診斷是否患瘧。而不同類型的瘧疾，其發熱症狀各異，易被醫家當做傷寒等類似病例誤診。〔註 80〕加之此際普羅大眾眼中，瘧疾也就是平常小疾，不治多能自愈，並未引起過多的社會焦慮，此等些微疾苦民本不以為苦，自難「上達天聽」。而南京政府此際內憂外患層出，儘管在抗戰前圍繞瘧疾曾有所作為，但全國性的瘧疾防控體系遠未建立，難以有效遏制瘧疾的流行。至 1936 年入秋，南京政府統治重心之江浙地區惡性瘧疾尚在流行，南通、丹陽、鎮江、武進、崑山、常熟、清江浦、嵊縣等地尤其厲害。〔註 81〕江淮運河淮陽一帶，「死亡者日數百人，其疫症之現狀，

〔註 77〕後晉修：《思茅之瘧疾及其流行之初步研究》，《西南邊疆》第三期，1938 年 12 月，第 17、21 頁。

〔註 78〕劉瑞恒：《十年來的中國醫藥衛生》，第 446 頁，中國文化建設協會編《抗戰十年前之中國（1927～1936）》，見沈雲龍主編《近代中國史料叢刊續編第九輯》，（臺）文海出版社有限公司印行。

〔註 79〕浙江省政府民政廳：《第 20708 號訓令》，《浙江民政月刊》第 24 期，1929 年 11 月 20 日，第 211 頁。

〔註 80〕林熒述：《惡性瘧疾之臨床小經驗》，《民國醫學雜誌》第八卷第 12 號，1930 年 12 月 20 日，第 38 頁。

〔註 81〕《蘇省瘧疾流行益劇》，《昆蟲與植病》第四卷第 33 期，1936 年 11 月 21 日，

悉為一種高熱性瘧疾」。〔註 82〕如南通瘧疾高發區東鄉一帶，「瘧病死千人，患病者有五萬人之多。就地棺材，早已售罄」。旅滬同鄉會召集會議組織救護隊，縣政府也派出了一支二三十人的救護隊。〔註 83〕

總體而言，戰前中國的瘧疾問題尚屬區域性，檢視南京政府的防治瘧疾工作，無論是在瘧疾的病理科學認知方面和疫情控制方面，都取得了相當的成效。但毋庸諱言，南京政府對於涉及到全國範圍內的人口大流動背景下的瘧疾防治，尚未有足夠的前瞻性的認識，而這些給全面抗戰爆發之後的中國軍隊戰力的發揮帶來了嚴重的影響。

五、瘧疾對於中國抗戰的影響

全面抗戰爆發之後，因戰爭引發的中國人口大流動所帶來的瘧疾普遍流行，則讓南京政府措手不及，就中國抗戰而言，瘧疾極大地消弱了中國軍隊的軍力和戰力。

1938 年武漢會戰期間，江漢平原「蚊蠅肆虐，瘧疾蔓延」，蔣介石曾視察駐黃陂縣第五戰區長官司令部並住宿一宿，「入夜蚊子太多，不能入睡」，時時呼喚侍從人員入室將「帳裏的蚊子趕掉」，整整一夜，李宗仁、蔣介石二人「都未好好睡覺」〔註 84〕。且本次會戰第五、九戰區國軍在湘鄂贛與日軍鏖戰之際正值夏秋瘧疾易發季節，國軍「久戰疲憊之部隊體力衰弱，因而疾病叢生，尤其以惡性瘧疾為厲」，上自戰區司令部下至一線作戰部隊，無不受其影響。患病者體溫高達 40℃，「輕者不能行動，重者即不支而死」，「患者歷數月不能痊癒」。即便是代理第五戰區司令長官之白崇禧亦不能幸免，1938 年 9 月，白氏在浠水前線因患惡性瘧疾而不得不回漢口休養〔註 85〕。而從各地調撥第五、九戰區參加武漢會戰之作戰部隊官兵籍貫多屬華北華南，夏秋之際進入長江流域，極易感染瘧疾，如官兵多係北方人的第 55 軍曹福林部，「不

第 663～664 頁；《嵊東時疫猖獗》，《光華醫藥雜誌》第四卷第 1 期，1936 年，第 96 頁。

〔註 82〕《沿江淮運人民熱性瘧疾蔓延》，《光華醫藥雜誌》第四卷第 1 期，1936 年，第 95 頁。

〔註 83〕《通如瘧疾急待撲滅》，《光華醫藥雜誌》第四卷第 1 期，1936 年，第 96 頁。

〔註 84〕李宗仁口述、唐德剛撰寫：《李宗仁回憶錄》，華東師範大學出版社 1995 年版，第 555 頁。

〔註 85〕章伯鋒、莊建平編：《抗日戰爭》，「軍事卷」第二卷（上），四川大學出版社 1997 年版，第 666 頁。

耐鄂東濕熱」，加之多日行軍疲勞不堪，身體抵抗力銳減，「染惡性瘧疾者幾達三分之一」，致該部所守陣地在抵抗日軍進攻時，「未半日而失守」。此種瘧疾患者「其消耗之大，較與敵激戰傷亡為尤甚」，當時軍中醫藥設備缺乏，所有奎寧丸，亦不能大量供應，「患者歷數月不能痊癒」〔註 86〕。同樣來自華北的第 68 軍劉汝明部亦是如此，「病兵占三分之一」；而來自華南的第 11 集團軍李品仙部在堅守大別山南麓及鄂東作戰過程中，所部亦是瘧疾流行，「病兵占四分之一以上」〔註 87〕。1938 年 9 月上旬，《新華日報》記者陸詒到陽新第九戰區前線指揮所採訪陳誠，「（陳）瘧疾初愈，面容憔悴，強打精神」說：「如今從瑞昌到陽新的公路一帶惡性瘧疾流行，部隊進軍途中往往染上這種流行病，病員很多，前方缺醫少藥。」〔註 88〕少將指導員胡蘭畦受軍事委員會戰地黨政委員會派遣，前往第三、九戰區視察，在江西分宜第十九集團軍轄區期間也患瘧疾，儘管軍醫斷定是惡性瘧疾，然軍中缺乏特效藥奎寧，而不得不前往衡陽教會醫院才得以治癒〔註 89〕。1939 年夏秋兩季，直接間接死於瘧疾的士兵和平民，「至少要佔一般病症的百分之七十以上」，因為夏秋兩季無論前方後方到處都是蚊蟲的孳生場所。〔註 90〕

同期，在中共領導的華北根據地亦未能幸免瘧疾的戕害。1938～1945 年八年之間，中共晉察冀根據地瘧疾發病總人數達 2000 萬例次。其中，1939 年秋至 1940 年夏，淶源二、三、四、八區瘧疾發病數占總人數的 20%。〔註 91〕部隊從 1939 年底至 1942 年瘧疾發病數逐年增多，至 1942 年達到高峰時，全邊區部隊共計發生瘧疾 14922 人〔註 92〕；晉冀魯豫根據地部隊中的瘧疾流行

〔註 86〕蘇志榮等編：《白崇禧回憶錄》，解放軍出版社 1987 年版，第 144～145 頁，148～149 頁。

〔註 87〕郭汝瑰、黃玉章編：《中國抗日戰爭正面戰場作戰記》（下），江蘇人民出版社 2005 年版，第 828 頁。

〔註 88〕陸詒：《抗戰期間幾次會見陳誠將軍的經過》，湖北省政協文史和學習委員會編：《湖北文史資料》第 31 輯，湖北人民出版社 1990 年版，第 157 頁。

〔註 89〕胡蘭畦：《胡蘭畦回憶錄（1936～1949）》，四川人民出版社 1987 年版，第 155～160 頁。

〔註 90〕王谷毅：《瘧疾與抗戰之影響》，《戰地文化》第一卷第七期，1940 年 3 月 30 日，第 158 頁。

〔註 91〕北京軍區後勤部黨史資料徵集辦公室：《晉察冀軍區抗戰時期後勤工作史料選編》，軍事科學院出版社 1985 年版，第 557～564 頁。

〔註 92〕《晉察冀軍區三年來瘧疾、下痢、感冒增減統計表》，見華北軍區後勤部：《華北軍區衛生建設史料彙編》，1949 年 10 月內部印行，「統計類」，第 72 頁。

也相當嚴重。太行軍區八年疾病分類統計，瘧疾發病占第一位，高達各類疾病的 25%，個別連隊發病竟達 70%。〔註 93〕1940 年 10 月，地處黎城的抗大總校也未能幸免，「學員百分之七十都患上了瘧疾，病情有輕有重，有的反覆兩三次、三四次，治好了又發」〔註 94〕。

抗戰期間如何消除中國軍隊嚴重的瘧疾問題？就現代傳染病學來說，傳染病的存在是通過傳染源、傳染媒介和傳染方式三個環節來完成，就防治工作而言，則應該切斷三個環節當中最弱的一環即能有效控制其擴散。作為蟲媒傳染病的瘧疾而言，控制傳染源也就是管制並積極治療患者；消滅傳染媒介意味著要消滅瘧蚊，顯然此點不易做到；控制傳染方式，也就是防止健康者不被瘧蚊叮咬，然而國軍部隊夏天普遍缺乏蚊帳，任憑蚊子吮吸，又沒機會洗澡，戰時官兵最普遍的現象就是「蝨子和瘧疾」。1938 年夏季的江西戰場，國軍士兵一方面與日軍鏖戰而流血，另一方面因普遍缺乏蚊帳，任憑瘧蚊叮咬而患瘧疾，「染者常不治」，輿論為此呼籲社會各界募捐要有的放矢——為江西戰場抗日軍隊募捐蚊帳較之草鞋布襪類更為急切。〔註 95〕瘧疾給國軍官兵造成的減員非常嚴重。1938 年 10 月武漢戰事激烈之際，國軍士兵瘧疾患者更多，有關蚊子及瘧疾給國軍官兵造成的危害時常見諸報端〔註 96〕。

直至 1940 年代初期，瘧疾危害中國軍隊官兵之狀況亦未有改觀〔註 97〕。在江西戰場的中國軍隊當中，有患瘧疾者幾近一年〔註 98〕。第一、第五戰區的「傷兵與病兵的比例是一比三」，傳染病中最常見的即為瘧疾，約占病人的三分之二，且死亡率大。〔註 99〕1942 年浙贛會戰之際，第三戰區司令長官部撤往閩北，該部官兵「大多傳染瘧疾，隨行眷屬及難民，幾難幸免」，雖由衛生處妥為

〔註 93〕朱克文等著：《中國軍事醫學史》，人民軍醫出版社 1996 年版，第 235 頁。

〔註 94〕洪學智：《洪學智回憶錄》，解放軍出版社 2002 年版，第 143 頁。

〔註 95〕《抗敵會執委建議速募蚊帳輸送前方》，《中央日報》1938 年 9 月 2 日，第四版。

〔註 96〕范子銘：《瘧疾問題之嚴重性》，《中央日報》1944 年 4 月 30 日，第五版。

〔註 97〕袁本源：《從軍營出來的呼聲》，《中央日報掃蕩報聯合版》1942 年 12 月 10 日，第六版。

〔註 98〕《一個怪東西》，《傷兵之友》第七十四期，1940 年 12 月 18 日，第 6 頁。

〔註 99〕本報鄂北戰地通訊：《軍隊衛生進步患病官兵逐漸減少》，《中央日報掃蕩報聯合版》1942 年 9 月 27 日，第五版。奎寧丸 1942 年 3 月的價格為每丸 2 元以上，見本報訊：《藥物自給研究會第一屆年會》，《中央日報》1942 年 3 月 16 日，第三版。

防範及治療，「一時仍感困擾，影響工作甚巨，入冬後情況稍好」〔註 100〕。

承上文所述，防治瘧疾傳染的三個環節而言，當時只能差強人意的從事控制傳染源一項，儘管此項始終是一治標不治本的被動應對〔註 101〕，而治瘧藥品的短缺更使此項工作大打折扣。尤其是在太平洋戰爭爆發之後，中國藥品的進口路徑多被堵死，中國藥品市場一下陷入「藥荒」，1942 年 3 月，「藥品價格猛漲不已，如奎寧丸一顆售價竟漲至二元以上」〔註 102〕。較諸同期物價，以大後方模范縣四川三臺縣為例，米價斗米 42 元〔註 103〕，可見一顆奎寧藥丸等於一斤大米。而在藥品的極度匱乏引起藥品價格的一路騰升時，國軍部隊的衛生經費每人每月只有六角錢，一年共七元二角，一個士兵一年的衛生費不夠一天奎寧藥丸之費用〔註 104〕。關於治療瘧疾藥品的價格，費正清有過直觀的比照，梅貽琦每月薪金不到六百元，招待費正清一行八人的一次會餐費用「不少於一千元」，費正清等八人感謝梅貽琦的盛情款待，就送給梅一小瓶治瘧疾的阿塔別林藥片，「它大約可賣一千元」〔註 105〕。奎寧何以如此之貴，說明病者多而藥品少，還在於製造奎寧的主要原料金雞納霜非中國出產，全部依賴進口。一旦全體士兵

〔註 100〕顧祝同：《墨三九十自述》，（臺）國防部史政編譯局 1981 年版，第 221 頁。閩省亦係高瘧區，福建省府統計 1937～1939 年間各縣衛生院的診治報告，血檢瘧原蟲攜帶者占 44.4%，以間日瘧為最，惡性瘧次之。見陳國忠：《福建省之瘧疾》，《中華醫學雜誌》第二十六卷第 12 期，1940 年 12 月，第 1016～1027 頁。

〔註 101〕緣何有此一說，因為服藥診治瘧疾患者一般是在患者不流動狀態下的藥物控制最為有效，但因為部隊流動作戰，一旦進入不同的瘧疾高發區，官兵又成為新的易感人群。相反，中共部隊多依託根據地作戰，一旦防疫工做到位，則容易從傳染源上減少瘧疾傳播機會。當然，這也是無意中得到地利之便，畢竟較諸長江流域及華南，華北瘧疾不算高發區。而抗戰期間國軍作戰多集中於三、五、六、九戰區，這些區域均為中國瘧疾的高發區。當然，中共部隊流動作戰時，進入長江及華南地區作戰時，同樣也遇見了抗戰期間國軍遭遇的瘧疾問題。1949 年四野南下，於渡江前後進入豫、鄂、湘贛瘧疾流行區，「全野戰軍有 142716 人患瘧疾」，渡江南下作戰過程當中，部隊疾病多發，「瘧疾占 7～9 月份三種多發病（瘧疾、痢疾、腸胃炎）總髮病數 234236 例的 60.9%」，見高恩顯編：《第四野戰軍衛生工作史（1945 年 8 月～1950 年 5 月）》，人民軍醫出版社 2000 年版，第 282 頁。

〔註 102〕社論：《藥品問題》，《中央日報》1942 年 3 月 19 日，第二版。

〔註 103〕三臺縣動員委員會：《三臺縣糧食價格月報表（1942 年 4 月）》，1942 年 5 月 5 日，三臺縣檔案館藏檔案：4-1-55，第 43 頁。

〔註 104〕本報鄂北戰地通訊：《軍隊衛生進步患病官兵逐漸減少》，《中央日報掃蕩報聯合版》1942 年 9 月 27 日，第五版。

〔註 105〕〔美〕費正清著，趙復三譯：《中國之行》，新華出版社 1988 年版，第 29 頁。

因蚊蟲叮咬而迅速感染之際，藥品往往供不應求，黑市遂大行其時〔註 106〕。

同時，奸商的囤積居奇和軍官軍醫的倒賣盜賣也加劇了藥荒。如，1941 年軍政部軍法執行總監部專文通緝第一陸軍衛生材料廠供應科丁筱良等 11 人盜賣藥品〔註 107〕。外人對此類倒賣藥品事多有記錄，「正當前線死於瘧疾的官兵人數數十倍於死於日本槍彈的人數時，一夥壞蛋卻把奎寧賣掉，然後用白堊片假冒奎寧」〔註 108〕；又如，1943 年 1 月，吳宓友人 Winter 親見「美國紅十字會捐送 Quinine 極多」，卻存入昆明中國銀行庫中「以備出售獲利」而不給傷兵服用〔註 109〕。

總之，抗戰前未能引起足夠重視的瘧疾問題在抗戰期間影響中國軍隊至深至巨。在長江流域和華南地區作戰的全體士兵幾乎都是「瘧疾病菌的傳遞者」，遇局勢緊急的時候往往有很多人因患上了瘧疾而感身體不支，部隊往往因此而喪失戰鬥力。〔註 110〕而醫治瘧疾的特效藥——奎寧的主要原料金雞納霜非中國出產，既沒辦法制造，而又沒有其他的代替品，全部依賴進口。一旦全體士兵因蚊蟲叮咬而迅速感染之際，整個連隊藥品往往供不應求。〔註 111〕儘管奎寧對於治療瘧疾有特效，然此際軍醫學界已探明奎寧需要長期服用才能根治瘧疾。並且，若因為瘧疾反覆感染而長期服用奎寧，則有耳鳴、眼花、心跳和頭痛等副作用〔註 112〕。顯然，這些長遠建議已屬於奢談。因此，李宗仁晚年曾概歎，「當日寇將這場災難強加於我中華民族時，我們的中央政府實在沒有具備任何足以與外族作戰的條件」。〔註 113〕誠哉斯言。

〔註 106〕〔英〕班威廉·克蘭爾著，斐然等譯：《新西行漫記》，新華出版社 1988 年版，第 130 頁。

〔註 107〕四川省保安司令部：《三十年保法字第 02508 號》，1941 年 3 月，四川省宜賓市檔案館藏民國檔案：2-1-1007，第 82 頁。

〔註 108〕伊斯雷爾·愛潑斯坦著，陳瑤華等譯：《中國未完成的革命》，新華出版社 1987 年版，第 357 頁。

〔註 109〕吳宓：《吳宓日記（1943～1945）》，生活·讀書·新知三聯書店 1998 年版，第 5 頁。

〔註 110〕李常寶：《抗戰時期正面戰場榮譽軍人研究》，人民日報出版社 2014 年版，第 139 頁。

〔註 111〕〔英〕班威廉·克蘭爾著，斐然等譯：《新西行漫記》，新華出版社 1988 年版，第 130 頁。

〔註 112〕朱師晦：《軍醫對於新近瘧疾治療應用瘧滌平 Atebrin 及撲瘧母星 Plasmochin 應有之認識》，《廣東軍醫雜誌》第一卷第一期，1937 年 3 月 15 日，第 59～60 頁。

〔註 113〕李宗仁口述，唐德剛記錄整理：《李宗仁回憶錄》，華東師範大學出版社 1995 年版，第 604 頁。

結論

20 世紀二三十年代，囿於各種主客觀因素，南京政府對於中國南方瘧疾的防控重視程度自然不及防治鼠疫霍亂等烈性傳染病，一則因為瘧疾並非須臾之間即行斃命之「瘟疫」，就其傳染烈度而言，瘧疾遠沒有鼠疫、霍亂（時稱「虎疫」）之類令人談之色變，因此，瘧疾未被列入法定傳染病，衛生行政力度自然不及。同時，因經濟、文化及傳統習俗之影響，民眾對於自身存活與身體健康的理解區分度不大，瘧疾在他們眼中也就小疾而已。地方政府也把瘧疾歸併為「風土病」〔註 114〕。儘管南京政府此間也標榜提高全民身體素質是其責任之一，但此際提高民眾素質之舉多為厲行禁政，然揆諸史實，禁煙多緣於近代以來國人的歷史記憶和政府的政治道義屬性使然。畢竟近代以來，鴉片對於中華民族的戕害俯拾即是，因此健全國民體魄之要務首當禁煙，而對中國南方普遍存在的瘧疾問題，未有足夠的重視，使得這一平時隱性的社會問題在戰時成為顯性問題，一種小小的蟲媒傳染病，給戰時的中華民族帶來了始料未及的苦痛。

當然，抗戰期間顯露的問題並不能否認戰前南京政府的作為，承上文所述，國民政府確也進行多項瘧疾調查，並且做過如殺滅瘧蚊、預防瘧蚊叮咬等民眾衛生教育與宣傳等，但是這些方法，「必須社會全面民眾合作實行，才能有結果，『知其然不知其所以然』之盲從式或命令式的去實施瘧疾預防法，自難普遍，亦難持久」。設若從事大規模的瘧疾預防，必然以衛生教育為第一步——通俗講演，報章宣傳，給民眾以認識瘧疾的機會。〔註 115〕雖然，1929 年南京政府衛生部頒布過《滅蚊防瘧辦法》，但是，「（國民政府）一項措施在立法時，人民都很認真。一旦立法完成，人民就把它淡忘了」。政府中「公文往來的確很多」，「詳細計劃卻很少」，至於談到努力不懈地去實施改革，「那就越發的少了」。〔註 116〕真正大規模開展瘧疾防治運動是在中華人民共和國成立之後才得以實現。一則全國政令的統一是消除瘧疾的基本要素，二則穩定的國內建設環境是其基本保證，尤為重要的是當衛生行政發展為全國性的衛生運動且上升到關乎愛國的政治高度，個人講究衛生被賦予了愛國的政治意

〔註 114〕《四川省第十二行政督察區各縣市實施縣各級組織組織綱要成績比較表》，1942 年 7 月，三臺縣檔案館藏檔案：10-2-77，第 9 頁。

〔註 115〕朱憲彝：《瘧疾小史》，《醫學週刊集》第四卷，1931 年 2 月，第 115 頁。

〔註 116〕蔣廷黻：《蔣廷黻回憶錄》，嶽麓書社 2003 年版，第 223 頁。

蘊，滅蚊防瘧則是一場全國一盤棋的政治運動。而這些，是尚未完成國家整合的南京政府所難以企及的。

第四講　兵役管區制：南京政府兵役制度設計的理想化

題記：九一八事變之後，日本軍國主義侵華的威脅催生了國民政府《兵役法》的頒行，並就徵兵制作出了兵役管區制度的創想和試行。七七事變之後，日軍大規模的進攻，國統區大面積國土淪陷和人力資源的喪失，原有的師團管區建制徹底打破，戰前預想的系統化的秩序徵兵難以有效施行。其直接後果就是，為維持抵抗局面，未淪陷地區需要承擔更多的兵額配賦才能維持抗日禦侮，大後方師團管區役政壓力加大。為確保役政機關對於及齡壯丁的掌握和防範民眾逃役，國民政府推行國民兵身份證制度配合兵役管區制度徵兵。此則反映出國民政府原有的兵役管區制設想侷限於戰前既有統治區的考慮，一旦原有的基礎不復存在，只能依靠碎片化的及齡壯丁身份登記和清查來支應，此種支絀局面直至抗戰結束。

盧溝橋事變既起，國民政府正式宣布抗戰，並堅持抵抗八年直到日本宣布投降。此間有關抗戰進行和何以為繼的徵兵一事，受到了學界廣泛的關注。當然，學界對此大多起於揭示役政弊端而止於批判其政體之腐敗，從歷史的眼光去闡釋其役政體系創設的新作相對不多。近年來隨著新資料文獻的陸續發現，有益的探究開始出現。隆鴻昊分析了抗戰時期湖南的兵役狀況，對湖南的役政施行有著基本展示，但該文在闡述湖南役政成績與弊端之間的邏輯關聯審視不夠〔註 1〕。黨彥虹的抗戰時期的國民兵身份證制度試探不乏新意〔註 2〕，但該文傾向於借助臺北國史館典藏，缺乏基層檔案之歷史主體支撐來完成一個相對完整個案研究，因而新選題有待新的突破。〔註 3〕在此基礎上，本講以國民政府的兵役行政為邏輯主線，縷析其戰前兵役管區的創想到戰時國民兵身份證的邏輯走勢，以國統區為中心，依託基層縣域檔案為主要資料，藉此展示國民政府兵役管區制度下之役政的複雜面相。

一、南京政府徵兵制的確立

1912 年 3 月，中華民國臨時參議院制定《中華民國臨時約法》第二章（人民）第十四條「人民依法律有服兵之義務」，這可視為中國首次法定公民有服兵役的義務。孫中山在屢次革命受挫之餘，乃取法蘇俄，改組國民黨，並在國民黨「一大」會上提出將傳統募兵制度漸改為徵兵制度，此為近代中國徵兵制的最初構想。1927 年 4 月南京政府確立，此際政權尚未統一，自國家至地方的各級行政系統亦未健全，徵兵制尚未推行，尤為主要的是沒有兵役法規及其施行細則可資指導，加之各類軍閥在內爭之中為求自保而各各自行招募兵丁擴大自身實力，傳統的募兵制仍大行其時。1928 年，南京國民政府完成北伐，實現了國家的基本統一，此舉為統一全國軍政和改革役政提供了有利時機，因此，南京政府在整頓軍事機構和進行體制設計的同時，把改革現行兵役制度推行徵兵制之事提上議事日程〔註 4〕。為建設現代國防，南京政府令訓練總監部依據國民黨「一大」會議精神擬具施行徵兵制的準備方案，並據此制定兵役法規。〔註 5〕1929 年 7 月，立法院公布軍政部擬訂《兵役法原則》，法定中華民國之男子「均有服兵役之義務」，規定了四類兵役役種：在營訓練的現役，現役期滿回鄉的預備役，預備役期滿的後備役，和 18 至 45 歲男性

〔註 1〕隆鴻昊：《抗戰時期湖南兵役初探》，《抗日戰爭研究》2013 年第 3 期。

〔註 2〕黨彥虹：《抗戰時期的國民身份證制度初探》，《民國研究》2016 年春季號。

〔註 3〕並且，國史館的檔案與大陸檔案相互牴牾之處頗多，如該文稱國民兵身份證定於 1942 年 7 月 1 日全國統一施行，但是大陸檔案反映並沒有這麼早，而是開始於當年的 11 月 1 日。

〔註 4〕王曉衛：《中國軍事制度史．兵役制度卷》，大象出版社 1997 年版，第 382 頁。

〔註 5〕蔣緯國總編著：《國民革命戰史．抗日禦侮》（第一卷），（臺）黎明文化事業公司印行 1978 年初版，第 119 頁。

公民均得服行的國民兵役。〔註6〕該項原則成為制定兵役法規的基本依據。

不過，此際國民黨內尚未統一，而新興實力集團之間因權利之爭而火拼不斷，1930 年中原大戰尤為慘烈。最終佔據中央大位的蔣介石集團勝出。未幾，躊躇滿志的蔣介石與胡漢民之間因為開國民會議制《訓政時期約法》問題爆發「約法之爭」，國民黨內陷入嚴重的分裂。兵役法令及其行政一事也無暇顧及。

1931 年「九一八事變」爆發，日軍軍國主義勢力在東北恣意橫行。南京政府認識到「非實行徵兵制，不足以救亡圖存」〔註7〕，兵役制度改革再被拾起。11 月，國民政府發布了《國民政府政治總報告》，其中關於軍隊的報告中指出：「國軍之任務在以武力確保國家之生存與獨立，欲達成此任務，則國軍素質不可不力求健全。顧軍隊之健全與否？以組合份子是否健全為斷，實於兵役制度有關。」有鑑於此，國民政府決定「以改善兵役制度為整理國軍之先務」，擬定於「最短期間召集有關係各部成立徵兵委員會，商定徵兵局條例與徵兵區組織條例及徵兵法」，〔註8〕早日實行徵兵制。

1933 年，立法院討論通過軍事委員會擬訂的《兵役法》；6 月 17 日，國民政府正式公布該《兵役法》〔註9〕，並決定自 1936 年 3 月 1 日起正式實施。但該法又有「在地方自治未完成地域實行募兵制」之規定〔註10〕，因此該法一度具有徵募並舉的過渡法性質。1936 年 3 月 1 日，國民政府明令實施《兵役法》。〔註11〕9 月份，國民政府認為，「國強之道首在足兵，近代世界各國率行通國皆兵之制」，為此昭告國民：「凡我國民須知服行兵役為人人應盡之義務，際此國步艱危之時，宜有發憤自強之計。務期全國人民一致醒悟，共策

〔註6〕中國第二歷史檔案館：《中華民國史檔案資料彙編》第五輯第一編軍事（一），江蘇古籍出版社 1997 年版，第 264～265 頁。

〔註7〕何應欽：《何上將抗戰期間軍事報告》（上冊），臺灣文星書店 1962 年版，第 32 頁。

〔註8〕秦孝儀主編：《中華民國重要史料初編．對日抗戰時期》緒編（三），中國國民黨中央委員會黨史委員會 1981 年版，第 202～203 頁。

〔註9〕《兵役法》，《司法行政公報》第 36 號，1933 年 6 月 30 日，「法規」，第 5～6 頁。

〔註10〕如該法第四條第三款規定，「常備兵在地方自治未完成之區域，得就年齡合格志願服兵役之男子募充之」，見林震鏞《兵役制概論》，正中書局 1940 年版，第 287 頁。

〔註11〕國民政府：《第二三三號訓令》，《國民政府公報》第 1986 號，1936 年 3 月 3 日，「訓令」，第 6 頁。

進行。」〔註 12〕不過，相較於徵兵制有關法律條文的制定與公布，戰前南京政府主管兵役行政主體明顯與其職責不相稱，平時主管兵役行政是內政部警務司，而本應主管其事的軍政部軍務司僅為役政之協管機關。至全面抗戰爆發後，軍政部和內政部在徵兵責權方面始才調換了角色，「軍政部為全國兵役行政的主管機關，內政部為全國兵役行政的協管機關，朱為鈐（按，應為「鈐」）擔任軍政部軍務司兵役科科長」。〔註 13〕

二、兵役管區制度的創生

關於地方兵役工作之施行，南京方面設計在地方各省劃定兵役管區來負責。在全國正式對地方劃定師、團管區之前，規定由各省保安團管區來辦理兵員徵募事項。1935 年軍事委員會先後出臺了《保安團管區暫行條例》、《保安團隊徵集實施規則》以及《保安團隊隊兵退伍規則》等條例，並在江、浙、皖、贛、豫、鄂、陝、甘等 8 省成立保安團管區，以各省每個行政督察區作為保安團管區。在《兵役法》未實施以前的新兵徵募，則根據 1935 年 2 月軍事委員會頒布的《陸軍新兵徵募暫行辦法》之規定，由各省保安團管區來辦理。此舉為國民政府兵役管區制度的先行。

1936 年國民政府《兵役法》施行之後，軍政部於當年 8 月制訂《陸軍兵役管區暫行條例》，其第三條規定「兵役管區，應就指定區域，劃分為各師管區及團管區之劃分，力求與現行行政區域一致。師管區之名稱，以該地區之名命之」。有關師管區的職能為，「受軍政部之命及兵役攸關各部之指示，並商得本管區常備師長之意旨，處理兵役一切事務」。〔註 14〕軍政部根據全國各省行政區域的地理形態、人口密度、交通狀況等著手規劃兵役管區，並按照之前全國整編會議計劃，將全國暫時劃定為 60 個師管區以及 10 個預備師管區，規定每一師管區，分別配置一個調整師與一個整理師，以調整師為主，補充其退伍、損失缺額。每個師管區下轄 3～4 個團管區，師團管區制度實行與既有行政區域一致的原則。〔註 15〕各級管區的名稱，師管區以地區名稱來命名，而團管區則以其司令部所駐地的縣（市）名稱冠名。師管區司令部，

〔註 12〕吳相湘：《第二次中日戰爭》（上），臺灣綜合月刊社 1973 年初版，第 310 頁。

〔註 13〕方秋葦：《抗戰時期的〈兵役法〉和兵役署》，《民國檔案》1996 年第 1 期。

〔註 14〕軍政部：《陸軍兵役管區暫行條例》，《江西省政府公報》1936 年第 615 期，「法規」，第 2～3 頁。

〔註 15〕程澤潤：《兵役概論》，國民出版社 1940 年版，第 91 頁。

直隸於軍政部，處理師管區兵役事務，及在鄉軍人之管理，與在鄉軍官佐籍等事項。師管區的組成人員主要有司令、參謀、辦事員、副官、軍需和書記員。其中師管區司令員由現役少（中）將充任，其他職務則由備役軍官佐擔任。〔註16〕

為使兵役管區制能秩序推進，國民政府決定「先試點，後推廣」。1936年，軍政部首先選定江蘇、浙江、安徽、江西、河南、湖北等省率先試行，依據《全國陸軍兵役管區劃分方案》和《兵役管區暫行條例》的規定，在上述6省設立了淮揚、徐海、溫處、金嚴、蕪徽、安廬、淮泗、潯饒、豫東、豫西、豫南、襄鄖等12個師管區司令部〔註17〕，每一師管區下分設4個團管區。師、團管區分別設置司令一職，師管區司令由中央政府選派，團管區司令則以各省原有行政區保安司令兼任，師、團管區司令總領本區兵役事務。各師、團管區成立後，隨即開始了兵員徵集工作。「同年12月，徵集役男50000人，並就管區入營訓練」。〔註18〕

1937年6月，按照原定計劃，在原有師管區基礎上，軍政部預計在江蘇、浙江、江西、河南、湖北、湖南、福建等省，又增設了金陵、南撫、贛南、豫北、荊宜、衡郴、寶永、建延等8個師管區。此外，又陸續在已劃定設立師管區的蘇滬、嘉杭、江漢、長岳、辰沅、閩海、汀漳等地區以及廣東、貴州、四川、陝西4省各成立一個師管區籌備處，以備正式設立管區。師管區籌備處是基於該地區師管區司令部尚未成立之前，實施徵兵事務及推行國民兵役，促進壯丁訓練實施的臨時機構，在師管區成立後即行撤銷。至此，加上之前設置的12個師管區。因此，至全面抗戰爆發前，全國正式設立20個師管區又11個師管區籌備處。

三、戰時的徵兵

歷經1937年幾次大會戰之後，正面戰場國軍亟待兵源徵補。1938年1月，國民政府軍事委員會為之制定了《統一兵員徵募及補充方案》，規定川陝湘鄂豫皖贛閩粵等省遵令設立軍管區司令部。軍管區是國民政府在之前師、團兩

〔註16〕軍政部：《師管區司令部組織暫行條例》，《軍政公報》第234期，1936年8月31日，第30～32頁。

〔註17〕林振鏞：《兵役制概論》，正中書局1940年版，第83頁。

〔註18〕蔣緯國總編著：《國民革命戰史．抗日禦侮》（第一卷），（臺）黎明文化事業公司印行1978年初版，第119頁。

級兵役管區的基礎上新增的上級管區，軍管區司令由各省主席兼任，司令部組織下設徵集、訓練兩處。軍管區設立之後，原來直屬於軍政部的各省師管區及師管區籌備處改隸於軍管區司令部，一切兵役業務遵照軍管區司令部的命令辦理。至此，抗戰爆發之前確立的師、團兩級兵役管區改為了戰時的軍、師、團三級，軍管區成為了師、團之上的上級管區，這樣的整合，一改往日軍政部需要管理全國眾多師管區業務。在國民政府出臺的一系列兵役管區條例的規範下，全國的師、團管區的組織機構進一步完善，分工趨於合理，在各級機構的領導下發揮著自身的重要作用。是年 6 月，四川省軍管區司令部成立，省主席王瓚緒兼任司令，並將 1937 年 9 月 1 日設立的國民軍事訓練委員會改為軍訓處，原師管區籌備處改編為兵役處，各師、團管區於 1938 年 7 月 1 日成立。〔註 19〕

關於兵役管區制之下的徵兵，原定由團管區負責劃定徵募區，徵兵時期各徵募區由縣區鄉聯合組織徵兵委員會，會期適齡壯丁抽籤決定應徵批次，再依次應徵入伍。1938 年 6 月，四川省軍管區成立之後，即根據此原則制定第一期徵兵實施綱要與抽籤辦法，以 8 月份為調查時期，9 月份為宣傳時期，10 月份為完成徵訓抽籤事宜，11 月份按照徵額交接新兵。〔註 20〕

但是，盧溝橋事變之後，日本在其速戰速決滅亡中國的政策導引下，對中國發起了全面的進攻，至南京失陷以前，南京方面「兵員損失有一百萬人」〔註 21〕。1938 年 10 武漢淪陷之後，華北、華東眾多地區淪陷，原所設立在該等地區的師團管區也就名存實亡。如上文所提到的第一批 12 個師管區，大多淪為敵後游擊區。另一方面，國民黨軍隊的大量傷亡，亟需師團管區及時辦理兵役徵補繼以為戰，那麼，原有的兵役管區需要重新調整，而調整的對象也只能是人口較為密集的大後方地區。此類地區除原有的師管區兵額配賦之外，還需要承擔無法完成徵兵任務的其他管區的兵役補充。原有的役政體系成建制的遭到破壞，壯丁徵發問題不斷。

1938 年 11 月，軍政部查得各管區徵撥給前方部隊的補充兵，賄買頂替或

〔註 19〕孫子樂：《四川兵役概說》，四川省軍管區兵役指導委員會 1939 年 12 月印行，第 10～11 頁。

〔註 20〕孫子樂：《四川兵役概說》，四川省軍管區兵役指導委員會 1939 年 12 月印行，第 11 頁。

〔註 21〕馮子超：《中國抗戰史》，正氣書局、廣益書局 1946 年版，第 6 頁。

攔路強擄而來者充斥其間〔註22〕，「其姓名年籍自與驗收名單不一；賄買頂替者多為散兵流勇及游手好閒之徒，一經驗收即相繼逃亡，再圖頂賣」，鄉鎮保長既能完成徵兵任務，又能斂財致富；「規避兵役之中簽壯丁也依此免徵，社會充滿紛擾」。〔註23〕軍政部駐內江壯丁驗編處將壯丁買賣實況詳呈委員長重慶行營，各縣送丁所係保甲雇買，一經驗收，「即向保甲長索取原先議定之價款」，當面交錢，「或復爭多論寡」，致驗收場上頓成交易之地。〔註24〕由是可見不願從軍者可以出資免服兵役，役政人員得錢估拉亂徵湊齊徵額，遂致謠言紛起，勢單力孤之家人人自危。

有鑒如此，民意代表紛紛上書言事。1938年11月，川東川南各縣公民代表聯名呈請重慶行營「安民心免逃亡」，力陳查禁各地「迫農廢耕有傷國本」違法強拉之事，〔註25〕然該等公民代表「迫於大義」的上陳，其持論基礎是既往的募兵制，「竊國家徵兵，原以殺敵救國自請赴戰為數」，此類民意代表強調服行兵役的志願性，對徵兵釀成的「閭閻不寧」甚為不滿。1939年國民參政會上，王陸一等參政員對役政「濫抓人民混充兵役足纜繩拴」甚為憤慨，認為「等捕逃之罪囚，玷神聖之義務」。並強調「強派雇充之軍隊驅以應戰，隱患堪虞。」〔註26〕軍政部亦認為此情於後方治安及役政「大有妨礙」而歸責於基層保甲〔註27〕。但是，王造時基於實時觀察指出，「上峰派定之事，往往不規定辦法」，各保甲為完成任務只能自定辦法，「致多方歧出，民有怨言」。並且，各級各部不能各負其責，「往往保長努力而甲長疲玩，此保負責而彼保

〔註22〕四川省政府：《快郵代電3449號》，1938年11月15日，宜賓市檔案館藏檔案2-1-362，第35頁。如渝萬江防指揮部重迫擊炮第一營第一連炊事兵古海全1938年9月9日下午請假外出，結果被萬縣政府「挪作」壯丁送驗編處，撥交第七大隊第三中隊，改名冉雲三。見川省政府：《快郵代電3449號》，1938年11月15日，宜賓市檔案館藏檔案2-1-362，第35頁。

〔註23〕軍政部：《役募字第25723號代電》，1939年9月，宜賓市檔案館藏檔案：2-1-362，第4頁。

〔註24〕四川省政府：《快郵代電29720號》，1938年8月13日，宜賓市檔案館藏檔案：2-1-362，第45頁。

〔註25〕軍事委員會委員長行營：《皓（五）安渝代電》，1938年11月3日，宜賓市檔案館藏檔案：2-1-362。

〔註26〕軍政部：《渝役編字第24235號代電》，1939年8月，宜賓市檔案館藏檔案：2-1-362，第6頁。

〔註27〕軍政部：《渝役募一字第27960號代電》，1939年10月，宜賓市檔案館藏檔案：2-1-362，第2頁。

疲玩，坐受牽制」，〔註28〕

眾所周知，抗戰戰略相持階段之後，壯丁徵補任務主要由後方諸省承擔。但後方諸省山多田少，「雜糧百分之七十」，故各地所送徵壯丁因「營養太差」剔除甚多，壯丁欠額「墊累無著」。〔註29〕興文縣第二區三年內共交付合格壯丁600餘人，而因「營養過差，身長不足，疾病廢弱」先後被剔退壯丁則「在收額二倍以上」，以致保甲一聞徵令「群相束手」。〔註30〕

同時，戰時政府的大量征夫及雇用大量公雜人員也使得合格兵源減少。如徵用壯丁組織「民眾輸送傷兵隊」協助輸送傷病官兵至後方醫治，各縣至少成立6隊1200人，不少適齡壯丁躋身此途免服兵役〔註31〕。且征夫法令有關條文也相互衝突的，軍政部規定征夫適用「31～45歲之壯丁」，而1939年兵役會議議決，「甲乙兩級壯丁均延長五年徵用」，民夫適用乙級壯丁，則只能征用35歲以上者，則原《徵用民夫暫行辦法》規定的「31～45歲」當有四個年齡段的壯丁可以規避服役。因此政令歧出，保甲不易判定〔註32〕。此外，因戰事需要，驛運、航運、後方勤務、公路運輸、軍政機關、廠礦、軍工企業等部門亦雇用了大量壯丁，均依法緩役。並且，中央憲兵團、財部稅警團、中央航空旅、高炮旅等特權單位也在後方自行招募甲級壯丁〔註33〕；1943年「新兵役法」頒行之前，兵役及齡的在校學生依法緩役。學校日漸成為「避役場所」，十七八歲之青年就讀高小之事日見其多〔註34〕。地方保甲屢陳「無丁可徵」不盡是諉過之詞。為完成徵額而強行徵發，民眾亦不盡是忍氣吞聲，

〔註28〕王造時：《改善保甲制度》，《中央日報》1938年11月4日，第3版。

〔註29〕宜賓縣政府第三區署：《為奉電報兵役實際情形仰祈鑒核改善一案由》，1940年8月8日，宜賓市檔案館藏檔案：2-1-1035，第99頁。

〔註30〕興文縣政府第二區區署：《為遵令詳查本區推行兵役癥結及改善意見一案請予鑒核備查由》，1940年8月1日，宜賓市檔案館藏檔案：2-1-1035，第115頁。

〔註31〕國民政府軍事委員會：《民眾輸送傷兵隊組織及運送辦法》，1942年9月18日，宜賓市檔案館藏檔案：2-1-407，第67～69頁。

〔註32〕軍事委員會：《戰時軍事機關或部隊徵用民夫暫行辦法》，1938年6月25日，宜賓市檔案館藏檔案：2-1-407，第13頁。

〔註33〕《關於招募航空壯丁的布告》，1940年4月，中江縣檔案館藏檔案：6-1-207，第108頁；航委會：《退兵證明》，1944年4月，三臺縣檔案館藏檔案：11-1-81，第16頁。

〔註34〕四川省教育廳：《廿九年廳字第1317號訓令》，1940年10月，南溪縣檔案館藏檔案：2-1-155，第59頁。

暴力抗徵之事時有發生。〔註 35〕

而此際正值戰略相持階段。1940 年 9 月軍政部軍務司統計，抗戰至此，國民黨官兵傷亡達 1862224 人。〔註 36〕1940 年 11 月，兵役署統計全國共有 42 個師管區 161 個團管區，其中四川 6 個，廣東、湖南各 4 個，雲南、廣西、江西、湖北、河南、浙江、福建各 3 個，貴州、陝西、甘肅各 2 個，寧夏 1 個。〔註 37〕如何堅持抗戰到底，原有師團管區建制打破之後如何按章徵兵，提上了議事日程。1941 年，軍事委員會鑒於三級管區制機構行政效率低下，決定撤銷團管區一級，改為軍師管區兩級制」〔註 38〕。對比師管區前後變化，則是師管區的管轄地域明顯縮小，此舉意味著兵額配賦同比增加。

如，1941 年河南汴蘭師管區報告，該管區是在 1941 年 10 月由開封團管區改組成立的，辦理兵役事務困難重重。因為該師管區「所轄九縣淪為游擊區者，五縣又半完整縣，人口僅九十萬有奇，以之應付一個軍（55A）兩個旅（第一戰區獨立師第四五旅）及本區三個補充團之兵額，深恐不能適時徵補影響抗建大計。與念及此，寢食難安」〔註 39〕。再如調整之前，四川有 6 個師管區，以川北師管區為例，下轄遂寧、南充、劍閣三個團管區，有 26 個縣的人力資源可資調配。〔註 40〕調整之後，如 1941 年 11 月遵令成立的潼蓬師管區，其轄區共三臺、射洪、鹽亭、蓬溪 4 個縣。〔註 41〕此舉意味著，原來 26 個縣的兵額配賦需要現在的 4 個縣來完成，其役政壓力和難度可想而知。在此背景下，1940 年起國民政府試行國民兵身份證制確保兵役管區制之下的壯丁徵發。

〔註 35〕參見中國第二歷史檔案館：《中華民國檔案資料彙編》第五輯第二編「政治」（五），江蘇古籍出版社 1998 年版，第 160～219 頁。

〔註 36〕軍務司：《國軍抗戰官兵傷亡統計表》，1940 年 9 月，軍政部編：《抗戰第三年度軍政統計提要》，表 6。

〔註 37〕兵役署：《全國各軍師團管區名稱區數一覽表》，1940 年 11 月，軍政部編：《抗戰第三年度軍政統計提要》，表 33。

〔註 38〕《抗戰八年來兵役行政工作總報告》，張研、孫燕京主編：《民國史料叢刊》第 270 冊，大象出版社 2010 年版，第 12 頁。

〔註 39〕汴蘭師管區：《三十年十月至三十一年六月工作報告書》，1942 年 7 月，第二歷史檔案館：773-1383。

〔註 40〕《四川省各師管區所轄縣市地名一覽表》（1941 年 2 月），三臺檔案：4-1-2，第 82～83 頁。

〔註 41〕軍政部潼蓬師管區司令部：《□字第□號公函》，1941 年 11 月 24 日，三臺縣檔案：4-1-2，第 169 頁。

四、國民兵身份證制度的醞釀與出臺

為治理役政積弊，同時也是對未及施行的人口普查的一次針對性的補救。1940 年 6 月 23 日，軍事委員會頒發《國民兵身份證暫行條例》。（以下簡稱「條例」）規定在國民身份證未發之前，由國民兵身份證為憑，發給役齡男子（年滿 18 歲至 45 歲）。該證由各縣國民兵團部製發，鄉鎮國民兵隊部管理，辦理由各鄉鎮公所專辦戶籍之幹事負責，在未實施新縣制的地方，由鄉鎮公所暫設戶籍員 1 人辦理。要求在當年年底完成此事，以後「每年兵役及齡男子（年滿 18 歲）自 4 月 1 日起至 5 月 31 日止，填發身份證一次」。〔註 42〕儘管官方公開的說明此證是公民的身份證明，只不過在全民辦理之前，先登記 18～45 歲男性公民。軍政部下發文件則直言不諱，「國民兵身份證之施行，原為管制役齡男子，防止逃避兵役之用」，也是「為減輕國民之負擔，便利役政起見」。〔註 43〕

首先，必須承認，此舉是三平原則徵兵制度的一個基礎性工作，即役政機關藉此可以掌握徵兵對象的相應資料，做到心中有數並據此分期抽籤辦理徵兵事宜。但是要看到的是，條例所規定的這個時間段內根本完成不了。以四川三臺縣為例，該縣有 59 個鄉鎮，人口有 90 萬，差不多這個年齡段每個鄉鎮每年有萬人以上，60 天辦理 1 萬人的證件，1 個戶籍員每天起碼要辦理 160 份以上。由此可見，國民黨中樞層面只看到了戰時行政的緊迫性，卻忽略了基層工作的難度性。

其次，條例第二十二條規定身份證工本費 2 角，副證 1 角；補發身份證 2 元，副證 1 元。但是，這是 1940 年的價格。眾所周知，國統區自 1941 年之後物價就開始一路飆升。1941 年 7 月，三臺縣決定每證收費 3 角。為加大推行力度，規定第一期的 22 個鄉鎮可以照章收費，再九五折上交國民兵團；第二期 14 個鄉鎮按九二折，第三期 24 個鄉鎮九折。〔註 44〕該縣新升鄉呈請，「本所 9 月份秋季行政會議上，經各保甲士紳，一直要求加收七角，則為每份壹元，除繳呈法定工本費外，其所餘之數，全作建修鄉倉及津貼雇員伙食

〔註 42〕軍事委員會:《國民兵身份證暫行條例》，1940 年 6 月 23 日，三臺縣檔案:4-1-6，第 66 頁。

〔註 43〕四川省政府：《民三字第 15775 號代電》，1942 年 6 月，三臺縣檔案：4-1-6，第 293 頁。

〔註 44〕三臺縣國民兵團團部:《團役三字第 285 號訓令》，1941 年 7 月，三臺縣檔案：4-1-6，第 116～117 頁。

之用」。團部回覆「擬加收證價一層，格於定案，本部未便擅准，仰即遵照」。〔註 45〕

在此之間還存在另一種情形，即有關鄉鎮在上交身份證工本費款項時，往往先把應屬部分扣除，然後餘數上交，而縣國民兵團事後也默認此舉。如靈興鄉辦證遵照每份收取工本費 3 角，共計領到國民兵身份證 2000 份，填具 769 份，收款 230.7 元。因此，「奉令繳呈餘存國民身份證 1218 份，工本費洋二百三（十）元零七角，在此數內應扣職鄉隊附薪金本年一月份起至八月份止共八個月計，該洋一百六十元，除此項支出外，下實繳洋七十元零七角」。對於總數不對一事，其解釋為「至前發身份證，當中錯落少領 13 份」。縣國民兵團部承認此舉，不過要求「扣去一至五月份薪津應補具領款憑單，算多扣六七八月應繳來部舊墊」，就是收回的多餘身份證，也是「內少副證六份」。〔註 46〕樂安鄉填發身份證 2700 份，每證 3 角，共收 810 元，扣除隊附薪俸 240 元，手續費 40.5 元，兵役講習會旅費 31.5 元。團部批覆，「隊附薪津應照本部團需字五字第 226 號辦理，講習旅費應在手續費內開支，不得另列支賬」。〔註 47〕廣化鄉在上交工本費時也扣除了鄉隊附 1～5 月份的薪金。樂嘉鄉想乘機購買兵役櫃（按照條例規定存放國民兵身份證用途）「購兵役櫃及運費款無法措辦，經召開報價會議議決，每徵收身份證工本費一份，附收二角作購買兵役櫃及運費之用」。縣團部「未便准行」。〔註 48〕後來三臺縣國民兵團還上呈省軍管區司令部，「為國民兵身份證工本費亟需加價」請示四川省軍管區司令部，司令部認為「此時早經令飭準備完成，所請未便照辦」。〔註 49〕因此，拋開搭車收費的可能性之外，抗戰期間國民黨基層政權財政之匱乏可見一斑。在本案中縣團部言及當時 1942 年 8 月印製一張身份證，「遍詢城廂各印刷社，用嘉樂紙印製身份證議價皆在一元左右」，而三臺縣需要印製的身份證有八萬

〔註 45〕三臺縣新升鄉長兼國民兵隊長羊懋成：《軍役字第 28 號呈》，1941 年 9 月 27 日，三臺縣檔案：4-1-6，第 200 頁。

〔註 46〕三臺縣第一區靈興鄉公所：《為遵令解呈身份證工本費暨繳還餘存身份證請予鑒核示遵》，1941 年 9 月 22 日，三臺縣檔案：4-1-6，第 206～207 頁。

〔註 47〕三臺縣樂安鄉國民兵隊部：《為呈繳餘存之身份證請予備查》，1941 年 9 月 30 日，三臺縣檔案：4-1-6，第 211～212 頁。

〔註 48〕三臺縣國民兵團樂嘉鄉國民兵隊部：《民團字第 11 號呈》，1941 年 10 月 22 日，三臺縣檔案：4-1-6，第 105 頁。

〔註 49〕四川省軍管區司令部：《仁宙字第 1295 號代電》，1942 年 4 月 21 日，三臺縣檔案館藏檔案：4-1-6，第 289 頁。

份。〔註 50〕由此可見，多辦一份國民身份證，則縣團部就要額外多出 7 角錢。那麼，三臺縣國民兵團因未能如期辦理此事屢受川省軍管區司令部的「申斥」之事，當不能算作特例，其他縣的有關情況可想而知。

再次，實行國民兵身份證之後，各縣反映出現的情況有：（一）為管制國民兵行動起見，必須於交通要道除所設置盤查哨，但鄉僻小徑隨處均有，如國民意存逃役，雖涉水越嶺亦所不計。如盤查哨處處密集設置，又為事實所不許〔註 51〕。三臺縣亦復如是，1942 年 11 月 1 日開始清查民眾逃役。為此只能在進出縣境的重要通道城廂鎮、景福鄉、香山鄉、蘆溪鄉、建林鄉等五處設置盤查哨，共 5 處，每處「哨長 5 個，每哨哨丁 2 人」，設流動清查隊 5 個，隊長 5 人，每隊隊丁 2 人。共計 30 人。〔註 52〕實際上，國民兵身份證的實行，並不能禁錮民眾的逃役。1942 年 12 月 14 日新德鄉國民兵隊附劉思純報，「昨夜（13 日）十一時，清查各旅店，查得無身份證江永生、楊興順二名」，國民兵團副團長周子溥批示「縣府撥交接兵部隊驗收給據此令」。〔註 53〕12 月 14 日，新德鄉國民兵隊副隊長宋佐安「昨日盤查得無身份證之壯丁蘇洪貴等八名，依法應勒徵入伍」。〔註 54〕

另外，條例第十條規定，「國民兵移居另一鄉鎮如時間在一月以上時，（但本年應徵之國民兵為 3 日以上）應由原鄉鎮領取身份證，交由新住址房主（含醫院旅館學校機關等）或船主繳存所屬鄉鎮隊部」，否則第十三條規定，未辦理者「兵役機關將強迫其入營服役」。並在第十四條規定，「為切實檢查身份證，各縣國民兵團應督飭區鄉鎮國民兵隊會同當地軍警機關部隊擇地設置盤查哨及流動清查隊執行」此項規定，第十六條規定各鄉鎮應設置國民兵出入境登記簿，隨時登記。實際上，縣域之間辦理身份證並非同步，政令未能劃一往往會影響役政推行，且事關「違法拉丁」。1942 年各地奉令清查身份證，無證者可當逃丁抓服兵役。綿陽縣小視鄉民朱安科在三臺縣因無身份證被抓

〔註 50〕三臺縣國民兵團：《團役三字第 453 號代電》，1942 年 8 月 18 日，三臺縣檔案：4-1-6，第 319 頁。

〔註 51〕四川省軍管區：《仁宙字第 0894 號代電》，1942 年 3 月 3 日，三臺縣檔案：4-1-6，第 271 頁。

〔註 52〕三臺縣國民兵團：《團役三字第 453 號代電》，1942 年 8 月 18 日，三臺縣檔案：4-1-6，第 320 頁。

〔註 53〕新德鄉隊部：《簽呈》，1942 年 12 月 14 日，三臺縣檔案：4-1-6，第 339 頁。

〔註 54〕三臺縣新德鄉國民兵隊部：《軍役字第 87 號呈》，1942 年 12 月 14 日，三臺縣檔案：4-1-6，第 341 頁。

服兵役，該縣行文三臺縣府，「該劉保長不明兵役法規，藐玩政令，欺民異縣。查身份證，本府尚在辦理中，朱安科系居綿陽戶籍冊，不難考查即明，且伊現已中簽，須該服役，亦應由小視鄉公所申送，又何致在伊保內補充壯丁人數？〔註 55〕」該綿陽縣長並非愛民如子，關鍵在於被抓之朱安科是該縣應徵壯丁數額。同樣，鹽亭縣無證壯丁胥澤民在三臺縣被抓服兵役，較之綿陽縣措辭之激烈，鹽亭縣府行文則綿裏藏針，「似此妄拉，擾亂秩序，將來縣與縣間鄉與鄉間互相如是，其治安問題何堪設想？〔註 56〕」

須得指出的是，1940 年國民政府試行辦理國民兵身份證之際，軍事委員會原本指定湖南省試辦此事，然後總結推廣。然而「川桂粵鄂陝浙皖等七省先後呈准提前辦理，旋復以實施國民兵身份證一切準備尚未完成，一再請求展期實施」，重慶方面不得不於 1942 年重訂國民兵身份證施行程序，並規定，「除已核准湘桂兩省於本年一、三兩月先後實施盤查以觀實效外，其經核准辦理各省國民兵身份證已製發者仍准繼續辦理，其雖經核准辦理國民兵身份證尚未製發以及其他各省尚未辦理者，均俟檢討湘桂兩省試辦成績後，再行定期實施」，由此可見，在 1942 年 7 月，國統區終於放棄了全面施行身份證制度。〔註 57〕此舉意味著，試辦身份證的省份繼續維持該方式，尚未辦理之省份也維持著此前各該的方式。國統區的地方兵役行政也就呈現出典型的碎片化模式。

不幸之幸，1942 年之後日本逐漸陷入太平洋戰爭之泥淖，對於中國戰場主要是加大對於敵後根據地的「治安戰」以維護其戰爭基地。除鄂西會戰、常德會戰等規模較大之作戰外，對國統區發起的大規模攻勢作戰不如前多。國統區左支右絀的碎片化役政得有喘息之機會。及至 1944 年日本發動「打通大陸交通線」的「一號作戰」，國統區面積進一步縮減，兵源充裕的河南、湖南和廣西的大部分淪陷，國統區的役政越發山窮水盡。1944 年 10 月，連原本可以緩役的中學以上的學生也被軍事委員會鼓動起來志願從軍，儘管此舉有

〔註 55〕綿陽縣政府：《函為估拉異縣合格壯丁充服兵役懇予令飭高塹鄉劉保長從與設法退還以便依序申送而規劃一由》，1943 年 1 月，三臺縣檔案館藏檔案：10-8-334，第 24～26 頁。

〔註 56〕鹽亭縣政府：《函為據情請提釋被拉壯丁胥勳才一案希即查照由》，1943 年 1 月 21 日，三臺縣檔案館藏檔案：10-8-441，第 29 頁。

〔註 57〕四川省政府：《民三字第 21481 號代電》，1942 年 7 月，三臺縣檔案：4-1-6，第 296～297 頁。

提升兵源智識水平考慮，但也反映出國統區不得不啟用人才來充裕兵源，役政之日暮途窮，自不待言。

結論

總之，南京政府自 1933 年頒布《兵役法》以及決定在此之下行兵役管區制，實質上有著一個系統化的徵兵體制設想。詎料日本的全面侵華，中日國力不對稱之下的戰爭，國民政府雖有不屈抵抗，然國土不斷淪喪，致使原有的管區建制支離破碎，未淪陷區的壯丁徵發驟然增多，為防止民眾規避服役，只能依靠國民兵身份證來限制有限的人力資源從軍，系統化的役政此間走向碎片化，抓丁現象也為之增多。需要看到的是，在抗戰時期中國這個傳統農業社會的舉國徵兵，其直接後果就是，戰場上多一個殺敵的將士，田間就少一個耕作的青壯，而徵兵和徵糧恰恰是抵禦外侮不可或缺的兩個要件，都需要投入大量的青壯方能持久抗戰。而囿於農業科技和自然災害等因素的影響，傳統農業必須投入足夠的精壯勞力才能保證戰時的軍需民食也是不爭事實，因此，戰時的徵兵與徵糧之間存在著相當的張力。另一方面，緣於南京政府時代是中國試行徵兵制的肇始，並且是大規模戰爭背景下的義務兵役制，保家與衛國能否契合，民眾更多的受傳統觀念的影響，難有如此的思想高度和政治覺悟。儘管在日寇步步進逼背景之下的徵兵合乎「國家興亡匹夫有責」傳統價值觀，但前提是，兵役制度作為一種公開的規範體系須確定職務和地位及它們的權利、義務、權力、豁免等，〔註 58〕忽略了其他要件僅強調義務的制度難以具有普遍約束力量，因而逃役也就成為一種常態。那麼，抗戰時期國統區依法免役的各級政府官員指責民眾「毫無國家觀念」，和當下譏誚國統區抗戰期間的兵役行政是弊政，二者都是一種形而上學的隔空喊話。我們不能一方面批判抗戰時期國民黨的粗暴徵兵制度，另一方面又指責國民黨軍隊敗多勝少。放在歷史語境下的考察，會更加貼近歷史真實。而這些給予當代的啟示則是，兵役行政必須平戰結合，尤其要走精兵強軍之路。

〔註 58〕〔美〕羅爾斯著，何懷宏譯：《正義論》，中國社會科學出版社 1988 年版，第 50 頁。

第五講　勉為其難：抗戰期間國統區的兵役行政

題記：1936 年 3 月，南京政府試行徵兵制，但事前事後均未做翔實闡釋和務實宣傳，且政權所代表的利益也使得該制度難以集中體現真實的民意，因之，徵兵制未能內化為民眾的法律意識。尤其在抗戰之初，南京政府因一時的群眾熱情而過早放棄徵兵制的各項前期工作，國家政治期待遭遇遲滯的民意，並由此引發叢叢役政弊竇和暴力抗徵。

南京政府的徵兵制度創生於抗戰時期。其政策制訂後，因未經切實宣傳使義務兵役制深入民心；國民受傳統思想及多重因素的影響而視服役為畏途；各級役政人員良莠不齊等因素的存在使兵役行政困難在所難免。日軍全面侵華戰爭爆發後，國府又在未徹底實行全國性兵役調查及體格檢查的條件下遽然施行徵兵，導致徵兵過程之中衝突不斷，保甲及各役政人員疲於奔命，民眾怨聲載道等一系列問題的發生。學界對於抗戰時期國民政府的兵役有過相當的研究〔註 1〕，本講與上述研究角度及視野頗為不同，側重於檔案資料揭示

〔註 1〕相關研究有：徐乃力《抗戰時期國軍兵員的補充與素質的變化》，《抗日戰爭研究》1992 年第 3 期；史滇生《抗戰時期國民政府的兵員徵補》，《軍事歷史研究》1995 年第 2 期；黃安餘《簡述抗戰時期國民政府的兵役制度》，《民國檔案》1998 年第 3 期；石建國《抗戰時期國民政府的壯丁徵兵制度探析——以河西走廊為中心的考察》，《軍事歷史研究》2002 年第 2 期；仲華《試論抗戰時期國民黨軍隊的兵員徵補》，《南京政治學院學報》2006 年第 3 期；龔喜林：《抗戰時期基層保結徵兵的制約性因素探析》，《歷史教學（高教版）》2011 年第 8 期。

保甲的困頓和民眾面臨服役時複雜的心態。主引資料以四川省有關市縣民國檔案原件為準，為簡潔文字計，檔案館名前「四川省」予以省略。

一、抗戰爆發後全國兵役行政概貌

南京國民政府 1933 年年 6 月 17 日公布《兵役法》並規定該法自 1936 年 3 月 1 日施行。為推行徵兵制，全國役政改行師團管區制度，將全國劃分為六十個師管區，分年漸次推行及全國〔註 2〕。按兵役法實施條例，每年四五六三個月行徵兵調查，七八兩個月行徵兵檢查，十一月上中旬抽籤，末旬將中簽者徵集入營。然至 1937 年抗戰爆發前夕，「所設營區，因時間不及」，不得不「將其調查檢查時期」推遲「一個月」。〔註 3〕調查檢查未及完成，抽籤徵集入營更無從說起。盧溝橋戰火起時，首都南京市的適齡兵役初步調查始才進行兩周，「市民的認識也未充分，不免有所顧慮」。為此市府決定將再行擴大宣傳，「務期徵兵制度意義深入群眾〔註 4〕」。然而，當各地紛紛發起慰勞盧溝橋守軍之際，南京政府對此民意做出了過於樂觀的估計，「（當局）鑒於華北局勢緊張，民心憤激，抗敵禦侮，人具此心，對服務兵役尤感切要，自無庸更多宣傳。故決定在此時期，對於擴大宣傳，暫停舉行〔註 5〕」。當局此舉的理論依據是：「國民託庇政府之下來生存，國民自應服役當兵來保護國家，樂於應徵，應擁護兵役政策之施行，父昭其子，兄勉其弟，踴躍應徵〔註 6〕」。當局的這一政治期待與實際情況相去甚遠，據此而放棄兵役宣傳和兵役調查這一關涉長期國防穩固的基本任務純屬盲目之舉。

淞滬抗戰爆發兩周後，由於巨大的兵員消耗，國民政府於 8 月 30 日發布徵兵令。〔註 7〕在未及舉行全國兵役適齡壯丁調查和檢查的背景下役政直接進入壯丁徵集環節。其兵役行政舉步維艱不難想像。

徵丁伊始，各地役政舞弊事件不斷發生，「川黔兩省各縣區徵募壯丁多為各地土劣所操縱，往往人口眾多應出壯丁之家，如與某紳有關，或送禮行賄，即可免調。故壯丁多係強拉充數，冒名頂替，以致素質不良，且有甲地拉乙

〔註 2〕《何上將抗戰期間軍事報告》，《民國叢書》第二編第 32 分冊，第 34 頁。
〔註 3〕朱為珍：《兵役實施之意義》，《中央日報》1937 年 7 月 7 日，第二張第 3 版。
〔註 4〕《京市將舉行徵兵宣傳工作》，《中央日報》1937 年 7 月 9 日，第二張第 3 版。
〔註 5〕《兵役適齡調查告竣擴大宣傳停止舉行》，《中央日報》1937 年 7 月 15 日，第二張第 3 版。
〔註 6〕朱為珍：《兵役實施之意義》，《中央日報》1937 年 7 月 7 日，第二張第 3 版。
〔註 7〕《國府明令徵兵》，《中央日報》1937 年 8 月 31 日，第 2 版。

地壯丁而發生械鬥，或團警借名清查，實行拉兵，致人心惶惶〔註8〕」。並且，從各縣送至後方補充團訓練的壯丁來看，「多係估拉充數，形同乞丐，以致逃亡日必數起〔註9〕」。江蘇泗縣團管區所派徵兵官、區長、聯保長等任意敲詐，「每戶最少四五十元，但雇買頂替人之款，又需各戶分攤。」且頂替者「多為地痞流氓」，不少半途逃回「又復頂替」。該管團區司令召開區長會議時稱，「一切做法沒有關係，只要能辦得來」。上峰做如此號令，下行之亂可想而知。徵兵迅即變成拉兵，不論孤子及往來客商，一概拉充，導致一些「鄉民準備武裝與徵兵人員對抗。」〔註10〕面對這一亂象，軍政部才急速印發布告，將國府兵役政策曉諭民眾：「照得厲行徵兵，原期保國衛民；現行兵役制度，規定適合人情；檢查抽籤徵集，俯予務求適齡；值茲強寇壓境，各宜踴躍應徵；賄買冒名頂替，法令在所嚴禁；倘有藉端敲詐，受賄舞弊情形；一經查出實據，依照軍律嚴懲；特此布告周知，其各一律懍遵。」〔註11〕

然一紙布告改變不了此種亂局。1938 年 11 月，軍政部再查各管區徵撥給前方部隊的補充兵，賄買頂替或攔路強擄而來者仍然充斥其間〔註 12〕，其姓名年籍自與驗收名單不一〔註13〕；賄買頂替者多為散兵流勇及游手好閒之徒，「一經驗收即相繼逃亡，再圖頂賣」，鄉鎮保長用之為斂財致富之具，規避兵役之中簽壯丁也依此免徵，「社會充滿紛擾」。〔註 14〕軍政部駐內江壯丁驗編處將壯丁買賣實況詳呈委員長重慶行營，各縣送丁所係保甲雇買，一經驗收，

〔註 8〕四川省政府：《廿七年民字第 01000 號》，1938 年 1 月 12 日，宜賓市檔案館藏檔案：2-1-362，第 61 頁。

〔註 9〕四川省政府：《廿七年民字第 00668 號》，1938 年 1 月 10 日，宜賓市檔案館藏檔案：2-1-362，第 62 頁。

〔註 10〕軍政部：《元役丙代電》，1937 年 11 月，宜賓市檔案館藏檔案：2-1-362，第 79 頁。

〔註 11〕軍政部：《役丙字第 1803 號布告》，1937 年 11 月，宜賓市檔案館藏檔案：2-1-362，第 80 頁。

〔註 12〕四川省政府：《快郵代電 3449 號》，1938 年 11 月 15 日，宜賓市檔案館藏檔案：2-1-362，第 35 頁。如渝萬江防指揮部重迫擊炮第一營第一連炊事兵古海全 1938 年 9 月 9 日下午請假外出，結果被萬縣政府「挪作」壯丁送驗編處，撥交第七大隊第三中隊，改名冉雲三。見川省政府《快郵代電 3449 號》，1938 年 11 月 15 日，宜賓市檔案館藏檔案：2-1-362，第 35 頁。

〔註 13〕名實是否相符，事關優撫，優撫不至而導致的衝突抗戰期間尤多，此處不做討論。

〔註 14〕軍政部：《役募字第 25723 號代電》，1939 年 9 月，宜賓市檔案館藏檔案：2-1-362，第 4 頁。

「即向保甲長索取原先議定之價款」，當面交錢，「或復爭多論寡」，致驗收場上頓成交易之地。〔註 15〕由是「納資」〔註 16〕可免服兵役，役政人員得錢估拉亂徵湊齊徵額，遂致謠言紛起，勢單力孤之家人人自危。

有鑒如此，民意代表紛紛上書言事。1938 年 11 月，川東川南各縣公民代表聯名呈請重慶行營「安民心免逃亡」，力陳查禁各地「迫農廢耕有傷國本」違法強拉之事，〔註 17〕然該等公民代表「迫於大義」的上陳，其持論基礎為既往的募兵制，「竊國家徵兵，原以殺敵救國自請赴戰為數。」該等代表強調服行兵役的志願性，對徵兵釀成的「閭閻不寧」甚為不滿。1939 年國民參政會上，王陸一等參政員對役政「濫抓人民混充兵役足纜繩拴」甚為憤慨，認為「等捕逃之罪囚，玷神聖之義務」。並強調強派雇充之軍隊「驅以應戰，隱患堪虞。」〔註 18〕軍政部亦認為此情於後方治安及役政「大有妨礙」而歸責於基層保甲〔註 19〕。

二、役政中保甲的困頓

保甲經辦役政為各方所詬病，然據實分析則另有別情。依據國民政府地方組織法，保甲為自治機構，保甲長均為義務職，保長最初有辦公費 12 元，後遞減至 1 元，保長辦公費由省府七折發給，甲長則無辦公費，1942 年保甲長始有「優待」。〔註 20〕保甲長待遇微薄然而工作繁重，王造時分析抗戰急務徵兵徵糧一事指出，「雖一錢一物」，保甲長均須親辦，「無分雨雪，無分晝夜」。保甲長困難之處在於經費微薄，保長日夜奔走僅得一元之辦公費，「非特生活無著，筆紙茶水所需都不夠」，乃有「油鹽柴米四件事，管教養衛一元錢」之戲說。保甲辦理役政，紳民依法均須服役本無疑義，然紳富恃勢規避兵役，

〔註 15〕四川省政府：《快郵代電 29720 號》，1938 年 8 月 13 日，宜賓市檔案館藏檔案：2-1-362，第 45 頁。

〔註 16〕也有部分表現為繳納合法的「緩役金」形式。

〔註 17〕軍事委員會委員長行營：《皓（五）安渝代電》，1938 年 11 月 3 日，宜賓市檔案館藏檔案：2-1-362，第 58 頁。

〔註 18〕軍政部：《渝役編字第 24235 號代電》，1939 年 8 月，宜賓市檔案館藏檔案：2-1-362，第 6 頁。

〔註 19〕軍政部：《渝役募一字第 27960 號代電》，1939 年 10 月，宜賓市檔案館藏檔案：2-1-362，第 2 頁。

〔註 20〕如，酌量減免臨時捐款，直系親屬在當地公立醫院免費治療，子女在當地公立小學校肄業者得免收學費《非常時期保甲長待遇及獎勵辦法》，1942 年 3 月，南溪縣檔案館藏：11-1-323，第 23 頁。

各級對豪紳態度不一，「往往保甲長破除情面，而區署予以通融，區署破除情面，而縣府予以通融」；民眾見豪紳抗役「亦因之藉故拖延」，保甲長征丁只能「欺善怕惡」。而徵發之壯丁一旦隨部後方休整，對徵發該等入營之保甲人員「每懷憎恨之心，動輒藉故報復，揩索壓迫」。〔註 21〕且保甲長日常為徵糧派捐「不時沿門抖款」也招人鄙視怨恨。而上峰派定之事，「往往不規定辦法」，各保甲為完成任務只能自定辦法，「致多方歧出，民有怨言」。並且，各級各部不能各自負責，「往往保長努力而甲長疲玩，此保負責而彼保疲玩，坐受牽制」，〔註 22〕而所有任務之急莫過於徵丁，而徵丁之艱難則在於「可資提充兵役者日少」。

眾所周知，1938 年 10 月，隨著廣州、武漢淪陷之後，國統區的壯丁徵補任務主要由後方諸省承擔。但後方諸省山多田少，「雜糧百分之七十」，故各地所送徵壯丁因「營養太差」剔除甚多，壯丁欠額「墊累無著」。〔註 23〕興文縣第二區三年內共交付合格壯丁六百餘人，而因「營養過差，身長不足，疾病廢弱」先後被剔退壯丁則「在收額二倍以上」，以致保甲一聞徵令「群相束手」。〔註 24〕

除體質因素之外，兵源減少也因戰時政府的大量征夫及雇用大量公雜人員。如徵用壯丁組織「民眾輸送傷兵隊」協助輸送傷病官兵至後方醫治，各縣至少成立 6 隊 1200 人，不少適齡壯丁躋身此途免服兵役〔註 25〕。且征夫法令有關條文也相互衝突的，軍政部規定征夫適用「31～45 歲之壯丁」，而 1939 年兵役會議議決，「甲乙兩級壯丁均延長五年徵用」，民夫適用乙級壯丁，則只能征用 35 歲以上者，則原《徵用民夫暫行辦法》規定的「31～45 歲」當有四個年齡段的壯丁應服兵役，政令歧出，保甲不易判定〔註 26〕。此外，因戰事需要，驛運、航運、後方勤務、公路運輸、軍政機關、廠礦、軍工企業等部門亦雇用了大量

〔註 21〕敘南師管區：《管徵字第 1505 號代電》，1944 年 1 月 21 日，南溪縣檔案館藏：11-1-91，第 19 頁。

〔註 22〕王造時：《改善保甲制度》，《中央日報》1938 年 11 月 4 日，第三版。

〔註 23〕宜賓縣政府第三區署：《為奉電報兵役實際情形仰祈鑒核改善一案由》，1940 年 8 月 8 日，宜賓市檔案館藏檔案：2-1-1035，第 99 頁。

〔註 24〕興文縣政府第二區區署：《為遵令詳查本區推行兵役癥結及改善意見一案請予鑒核備查由》，1940 年 8 月 1 日，宜賓市檔案館藏檔案：2-1-1035，第 115 頁。

〔註 25〕國民政府軍事委員會：《民眾輸送傷兵隊組織及運送辦法》，1942 年 9 月 18 日，宜賓市檔案館藏檔案：2-1-407，第 67～69 頁。

〔註 26〕軍事委員會：《戰時軍事機關或部隊徵用民夫暫行辦法》，1938 年 6 月 25 日，宜賓市檔案館藏檔案：2-1-407，第 13 頁。

壯丁，均依法緩役。並且，中央憲兵團、財部稅警團、中央航空旅、高炮旅等特權單位也在後方自行招募甲級壯丁〔註27〕；及齡學生在1943年新兵役法出臺之前依法緩役，學校日漸成為「避役場所」，十七八歲之青年就讀高小之事日見其多〔註28〕。地方保甲屢陳「無丁可徵」不盡是諉過之詞。為完成徵額而強行徵發，民眾亦不盡是忍氣吞聲，往往暴力對抗〔註29〕。

1941年9月11日，保長蘇懷山率隊徵丁，壯丁梁尚志、梁光文持刀刺傷隊丁蘇延奎〔註30〕。13日，梁氏二人赴鄉公所面陳「發生誤會」緣於自身癡愚，「一時畏服心切」，事後自知非法並「自請服役」。鄉長認為國難當前，該二人「願服役情殷」，雖有過失，「尚有可原一面。」縣府亦准免究，著將二人送交「師區暫編團第二營驗收」，名額抵該鄉徵額〔註31〕。

縣府關注於兵役徵額是否完成，鄉鎮重於催促保甲執行政令，二者均無須直面民眾，皆能在役務衝突之中做利於「國事」之決斷，難堪的則是直接從事徵丁徵發的保甲長之流。誠然，上文梁氏二人未能幸免服役，然宣洩了對徵兵的不滿；保甲以負傷為代價完成了徵額，但工作中將面對更多受此武力拒服兵役暗示的民眾，若鄉紳為民眾後援，其對抗更趨激烈。

1942年3月29日，劉營鄉第九保長魏榮源奉令前往東魯鄉徵發該管中簽壯丁汪定福（受雇於東魯鄉第十五保團總霍思經），並出示劉營鄉長手令，霍思經督率家人青年執械趕打，保長甲長均被毆辱打傷並奪去壯丁。該紳霍思經勢豪行兇侮辱惡罵，「更痛罵政府，當地保甲畏懾莫何」。其本管東魯鄉長稱前因徵丁受霍思經侮辱，「搗亂公所，經具報有案」，如今又包庇抗徵，「凶傷別鄉保甲，不法情形異常嚴重」，該鄉長指出，「在密徵中簽壯丁之始」，若放任富紳縱凶，「役政威信何能推行？〔註32〕」

〔註27〕《關於招募航空壯丁的布告》，1940年4月，中江縣檔案館藏檔案：6-1-207，第108頁；航委會：《退兵證明》，1944年4月，三臺縣檔案館藏檔案：11-1-81，第16頁。

〔註28〕四川省教育廳：《廿九年廳字第1317號訓令》，1940年10月，南溪縣檔案館藏檔案：2-1-155，第59頁。

〔註29〕參見中國第二歷史檔案館：《中華民國檔案資料彙編》第五輯第二編「政治」（五），江蘇古籍出版社1998年版，第160～219頁。

〔註30〕中興鄉：《電報》，1941年9月11日，三臺縣檔案館藏檔案：10-8-2，第34頁。

〔註31〕三臺縣第一區中興鄉公所：《為據情呈請自願服役悔過懇予鑒核撤銷原案示遵由》，1941年9月13日，三臺縣檔案館藏檔案：10-8-2，第51～52頁。

〔註32〕東魯鄉：《電報》，1942年3月29日，三臺縣檔案館藏檔案：10-8-105，第18～19頁。

保長汪文卿在廣利井徵發鹽戶鄉紳李茂生灶丁蕭家興服役，李茂生糾集鹽工「包圍扭打」該保長，李茂生將壯丁蕭家興領去〔註 33〕。李茂生為此事被縣軍法室禁押，但其保釋之後，即與其他鄉紳保甲長等 20 人聯名具控汪文卿貪「污報復公正士紳賀澤民」〔註 34〕，紳權與保甲間之抗衡可見一斑。

保甲徵丁除紳權阻力外，兵役法令條文不盡周延也使得保甲難以別擇。如，兵役實施條例規定單丁緩徵，單丁一詞本無疑義，但三丁四丁之家，若有或死或亡或「出門商貿多年音信全無」而只有一丁在家時，是依單丁緩役還是按多子應行徵調，保甲實難判斷。秋林鄉第十三保李氏稱發夫早逝長子亡故，「次子早年遠貿，流亡他方數年無音」，全家五口全賴三子於文成，而保長顧美盛估拉其三子服役。該氏為此呈稱服兵役屬人民為國增榮應盡天職，但亦應「以人民家際及生活狀況困難與否覈其服役之先後」，且兵役法明白規定單丁依律緩役，此為國府昭信於民「以資樂從」之徵兵原則。〔註 35〕其言之鑿鑿不無道理，但其次子「數年無音」是否有稽，外人難知。但為此類呈控的保甲長均有「到府憑訊」之負累。

民眾為免役緩役據理力爭之時，尤其關注保甲長之家壯丁服役狀況。保甲長之家壯丁服役事發之中，保甲長之間也並不全然沆瀣一氣。甲長謝雲林徵發龍任氏次子服役，龍仁氏則控告該甲長有三子「包庇兵役」於縣府，縣府裁斷龍任氏應出一丁，該甲長亦應出一丁，保長李成軒乃將該甲長之子「謝中富徵去」，該甲長不從，被保長送交「聯保處管押」〔註 36〕。尤其在徵兵欠額過巨時，保甲長往往因辦理兵役不力而「志願服役悔罪」，〔註 37〕並有保甲長在縣府交丁之際，因「延宕役務」而被當場「提充服行兵役」〔註 38〕。

〔註 33〕三臺縣政府：《為檢送廣利井第七保長汪文卿控告鹽工李茂生合全案請煩查照由》，1940 年 10 月 25 日，三臺縣檔案館藏檔案：10-8-105，第 67～68 頁。

〔註 34〕《呈為聯名據實證明以免非理冤誣事》，1940 年 11 月 15 日，三臺縣檔案館藏檔案：10-8-107，第 47 頁。

〔註 35〕三臺縣政府：《據該鄉第十三保民婦於李氏呈報保長顧美盛違法估拉伊子於文武服役懇予傳訊一案。令仰查明具覆以憑核辦由》，1943 年 1 月 25 日，三臺縣檔案館藏檔案：10-8-115，第 167～169 頁。

〔註 36〕《為據情陳明懇賜鑒憐並祈令調鄉公所冊籍而維徵屬一案由》，1940 年 10 月 20 日，三臺縣檔案館藏檔案：10-8-107，第 33～34 頁。

〔註 37〕石安場鄉公所：《電報》，1943 年 1 月 4 日，三臺縣檔案館藏檔案：10-8-234，第 89 頁。

〔註 38〕三臺縣政府：《軍役六字第 1308 號訓令》，1944 年 10 月 22 日，三臺縣檔案館藏檔案：10-8-432，第 59 頁。

民間素有承祧以續香火之習俗，不過抗戰軍興，承祧則賦予了新義——減少自家壯丁基數以圖緩役。但保甲長之子弟若有承祧之事，民眾則不予承認，進而控告保甲兵役舞弊。保長楊永才管內楊定洪有「二十以外之壯年」二子，依法得徵一人，楊定洪以次子承祧別戶而拒交，並糾集多人「棍棒凶毆」徵丁保長隊副甲長人等。事後，楊定洪至縣府控該保長「違法包庇，藉公抄毀」，並舉報該保長「係弟兄二人，其弟永全應徵」，縣府遂徵楊永全。該保長為此上書潼蓬師管區司令部陳述該事始末，因叔父楊固本無子，於民國十一年分家時即將永全抱去為子，從此即為楊固本之獨子而入固本戶籍中，實在國戰未開兵役未行之前十一年，「斷不能有所預知而先設也」。而今固本已死永全為當然之獨子，已經呈覆「鄉公所有案」，並有全保甲紳一再證明，「可見其不為永才所包庇矣」。該保長指出，若單丁應役動員令實施，其弟自會應徵，「又何須三臺縣府之強行徵送耶？」該保長據此請求師管區裁決楊定洪是否應送一子服役、楊永全應否緩役。〔註 39〕該事件結果不得而知，但反映出民眾為維護自身利益往往選擇雙重標準。

除徵丁急務之外，保甲長須得虛於應酬各色而不敢疏忽，倘有怠慢即或獲罪而身陷囹圄。保長任自光因不允許縣府諜查員楊軒「帶槍」在本保內包庇賭博，「結仇於心」。〔註 40〕後楊軒充任川北師管區兵役調查員，任自光因「違反兵役怠於徵務」而收禁判處徒刑。該氏不服，迭呈三臺縣政府，「數呈不予批示。」該氏最終上呈四川省政府兼理主席蔣介石，蔣氏轉四川省軍管區司令部辦理，最終以縣府「奉令宥釋」而告終結〔註 41〕。不過，該保長自 1940 年 7 月 25 日禁押至 10 月 5 日釋放，遭受無妄之災確無相關責任人受到處罰。

又如，新舊保甲長對前任造具的壯丁名冊持何種態度亦須審慎，若認真清理前任未登記之「漏丁」並如數上報，新老之間矛盾突起。秋林鄉新任保長鄧茂惠將前任保長喻紹全漏報壯丁上報之後，喻氏迅速「自願送子出征」，同時一紙訴狀至地方法院控鄧茂惠「藉徵丁搕索」。〔註 42〕

〔註 39〕軍政部潼蓬師管區司令部：《徵法字第 1 號訓令》，1941 年 12 月 12 日，三臺縣檔案館藏檔案：10-8-438，第 104～105 頁。

〔註 40〕四川省軍管區司令部：《徵務字第 02165 號訓令》，1940 年 9 月 27 日，三臺縣檔案館藏檔案：10-8-105，第 39 頁。

〔註 41〕三臺縣政府：《呈為奉令宥釋任自光等經過情形呈請鑒察由》，1940 年 11 月 21 日，三臺縣檔案館藏檔案：10-8-105，第 112 頁。

〔註 42〕鄧茂惠：《因公昭尤串奸誣陷催請立傳訊究抑或轉諮三臺地方法院依法嚴懲而維公務事由》，1942 年 12 月 19 日，三臺縣檔案館藏檔案：10-8-115，第 90～92 頁。

各地兵役政令未能劃一往往會影響役政推行，且事關「違法拉丁」。1942年各地奉令清查身份證，無證者可當逃丁抓服兵役。綿陽縣小視鄉民朱安科在三臺縣因無身份證被抓服兵役，該縣行文三臺縣府，「該劉保長不明兵役法規，藐玩政令，欺民異縣。查身份證，本府尚在辦理中，朱安科系居綿陽戶籍冊，不難考查即明，且伊現已中簽，須該服役，亦應由小視鄉公所申送，又何致在伊保內補充壯丁人數？〔註 43〕」該綿陽縣長並非愛民如子，關鍵在於被抓之朱安科是該縣應徵壯丁數額。同樣，鹽亭縣無證壯丁胥澤民在三臺縣被抓服兵役，較之綿陽縣措辭之激烈，鹽亭縣府行文則綿裏藏針，「似此妄拉，擾亂秩序，將來縣與縣間鄉與鄉間互相如是，其治安問題何堪設想？〔註 44〕」

要之，抗戰期間多方責難的擾民役政需深入探查，若概而論為保甲舞弊拉丁則掩蓋了其間蕪雜而真實的面相。

三、役政的民眾應對

民間素有「好男不當兵」一說，絡繹不絕湧向後方的傷兵，其「眇目損手折足」之慘狀更加劇民眾對於服役的恐懼，適齡壯丁紛紛逃服兵役，且有縣長不假離職之事發生。〔註 45〕後方各省此際著力以通俗易懂文字宣傳兵役以消除民眾的普遍顧慮，但收效甚微。〔註 46〕民眾因「怕死心理及家庭觀念」，在應行服役時往往繳納緩役金贖役或請人頂替。〔註 47〕

政府將此類現象之原因歸結於民眾「毫無國家觀念，視離家即為不幸」，所以，一旦徵丁，該等聞風即逃，「或趨鄰境，或匿山林，或從匪內，或圖賄免，總以不去為目的。」逃役之丁，視保甲為仇讎，往往投入匪類勾結劫掠，「毆殺或攀連挾禍，意圖報復。」〔註 48〕

〔註 43〕綿陽縣政府：《函為佔拉異縣合格壯丁充服兵役懇予令飭高墊鄉劉保長從興設法退還以便依序申送而規劃一由》，1943 年 1 月，三臺縣檔案館藏檔案：10-8-334，第 24～26 頁。

〔註 44〕鹽亭縣政府：《函為據情請提釋被拉壯丁胥勳才一案希即查照由》，1943 年 1 月 21 日，三臺縣檔案館藏檔案：10-8-441，第 29 頁。

〔註 45〕《縣長請假未核准不得離縣》、《壯丁逃避兵役》，《中央日報》1938 年 3 月 15 日，第三版。

〔註 46〕《兵役宣傳特刊》，《中央日報》1938 年 4 月 16 日，4 月 22 日，第四版。

〔註 47〕王造時：《改善保甲制度（續）》，《中央日報》1938 年 11 月 5 日，第三版。

〔註 48〕宜賓縣第三區署：《為奉電報兵役實際情形仰祈鑒核改善一案由》，1940 年 8 月 8 日，宜賓市檔案館藏檔案：2-1-1035，第 99 頁。

對於逃兵，民眾多抱事不關己態度，「誰也說不准哪天會是自家壯丁被徵」，所以，舉報逃兵者寥寥無幾。並且，家屬在逃兵回鄉之後仍然冒領優待穀金。1941 年，保長蔣昌發控告被徵壯丁蔣昌直、蔣隆相、唐萬興、鄒運康等私行前方逃回，而家屬隱匿不報且冒領優待多次。審訊中，蔣昌發稱，「（該四人）都是我經手送的，惟周［鄒］運康被徵後，他的家屬便遷移走了，現在他逃回沒有，我不知道。唐萬興是當年抓逃兵的部隊來揖［緝］他，我才知道他逃回來了；蔣隆相、蔣昌直都逃回來了。〔註 49〕」蔣昌直家屬冒領了三次，「一次優待金廿一元，二次穀子；唐萬興領了三次，二次待金七十一元，一次穀子二市擔」；蔣隆相家屬領了二次，「都是待金，一共七十一元」；鄒運康家屬領了四次，「每次穀子二市擔，共八擔。他將穀子領了便搬往中江去了。」

對於壯丁私逃回鄉之事，政府多斥責保甲不加查考具報，川省政府為此訓令地方保甲長負責檢舉並勒繳其家屬冒領之優待，若保甲長知情不報，或亂拉買丁頂替逃亡無著者，「以保甲長抵補兵役」〔註 50〕。然省府忽略一重要事實，保甲長與鄉民同處鄉里，壯丁藏匿和頂替不少是夥同保甲進行的，保甲當不會自我檢舉。不過，此事一旦敗露，壯丁家屬則控告保甲返還財物。陳光盛長子 1939 年應徵入伍當即逃回，「現時還在家中」〔註 51〕。1940 年 6 月 23 日，保長羅劃一至該家再徵，陳光盛稱保長「指破迷津，勸民買兵更換」，並介紹張鴻圖保內壯丁羅世玉頂替，陳光盛為此賣去穀子五擔豬一頭。然壯丁驗收之際，因陳先登「壯丁冊籍未銷」頂替失敗，7 月 8 日，鄉公所將陳先登送驗服役，「頂替者羅世玉兵額任［仍］為張鴻圖之保所有」。人財兩空的陳光盛因此至縣府呈控該保長不但不克己為公，且「徇私舞弊設套欺騙害民人財兩失」〔註 52〕。據此可見買賣壯丁一事，若成則雙方心知肚明；一旦事敗，民眾則選擇另一種陳述。

同時，民眾為圖免徵也有曲意逢迎保甲長者，每至農耕時節，保甲長門前一呼，「即刻麇至勞作，中［終］日不敢索值，且有甘願出力自備伙食者」；

〔註 49〕三臺縣政府軍法室：《審訊筆錄單》，1942 年 1 月 10 日，三臺縣檔案館藏檔案：10-8-253，第 56 頁。

〔註 50〕四川省政府：《訓令出征壯丁私逃回籍應飭保甲查緝送禁法辦》，1942 年 12 月 4 日，三臺縣檔案館藏檔：10-8-130，第 81 頁。

〔註 51〕三臺縣政府軍法室：《審訊筆錄》，1941 年 9 月 20 日，三臺縣檔案館藏檔案：10-8-247，第 132 頁。

〔註 52〕陳光盛：《呈為串賣兵役詐欺取財請予傳案訊究令飭返還財政並請依法核辦一案由》，1941 年 9 月 12 日，三臺縣檔案館藏檔案：10-8-247，第 128 頁。

當然，得到的回報是，「應服兵役之家，四年以內未徵一名，所送者今皆貧用力孤單丁一子者。〔註 53〕」

承上文所云承祧一事，此際也成為多丁之家圖免徵調的一種策略。1940 年 8 月，姜昌林上呈縣府控告保長唐子安為「勒交壯丁」而將其估押聯保處，據稱其雖有二子，「長子已承祧家兄姜昌全」，自家僅有幼子，應為緩役。雖力請保長在多丁之家徵調，「是保長徇私不允另徵，堅押勒交」。姜昌林被迫交出幼子，即具控至縣府，稱本保內「多丁之家一次尚未徵調」，而保長恃欺農樸「勒徵民尚未成年之丁」。保長在縣府傳訊之時指出該承祧為臨時計，「未有文約詭計圖免」。〔註 54〕依照民俗，即便自家兄弟間子嗣承祧，例應邀集族尊戶長當眾出具承祧文書，由此觀之，保長所為不無道理。同時，壯丁徵集既然施行抽籤以定先後，則抽籤中的隨機性決定了多丁之家所取籤號不一定必然在前，少丁之戶籤號也不見得必在別人之後。當然，筆者在此無意讚美抽籤徵集壯丁為盡善之舉，但就此事件而言，不難看出參加壯丁徵集抽籤者之僥倖心理，未中籤時之高興自不待言，一旦中籤則怨天尤人或「百計圖免」，且遷怒其他一次尚未徵調之多丁之家，民患不均思想消解了國家兵役法令的剛性，也冷遇了國家所寄予民眾的政治期待，且還有託身佛門而規避兵役者。

宋馮氏長子早故，次子靜山於廿三年在東山寺玉堂和尚名下皈依，玉堂老僧歸西後，宋馮氏稱，「殊廟由張龕司挾嫌，唆使莫甲長何保長將氏子僧靜山估拉充丁，現被拘禁」，為此，宋馮氏為此具控保甲長「違法估拉單丁」於縣府。〔註 55〕細考控文，長子早故為孝道計次子能否出家；再者，出家即為無家，宋馮氏夫復何來單丁被拉。由是觀之，掛名佛寺作俗家弟子亦不失為民眾圖免征服的一種策略。

當然，較之出家下下之策，民眾更願意託身依法緩徵的公役運夫礦工行列，近水道者則為船工，山區則為礦工，鹽區則為鹽工灶丁，通衢則做運夫。1938 年 7 月，四川省第二區督察專員王夢熊報告，井研縣統計壯丁三萬二千餘人，屬於井灶工人及運鹽運煤苦力實際上也只有八千餘人，灶戶共二百四

〔註 53〕四川省政府：《民三字第 4012 號訓令》，1942 年 11 月 24 日，三臺縣檔案館藏檔案：10-8-115，第 143～144 頁。

〔註 54〕姜昌林：《為勒派估徵恃欺難甘迫懇垂憐鑒宥以示體恤而維農樸事情》，1940 年 8 月 6 日，三臺縣檔案館藏檔案：10-8-107，第 39～40 頁。

〔註 55〕宋馮氏：《為皈依單丁扶嫌勒徵泣懇轉飭宥釋以維役政事》，1940 年 8 月 14 日，三臺縣檔案館藏檔案：10-8-2，第 83 頁。

十餘家，每戶製鹽工人平均不過 6 人，合計一千四百餘人。但 1938 年規定鹽業工人「非至有必要時免予調服兵役」之後，萬餘壯丁「相率匿身井灶規避徵調」〔註 56〕。而那些稍受教育之壯丁，在獲知自己中簽之後，往往投考各類機構，雲南江川縣壯丁湯鴻富「已抽籤列入第三號」，該氏投考警察訓練所受訓，依法緩役，縣府為此上呈軍管區司令部〔註 57〕。

更有甚者為規避服役而故意吸食鴉片。（按：煙癖者接兵部隊依律剔除）如就所徵送壯丁驗收通過率僅三分之一之事，南川縣府解釋實因鴉片普遍非為承辦不力，「農村壯丁染有嗜好。」並且，不合選格而被遣回縣之壯丁，競相互傳「謠以吸煙為避役良法」，精壯青年「故入迷途相率嗜此〔註 58〕」。此景亦非南川一地獨有，其他縣市均有及齡壯丁「藉此規避兵役〔註 59〕」，軍政部為「裕兵源」只得在成都重慶驗編處分別設立省立第一第二戒煙醫院，並於萬縣、瀘縣、南充、樂山分設省立第三、四、五、六戒毒醫院，於內江設立戒毒所，並派遣醫師加緊施戒各有煙癮之壯丁以「再行服役」〔註 60〕。此計不僅戕害青壯身體，影響地方生產，且致礙役政貽誤抗戰。

較之上項壯丁自虐圖免之事，最慘絕者莫過於壯丁自殘。石安鄉三丁之家壯丁李文金迭經該管保長征集入營，「期年未獲」。1942 年底該鄉奉令限期徵送，保長多方調得在尊勝鄉屬高家溝，「始於該文金親誼家集獲。」然在造具清冊轉送驗收之際，該丁「自行將左腿用石損折」，〔註 61〕縣府准保就醫，「一俟傷癒，仍送服役為要。〔註 62〕」

當然，筆者臚列上項民眾之于役政的應對，無意於弱化民眾的愛國熱忱，

〔註 56〕四川省政府：《快郵代電 31285 號》，1938 年 10 月 5 日，宜賓市檔案館藏檔案：2-1-362，第 42 頁。

〔註 57〕雲南省軍管區：《軍徵字第 1785 號諮》，《雲南省政府公報》第十三卷第八十六期，1941 年 11 月 8 日，第 11～12 頁。

〔註 58〕四川省政府：《廿七年民禁字第 07229 訓令》，1938 年 8 月 25 日，宜賓市檔案館藏檔案：2-1-362，第 63 頁。

〔註 59〕四川省政府：《訓令 廿七年民禁字第 07229 號》，1938 年 8 月 25 日，宜賓市檔案館藏檔案：2-1-362，第 63 頁。

〔註 60〕四川省政府：《二十七年會民禁字第 00576 號訓令》，1938 年 2 月 4 日，宜賓市檔案館藏檔案：2-1-362，第 59 頁。

〔註 61〕石安鄉公所：《為自傷肢體居心避役請予依法治罪用儆將來而利徵調事由》，1943 年 1 月 4 日，三臺縣檔案館藏檔案：10-8-115，第 13 頁。

〔註 62〕李文安：《呈為遵諭承保壯丁李文金歸家治傷以示體恤事》，1943 年 1 月 12 日，三臺縣檔案館藏檔案：10-8-2，第 20 頁。

只是藉此說明民眾在應徵奔赴可預知傷亡的抗日疆場時所表現出來的複雜心態。設若沒有日寇侵華，民眾自當沒有如此之多的困惑，社會亦不至於如此之騷然，根源在於日本軍國主義強加給中華的侵略戰爭。

四、抗戰期間國統區役政之檢討

承上所述，抗戰兵役行政自然「成效欠著，流弊滋多」，兵員補充及社會秩序俱受影響。1939 年，陳誠在全國兵役補充會議上指出原因不在兵役制度不嚴密，而在兵役行政不盡善：調查不實，強迫攤派，監督不周，貪贓敲索以及頂替雇代規避等事，因而現役適齡之男子鋌而走險，「為匪者有之，毀壞身體者有之，逃往四方者有之，聚眾暴動者有之」，一方面人民流離失所，而另一方面所徵召之壯丁多為「體力不健，素質不良之份子」。政治部奉令組織兵役監督機構並加大兵役宣傳以扭住頹勢〔註 63〕。蔣介石亦認為役政之亂緣於兵役制度宣傳不力，1939 年專此手令政治部：「對於湘粵黔鄂川諸省兵役運動之宣傳與監督，應特別注重，限期設計實施。〔註 64〕」政治部遵令擬定兵役宣傳及監督實施方案下發，教育部據此出臺《中等以上學校學生假期兵役宣傳實施綱領》，規定各省市中學以上在學學生於寒假春假暑假等休假期間下鄉至各地作「臨時兵役宣傳」。〔註 65〕

關於兵役宣傳手段，政治部規定運用文字圖畫戲劇歌詠電影，定期舉行兵役宣傳周；用通俗文字編撰兵役實施辦法及兵役法令淺釋，講述民眾踊躍從軍之英勇故事及宣傳日寇暴行以「激發國民之敵愾心」。創作投軍殺敵等劇本，並改編一切舊劇雜劇劇本，分發排演。攝製從軍樂及優待抗戰軍人家屬等影片普遍放映於各農村中。編製教唱兵役法令淺歌及踊躍從軍歌曲，派遣抗戰歸來之榮譽將士下鄉宣傳。發起寫信運動，由一般知識分子寄信親友，「說明抗戰之有望及服兵役之重要」〔註 66〕。且不說這類聲光電宣傳手段在抗戰期間能否普及，僅就抗戰期間各級政府「不另支薪」的兼職兵役宣傳員而言，

〔註 63〕軍事委員會政治部：《兵役監督機構組織大綱（子）》，1939 年 3 月，南溪縣檔案館藏檔案：2-1-52，第 138 頁。

〔註 64〕軍事委員會政治部：《治教一渝字第 316 號代電》，1939 年 2 月，宜賓市南溪區檔案館藏檔案：10-1-52，第 34 頁。

〔註 65〕四川省教育廳：《廿八年廳字第 214 號訓令》，1939 年 3 月，南溪縣檔案館藏檔案：2-1-52，第 81 頁。

〔註 66〕軍事委員會政治部：《兵役宣傳實施辦法（子）》，1939 年 3 月，南溪縣檔案館藏檔案：2-1-52，第 133 頁。

他們做一時的宣傳尚無不可，而義務宣傳經年不息則值得商榷。且鄉鎮保甲兵役宣傳所需經費均係攤派徵收，民眾怨聲載道，因此，鄉鎮保甲對兵役宣傳持多一事不如少一事態度；有限的標語及宣傳，也就張貼縣城四門及辦公處所門前，實效若何可想而知。尤其是該宣傳實施辦法（丑）第 5 條指出，「對一般人民及壯丁應著重說明為保衛鄉土救護同胞好男兒上前線當兵之必要，而不必詳分兵役制度。」此點說明政治部宣傳役政時，著意於道德感召而刻意放棄法定義務的強制性內核，如此宣傳不僅緩不濟急且於事無補。

必須指出的是，國府認為役政亂象在於「宣傳不力監督不夠」是缺乏政治審視的，兵役行政之關鍵取決於直接當事人——民眾與保甲雙方對于役政的各自態度。民眾長期受募兵制及舊有觀念影響，戰爭慘重的傷亡事實也加劇了遲滯的民意，前赴後繼的慷慨赴死也僅是執政者一廂情願的政治期待；並且，各級政府以制訂法令增發細則為能事，對保甲長役政具體工作中的困惑亦未予足夠的重視。強敵壓境背景之下的徵兵制儘管合乎「國家興亡匹夫有責」傳統價值觀，但前提是，兵役制度作為一種公開的規範體系須確定職務和地位及它們的權利、義務、權力、豁免等，〔註 67〕忽略了其他要件僅強調義務的制度難以具有普遍約束力量。依法免役的各級政府官員指責民眾「毫無國家觀念」，既不能總括民眾面臨服役時的複雜心態，也是一種形而上學的指責，更是遲滯的民意之下政治期待失落的體現。

結論

總之，抗戰期間，行役政之保甲因多重因素牽制並不能一手遮天，服兵役之丁壯以各種應對也不盡是待宰的羔羊，役政成為亂政原因絕非一言能蔽之。中華民國雖不乏近代意義上國家構成之要件，然與近代西方民族國家之要義相去甚遠，其執政所端賴的制度，是統治意志的體現還是普遍民意的集中，在行政過程中各方自有不同因應。誠然，1933 年頒布《兵役法》並於 1936 年試行徵兵制，確乎內憂外患之國家振作的必由之路，包含著國府對於國民的一種政治期待。然一項缺乏廣泛民意基礎且前期又未廣為布達貫徹試行之徵兵制度，後期亦未舉行全國性人口統計及適齡壯丁登記而遽然全面付諸實踐，民眾視為「畏途」不足為怪；且因缺乏可靠人口冊簿可案可稽，出現兵

〔註 67〕〔美〕羅爾斯著，何懷宏譯：《正義論》，中國社會科學出版社 1988 年版，第 50 頁。

役亂政也是順理成章，役政難度之大可想而知；強力推行制度要件缺失的役政，使僅有義務而無實際權利〔註 68〕的民眾服行生死未卜的兵役，其徵兵之際的百計圖免和服役後的「伺機潛逃」，亦在情理之中；畢竟面臨生死，人皆有權作出最為利己的選擇，如此民意遲滯之下的國家政治期待必當黯然失落。要之，國民政府的役政在抗戰期間為亂政且增添巨多的無謂傷亡，在抗戰勝利後則為其迅速失卻大陸統治之一重要原因。

〔註 68〕徵屬依法享有的權利有每年的優待穀金、政府組織代耕隊為缺乏勞力徵屬耕作、子女免費上學等。優待穀金須有部隊優撫證為憑，然壯丁地址多不具體其不曾寄達原籍者，不在少數；且此項錢物出自民間捐輸，民眾拖欠日久且多有怨言，不具備國家旌表的神聖意義；代耕一事，僅落實在各級優撫彙報工作書上；免費上學，尚具實質性。

第六講　左支右絀：抗戰時期正面戰場官兵傷殘的政府應對

題記：全面抗戰爆發後，正面戰場負傷官兵劇增。南京政府為此逐漸出臺應對措施，以收容救治傷殘官兵，並在診治之後按照傷癒者歸隊和殘廢者教養方式進行分類處置。此舉一定程度上承擔起了國民政府應盡的責任，體現了國家對於軍隊傷殘崇德報功的政治道義。但比照抗戰八年殘廢官兵人數與收容教養實有人數，南京政府的收容教養工作遠未達到旌表「為國成殘者」的政治初衷。

眾所周知，自全面抗戰爆發之後，因中日兩國之間綜合國力的明顯不對稱性，加之中國此際係單獨應戰，缺少外援，且內部尚未真實統一，戰爭態勢對中國非常不利。國內當時的憂慮是，「日本自明治維新以來，經過五十年的努力，發展成為世界上頭等強國，擁有現代化的海陸空軍」，相比之下，中國沒有自己的工業，「機槍大炮」都要從外國買來，「國家內部不統一」，民眾「又無組訓」，「怎能從事這樣大規模的戰爭呢」？〔註 1〕國際觀察家對這場戰爭也同情中國，因為面對日軍的優勢火力，「（中國軍隊）精神、肉體和熱血肯定是不能無限地起作用的」。並且，中國軍隊明顯缺乏戰鬥組織和訓

〔註 1〕宋希濂：《鷹犬將軍——宋希濂自述》，中國文史出版社 1986 年版，第 124 頁。

練。〔註2〕這種國情國力之下的抗戰，國軍「作戰（會戰）多屬失利」。〔註3〕其官兵傷亡之慘烈不言而喻。「至南京失陷以前，我們的兵員損失有一百萬人」。〔註4〕因而，中日戰端一開，數量巨大的中國官兵戰鬥傷殘如何處置則是國民政府必須直面的嚴峻現實，因為此事不僅牽涉到國民政府收容救治軍隊傷殘以體現政治道義問題，還關涉到這場反侵略戰爭何以為繼一事，畢竟軍隊的補充不可能是無止境地徵發青壯而置負傷官兵於不顧，很大程度上還得依靠傷癒官兵的重新歸隊以提升戰力並節約人力資源。這一重大問題迄今國內學界尚缺乏應有的重視。

一、救治與轉運傷兵

對於歷經國民革命而建立的南京國民政府而言，戰爭甚或戰爭傷殘並非陌生之事；然較諸國府成立前後的各類戰事（尤其是軍閥混戰），中國軍隊與日軍在戰場上的兵戎相見因民族和國家利益而尤具不可調和性，其戰爭之慘烈度與往昔軍閥混戰不可同日而語，戰鬥傷殘之多可想而知。如軍閥混戰時代，因集團之間利益變幻無定而朝秦暮楚，戰爭中軍隊嘩變、投誠、陣前倒戈之事累見不鮮。且該類戰爭較少曠日持久，因而其戰鬥傷殘問題並非戰爭發動者應對的頭等大事〔註5〕。因而，各建制部隊尚未普設野戰醫院，此種軍制至抗戰爆發亦未獲重大改觀。〔註6〕個中原因，除「整軍」和推行義務兵役制等制度建設滯後因素之外，主要在於戰爭中的官兵傷殘為一隱性問題，事前難以考慮周延，而戰端一開，卻又是一個猝不及防，且事關戰爭能否為繼及何以為繼的顯性問題。

如淞滬會戰國軍「傷亡十八萬人」。〔註7〕僅大場一戰，第二十一集團

〔註2〕〔美〕埃文斯·卡爾遜著，祁國明等譯：《中國的雙星》，新華出版社1987年版，第24、31頁。

〔註3〕蔣緯國：《抗日禦侮》第三卷，（臺北）黎明文化實業股份有限公司1978年版第93、95頁。

〔註4〕馮子超：《中國抗戰史》，正氣書局、廣益書局1946年版，第6頁。

〔註5〕參見陳志讓《軍紳政權——近代中國的軍閥時期》第六、十三章內容，廣西師範大學出版社2008年版。

〔註6〕郭汝瑰：《郭汝瑰回憶錄》，中共黨史出版社2009年版，第68頁。而戰場對手日軍則普遍設立野戰醫院和衛生隊，參見張明金、劉立勤編《侵華日軍歷史上的105個師團》，解放軍出版社2010年版。

〔註7〕孫元良：《億萬光年中的一瞬——孫元良回憶錄》，世界出版社1974年版，第207頁。

軍原有旅長六人，「數日之內，三死兩傷」。〔註 8〕第 36 師在戰中共補充四次，至上海撤退時，「全師共計傷亡官兵一萬二千多人」。〔註 9〕南京保衛戰中，第 88 師的三個旅長「陣亡了兩個」，全師六個團長「陣亡了三個」，營長陣亡「十一員」，連排長傷亡者「占全員的十分之八」。至撤退時，該師只剩下「六百多官長弟兄」。〔註 10〕而此間，因所補充的新兵多缺少經驗和訓練，各參戰部隊「急切地上了前線」，然不過幾天，他們「不是倒在深秋褐色的土地上，就是在用樹枝偽裝的卡車裏，在新修的道路上被慢慢送進了醫院」。〔註 11〕因野戰醫院的缺乏，此類戰爭傷殘在前線只能做簡單包紮再轉送後方醫院。

淞滬會戰之際，國軍傷兵分兩路向後方輸送，一路沿京滬線經崑山、蘇州、無錫、常州至南京，再分散於各後方醫院。不到十餘日，負傷官兵麕集南京城者「約達兩萬四千餘人」。另一路沿滬杭線經松江、嘉興到杭州，再分散於各後方醫院。然隨收容的傷兵增多，原有醫院的收治能力顯然不敷，南京等地的抗敵後援團體組成救護團體開始協同診治。9 月底，「首都各界抗敵後援會」在下關設立傷兵招待所照料來京傷兵並轉入後方醫院治療〔註 12〕。中國紅十字會也策動全國各地分會協助政府辦理救護事宜，並派遣了手術組赴河北山西進行就地診治，還在淞滬杭沿線設院收治傷兵。10 月初，南京中央大學籌設傷兵醫院，收容由下關運到的輕重傷官兵。〔註 13〕

事實上，淞滬戰場傷兵數量之巨遠超過南京各醫院的收容能力，以至於狹小的病房「睡了七八十個傷兵」。值得關注的是，南京政府此際尚未丟失廣袤的富庶地帶，傷兵的救治即呈捉襟見肘之勢，如傷兵睡的「床是竹的，被是薄薄的一條」，吃的是「一碗飯一碗蘿蔔湯」。〔註 14〕士兵保育條件如此低

〔註 8〕李宗仁口述，唐德剛撰寫：《李宗仁回憶錄》，華東師範大學出版社 1995 年版，第 509 頁。

〔註 9〕宋希濂：《鷹犬將軍——宋希濂自述》，第 119～120 頁。

〔註 10〕孫元良：《孫元良回憶錄》，第 234、238 頁。

〔註 11〕〔美〕埃文斯·卡爾遜著：《中國的雙星》，第 14～15 頁。

〔註 12〕《抗敵會設立傷兵招待所》，《中央日報》1937 年 9 月 30 日，第 3 版。

〔註 13〕《中國紅十字會在京籌設傷兵醫院》，《中央日報》1937 年 10 月 5 日，第 3 版；《紅十字會主辦之首都醫院昨起收容受傷戰士》，《中央日報》1937 年 10 月 10 日，第 4 版。

〔註 14〕《傷兵醫院訪問記》，《中央日報》1937 年 10 月 14 日，第 4 版。

下，其後來傷殘救治之不逮，不言而喻。〔註 15〕早在淞滬會戰開始，後勤保障不濟即行顯露，軍政當局即開始為傷兵籌募被服。〔註 16〕至 9 月底，南京方面提醒廣大民眾，「因氣候漸趨寒冷，前方傷兵亟需寒衣」。〔註 17〕淞滬會戰尚未結束，基本的後勤保障即現無力，寒衣等軍旅基本生活用品均得鼓動民眾捐助，南京政府對中日戰爭的長期性顯然估計不足。又如，10 月 4 日，南京傷兵招待所正式成立之際，政府依然籲請「各界人士儘量捐輸應用物品，有看護醫藥常識者請自動參加」，〔註 18〕然其辦公場所一日三遷〔註 19〕。

北方正面戰場的中國軍隊傷殘狀況同樣堪憂。第二戰區發表作戰以來各項統計，察北及綏遠雁北之大同、天鎮、平型關、鐵角嶺、忻口（包括原平）、娘子關、太原、韓侯嶺「陣地戰八次，我敵傷亡成二三・五與一之比」。〔註 20〕該處國軍負傷官兵多轉運至西安各軍地醫院收容診治，與南京醫院收容量不敷相類似，西安各醫院亦呈現「人滿為患，傷兵麕集西安街頭」景象。教會醫院也參與了此類傷殘救治，不過都已滿員過度。西安各機關團體組織西安傷兵管理委員會，收容傷兵。傷兵治癒之後，發給慰勞費使之歸隊服務。〔註 21〕

不過，南北戰場國軍傷兵在轉送後方醫院之際，往往錯過了最佳手術時間而導致殘廢。如鄭州浸禮會醫院收治從山西戰場轉送的傷兵，其創傷雖經戰地急救處理，但躺在悶罐車、煤車和客車送至後方醫院時，患壞疽者不少，「當地醫院缺少治療各種肢體傷的設備，截肢成了唯一安全的選擇」。〔註 22〕

1937 年 11 月 12 日上海陷落，傷兵收容中心南京局勢危急，傷兵須再次向後方轉移。而此際沿海各類事業內遷，運輸工具越發捉襟見肘。軍政部除

〔註 15〕頗具諷刺意味的是，在此中日淞滬鏖戰之際，關於「專治五淋白濁」、「花柳專科」、「大前門香煙」、「雪花膏」之類廣告每天赫然雜陳於《中央日報》相關版面。作為中央黨政喉舌，其政治性不強可見一斑，能否起到同心協力共赴國難之宣導作用，值得商榷。

〔註 16〕軍政部、內政部：《令限期募足傷兵被服》（1937 年 8 月 31 日），《廣東省政府公報》第 385 期，1937 年 11 月 20 日，第 116 頁「雜載」。

〔註 17〕《前方傷兵亟需寒衣盼各界踴躍捐助》，《中央日報》1937 年 9 月 24 日，第 3 版。

〔註 18〕《受傷將士招待所成立》，《中央日報》1937 年 10 月 4 日，第 3 版。

〔註 19〕《傷兵招待所遷天興旅館辦公》，《中央日報》1937 年 10 月 5 日，第 3 版。

〔註 20〕中央社與集五日電：《晉察綏方面我對敵消耗戰傷亡成四與一之比》，《中央日報》1939 年 4 月 7 日，第 2 版。

〔註 21〕《西安各界組織傷兵管理會治癒傷兵四成歸隊服務》，《中央日報》1937 年 10 月 29 日，第 2 版。

〔註 22〕〔美〕埃文斯・卡爾遜著，祁國明等譯：《中國的雙星》，第 51 頁。

將輕傷交由第一休養院、教導總隊及第 36 師收容選領一部分外，餘者「迭向運輸機關商撥車船」，先將傷兵萬餘人由津浦路轉平漢路南段；次將萬餘名傷兵由輪船轉運鄂東，武漢遂成傷兵收容中心。另外，中國紅十字會成立第一軍傷醫院，「專門收容受傷較重不許可再遷延時日轉往後方醫院醫治的士兵」，〔註 23〕由地方救護團體協同工作。

1938 年 6 月武漢會戰既起，為救治新的戰鬥傷殘，軍政當局令將武漢各醫院原來收治的傷殘轉送宜昌、萬縣、陝西等地。另利用粵漢線「每日輸送 750 人」至長沙。張治中主湘後，湖南省各院所收容傷兵增加到六萬人。當實收傷殘達 46917 人時，軍政部再令湖南省傷管處將該省傷兵收容量「遵限擴充為七萬人」。同期，軍政部召集有關機關審定湖南江西等省住院傷兵《轉院歸隊編隊實施辦法》，「發給各院清餉周轉金、各院歸隊服裝，強制出院」，以騰出醫院床位收容新的戰鬥傷殘。〔註 24〕至武漢會戰結束，滯留長沙的傷兵仍有「兩萬九千餘人」，而前方轉來傷兵亦是源源不絕。為避免日機的轟炸，湘省當局令飭該等向沅陵、新化、邵陽三地疏散，各傷管院所奉令整體「徒步轉進」。其不能徒步者，則設法利用汽車船舶擔架人力車及粵漢湘桂兩路火車分批運輸。然據張發奎陳述，「運輸不良，兵站設施欠缺……傷兵呻吟道左，作戰精神，頓形頹廢」。〔註 25〕

二、傷兵問題的出現及其處置

抗戰期間，國軍負傷官兵數量巨大是一事，〔註 26〕而該等在後方滋擾社會又是一事。轉送至大後方的負傷官兵，或因醫院收治能力有限以致該等難以及時安身，或因醫藥器材設備匱乏而得不到及時的診治，更因各地尚未成立專門的傷兵管理機構。因而，重傷者缺乏及時照顧，傷癒者也無具體安置，致該等流浪街頭，尋釁滋事。

〔註 23〕《松江後方勤務（續）》，1937 年 11 月 4 日《中央日報》，第 3 版。

〔註 24〕軍政部：《廿七年役務字第 2305 號訓令》，1938 年 6 月，四川省宜賓市檔案館藏民國檔案：2-1-362，第 48 頁。

〔註 25〕《抗日戰爭正面戰場》（上），第 697～698 頁。

〔註 26〕國民政府官方戰後統計，抗戰期間中國軍隊負傷官兵共計 1761335 人，見何應欽《八年抗戰之經過》，中國陸軍總司令部 1946 年印行，附表「作戰以來歷年我軍官兵傷亡統計表」。另，遲景德總計抗戰八年中國軍隊官兵負傷合計 1761682 人，見《中國對日抗戰損失調查史述》，臺北，「國史館」1987 年版，第 90 頁。

1937 年 10 月，傷兵胡玉科、王霖榮、劉金玉、蘇登祥四名在南京第三十後方醫院聚眾行兇，持刀傷人，並搶奪駐院衛兵及縣府壯丁隊槍支。駐中央醫院第二分院傷兵薛永貴等，竟夜聚賭，並搶奪他人財物。〔註 27〕

1937 年 12 月，送達湖南省的傷兵日漸增多，間有冒充傷兵者，「藉端滋事，擾亂秩序，危害閭閻」。〔註 28〕此種情形在省會長沙尤為嚴重，數萬傷殘幾乎「全部占住」長沙市面的商號、旅館。他們三五成群在街頭巷尾，「以鐵棒作為威嚇的武器，從早到晚，橫衝直撞」。湘省政府門口「傷兵滋事的案件」日有數十起，常常擁集著新到的傷兵，「示威咆哮」。傷兵成了「擁有五十萬人口的省會感到嚴重不安的因素」。〔註 29〕湖南省府為此專門布告周知：

> 查近由前方護送來湘傷兵，人數日益增多，間有漢奸地痞，及其他不法之徒，冒充傷兵，藉端滋事，擾亂秩序，為害閭閻，亟應嚴加取締，以維治安。嗣後如查明有上述不法行動，即行逮捕，就地槍決。除由本府分令各軍警機關遵辦外，合亟布告各傷兵一體周知。〔註 30〕

不過，布告的效果顯然有限。1938 年 4 月 10 日，長沙三百餘名傷兵聚眾「沿途追毆憲兵，並搶奪槍支」。湖南省會警備司令部派員兵前往制止，當場拿獲傷兵孟慶福等二十名，其中有假冒傷兵閻松海一名。〔註 31〕並且，市井之間還出現偽造傷兵符號之事，如長沙市文運街三都石印局「偽造負傷員兵符號」出售，「每枚售價一元」，〔註 32〕少數市井不法購買偽造「傷票」冒充軍隊傷殘，乘機渾水摸魚。〔註 33〕

其他各地亦有傷兵騷亂發生。1938 年 3 月 30 日，有傷兵十餘名來湘潭站搭車前往衡山，但列車均已開出，無車可乘，該等向站長交涉，站方以事先未得通知，且因車輛缺乏，需向長沙站調車為由進行規勸。該等「群相鼓

〔註 27〕《傷兵擾亂後方依法處死刑》，《中央日報》1937 年 10 月 21 日，第 3 版。

〔註 28〕湖南省政府：《布告》，《湖南省政府公報》第 842～843 號合刊，1937 年 12 月 11 日，「公牘」，第 13 頁。

〔註 29〕張治中：《張治中回憶錄》，文史資料出版社 1985 年版，第 143 頁。

〔註 30〕湖南省政府：《布告》，1937 年 12 月，《湖南省政府公報》第 842～843 號合刊，1937 年 12 月 11 日，「公牘」，第 13 頁。

〔註 31〕《假冒傷兵毆打憲兵閻松海昨日槍決》，1938 年 3 月 14 日《中央日報》，第 4 版。

〔註 32〕湖南高等法院檢察處：《長沙地院檢察處余樹德等偽造文書案》，1938 年 4 月，湖南省檔案館藏民國檔案：全宗號 29，目錄 2，案卷號 899，第 13 頁。

〔註 33〕《三都石印局偽造傷兵符號》，1938 年 6 月 12 日《中央日報》，第 4 版。

譟，齊聲喊打，站中什物搗毀無有，站長毆成重傷」，並取出隨身之手榴彈欲抛擲。〔註 34〕

上述傷兵在後方蠻狠驕橫。究其原因，不排除各該為國負傷之居功心理；同時，該等從前線輾轉至後方，而後方收容能力不夠不能及時安置致該等流落街頭，其情緒之激動與憤懣自不待言；加之該等後撤時武器彈藥未曾及時收繳，因而傷兵擾民之事不絕如縷，社會上因之「流行著『傷老爺』的尖刻諷刺的稱謂」。〔註 35〕至於落伍的傷殘士兵沿途「佔吃霸佔」、向人估索金錢之事則累見不鮮。〔註 36〕更有甚者，「冒充傷兵，混住醫院，或三五成群，騷擾地方」。〔註 37〕總之，抗戰傷殘國軍官兵在大後方是一個非常負面的形象。

（一）組建全國傷管系統

1937 年 10 月，軍事委員會針對上述問題專門組設中央傷兵管理處及其分支機構，並發布傷兵管理處《組織規程》，中央傷兵管理處管理「二三等殘及機障官兵」，一等殘由軍醫署管理。地方分設「西北傷兵管理處」、各戰區傷兵管理處及分處、各省傷兵管理處及分處、傷管所及集合所、傷兵檢查所、感化隊、榮譽團、榮譽大隊、榮譽連、休養院等傷管機構。〔註 38〕

中央傷兵管理處直隸於軍政部，統轄全國傷兵管理處事宜。中央傷兵管理處設處長一員，辦公處主任一員，下設總務課、管理課、宣慰課和巡視員若干。

地方設省傷兵管理處，並在有傷兵醫院之處設地方傷兵聯合管理委員，其各處處長及委員會主任委員由各地方警備司令、戒嚴司令、兵役各管區司令、保安處長、保安區司令、固定駐軍長官及行政長官兼任之。地方傷兵管

〔註 34〕《湘潭汽車東站傷兵滋擾處決首犯一名》，1938 年 3 月 30 日《中央日報》，第 3 版。

〔註 35〕曹聚仁：《傷兵問題》，《抗戰三日刊》，第 49 號，1938 年 2 月 26 日。

〔註 36〕《負傷士兵估索金錢綏署下令制止》，1940 年 9 月 23 日《新新新聞》，第 7 版。

〔註 37〕《冒充傷官兵照逃亡論罪》，1941 年 3 月 15 日《新新新聞》，第三版；1941 年 3 月 15 日《新中國日報》，第 3 版。

〔註 38〕軍事委員會：《部特字第 1 號訓令》，1937 年 10 月 15 日，宜賓民國檔案：2-6-341，第 53 頁。1937 年 9 月，原軍醫司擴大為軍醫署，下設 3 處及 1 個視察室，以下分科辦事：第一處分人事、經理、事務 3 科及會計室；第二處分醫務、傷病處理、材料 3 科；第三處分教育、衛生 2 科及統計室。見戚厚傑：《國民黨政府軍政部組織機構簡介》，《民國檔案》1988 年第 2 期。

理處及傷兵聯合管理委員會直隸於地方軍政長官，受中央傷兵管理處指揮。中央傷兵管理處「得分派傷兵管理事務所於必要之地點」，中央傷兵管理處關於傷兵衛生業務得通報軍醫署，關於傷兵管理事宜得督飭各地方傷兵管理處長及傷兵聯合管理委員會處理。

戰區傷兵管理處長以資深之警備司令、保安處長、戒嚴司令兼任；戰區所屬傷兵管理分處處長由戒嚴司令及保安區（分）司令、兵役師管區司令等兼任；戰區所屬某地傷兵管理所所長由憲兵團長保安團長兵役團管區司令等兼任，「各地黨政軍聯合管理委員會按當地之需要與否而設立」。戰區傷管職員「均以兼任機關之職員兼任不另支薪為原則」，若兼職機關職員實不敷用兼顧時，得增設之，但須呈報核准。〔註 39〕

各級傷兵管理處的職責為：負責傷兵「紀律秩序之維持、訓導及慰問、收容（專指入院時）出院及輸送之監督與協助、治療給養及經理之監督、獎懲之執行」等事項〔註 40〕。各級傷管機關之間的隸屬關係如下：

> 「軍政部直轄中央傷兵管理處，第某戰區傷兵管理處、某地傷兵管理處、某地黨政軍聯合傷兵管理委員會。中央傷兵管理處下轄：傷兵休養院、臨時殘廢院、獨立傷兵管理所及某地傷兵管理所。獨立傷兵管理所下轄集合所，集合所下轄某站集合所；某處傷兵管理所轄集合所，集合所下設某站集合所。同期，中央傷兵管理處對於戰區傷兵管理處、各地傷兵管理處及黨政軍聯合傷兵管理委員會負責指導。第某戰區傷兵管理處，轄第某傷管分處及總集合所；第某分處轄某站集合所、管理所、各地黨政軍聯合管理委員會；管理所轄某站集合所。某地傷兵管理處，轄各地黨政軍聯合傷兵管理委員會、某站集合所、管理所，管理所轄某站集合所。」〔註 41〕

〔註 39〕軍政部:《中央傷兵管理處指揮系統表》,1937 年 10 月，宜賓民國檔案:2-6-755，第 170 頁。

〔註 40〕軍事委員會：《傷兵管理處組織規程》，《湖北省政府公報》第 344 期，1937 年 11 月 15 日，「法規」，第 15 頁。

〔註 41〕軍政部:《中央傷兵管理處指揮系統表》,1937 年 10 月，宜賓民國檔案:2-6-755，第 171 頁。附：總集合所、管理所、某站集合所等編制表係根據第三戰區實際情形規定，其他各處集合所、管理所、某站集合所編製表應由各該處自行擬定呈候核准施行。

（二）規範傷兵收容工作

承上文所述，轉送至後方的傷兵時有滋擾事發生，兼以社會閒雜假冒傷兵混跡其間招搖撞騙，軍政部令飭各地成立傷兵管理所與傷兵檢查所規範傷兵收容工作，以杜絕此類事件發生，並使真正的傷兵得以收容診治。

傷兵管理所分別接受所在戰區傷兵管理處、各省傷兵管理處或各省傷兵聯合管理委員會之命，掌管某一區域內傷兵管理工作，主要職責如下：

> 「將該管區域內逐日到達之輕重傷兵分別配送於各醫院收容；將該管區域內各醫院傷兵總數，應分輕傷重傷、將愈傷兵、已愈傷兵等欄逐日列表呈報該管長官核辦；每星期應將該管區域內各醫院治癒出院傷兵連同名冊護送之總集合所，以便歸隊；其他紀律秩序之維持、武器彈藥之收繳與辦理收容出院歸隊之運輸與協助，及制止無傷後之散兵遊勇」。〔註42〕

同時，為便於傷癒者歸隊及防止輕傷者送至後方醫院「致礙重傷員收容」，軍政部訓令在戰區傷兵管理處下設「傷兵檢查所」（其編制見表1），傷兵檢查所與當地及附近軍警、休養院、師團管區等取得密切之聯絡，負責傷兵檢查時及運送時的維持秩序、傷兵收容時的武器檢查及收繳，並負責輸送傷兵於附近之休養院或醫院，或船舶等交通工具，另外兼負檢查非傷病官兵之不良分子混入。〔註43〕如，1940年夏，鄂西宜昌之戰期間，傷兵經長江水道紛紛進入川省，川東萬縣僅有傷兵第九檢查所，難以完成此項傷兵檢查任務，1940年12月11日，軍政部在成都設立第九檢查所分所從事傷檢分流，「以資檢定在蓉傷兵」。〔註44〕

表1 傷兵檢查所編製表（官12，兵8）

職別	階級	人數	職別	階級	人數
主任	中校	1	書記	同中尉	1
事務員	少校	3	傳達兵	一（上）等兵	2
	上尉	2	公役	五等 四等	3，1
	一等軍醫佐	2	炊事兵	一（二）等兵	2

資料來源：宜賓民國檔案：2-1-845，第83頁。

〔註42〕軍政部：《傷兵管理處暫行服務細則》，1937年11月，宜賓民國檔案：2-1-845，第164～165頁。

〔註43〕見宜賓民國檔案：2-1-845，第166～167頁。

〔註44〕軍政部：《渝管（二九）管字第627號代電》，1940年12月11日，宜賓民國檔案：2-1-844，第181頁。

（三）處置殘餘士兵和散兵遊勇

1、傷兵散兵的臨時處置

針對因在戰場救助不及而流落各地的國軍傷兵散兵，〔註45〕1938年8月，軍政部頒布《傷兵散兵臨時處置辦法》，通令各縣市政府及省會警察局，遇有不能歸隊之傷兵散兵，應即予以收容並設法安置，不得任其流浪。各地收容此類傷兵散兵時，須解除其所攜有之武器，訊明來歷，並視其體格及能力，以「不違背安撫意旨及不妨礙治安」之原則予以處置：

> 「……乙、駐在各地部隊招補士兵得就傷癒或落伍之士兵選擇合格者補充（曾被敵方俘虜者則絕對禁止），此項由當地政府與駐在部隊會商辦理；丙、曾被敵方俘虜放回之士兵，由各地方政府查明收容後，解送省會警察局匯解軍政部辦理；丁、未經治癒之傷兵因故離院輾轉而來者，應予送交就近軍醫院或省縣市所立醫院，必要時設傷兵收容所繼續治療；戊、傷癒士兵如因肢體上發生障礙不能再服軍役者，應視其可能範圍內，使習工藝；己、恢復健全之傷病及落伍士兵，除得為補充兵外，並可就地介紹相當工作」〔註46〕。

傷兵散兵在收容而未妥善處置之前，「每日每名發給伙食一角三分，事後造冊報銷」；該等在解送歸隊期間所需伙食也照此辦理。各地所安置傷兵散兵一律不得穿戴軍服軍帽，「其無他項服裝可代者，須改染他色或特別標示」。此類傷兵散兵生病時，附近有軍醫院者，得送入軍醫院，「給養以二等兵待遇」。無軍醫院之處，由省市立或縣立醫院收治，治癒仍送交由各該縣市區局領回，分別置遣；「各駐地部隊及軍醫院對於各縣市區局商洽傷兵散兵之遣置及治療事項不得藉詞拒絕」；傷兵散兵如有不服收容或聚眾搗亂情事，准由各縣市區予以緊急處置。〔註47〕

對於各戰區的傷病兵，依照《殘餘士兵處置辦法》及《戰時處置散兵遊勇實施辦法》，由各縣與保安隊負責收容並設法醫治，「不得任其流浪各地，

〔註45〕馮玉祥在南京陷落之前乘火車經過津滬線轉隴海線再轉京漢線赴武昌過程之中，對於流落各地的國軍傷殘之慘狀有多處記載。詳情參見《馮玉祥日記》（第五冊），1937年10月份內容，江蘇古籍出版社1992年版。

〔註46〕軍政部：《傷兵散兵臨時處置辦法》，1938年8月，宜賓民國檔案：2-1-845，第29頁。

〔註47〕軍政部：《軍管字第9618號諮覆》，1938年8月，宜賓民國檔案：2-1-845，第32頁。

形同乞丐」。不過，各地方政府從事此項傷兵收容工作勢必增添地方開支，實際上對流落傷兵收容工作持多一事不如少一事態度。1942 年，軍委會為此電令各縣與保安隊須照遵法令收容流落傷病兵，所產生的收容公雜費「准予據實報銷」，傷病兵主食費「按名每 22 兩之定量發給現品或代金」，副食費按「三十年度之規定」核發，其餘所需經費均由承辦收容之縣府照軍政部規定墊支，報請省府彙報中央徵送」。〔註 48〕至此，此項收容工作方有起色。

（四）加強駐地傷兵管理工作

淞滬抗戰之際，為妥為管理收容診治於後方的國軍傷兵（即駐地傷兵），國民政府先後改組湘鄂黔皖蘇浙等省政府。1937 年 11 月 26 日顧祝同兼長江蘇省，其原任貴州省主席一職由吳鼎昌繼任。〔註 49〕同期，張治中受命主湘改組湖南省府。1937 年 11 月 27 日，張治中率各職員就職〔註 50〕。除肅清貪污外，張氏工作重心即為收容撤往該省之傷兵。然經由浙贛路與武昌運抵送湖南的負傷官兵絡繹不絕，張氏抱怨「事前既無電告，亦乏函示」，以致清查收容極感困難。〔註 51〕同時，假冒傷兵和傷兵在幾個醫院之間「跨院冒領」津貼之事時有發生。12 月 9 日湘省政府出臺《湖南省改進傷兵管理辦法》並改組該省傷兵管理處。〔註 52〕

湖南省政府將原有傷兵管理處改組為獨立機關，下設第一組辦理醫療、衛生、分配及視察，第二組辦理運輸、管理、訓練，第三組辦理慰勞、娛樂及宣傳，第四組辦理會計、審核、採辦及設備。傷兵餉項由財政廳墊發，以後每半月墊發一次；財政廳籌墊經費購備臥床、棉被、草墊、棉衣褲、襯衣各三萬套，在省會及各縣搭棚，供駐三萬人之用。同事，省府「請臨時大學、

〔註 48〕四川省政府：《三十一年保役字第 02135 號訓令》，1942 年 3 月 20 日，宜賓民國檔案：2-6-755。

〔註 49〕顧祝同：《墨三九十自述》，（臺）國防部史政編譯局 1981 年版，第 174 頁。因顧祝同實際在前方指揮軍事，無法兼理省政，報經核准，由韓德勤為江蘇省府委員兼民政廳長，並兼代江蘇省政府主席。11 月 27 日，省府由鎮江遷往揚州辦公，12 月 2 日，韓德勤赴揚州接任。

〔註 50〕湖南省政府：《秘一字第 000120 號公函》，1937 年 12 月 6 日，《湖南省政府公報》第 842-843 號，1937 年 12 月 11 日，「公牘」，第 13 頁。

〔註 51〕湖南省政府：《秘一字第 000128 號訓令》，1937 年 12 月 6 日，《湖南省政府公報》第 842-843 號，1937 年 12 月 11 日，「命令」，第 11 頁。

〔註 52〕湖南省政府：《秘一字第 000223 號訓令》，《湖南省政府公報》第 844 期，1937 年 12 月 15 日，「命令」，第 2～4 頁。

參謀本部、第四路軍軍官團等各機關，讓出四十九標、五十標，其他學校及公共場所作收容傷殘之用」。傷兵收容期間，由湖南省黨部、人民抗敵後援會、青年會、各機關團體派人臨時予以訓練，並隨時講演演劇音樂放映電影，以陶冶其性情，鼓勵其忠勇。省會及各縣學校童子軍召集出動維持秩序，並為傷兵服務。〔註 53〕

為安撫傷兵並規範傷兵管理，蔣介石曾親於視察傷兵醫院時並發布面諭，「傷兵管理工作由各傷兵醫院所在地之駐軍最高軍官兼任監督，負責管理一切；……各駐院傷病官兵由政訓處逐日派員宣導之；函請教會人士逐日赴各醫院講演做人真理；……各地傷兵管理處處長必須常到附近醫院對傷兵訓話；對傷病管理經費不惜困難充分接濟」。〔註 54〕

儘管南京政府自中央到地方重視傷兵收治管理，然收治於各重傷醫院和後方醫院的傷兵，因編制隸屬混亂無序與撫慰宣導工作不周，駐地傷兵與地方衝突不斷，各戰區各地傷兵管理處（所）、各省黨政軍聯合傷兵管理委員會乃先後成立。

各戰區各地傷管處所或各省黨政軍聯合傷兵管理委員會直隸於軍政部，受地方軍政長官與中央傷兵管理處雙重指導；該機構會同地方長官處理傷兵事宜，得「逕報軍政部備查」。其管理範圍包括維持紀律秩序，收繳傷兵武器彈藥，擔負傷兵的訓導與宣慰，監督協助傷兵的收容入院出院及輸送等工作，監督「各傷殘收容機關傷兵治療、給養及經理」，即負責監督發放由軍醫署解下之傷兵餉項。〔註 55〕

如武漢會戰期間，國軍傷殘一方面經粵漢線疏散往長沙及湘南等地，其大部分則沿長江水道進入四川萬縣、忠縣、涪陵、重慶等地，各該地黨政軍聯合傷兵管理委員會逐漸建立。如忠縣 1938 年 8 月成立。時至 1939 年，日軍對重慶萬縣等地空襲加劇，各該地傷殘管理機構再次溯江西上至江津、瀘州、宜賓等地。長江上游沿岸縣城國軍傷殘驟然雲集，而當地傷管機構尚未健全，致使傷兵民眾衝突不斷。此間，四川省第六保安司令部（按：駐地宜

〔註 53〕湖南省政府：《湖南省改進傷兵管理辦法》，《湖南省政府公報》第 844 期，1937 年 12 月 15 日。

〔註 54〕四川省政府：《三十一年保字第 2135 號訓令》附件《蔣委員長面諭記錄》，1942 年 4 月 10 日，宜賓民國檔案：2-6-755，第 167 頁。

〔註 55〕軍政部：《各戰區各地傷兵管理處（所）各省黨政軍聯合傷兵管理委員會組織規程》，宜賓民國檔案：2-6-755，第 172～173 頁。

賓）依據《國民政府軍事委員會傷兵管理處組織規程》第二條組織成立宜賓縣黨政聯合傷兵管理委員會。4 月，川省政府批准該委員會成立。〔註 56〕人員構成見表 2：

表 2　宜賓縣黨政軍聯合傷兵管理委員會（1939 年 2 月）

職別	姓名	原任職務	備考
常務委員兼主任委員	冷薰南	六區專員兼保安司令	由各到會單位推選確定委員
常務委員	劉祐之	宜賓黨務指導委員	
	李元宗	新編十八師二旅旅長	
	陳皋	宜賓團管區司令	
	鄒柵	六區保安副司令	
	王世楷	軍政部 119 後方醫院院長	
	謝天民	宜賓縣縣長	
總務組組長	林建勳	六區保安司令部中校參謀	各組組員由正副組長自行遴選，報請委員會聘任
總務組副組長	徐熙	宜賓縣政府第二科科長	
糾察組組長	畢安全	新編十八師二旅四團團長	
副組長	李俊甫	保安劉團第三大隊長	
執法組組長	喻家俊	119 醫院監理員	
副組長	溫炳	六區專署軍法承審員	

資料來源：宜賓民國檔案：2-6-755，第 21～22 頁。

考察上表，宜賓縣黨政軍聯合傷兵管理委員會職員多為當地黨政軍主要成員，雖不乏「119 醫院監理員」喻家俊者，然該氏並非該管理委員會常委卻位居執法組組長，此種人事安排不能不令人質疑該黨政軍聯合傷兵管理委員會的實際功效。依據此種人事設置，再結合傷兵的日常生活範圍，則管理工作的主要部分勢必落在傷兵醫院方面，醫院能否有力量完成此項執法任務，在日後爆發的傷兵與當地警民之衝突中一目了然。〔註 57〕並且，考察上表所謂的傷兵管理，實為管制傷兵而絕少撫慰宣導。

〔註 56〕四川省政府：《保四字廿八年四月發第 06104 號指令》，1939 年 4 月 12 日，宜賓民國檔案：2-6-755，第 112 頁。

〔註 57〕參見李常寶：《抗戰期間正面戰場榮譽軍人研究》（第四章衝突部分），人民日報出版社 2014 年版。

三、受傷官兵診治後的分類處置

（一）傷癒歸隊

1937 年 11 月，軍政部對戰時各醫院及傷兵休養院治癒的傷病士兵作出了具體的規定：已殘廢或尚須休養者，仍留休養院或轉入臨時殘廢教養院；各院已愈之傷病士兵由軍醫署及傷兵管理處會同指定的師或保安處施行嚴格檢查，「分別接收編入該師或保安處榮譽大隊」，歸該師長或保安處長統轄管理訓練。兩榮譽大隊以上者編為榮譽團或更大單位，該類傷兵之待遇「按原級升一級」發放。「傷癒者除第四第五第六路士兵外」，〔註 58〕。

根據上述規程，各師或保安處、榮譽大隊或團之編制，依整理師步兵營或團之編制。若採取大隊制，則大隊長由中（少）校充任；每大隊增設少校大隊附一員；「每連上等兵數增至 30～40 名，其餘均係一等兵」；為教育便利計，須將各連之軍士及上等兵集合教育；該大隊之軍官「務選軍官中受傷治癒者充任」；大隊之連數得依傷兵之多少增減。〔註 59〕

編成之後的榮譽大隊或團所施行的教育，「以精神教育為重，教育期為二個月，期滿按其程度，優異者得量予晉級，如需要急切時，未滿期者，亦得調往補充」。榮譽大隊或團之經費，由各師或保安處造具預算，向軍政部請領支給；榮譽大隊或團之薪給，依國難餉章發給，但入隊二個月內加發代金津貼一元，一月後停止。〔註 60〕榮譽團隊駐地見表 3：

表 3　編組榮譽大隊或團諸單位及所在地一覽表

名稱	所在地	名稱	所在地
第 166 師	洛陽	第 92 師	長沙
第 167 師	蚌埠	第 93 師	衡山
第 95 師	鄭州	預備第 4 師	衡陽
第 49 師	咸陽	第 50 師	岳州
第 140 師	臨潼	湖北保安處	武昌
第 28 師	西安	陝西保安處	西安

〔註 58〕軍政部：《戰時各醫院及傷兵休養院治癒傷病士兵出院處理規程》，1937 年 11 月，宜賓民國檔案：2-6-755，第 187 頁。第四、第五及第六路（四川部隊）士兵因言語關係，「應即送歸原隊照原級升一級敘用」。

〔註 59〕同上注，第 188 頁。

〔註 60〕軍政部：《戰時各醫院及傷兵休養院治癒傷病士兵出院處理規程》，1937 年 11 月，宜賓民國檔案：2-6-755，第 189 頁。

第 9 師	南昌	浙江保安處	衢州
第 185 師	武昌	安徽保安處	安慶
第 18 師	武昌	第 8 師	漢口
第 34 師	黃陂	第 33 師	棗陽
預備第 8 師	襄樊	預備第 9 師	潢川
預備第 5 師	武昌		

資料來源：宜賓民國檔案：2-1-845，第 177 頁。

各榮譽大隊（團）編成之後，即重新開赴前線。1938 年 4 月 25 日，湖南省傷兵管理處舉辦歡送國軍 92 師榮譽大隊重返前線殺敵大會。該大隊計傷癒將士一千七百人，張治中贈「黨國干城」榮譽旗，省傷兵管理處贈「還我河山」榮譽旗，抗敵總會贈每人毛巾一條，榮譽獎章一枚。〔註 61〕8 月 2 日，湖南傷兵管理處再次歡送榮譽團一千八百名傷癒官兵重上前線。〔註 62〕9 月 2 日，湖南傷兵管理處將各院傷癒員兵一千八百餘名編足一團，施以新式軍事訓練，30 日晚交付「某師接兵官唐營長」備車迎接赴前線。〔註 63〕

江西省自抗戰開始至 1938 年 3 月底，共收治傷兵四萬餘人，「治癒重上前線者在三萬人以上」。〔註 64〕10 月 7 日，該省傷管處運送傷癒官兵四百餘人重返前線，「各員兵胸佩受傷紀念章，精神飽滿」；所過之處，民眾「肅然起敬」。〔註 65〕1939 年 4 月 24 日，江西吉安傷兵醫院傷癒官兵三百餘人組成榮譽隊，重上前線。〔註 66〕1940 年 11 月 30 日，江西省榮譽軍人管理處〔註 67〕榮譽團隊傷癒將士五百人，重赴前線〔註 68〕。軍政部門辦理傷癒歸隊一事頗

〔註 61〕《九二師榮譽大隊重上前線殺敵》，1938 年 4 月 25 日《中央日報》，第 4 版；《九十二師榮譽大隊昨重赴前線殺敵湘各界熱淚歡送》，1938 年 4 月 26 日《中央日報》，第 3 版。

〔註 62〕《榮譽團將重上前線新化婦慰會贈旗慰勞》，1938 年 8 月 2 日《中央日報》，第 4 版。

〔註 63〕《榮譽團全團健兒重赴沙場殺敵》，1938 年 9 月 2 日《中央日報》，第 4 版。

〔註 64〕中央社南昌二十六日電：《贛傷癒將士三萬人歸隊》，1938 年 3 月 27 日《中央日報》，第 2 版。

〔註 65〕中央社屯溪五日電：《傷癒官兵重赴前線》，1938 年 10 月 7 日《中央日報》，第 2 版。

〔註 66〕中央社吉安二十四日電：《贛傷癒官兵請重上前線》，1939 年 4 月 25 日《中央日報》，第 2 版。

〔註 67〕軍政部通令自 1940 年 5 月 1 日起，傷殘軍人改稱榮譽軍人，各傷管機構因之改稱榮管機構，見下文。

〔註 68〕《五百壯士重上前線各界代表齊集歡送》，《傷兵之友》第七十三期，1940 年 12 月 18 日，第 5 頁。

受時論贊許，「實為中華民族復興之兆，天下興亡匹夫有責，千鈞一髮之時，凡吾國吾民，均應有執干戈衛社稷之責，豈獨榮譽軍人為然哉」？該論復指出，「誠如此，則區區倭寇，何愁不滅？」〔註 69〕

另外，針對因原屬部隊建製取消、編並或因交通梗阻而無法歸隊的傷癒官兵，中央傷管處（後為榮管處）委託各軍事學校「設隊訓練」該等，以增進其學術作為備用軍官。至 1943 年共受訓傷癒軍官 6708 員。另外，四川省榮管處直接組設軍官隊集中訓練，共收訓 643 員，二者共計 7351 員。針對抗戰期間各部隊急需軍士一事，中央傷管處飭各休養院組設軍士教育隊，遴選合格之傷癒士兵，加以嚴格訓練，第二、三、四、五、七、九各休養院，均經先後舉辦，共育成軍士 1141 名並派赴戰場服役。〔註 70〕

（二）收容教養殘廢

1937 年 11 月，軍政部通令大後方相關省市設立殘廢軍人的各類收容教養機構，（以湘鄂贛三省居多）收容教養後方各類軍醫院出院但留下殘疾的國軍官兵，此類機構有教養院、臨時教養院、臨時殘廢院、盲殘院。〔註 71〕（以下簡稱各休臨教養機構）為「便於業務推行暨督導起見」，各休臨教養機構暫時隸屬各該省傷兵管理處。其名稱冠以所在省名，如「江西省殘廢軍人教養院」。各省政府為之制定《臨時組織簡則》，編製預算表，並頒布《殘廢軍人轉院暫行辦法》及「轉院證式」。〔註 72〕

1、收容教養程序

殘廢官兵由各類軍醫院轉入各休臨教養機構得履行一定程序，即鑒定收容教養對象及教養者之待遇，完成醫院與教養機構間的交接（即轉院）等。

以江西省殘廢軍人教養院為例。該院收容對象為「由中央或各臨時醫院轉送」之殘廢軍人——「雙目皆盲者、失去一肢以上者、咀嚼暨言語技能並殘者、生殖器損失者、身體運動非人扶持不可者、與上列相當之一切傷廢者」。

〔註 69〕鄧梧：《歡送榮譽軍人重上前線殺敵》，《傷兵之友》第七十三期，1940 年 12 月 18 日，第 6 頁。

〔註 70〕魏益三：《榮譽軍人之管理》，《陸軍經理雜誌》1943 年「榮管專號」，第 19 頁。

〔註 71〕軍政部：《戰時傷殘官兵處理規程》，1937 年 11 月 2 日，四川省三臺縣檔案館藏民國檔案：10-2-213，第 29 頁。另有墾殖團、習藝所、實驗工廠、實驗農場、屯墾總隊等機構安置尚有做工能力之殘廢軍人（榮譽軍人）從事勞作。

〔註 72〕江西省政府：《秘壹 3 第 1436 號訓令》（1938 年 5 月 8 日），《江西省政府公報》第 1052 號，1938 年 6 月 4 日，「法規」，第 1～2 頁。

收容規模「以五百人為標準」，其經常費及臨時費預算呈請省政府核發。設院長一員，「秉承省政府之命，掌理全院一切事宜」，由江西省保安處長廖士翹擔任。院長以下設總務、訓育、診療、工藝四股。入院殘廢官兵之待遇，除被服、醫藥、工資、獎金外，官長每員「月支伙食六元，津貼六元」；士兵每名「月支津貼二元，伙食四元」。此項伙食津貼定額，「得按當地生活程度之高下，由本院呈報省政府酌量增減之」。〔註 73〕

殘廢官兵轉院手續之辦理，由所在傷兵醫院院長填具殘廢軍人請求轉院證書（見表 4），該證書須經主任軍醫檢驗證明確有所述殘疾（見表 5）。入院殘廢官兵須繳納「受傷時官長委狀，士兵符號及二寸半身脫帽照片二張」，若委狀符號遺失，「得由曾在原部隊服務現任長官二人聯名出具保結證明之」〔註 74〕。其無保結證明者，則「以最低階級待遇」〔註 75〕。所有證件，由所在醫院院長繳呈，省政府核准後，填發殘廢軍人轉院證並備存（見表 6，表 7）。〔註 76〕殘廢軍人持此轉院證前往指定休臨教養機構辦理入院手續。附有關表式。

表 4　江西省殘廢軍人教養院請求轉院證

江西省殘廢軍人教養院請求轉院證	茲有第　　師　　旅　　團　　營　　連［階級］ ［籍貫］　　　　　　　　　　［年齡］ ［姓名］　　　　於　　　　受傷於　　年　　月　　日入職院醫治，現據醫務主任　　　呈報該傷患［兵］　　　部受傷（　　　）已成殘廢，查與江西省殘廢軍人教養院暫行辦法第二條所規定情形相符。理合造具轉院證書 　　呈請 　　鑒核施行。謹呈 　　江西省政府主席 第○○○○醫院院長○○○謹呈 中 華 民 國　　年　　月　　日

附注：受傷項下須填明肢體或器官之殘缺障礙情形。

資料來源：《江西省政府公報》第 1052 號，1938 年 6 月 4 日，「法規」，第 5 頁。

〔註 73〕江西省政府：《江西省殘廢軍人教養院臨時組織簡則》，《江西省政府公報》第 1052 號，1938 年 6 月 4 日，「法規」，第 2～3 頁。

〔註 74〕即出具保證之軍官，其現任階級應高於被保證者；士兵則由現任少尉以上官佐保證。

〔註 75〕即軍官以準尉，士兵以二等兵待遇。

〔註 76〕《江西省殘廢軍人轉院暫行辦法》，《江西省政府公報》第 1052 號，1938 年 6 月 4 日，「法規」，第 3～4 頁。

表 5　請求轉院證存根

存根	茲有第　師　旅　團　營　連［階級］ ［籍貫］　［年齡］　［姓名］　於　受傷 於　年　月　日入院現經治癒，　部受傷已成殘廢，查與軍人殘廢教養院轉院暫行辦法相符，除照章辦理外，特此存據 第○○○○醫院院長○○○ 醫務主任○○○ 中華民國　年　月　日
字第　號	

資料來源：《江西省政府公報》第 1052 號，1938 年 6 月 4 日，「法規」，第 4 頁。

表 6　江西省殘廢軍人教養院轉院證

江西省殘廢軍人教養院轉院證	茲有第　師　旅　團　營　連［階級］ ［籍貫］　［年齡］ ［姓名］　於　受傷，據本省第○○後方醫院（兵站醫院）院長呈報該傷患（兵）　部受傷（　）已成殘廢，遵照江西省殘廢軍人教養院轉院暫行辦法第三條呈請轉送殘廢軍人教養院前來。查核屬實，合行給予轉院證，以示體恤。 省政府主席 中華民國　年　月　日

附注：部受傷項下空白須填明肢體或器官之殘缺障礙情形。

資料來源：《江西省政府公報》第 1052 號，1938 年 6 月 4 日，「法規」。

表 7　轉院證存根

存根	茲有第　師　旅　團　營　連［階級］ ［籍貫］　［年齡］ ［姓名］　於受傷，據本省第○○後方醫院（兵站醫院）院長　遵照江西省殘廢軍人教養院轉院暫行辦法第三條，呈請轉送殘廢軍人教養院。查核屬實，合行給予轉院證，特此存根 中華民國　年　月　日

資料來源：《江西省政府公報》第 1052 號，1938 年 6 月 4 日，「法規」，第 6 頁。

殘廢官兵須履行上述轉院手續方可進入教養機構，此舉說明軍政當局逐漸規範了殘廢官兵的教養工作。不過，軍政當局此際出臺的收容細則規定「兩目皆盲者、失去一肢以上者、咀嚼及言語技能並廢者、生殖器損失者、身體運動非人扶持不可者、與上列相當之一切傷廢者」方可轉入殘廢軍人教養機構收容教養，就實際工作而言，該細則略顯粗放，其所臚列的相關條款明顯不足以適配官兵的各類殘廢狀況，這也一定程度上導致與上述標準不符的成殘官兵無法得到收容教養，使得此類殘廢官兵屢屢鬧事，也使得輿論因此類殘廢官兵「輾轉丘壑流落街頭」而抨擊政府未盡職責。〔註77〕

2、傷殘官兵之稱謂及管理機構的變遷

抗戰期間，殘廢官兵因傷成殘生活倍感痛苦而自卑自棄，另一方面該等自恃有功而驕縱，也引發社會對該等的反感乃至厭惡，因而該等在後方之生活甚為苦悶。〔註78〕鑒於「傷兵」「殘廢」等稱謂會增加傷殘者的自卑心理，也消解民眾對於該等的尊崇，〔註79〕時論認為不宜用「殘廢軍人」一詞稱謂國軍傷殘，應改稱「榮譽軍人」。政治部亦認為「殘廢軍人」之稱謂對於軍人情緒足致不良影響，更難以表達對抗戰將士的崇敬之道。1940年4月18日政治部特函請軍政部代電全國各軍政機關，將「殘廢」字樣一律廢除，改稱「榮譽軍人」，各傷政機關以殘廢命名者，亦以此改稱。〔註80〕為此，軍政部特令各傷管機關自1940年5月1日起將「殘廢軍人」字樣一律改稱「榮譽軍人」。至此，抗戰殘廢軍人乃改稱榮譽軍人，各收容抗戰傷殘軍人之傷管機構相應更改名稱。〔註81〕中央傷兵總管理處因之改稱「榮譽軍人總管理處」，且自1941年始主管全部一二三等殘之榮譽軍人業務，並負責管理指導各教養院、臨時教養院（所）、校官教養院、殘廢院、臨時殘廢院、盲殘院、墾殖團、習藝所、殘廢軍民工廠、實驗工廠、實驗農場、墾殖總隊等榮譽軍人管理事務。〔註82〕

1945年6月1日，榮譽軍人總管理處奉令撤銷，其業務由軍醫署接辦並成立「榮軍管理司」，不久改稱「榮軍善後司」（簡稱榮善司），辦理榮軍管訓安置等事宜，原有機構亦相應調整，榮善司負責設計及督導全國榮軍善後事

〔註77〕軍事委員會：《渝辦一參字第8785號訓令》（1940年1月24日），四川省南溪縣檔案館藏民國檔案：8-1-527，第103頁。

〔註78〕王耀庭：《傷殘軍人善後問題》，《殘不廢月刊》第二卷第十九期，1948年7月31日，第9頁。

〔註79〕王耀庭：《政府對榮軍管教實施及善後計劃》，《殘不廢月刊》第一卷第二期，1947年2月28日，第1頁。

〔註80〕《抗戰殘廢將士改稱「榮譽軍人」》，《黨軍日報》1941年5月25日，第2版；《建國日報》1941年5月24日，第3版。

〔註81〕軍政部：《擬改傷管機關名稱對照表》，宜賓民國檔案：2-6-755，第144頁。

〔註82〕軍政部：《渝（卅一）榮管字第1275號代電》，1941年5月10日，中國第二歷史檔案館館藏民國檔案：三（6）-724，第86頁。

宜；而分布於陝川黔滇湘閩等省的一百零八個教養及生產機構——休養院、臨教院、臨教所、教養院、盲殘院、屯殖總隊則具體負責收容教養安置榮譽軍人。至抗戰勝利前夕，該司進一步簡化各休臨教養機構，保留教養院（收容一等殘）、盲殘院（雙目失明者）、臨時教養院（收容二三等殘）、屯墾總隊及一個生產隊，並編擬榮軍善後安置計劃。〔註 83〕

3、榮軍教養機構之分布

榮軍各休臨教養機構的設計，國民政府軍政當局除考慮安全性外，還兼顧戰區傷殘官兵的多寡，便於聯繫軍政部各陸軍醫院、後方醫院、重傷醫院等因素。在具體的設置當中，各該休臨教養機構多靠近兵站的運輸線路和便捷的水陸交通線，以利於榮譽軍人向相對安全的區域轉送，因此，在北方設置的休臨教養機構多依託隴海線及公路幹線，南方則利用粵漢、浙贛鐵路線和長江水道。如北方榮軍教養機構多集中於陝西的寶雞和甘肅蘭州、天水等地；西南大後方榮軍教養機構集中分布於四川省沿江市縣，自萬縣溯江西上抵達宜賓，即萬縣、忠縣、涪陵、長壽、重慶、江津、瀘州、敘永、納溪、江安、南溪、宜賓、樂山等處。依託粵漢線運送者，主要分布於湘西、貴州及湘黔兩省交界處，如桃源、新晃、洪江、安順、湄潭、施秉、綏陽、黔西等地。考慮到福建綏靖區等地戰鬥傷殘狀況，福建邵武、廣西全縣等地亦設有臨教院。〔註 84〕針對遠征軍入緬作戰，軍政部在雲南省雲南驛、平彝等地設立教養機構收容遠征軍傷殘官兵。榮軍休臨教養機構在設立之初雖考慮過區域所在地的安全性，但 1944 年日軍發動「一號作戰」，國軍在豫湘桂戰場慘敗，設置在湖南省的教養機構只得向更為縱深的大後方遷移。如，第一教養院由湖南芷江遷往貴州玉屏，第六教養院由芷江遷往桃源，第七教養院由湖南祁陽遷往四川敘永。〔註 85〕

截至 1943 年 1 月 24 日，全國榮軍各休臨教養機構計有教養院 8 所，臨時教養院 20 所，校官教養所 1 所，盲殘院 1 所。其中分布「湖南 10 所，四川 7 所，陝西 4 所，福建 3 所，江西廣西各 2 所，甘肅、貴州、江蘇、安徽

〔註 83〕王耀庭：《傷殘軍人善後問題》，《殘不廢月刊》第二卷第十九期，1948 年 7 月 31 日，第 3 頁。

〔註 84〕軍政部：《渝（卅一）榮智字第 3292 號代電》，1942 年 9 月 10 日，中國第二歷史檔案館館藏民國檔案：三（6）-914，第 13～14 頁。

〔註 85〕軍政部：《軍政部榮譽軍人教養院駐地表》，中國第二歷史檔案館館藏民國檔案：三（6）-922，1945 年 4 月，第 33 頁。

各 1 所」。收容傷殘官長 4951 員，傷殘士兵 38818 名，另暫寄休養院 8113 員名，總計 51882 員名。〔註 86〕根據 1945 年榮善司之統計，全國各休臨教養院名稱及駐地如下。

第一教養院駐玉屏、第二教養院駐南溪、第三教養院駐江安（其軍官隊駐納溪）、第四教養院駐萬縣、第五教養院駐瀘縣、第六教養院駐桃源、第七教養院駐敘永〔註 87〕。

第一臨時教養院駐萬縣，第二臨時教養院駐宜賓，第三臨時教養院駐寶雞，第四臨教院駐鎮遠，第五臨時教養院駐永興〔註 88〕，第六臨時教養院駐興國，第七臨時教養院駐全縣〔註 89〕，第八臨時教養院駐城固，第九臨時教養院駐長壽，第十臨時教養院沙縣，第十一臨時教養院靖縣，第十二臨時教養院駐黔西，第十三臨時教養院駐天水，第十四臨時教養院郴縣〔註 90〕，第十五臨時教養院靖縣，第十六臨時教養院寧化，第十七臨時教養院駐湄潭，第十八臨時教養院駐富平，第十九臨時教養院駐洪江〔註 91〕，第二十臨時教養院駐平彝。〔註 92〕

第一休養院駐桐梓，第四休養院駐萬縣，第六休養院駐息烽，第七休養院駐天柱，第八休養院駐安寧〔註 93〕，第九休養院駐畢節，第十一休養院駐雲南驛。

第一盲殘院駐四川樂山五通橋，收容教養為日軍各種毒氣所戕害的國軍

〔註 86〕聯合勤務總司令部榮譽軍人第一善後區管理局：《報告書》，1946 年 8 月，四川省江安縣檔案館藏民國檔案：2-1-76，第 45 頁。據 1946 年 6 月的統計，抗戰勝利之後，各休臨教養機構共收容榮譽軍人數近十萬，見《殘不廢月刊》第二卷第十三期，第 2 頁。

〔註 87〕聯勤總部榮軍第一善後區管理局：《榮軍教養院駐地表》，1945 年 12 月，四川省江安縣檔案館藏民國檔案：2-1-177，第 21 頁。

〔註 88〕1944 年底遷往四川涪陵，抗戰勝利之後該院歸併其他臨教院，另於天津重建第五臨教院。

〔註 89〕1938 年 9 月 18 日始設於漢口，武漢淪陷後陸續遷徙至廣西全縣，1944 年湘南桂北戰事吃緊時，遷入貴州安順。見四川省江安縣檔案館藏民國檔案：2-1-173，第 64 頁。

〔註 90〕1944 年該院遷往貴州綏陽。見四川省江安縣檔案館藏民國檔案：2-1-173，第 65 頁。

〔註 91〕1944 年湘桂戰場國民黨作戰失利後，該院遷往貴州施秉。同上引，第 68 頁。

〔註 92〕軍政部：《軍政部榮譽軍人臨時教養院駐地表》，中國第二歷史檔案館藏民國檔案：三（6）-922，1945 年 4 月，第 33 頁。

〔註 93〕另，四川白沙分院 299 人。

盲殘官兵。該等盲殘一開始並無專門教養機構，而是與其他榮軍共同生活於各休臨教養院，起居飲食諸多不便，「精神甚為痛苦」。宋美齡、何應欽為此建議專設榮盲教養機構，將該等榮盲員兵分別集中教養。1942 年秋，榮軍總管處選定四川五通橋青龍嘴軍政部製呢廠舊址，設計建成「軍政部榮譽軍人第一盲殘教養院」。該院成立之後，實際收容榮盲 417 名，編成三個區隊。該院盲殘榮軍仍以軍事管理為原則，兼施教養，教導方面以教授盲文、音樂為主，並依據個人性情旨趣分別施以簡易手工訓練。〔註 94〕

結語

中日戰爭進入戰略相持階段，國民政府對於國軍傷殘的收容診治教養工作由抗戰之初的應付漸有一定的指導思路和應對措施——從健全傷管機構收容救治傷殘官兵到診治之後的分類處置（傷癒歸隊和殘廢收容教養），一定程度上承擔起了政府應盡的責任，體現了對於軍隊傷殘崇德報功的政治道義。在此期間，南京政府的傷管機構行政級別不斷提高，由最初的中央傷兵管理處到中央傷兵總管理處，到榮譽軍人總管理處，到榮軍管理司，到榮軍善後司等。其處理榮軍事務權限有所擴大並具有一定的獨立性，表現出南京政府對於收容診治教養傷殘官兵工作的重視。

然截至 1946 年 6 月底，在全國各休臨教養院、盲殘院等機構所收容的抗戰榮軍，總數七萬餘人，加上各地軍醫院傷患中應行轉入榮軍教養機構者，其總數近十萬人。〔註 95〕此項數據不及戰後南京政府所統計的殘廢軍人總數 314661 人的 1/3。〔註 96〕因此，南京政府的收容教養遠未達到旌表「為國成殘者」的實際功效。反過來，大部分榮譽軍人多流落民間自我存活的境遇無形中增添國統區應服兵役義務者之疑懼，一則榮軍的傷殘狀況折射著前方戰鬥之殘酷，二則榮軍生活之忞睢也消解了該等被賦予的榮譽稱謂。

〔註 94〕周化慶:《榮譽軍人第一盲殘教養院沿革史》,《殘不廢月刊》第一卷第十一期，1947 年 11 月 30 日，第 14～15 頁。不過從後來的文獻可知，該院在收容第一期盲殘榮軍三個區隊 417 人之後，就沒有再行擴建，起碼於 1943 年南溪事件發生時，第二教養院裏的盲殘依然未能收容於該盲殘院，二地之間沿長江溯岷江距離不及 250 公里。

〔註 95〕祈之晉:《對抗戰榮軍安置商榷》,《殘不廢月刊》第一卷第八期，1947 年 8 月 31 日，第 2 頁。此數字與徐維廉估算基本接近，徐氏估算數字為「全國 44 所榮軍院所約有十萬四千餘榮軍」，見《殘不廢月刊》第二卷第十三期，第 2 頁。

〔註 96〕何應欽:《八年抗戰之經過》，中國陸軍總司令部 1946 年印行，附表。

毋庸諱言，抗戰期間各級政府的頭等大事為糧政和役政，榮譽軍人之救治管理充其量只是役政的一個下游問題，就當時的國力和國府應對問題的輕重緩急而言，此事都難成為政府事務策對的首選。並且，收容診治教養該等的機構設施也只有在戰時才彰顯其重要性和急迫性（如上文所述，南京政府有關傷殘應對舉措多出臺於 1937 年 11 月之後），在平時難以兼顧此類建設也不盡是囿於財力和人力因素，還在於承平時代對此項工作也難以考慮周全，即便有此建設規劃，其設計標準也難與可能出現的戰爭的規模和戰爭走勢相匹配。畢竟，戰爭一旦爆發則難有戰爭何時結束的先知，在戰爭規模的預測以及在該種規模之下可能出現的傷殘之事上也難有先覺。

總之，在人類進入大同時代之前，戰爭是一個不容迴避的話題；然則專門的戰爭傷殘救治收容教養機制，究竟是遵循平常時期也須「閒置」的戰備預設原則，還是採戰時軍民用及時轉換原則，這一問題在當代依然有其現實意義。

第七講　弱者的禦侮：抗戰時期國民黨軍隊的官兵傷殘分析

題記：抗日戰爭是近代中國第一次取得反對外來入侵偉大勝利的壯舉，中華民族在此過程中遭受了難以估量的損失，付出了慘重的人員傷亡，十八臨教院收養傷兵入院時期的檔案，是記錄該段歷史最直接的佐證。依託該院檔案分析傷兵的來源和年齡層次，有助於更深層次認識抗戰中的役政實施實況；研究該院傷兵的傷殘狀況，有助於我們最真切地體察日寇侵華戰爭給中國參戰部隊造成終身的傷痛。尤其值得關注的是，以十八臨教院檔案可以管窺抗戰期間國軍的非戰鬥減員問題的有關細節，這些有助於推進抗戰研究的深入。

抗日戰爭是近代以來中國第一次取得重大勝利的反侵略戰爭，八年當中，廣大愛國官兵浴血奮戰於各戰區疆場，在遭遇蓄謀已久的侵華日寇時，裝備窳劣戰備倉促的國軍官兵傷亡慘重，救治此等數目巨大之傷兵一事顯得尤為重要，它不僅是一項事關社會穩定的救濟撫恤政策，而且是關係中國抗戰事業成敗與否的關鍵性因素之一，研究國軍傷兵群體之重要性不言而喻。就筆者目力所及，依託歷史檔案對抗戰期間的傷兵予以及時觀察並進行群體研究之成果則乏善可陳。從檔案入手關注傷兵群體，不僅是將研究視野導引到特定群體進而提升抗戰史研究深度的一個重要轉向，而且，我們還能從最本真的檔案史料中找尋到尤具學術價值和現實意義的新問題。

本講以聯勤總部榮譽軍人第十八臨時教養院（下文簡稱「十八臨教院」）國民政府軍隊（下文簡稱「國軍」）負傷官兵（即「榮譽軍人」，簡稱「榮軍」）為考察對象，通過對榮軍檔案進行分類統計，在此基礎上對抗戰期間國軍傷兵群體中的官兵構成、傷殘等級、年齡層次、籍貫人數和非戰鬥減員因素等幾個問題做一嘗試性探究。

一、聯勤總部、榮軍和榮軍教養院

南京政府時期，主管軍醫機構為軍政部陸軍署「軍醫司」，前身為國民革命軍總司令部軍醫處。1932 年，軍事委員會下設「軍醫設計監理委員會」作為軍醫最高機關，監督指揮關於軍醫一切事項。1935 年 4 月 1 日將「軍醫設計監理委員會」與軍政部「軍醫司」合併為「軍醫署」，直隸於軍事委員會，1937 年改隸軍政部。1946 年 6 月，國民政府軍事機構改組，軍政部被裁撤，有關業務歸於新成立之國防部。同年 9 月，國防部下轄的聯合勤務總司令部成立，由原後勤總部及軍政部所轄的軍需署、兵工署、軍醫署等三個單位合併組成，以統一辦理陸海空軍共同性補給及其他勤務。聯勤總部受參謀總長直接指揮，設總司令一人、副總司令二人，參謀長一人、副參謀長二人，下轄一室八署十三處和一個憲兵司令部。第一任總司令黃鎮球，第二任總司令郭懺〔註 1〕。從南京政府傷兵救治機構的變遷之中，反映出該機構重要性的日益上升，這也說明南京政府時期所經歷的戰爭之多，軍隊傷亡數目之巨。

抗戰八年間，中國軍隊官兵負傷合計 1761682。〔註 2〕有識之士對於這些為民族解放而負傷的抗日將士他們充滿欽慕，並對他們的負傷問題給予了及時的關注，「抗戰進入第二期之際，全國土地淪陷大半，海口全受封鎖，敵人挾其雷霆萬鈞的新武器，到處轟炸燒殺，使我軍民慘遭損失，一時士氣頹喪，人心惶惶，故傷殘處理成為當日一極重要的課題。處理稍一失當不但影響士氣，且動搖後方人心，與抗戰成敗有直接影響」〔註 3〕，「傷兵從火線上救護下來要迅速送到安全地帶去療養。……決不能敷衍塞責，視人命如兒

〔註 1〕郭汝瑰：《郭汝瑰回憶錄》，中國黨史出版社 2009 年版，第 122、161～162、310 頁，

〔註 2〕遲景德：《中國對日抗戰損失調查史述》，國史館，1987 年，第 90 頁。

〔註 3〕郁瘦梅：《榮譽軍人職業協導會之過去及將來》，《殘不廢月刊》，第 1 卷第 5 期，1947 年 5 月 30 日，第 1 頁。

戲」。〔註 4〕對於具體救治傷兵的辦法，有關人士積極獻計獻策，「為適應戰爭規模擴大的需要，軍隊應加強救護工作和大量增加救護設施；應大量的添設完善的後方醫院、野戰醫院、急救所及積極訓練救護人員。」〔註 5〕他們還能設身處地為抗戰傷殘軍人考慮，認為民眾不應用「殘廢軍人」一詞的稱謂傷兵。並且，段承澤首倡「改傷兵一詞，為榮譽軍人」〔註 6〕。

同期，時人對於傷殘軍人亦予以高度的評價，「抗戰軍興以來，我忠勇將士效命國家，精神至為奮發。其受傷成殘之軍人，實為我民族最光榮之戰士。惟一般民眾，對此種受傷將士以殘廢軍人稱之。軍委會政治部，以此類稱謂對於軍人情緒方面足致不良影響，且更非以崇敬抗戰將士之道。1940 年 4 月 18 日政治部特函請軍政部代電全國各軍政機關，將『殘廢』字樣，一律廢除，改稱『榮譽軍人』，各傷政機關以殘廢命名者，亦以此改稱」〔註 7〕。並且，在該代電中，政治部特地要求各傷政機關於 1940 年 5 月 1 日起將「殘廢軍人」字樣一律改稱「榮譽軍人」。因此，各收容抗戰傷殘軍人的傷管機構相應更改名稱。（見表 1）

表 1　擬改傷管機關名稱對照表

原名稱	擬改名稱
軍政部中央傷兵管理處	軍政部榮譽軍人總管理處
軍政部　省傷兵管理處	某省榮譽軍人管理處
軍政部中央傷兵管理處第休養院	軍政部榮譽軍人第　休養院
軍政部第　殘廢軍人教養院	軍政部榮譽軍人第　教養院
軍政部中央傷兵管理處第　臨時殘院	軍政部榮譽軍人第　臨時教養院
軍政部中央傷兵管理處第　傷兵檢查所	軍政部榮譽軍人第　檢查所

資料來源：成都市檔案館藏檔案 全宗號 93，目錄 2，案卷號 197。

根據新運總會資料顯示，1943 年 1 月 24 日統計全國有教養院 8 處，臨時教養院 20 處，臨時教養所 2 所，校官教養所 1 所，盲殘院 1 處。分駐於湖南

〔註 4〕戈泰：《關於傷病兵的問題（工作經驗）》，《新華日報》1940 年 9 月 15 日，第 4 版。

〔註 5〕黎劍蘇：《值得注意的傷兵問題》，《抗戰三日刊》，第 63 號，1938 年 4 月 26 日出版，第 9 頁。

〔註 6〕《殘不廢月刊》第 2 卷第 19 期，1940 年，第 7 頁。

〔註 7〕《抗戰殘廢將士改稱「榮譽軍人」》，《黨軍日報》1941 年 5 月 25 日，第 2 版；《建國日報》1941 年 5 月 24 日，第 3 版。

計 10 所，四川 7 所，陝西 4 所，福建 3 所，江西、廣西各 2 所，甘肅、貴州、江蘇、安徽各 1 所，計收養傷殘官長 4951 員，傷殘士兵 38818 名，又住休養院者 8113 名，總計 51882 名。〔註 8〕

二、聯勤總部榮譽軍人第十八臨時教養院

承上文所述，聯勤總部成立之後，各傷管機構名稱之前冠以「聯勤總部」取代「軍政部」，「軍政部榮譽軍人第十八臨時教養院」因之更名「聯勤總部榮譽軍人第十八臨時教養院」，（為行文方便，以下簡稱十八臨教院）。

抗戰爆發之後，國軍在華北正面戰場組織幾次大會戰，在遲滯日軍咄咄逼人進攻的同時，自己也付出慘重的傷亡，大量傷殘官兵在戰地醫院簡單診治之後，必須迅速轉移到後方以利於他們的進一步康復，此事成為軍政部必須考慮的重要事務。綜合考慮到鐵路運輸的便捷和運力以及後方的相對安全性，乃於隴海線的西端——陝西寶雞設立十八臨教院，以收容晉察冀豫鄂等戰場負傷的國軍官兵。1948 年 5 月，因西北戰事吃緊，陝西國民黨生存空間日益減縮，十八臨教院乃由陝西寶雞遷往四川省三臺縣。〔註 9〕

三臺縣城本為川北小城鎮，難以容納驟然而來的眾多榮軍，除管理機構駐紮在縣城外，其他榮軍及其眷屬劃分為七個隊，分居於距離縣城較近或交通要道的六個鄉場（按：其中劉營鄉駐紮兩隊）。（見表 2）十八臨教院內設總務股、政幹室、管教股、工藝股、診療股等科室〔註 10〕。內務管理機構及其各管理人員有關信息。（見表 3）

表 2　十八臨教院榮軍分駐統計

隊別	駐紮住址	隊長	官銜
第一隊	樂安鄉	郭文學	上尉
第二隊	高山鄉	程正剛	上尉
第三隊	劉營鄉	于麟卿	上尉
第四對	葫蘆溪鄉	高士炎	上尉
第五隊	新場	唐芝林	少校

〔註 8〕《『雖殘不廢』計劃書》：《殘不廢月刊》，第 2 卷第 18 期，1948 年 6 月 30 日出版，第 27 頁。

〔註 9〕「聯勤總部榮軍第十八臨教院報告」，三臺縣民國檔案：4-1-77。

〔註 10〕「十八臨教院機構執掌」，三臺縣民國檔案：4-1-73。

第六隊	靈興鄉	于為倜	少校
第七隊	劉營鄉	汪慶一	上尉

資料來源：根據三臺縣民國檔案：4-1-77「臨教院官兵眷屬調查表」統計得出。

表 3　十八臨教院管理機構

機構	級職	姓名	年齡	籍貫
總務股	院長	南世謙	41	山東濮縣
	副院長	王梅生	36	河北滄縣
政工室	主任	楊鈞	46	湖北雲夢
工藝股	股長	曹樹典	38	河北新海
管教股	股長	周鴻濱	40	河南許昌
診療股	股長	吳東起	44	山東安丘

三、傷兵群體特點分析

中國的抗日戰爭，是一場較多運用機械化武器裝備及相應作戰方法的大規模長期戰爭，敵強我弱的戰爭態勢注定中方將付出巨大的傷亡代價。戰爭初期的歷次大會戰中，國軍採取防禦性的陣地戰戰法和人海戰術，造成大量戰鬥減員。根據 1938 年 3 月國民黨臨全大會的統計，抗戰僅 9 個月，國軍人數已降至百萬左右，許多戰區的部隊整建制地殉國。總計抗戰八年，國軍傷亡達 3211419 人，其中陣亡 1319958 人，負傷 1761335 人，失蹤 120126 人。〔註 11〕。

相比較與上述數字，榮軍教養機構所收容的國軍傷殘官兵可以說是滄海一粟，但考察此類入院榮軍，對於考察抗戰期間國軍傷兵極具有個案價值。榮軍休養院、榮軍教養院或榮軍臨時教養院等機構的職責性質不等同於野戰醫院，而是接納經由野戰醫院醫治並鑒定傷殘的榮譽軍人的組織生活單位，榮譽軍人須持野戰醫院（改為聯勤總部）出具的「榮譽軍人轉院證」方可編入榮軍休養院、教養院或臨教院，〔註 12〕並留下了各種檔案文書，這些是我們研究抗戰期間國軍傷兵的第一手資料。十八臨教院雖只是全國 32 處教養機構之一，然從中仍可管窺抗戰期間國軍傷兵的若干問題。

〔註 11〕「作戰以來歷年我軍官兵陣亡統計表」，何應欽：《八年抗戰之經過》，中國陸軍總司令部 1946 年版，附表。

〔註 12〕「榮譽軍人轉院證」，三臺縣民國檔案：4-1-108。

（一）傷殘官兵人數、構成、殘等狀況分析

抗戰八年當中，十八臨教院共計收養國軍傷殘官兵 2639 人，依照軍政部榮軍傷殘種類及等級標準（見表 4），筆者統計十八臨教院檔案中作出傷殘等級鑒定者有 2473 人，占收養總數的 93.71%，另有老弱者 91 人，康復出院者 75 人（見表 5）。

根據該部檔案，筆者統計該院榮軍負傷地域分布如次：河南 1211 例，山西 421 例，湖北 215 例，安徽 125 例，山東 75 例，河北 28 例，南京 3 例，上海 2 例。據此可知，十八臨教院所收容的國軍傷兵多來自第一、二、五戰區，緣於可就近利用平漢路、隴海線便捷的鐵路交通輸送傷兵。傷殘狀況，筆者統計該檔案當中載有具體致傷致殘原因登記之國軍共 1856 人，而其中戰鬥減員 1409 人，具體分類統計如次：1、槍傷——下肢貫通槍傷 211 人、貫通槍傷骨折 119 人；上肢貫通槍傷 112、貫通槍傷骨折 72 人；胸腹部槍傷（含貫通槍傷）114 人；頸部貫通槍傷 6 人，槍傷骨折 7 人；顏面貫通傷 9 人；眼部槍傷 26 人。2、炸傷——上肢炸傷 260 人、炸傷骨折 125 人；下肢炸傷 109 人、炸傷骨折 74 人；腰部炸傷 34 人；眼部炸傷 31 人。3、上下肢遭槍傷者 17 人，上下肢遭炸傷者 38 人，身體遭槍傷炸傷者 45 人。計十八臨教院榮軍抗戰受槍傷 693 人，炸傷 671 人，槍傷炸傷 45 人，合計 1409 人，抗戰國軍士兵受槍傷與炸傷人數基本持平，由此可知日軍在使用重武器方面給國軍造成了重大傷亡，反過來說明抗戰之間國軍對於築城作業和防禦工事之修築上缺乏良好的訓練，不能不說多數情況之下皆為倉卒應戰，結果遭到日寇重武器的重大殺傷。

表 4　軍政部榮軍傷殘種類及等級標準表

一等傷		二等傷		三等傷	
	兩目皆盲者		一手或一足殘廢者		一手失去拇指或其他一指者
	失去一手或一足以上者		一手失去拇食指二指或三指以上者		一足失去三趾以上者
	咀嚼及言語功能並廢者		兩耳俱聾或盲一目者		聾一耳者或鼻脫落者視力障礙者
	生殖器損毀者		咀嚼及言語功能重大障礙者		頭部及腰部運動有障礙者
	身軀癱瘓者		重要臟器受傷及貽後症確實係治癒無望者		重要臟器受傷有再發之虞者
	與上列各項相當之傷廢者		與上列各項相當之傷廢者		傷雖治癒精神上貽有障礙者
					與上列各項相當之傷廢者

資料來源：中華民國史事紀要編輯委員會編《中華民國史事紀要》（1944 年 1－6 月），第 502 頁。

表 5　傷殘等級人數分類統計表

傷殘等級	人數	傷殘等級	人數	備註
一等	2	輕障	197	另有傷癒者 75 人
二等	745	老痼	74	
三等	1151	老弱	17	
重障	378			

資料來源：三臺縣民國檔案：4-1-72、73、75、76、78、79、80、81、83、85、86、87、88、89、90、91 統計得出。

筆者根據十八臨教院檔案分類統計，該院所收養的抗戰期間國軍負傷者絕大多數為中下級軍官和士兵。（見表 6）統計負傷的軍官共 570 人，其中將校官共 34 人，占負傷軍官人數的 5.96%；尉官（含準尉）共 536 人，占負傷軍官總人數的 94.04%。若校尉官統計一起，則有 569 人，幾占受傷軍官的全部，因此，可看出抗戰當中犧牲最多的當是一線參戰部隊營連級軍職的軍官，透過這些數字，可看出抗戰當中營連級作戰單位的整體傷亡情況。尤其是軍隊久經戰鬥，下級軍官傷亡甚巨，這也是抗戰期間中央陸軍軍官學校到處開辦分校的一個重要原因。從中不難看出對敵作戰的慘烈和廣大愛國官兵在抗戰之中的犧牲精神〔註 13〕。

表 6　傷殘官兵構成表〔註 14〕

傷殘軍官							傷殘士兵					
將官	校官		尉官				軍士			兵員		
少將	中校	少校	上尉	中尉	少尉	準尉	上士	中士	下士	上等兵	一兵	二兵
1	5	28	129	165	184	58	178	238	211	573	536	381

資料來源：三臺縣民國檔案：4-1-72、73、75、76、78、79、80、81、83、85、86、87、88、89、90、91 統計得出。

〔註 13〕唐德剛：《李宗仁回憶錄》，華東師範大學出版社 1995 年版，第 570 頁。

〔註 14〕1934 年 7 月和 1935 年 1 月，國民政府重新制定陸、海、空軍《官制表》和《士兵等級表》，1935 年 3 月，頒布新的軍銜等級表，把上將分為第一、第二兩級，增設特級上將，整個軍銜等級為六等十八級：將官：特級上將、一級上將、二級上將、中將、少將；校軍：上校、中校、少校；尉官：上尉、中尉、少尉；準尉；軍士：上士、中士、下士；兵：上等兵、一等兵、二等兵。

（二）傷殘官兵年齡層次分析

依照 1936 年 8 月軍政部、內政部公布並經 1938 年修正的《兵役法施行暫行條例修正草案》第一章「總則」第三款規定：

> 甲、關於年齡者（一）兵役年齡（下簡稱役齡）——即依法定須服兵役年齡之總稱（自年滿十八歲起至滿四十五歲止）。（二）及齡——年齡居及某種兵役之謂（例如年滿十八歲為國民兵役及齡，滿二十歲為常備兵現役及齡，滿四十歲為常備兵役及齡）。（三）逾齡——年逾所定之謂。（四）適齡——在適合服現役年齡之謂（自年滿二十歲至屆滿二十五歲之期間，均為常備兵現役入營之適齡）〔註 15〕。

據該《條例》規定，常備兵役分為現役、正役和續役三個階段。平時徵集年滿 20 歲至 25 歲之男子，經檢定合格者，入營服現役，為期三年，除上等兵及各種特業兵外，均滿三年歸休。正役以現役期滿退伍者充之，為期六年。續役以正役期滿者充之。其役期自轉役之日起，至滿四十五歲止，任務與正役同。據此可知，服現役起止年齡應該是 20～25 歲；若按服轉役時限起算，45 歲即是年齡上限。而十八臨教院所展示的數據與兵役法規相關規定存在很大的差別。十八臨教院有年齡記載的榮軍共計 2606 人，若依照上則徵兵條例服現役年齡段 20～25 歲計算，共 613 人，占全體榮軍的 23.52%，則不當服役者占 76.48%；即便依照戰時延長服役期（20～45 歲）計算〔註 16〕，依然存在 5.68%的低齡和超齡服役者。（見表 7）

表 7　傷殘官兵年齡段

年齡段	人數	備註
20 歲以下	24	15 歲 1 人，17 歲 3 人，18 歲 5 人，19 歲 15 人
20～25	613	
26～29	405	
30～39	1141	
40～45	299	

〔註 15〕《時事公報兵役特輯》，1938 年 9 月，第 2 頁。

〔註 16〕陳楨國等編：《現行重要法規叢刊——兵役法規》，上海大東書局 1947 年版，第 77 頁。

46～49	70	46 歲 23 人，47 歲 21 人，48 歲 12 人，49 歲 14 人
50～59	49	50 歲 7 人，51 歲 12 人，52 歲 7 人，53 歲 4 人，54 歲 7 人，55 歲 4 人，56 歲 2 人，57 歲 2 人，58 歲 3 人，59 歲 1 人
60～69	5	60 歲 1 人，61 歲 2 人，66 歲 2 人

資料來源：三臺縣民國檔案：4-1-72、73、75、76、78、79、80、81、83、85、86、87、88、89、90、91 統計得出。

據上表，再聯繫到當時的生活水準和人的精神面貌，十八臨教院占全體傷兵 5.68%的和超齡服役者勢必難以承受戰鬥之際所需承受的巨大體能消耗，其臨戰狀態和戰時應變能力肯定不及青壯年者。如檔案記載，「張流成，河南新野人，66 歲，1 師司令部下士，受傷時間 34 年 8 月 1 日，傷殘二等，殘狀：左上肢及左下肢神經麻痹，步行持雙拐。」〔註 17〕「謝文希，河南許昌，66 歲，166 傷運站上等兵，受傷時間 33 年 2 月 1 日，殘等：老弱。」〔註 18〕須知上世紀三四十年代的 66 歲年齡者，因生活習性、膳食結構和受教育程度等多方面因素影響，其體能體質精神面貌與今日之同齡者不可同日而語。此等垂垂老者在其入伍之前就已是年老體衰或積勞成疾，勢必難堪戰爭繁重的體能消耗，從這點出發，我們能夠理解十八臨教院何以有「老痼」「老弱」91 人。

這些超齡者何以出現在國軍現役部隊？剔除經辦役政之基層保甲人員的舞弊因素之外，可謂是國民政府在抗擊兇殘日寇步步緊逼時為保障軍隊數量優於日軍的無奈之舉，雖然在此過程中民眾承受了巨大的犧牲。實際上在戰事吃緊時，基層保甲人員為及時完成上峰派定的壯丁數額以免禍，《兵役法》也就形同具文了。另一方面，據此還可知抗戰期間國軍徵兵體檢工作的粗略——畢竟此等年邁體衰者，體檢軍醫僅憑肉眼觀察即可將其排除在應徵入伍者之外；而事實上，他們還是能通過體檢關入伍，並在各級軍營服現役。此類現象則更說明抗戰期間部分部隊中下級軍官對於超齡服役現象見怪不怪，起碼可以說明他們因急於補充部隊戰鬥減員而對徵發超齡服役現象持默認態度。據此可知，抗戰期間國軍參戰部隊作戰效能的低下，除武器裝備、戰備和高層軍事決策之外，超齡服役也是一個不可忽略的因素。

〔註 17〕《第十八臨時教養院榮軍住院登記表》(1942 年 8 月 10 日)，三臺縣民國檔案：4-1-75。

〔註 18〕《第十八臨時教養院榮軍住院登記表》(1944 年 12 月 1 日)，三臺縣民國檔案：4-1-85。

（三）傷殘官兵籍貫及人數分析

統計十八臨教院榮軍有籍貫記載者共 2653 人，考人數在 100 人以上者，其籍貫按人數多寡依次為：河南 1015 人，陝西 307 人，河北山西各 196 人，山東 175 人，安徽 162 人，湖北 152 人，四川 127 人。（見表 8）

表 8　傷殘官兵籍貫統計

省份	人數	省份	人數
河南	1015	廣西	12
遼寧（奉天）	28	湖北	152
四川	127	河北	196
陝西	307	江蘇	64
山西	196	湖南	85
山東	175	熱河	6
安徽	162	綏遠	10
甘肅	64	察哈爾	12
廣東	18	寧夏	3
浙江	6	貴州	4
江西	3	福建	5
吉林	4	黑龍江	2
青海	1	大阪	1
雲南	1	總計	2653

資料來源：三臺縣民國檔案：4-1-72、73、75、76、78、79、80、81、83、85、86、87、88、89、90、91 統計得出。

從官兵省籍上看，官兵人數較多者多來自遭受日寇侵佔的省份，這說明抗戰爆發以來，隨著國土的淪陷和家園的遭劫，這些省份的民眾對於日寇的兇殘有著切身體會，其仇恨也因此高出其他省份，其參與抗日武裝的積極性因之明顯高於其他地區。從地域分布上看，除新疆西藏兩地區之外，該院國軍傷兵的籍貫遍布全國所有省份，並且有籍貫標明為「日本大阪」者。這說明抗戰期間國民政府在民眾動員方面進行了一定的努力，也從一個側面反映出民族團結和愛國主義在抗戰當中得以聚攏，更體現出抗日民族解放戰爭的神聖性。

上表當中，十八臨教院榮軍河南籍傷殘官兵多達 1015 人，占總數的

38.26%。從統計學意義上來說，反映出抗戰期間河南戰場本省籍參戰官兵多於其他省籍者。此點基於如下幾點考慮。一則因為河南為人口大省，1933 年人口總數已達 32672928 人〔註 19〕，是全國重要兵源大省之一。南京政府徵兵制施行之後，各省徵集壯丁數額與各省戶口及壯丁總數相關聯，因此正常徵兵數額高於其他省份（抗戰中後期則為四川壯丁徵集最多）。二則徐州會戰之後，河南成為中日雙方對峙的主戰場，國軍參戰部隊損耗巨大，按規定的兵員補充渠道緩不濟急〔註 20〕。並且，戰場之上戰機瞬息萬變，兵員的補充若依規定層層上報軍政部審核，再下發至相應軍師團管區調集兵員補充，其間因機構之間公牘往來和兵員運送交通運輸工具的落後所所耗費的時間，顯然滯後於戰場上因殊死搏鬥而對於兵員補充的及時要求。兼以戰爭導致人口大量的遷移，使得兵役施行所依賴的戶籍制度支離破碎，導致的最直接的結果就是無法實行有效的兵役徵補。隨國土失陷日多，兵源區日益狹小，壯丁更難足額徵集並及時補充各一線國軍部隊。因此，各作戰部隊急於補充戰鬥減員兵額就地自行募補，或隨撤隨補，各部隊互不相讓，強拉勒派捆綁抓丁等擾民事件時有發生，民眾苦不堪言，嚴重影響了社會治安。此等現象不特於河南一處，後方各地役政機構不敷供應兵員缺額，而上峰催促急如星火，故時常發生因強徵壯丁而發生民變事件〔註 21〕。

十八臨教院河南籍傷兵眾多還存在另一個重要原因——抗戰期間河南戰場國軍參戰部隊當中具有河南省籍之官兵數量遠遠大於其他省籍。1928 年馮玉祥主豫期間，對於豫省境內的各式槍會組織加以改編為民團軍，部分還整編為其西北軍之一部〔註 22〕。馮玉祥中原大戰失勢之後，其舊部依在，且抗戰期間依舊戰鬥在第一、五戰區，如龐炳勳、孫連仲、劉汝明等部。同期，河南省內大量的民團、自衛隊組織也紛紛被改編為游擊隊、挺進隊等雜牌部

〔註 19〕胡煥庸：《人口地理文集·論中國人口之分布》，《地理學報》1935 年二卷二期，統計表。

〔註 20〕徵集之兵員補充至部隊之流程：各縣（市）國民兵義勇壯丁總隊（1939 年改成「國民兵團」）—→後方補充團營—→野戰補充團營—→野戰軍。參見王曉衛主編《中國軍事制度史兵役制度卷》，大象出版社 1997 年版，第 406 頁。

〔註 21〕四川省政府：《關於處理「中江民變」的指令》（1938 年 6 月 22 日），四川省中江縣檔案館藏檔案：6-1-57；「成都團管區呈」，成都市檔案館藏檔案：38-3-25；「成茂師管區籌備處函」，1937 年 12 月 23 日，四川省成都市檔案館藏檔案：38-3-25。

〔註 22〕《馮總司令布告》，《河南行政月刊》，1927 年第 3 期，第 28～30 頁。

隊，如蔣鼎文收編洛寧王希仲部，〔註 23〕五戰區改編別廷芳率領的豫西七縣民團等。因此，河南戰場參戰部隊當中，本省籍官兵人數遠遠超過其他省籍，抗戰期間他們同其他省籍國軍一起浴血疆場，其負傷人員也因此較其他省籍負傷官兵多。〔註 24〕

（四）非戰鬥減員因素分析

抗戰當中，為貫徹空間換時間的持久消耗戰略，國軍在正面戰場上逐次抵抗，付出了慘重的人員傷亡。不過，既往雖有傷亡統計數據，但是，無論是哪一家之說對非戰鬥減員問題均語焉不詳。誠然，何應欽在《八年抗戰之經過》當中提到國軍「因病死亡 422479 人，殘廢 191644 人」，但是這個籠統的數字當中其具體內情怎樣則值得深思，探尋數據背後的真相，則有利於進一步揭示抗戰之艱難。根據十八臨教院檔案，筆者統計出有具體致傷致殘原因者 1856 人，而其中戰鬥減員 1409 人，占全體榮軍的 71.92%；非戰鬥減員者 447 人，占全體榮軍總數的 28.08%。（見表 9）

表 9　十八臨教院非戰鬥傷殘統計

類別			人數	所佔百分比
眼部疾病 323 人〔註25〕	白內障	含單、雙眼白內障	10	72.26%
	沙眼	——	39	
	結膜炎	含顆粒性結膜炎	41	
	淋毒性結膜炎	含葡萄腫、淋菌性結膜炎、濃漏眼等	69	
	角膜炎	含角膜潰瘍、單雙眼角膜炎、角膜翳等	164	

〔註 23〕郟縣地方史志編纂委員會編：《河南郟縣》，中州古籍出版社 1996 年版，232～234 頁；洛寧縣志編纂委員會編：《洛寧縣志》，生活．讀書．新知 三聯書店 1991 年版，第 425 頁。

〔註 24〕唐德剛：《李宗仁回憶錄》，華東師範大學出版社 1995 年版，第 567、585～587 頁；吳宏亮：《中國共產黨與河南紅槍會》，《中州學刊》2010 年第 5 期；又如，臺灣前「立法院」院長黃國書抗戰期間就曾擔任過由桐柏山武裝力量改編而成的獨立十五旅旅長，後升任由該部改編而成的新編第 43 師師長。參見《河南文史資料》2007 年第 2 期，第 59～60 頁。

〔註 25〕此處「眼部疾病 323 人」，指因眼科疾病所導致的「嚴重的視力障礙、單雙眼失明」等二、三等傷殘者 323 人。

凍傷〔註26〕58 人	左右足凍傷			36	12.98%
	左足凍傷			8	
	右足凍傷			11	
	右手凍傷			3	
其他類 66 人	類別	人數	類別	人數	14.76%
	風濕病	21	中（內）耳炎	11	
	膝關節炎	13	寒腿	5	
	支氣管炎	5	肺結核	3	
	傷寒	3	夜盲症	2	
	疝氣	1	痔瘡	1	
	癲癇	1			
總計				447	100%

資料來源：根據四川省三臺縣檔案館藏檔案，全宗號 4，目錄號 1，案卷號 72、73、75、76、78、79、80、81、83、85、86、87、88、89、90、91 分類統計得出。

依照國民政府徵兵《體格檢查須知》有關內容，應徵入伍者當為「……四，五官四肢及肺臟正常者。五，無沙眼、痔疾者及精神病者。」〔註 27〕對照上表，如果「其他類」和「沙眼」「支氣管炎」「肺結核」四類 113 人在應徵入伍之前就患有該類疾病，則他們理當不應徵入伍服現役；他們依然被徵集並開赴前線，則說明國軍徵兵過程中的體格檢查雖是一個規定程序，但在實際執行過程中，各徵兵單位存在為湊齊人數而在體格檢查時走過場，或乾脆忽略該須知有關條款。依據此點，則抗戰期間國軍的兵員素質和整體的體能狀況不容樂觀，勢必影響作戰效能。

設若上述四類人等是在服役之後受感染或積勞成疾而形成該類疾患，那麼 323 例「眼部疾病」者，58 例「凍傷」者之事實則更進一步說明抗戰期間國軍生活之艱苦，也體現出抗戰期間國軍醫療水平之低下、後勤保障之不力、官兵保育之惡劣等問題。對於此點，李宗仁將軍在總結八年抗戰之經驗得失時有過檢討：「官兵未受嚴格訓練，軍紀廢弛，戰鬥力薄弱。因軍隊傷亡奇重，

〔註 26〕此處凍傷指因長時間低溫凍傷而導致「左右足趾全數脫落、左右足掌 1/3 截除，嚴重行走障礙，走路須拄拐」等傷殘。

〔註 27〕中華民國史檔案資料彙編第五輯第二編軍事（一），江蘇古籍出版社 1998 年版，第 445 頁。

中央兵役司到處派員抓兵，閭閻騷然。新兵未經訓練及倉卒開赴前線應戰，無異驅養以喂虎口。糧餉待遇既微，致士兵恒苦營養不良，骨瘦如柴。醫生、藥品均極缺乏，受傷患病官兵境遇之慘，有不忍言者。」〔註 28〕

對於那些粗略體檢即徵集入伍的壯丁，其保育工作尤為粗劣，壯丁一般來自社會最底層，是文盲半文盲〔註 29〕，對於這一沉默的群體，經由其自身傳留的有關直接史料相對難以找尋。不過，利用國內軍內各階層透視兵役狀況的記錄，起承轉合地拼貼出受徵集兵員在補訓處與補充團營的生存原貌並非難事。

1940 年 7 月，時任中國紅十字會會長之蔣夢麟在工作視察期間，到訪過許多壯丁收容所，事後，他就這類使他「心悸神傷，迄今難忘」的兵役狀況向最高當局呈遞了兵役狀況視察報告，「沿途所見落伍壯丁，骨瘦如柴，或臥病道旁奄奄一息；或狀若行尸，躑躅山道；或倒閉道旁，任犬大嚼……據紅十字會醫生經驗，四壯丁中一逃一病一死，而合格入伍者，只有四分之一，若以現在之例計之，恐不及百分之十矣」〔註 30〕。

無獨有偶，據二檔館館藏檔案（全宗號 8，案卷號 21）記載。1940 年 12 月，監察委員、戰區軍風紀巡察團成員何基鴻〔註 31〕巡視駐河南澠池縣軍政部第十八補充兵訓練處某連後，在對上級報告中指出：

> 「全連只有七十餘人。此七十餘人中，經委員逐一視察，其不害目疾者，僅二人。餘均染目疾，且多已失明，或將失明。行動須由夥伴扶攜之。詢以每日幾餐？答，兩餐。問，食何物？答，食小米乾飯。問，還食他物否？答，一月來曾食麵條兩次。問，能否食飽？答，均能食飽。言時態度極不自然，以官長在旁，有苦不敢言耶？委員於廚房尋得殘餘之小米，尚未煮至半熟，粗粒難下嚥。每一兵每日食此種飯二次，每次且限定兩碗，故營養不足，為該處士兵致疾之最大原因。殘廢死亡率，自亦很大。」

〔註 28〕 唐德剛：《李宗仁回憶錄》，華東師範大學出版社 1995 年版，第 604 頁。《馮總司令布告》，《河南行政月刊》第 3 期，第 28～30 頁

〔註 29〕 《榮譽軍人受教育程度統計》，《協導》，1941 年 1 月 1 日，第 2 張，第 4 版。

〔註 30〕 參見蔣夢麟：《西潮・新潮》，嶽麓書社 2000 年版，第 293～303 頁。

〔註 31〕 何基鴻（1892～？），字海秋，河北藁城人，抗日名將何基灃之兄長。1912 年何基鴻畢業於日本東京帝國大學，獲法學學士學位，並曾赴英、德留學。歷任大理院書記官、大理院推事、司法部參事（1918 年任）、河北省政府委員兼教育廳廳長（1935 年任）、國民政府考選委員會委員、監察院監察委員、國民參政會參政員等職。著有《憲法要覽》、《國立北京大學沿革述略》等。

較之於蔣氏、何氏所揭示的國軍衣食不周、醫藥無繼的悲慘境遇，十八臨教院內非戰鬥減員之榮軍則尤其僥倖。因為，《八年抗戰之經過》當中記錄「因傷消耗總數為 443398，因病消耗總數卻為 937559 人」〔註 32〕，據此可知因病造成的消耗是因傷消耗總數的 2.11 倍，而十八臨教院檔案沒有反映出這種倍數——因病致傷致殘的榮軍只占 28.08%，由此或許可知那些與該等榮軍同期應徵入伍者，更多的是因病掉隊、失蹤、流落他鄉或死於非命，而該等榮軍得幸未有此等厄運，且能忝列榮軍為教養院所收養。那些曾和他們一起奔赴前方卻因醫療救治、後勤供給、生活保育不及時而死亡的壯丁，其命運之悲慘自不待言；其死亡者之總數，估計永難有確切的統計。受徵集兵員沒有得到必要的休養調理而或死或殘，造成了部隊尚未上戰場就出現數量巨大的非戰鬥減員。從這點我們或許可以理解抗戰期間國民政府徵募兵額何以達 13922859 人之巨〔註 33〕。

結論

抗日戰爭是一百多年來中國人民反對外敵入侵第一次取得完全勝利的民族解放戰爭，中國人民犧牲達 2000 餘萬人，中國軍隊傷亡 380 餘萬人，財產損失 600 餘億美元（按 1937 年美元計算），戰爭消耗 400 多億美元，間接損失 3000 億美元，二者相較，不可謂抗戰的勝利實為慘勝。〔註 34〕因為，當日寇將這場災難強加於我中華民族時，「我們的中央政府實在沒有具備任何足以與外族作戰的條件」。〔註 35〕對於在這場救國禦侮的民族解放戰爭當中的國軍傷兵而言，終其一生皆為不幸，他們或因貫通槍傷而留下難堪的瘢痕，或因槍傷炸傷而失明，或因肢體的殘損、生殖機能的消失〔註 36〕而造成難以言表

〔註 32〕「全戰役中國軍官兵因傷病消耗數目統計表」，《八年抗戰之經過》，附表。

〔註 33〕中國第二歷史檔案館：《抗戰八年來兵役行政工作報告》，中國第二歷史檔案館館藏檔案：全宗號 787，案卷號 2634。而據蔣夢麟估測，八年抗戰期內，僅僅是未入軍隊而死亡的壯丁其數不下一千四百萬人。（見蔣夢麟《西潮．新潮》，第 296 頁）關於蔣氏估測數字，在未有大量考證之前，作者僅列為參考，不採信。

〔註 34〕軍事科學院歷史研究部：《中國抗日戰爭史》（下），解放軍出版社 1994 年版，第 625 頁。

〔註 35〕唐德剛：《李宗仁回憶錄》，華東師範大學出版社 1995 年版，第 604 頁。

〔註 36〕如：王海雲，127 師 757 團 4 連一等兵，四川成都人，1939 年 10 月 6 日河南信陽炸傷陰莖右側肌肉缺損彎曲不伸，陰莖不能勃起，生殖機能消失；朱秀中，11 師 2 團 3 營 9 連準尉，河南上蔡人，32 歲，1944 年 8 月 19 日，河南靈寶，右下肢及陰莖槍傷，尿道斷裂生殖機能消失。此類情況者尚有 8 例，見四川省三臺縣民國檔案：4-1-73、75、88。

的精神傷害。他們後半生，或因政治環境的更改、或因自身的教育程度的限制、或因生命的無常，多生存於一個失語境地苟活殘年。研究抗戰期間這些被當局以國家民族之名義所徵集的群體，不僅僅事關學術旨趣，更多的是希冀從「在場」的角度還原那一段歷史的本真。從本文筆者所引用的有關數字來看，為什麼在某些數字上有關研究未能達成一致，則說明在深化抗戰研究的道路上，我們還要踐行一段長長的學術探索歷程。

第八講　風聲鶴唳中的慘案：1938 年長沙大火的再審視

題記：歷史文本為各種因素的考慮而文過飾非不難理解，若分謗代過的成分雜然其間，則此類文本無疑具有耐人尋味的困惑。1938 年 11 月 12 日深夜，焦土抗戰背景下的長沙焚城準備工作釀成「自焚」之歷史悲劇，細察涉案當事人文飾與代過並存之經歷文本，其似有隱曲之間，卻為釐清這樁歷史懸案提供了線索，為進一步澄清長沙大火之發生提供了啟示。

柯文曾指出，歷史學家重塑歷史的工作與另外兩條「認知」歷史的路徑——經歷和神話——是格格不入的。歷史經歷是淩亂的、複雜的和不明晰的，而歷史（或者「書籍」）則把雜亂無章的經歷條理化和明晰化，這樣無形中就簡化和濃縮了真實。因而在歷史的三個面向——真實的歷史、當事人的經歷與後人建構的歷史神話之間便產生巨大的差異，尤其是作為歷史神話的製造者，「他們的目的不在於擴大或加深對於過去的理解」，而是「要使之為政治、意識形態、自我修飾和情感等方面的現實需要服務」。〔註 1〕那麼，柯氏「歷史三調」論對於釐清 1938 年長沙大火事件相關敘事的指導不容忽視。

〔註 1〕〔美〕柯文著：《歷史三調：作為事件、經歷和神話的義和團》，杜繼東譯，江蘇人民出版社 2000 年版，序言、第 3、181 頁。

一、前言

1938年長沙大火（俗稱「文夕大火」）案發後，因時局危急該案未作深究，審訊兩天即行結案，「直接責任人」案發一周內即被處決，有關審訊案卷世間難得一見。後來希圖瞭解長沙大火的諸多努力，均只能參閱當事人的經歷文本一途。然當事人無意間身處亂世，且隨後政權更迭，意識形態於各涉案人員均有著無形的束縛，甚或左右各該命運，因之，與長沙大火案有涉者三緘其口。其所能流傳之經歷文本，基於政治、意識形態、倫理觀念和情感等因素之規約，隱諱之處自在難免。兼以當下兩岸之間缺乏深度交流，因而當下關注長沙大火者均感史料不全。有關之作往往以政治話語取代學術自覺，使得一些呼之欲出的結論習慣於歸結到一些放之四海而皆準的政治通論上，故關於1938年長沙大火信服之作乏善可陳。曾見劉大禹《酆悌與長沙文夕大火新探》一文，該文利用到臺灣國史館藏《酆悌遺著：焚餘日記》，從而把長沙大火之研究推進一大步。細讀之餘，筆者認為僅就酆悌大火案發後惶惑心理下的四天回憶及其義女的有關記載，能否消除諸多疑點，能否證實酆悌在大火之後思考到以死對焚城事件負責一事，值得商榷。〔註2〕

《酆悌遺著：焚餘日記》記載了酆悌長沙火後四天內的活動及心理，是研究長沙大火有力的材料補充，但筆者認為它只能用來斷事的史料，而不是長沙大火的全部詮釋。研究焚餘日記，亦即「僅能使吾人比較各撰人之記載而已。比較同異，辨別虛實，而後史事方可斷定焉」。〔註3〕據此，比對重大歷史事件經歷文本當中的細節，尤當省察，因為歷史人物，皆為常人，勢難超越自身趨利避害之本能，酆悌概莫能外。那麼，長沙大火相關人等，在大火發生前後的言行也就處在人的本能性行事規則當中。為此，作者比對當事人的經歷文本發現：因政權更迭涉案人對於各該責任表現出自在情理之中的文過飾非，而傳統倫理道德的內化使得涉案人也無意間表現出分謗代過的心理虧欠，即，文飾和代過兩種對立的寫作傾向在相關著述之中呈現出逾越常理的融通。需要指出的是，此類經歷文本是不同時期的自陳心曲而非集體創作，其細節之間自然顯露出較多的不一致，這些為我們再思考長沙大火案提供了啟示。

〔註2〕劉大禹：《酆悌與長沙文夕大火新探》，《民國檔案》2013年第4期。

〔註3〕劉寅生、房鑫亮編：《何炳松文集》第四卷，商務印書館1997年版，第47頁。

為便於瞭解，筆者將涉案人員臚列如下表。

姓名	籍貫	時任職務	處罰	備註
酆悌	湖南湘陰	長沙警備司令	死刑	黃埔一期生
文重孚	湖南益陽	湖南省會警察局長	死刑	黃埔四期生
徐昆	湖南新寧	長沙警備司令部警備第二團團長	死刑	
張治中	安徽巢縣	湖南省政府主席	革職留任	責成善後
徐權	安徽宿縣	湖南省保安處長		逃未歸案
許權	湖南永興	長沙警備司令部參謀處長	無期徒刑（後多次減刑）	潛逃後緝拿歸案
席楚霖	湖南安東	長沙市長	革職留任	大火夜逃往湘潭

附注：1、長沙警備司令部參謀處長與參謀長是兩個完全不同的職位，參謀處只是抗戰時期長沙警備司令部下設之經理、副官、秘書、軍醫、參謀、執法六處之一，該處只是該警備司令部六個職能部門之一，而非警備司令部核心機關。至於相當多數習作稱許權為參謀長，一則顯得不審慎，另則估計是為了顯示許權回憶的可信度與份量。具體沿革見湖南省地方志編纂委員會編《湖南省志．軍事志》（第五卷），中國文史出版社 1994 年版，第 75 頁。2、徐昆，亦作徐崑。

二、本論

（一）長沙大火前的局勢

1938 年 10 月 25 日，武漢會戰因消耗日軍目的既達，國軍乃行撤退。為擴大武漢外圍以鞏固武漢，日軍以第九師團為前鋒進犯湘北，企圖一鼓蕩平長沙，而後「下衡韶以通粵漢，北聯平漢以出關外，可更便捷地掠奪我物資」。〔註 4〕陳誠亦認為，日軍在戰略上雖不再做速戰速決的打算，但打通粵漢線，藉以切斷中國西南大後方與東南沿海的聯絡，卻是因利乘便之舉。因此，陳氏認為「日軍下一步的企圖當為佔領長沙，第二期抗戰的中心，實以長沙的攻防戰為之首」。為此，自武漢撤退的國軍，一路從鄂東渡江，進入幕阜山區，沿崇陽向岳陽以東地區集結；一路從公安、石首渡江向常德以東地區集結，意在岳陽地帶阻擊日軍，屏障戰時重鎮長沙。〔註 5〕蔣介石在 11 月 1 日

〔註 4〕趙曾儔等編：《抗戰紀實》（第二冊），商務印書館 1947 年版，第 33 頁。
〔註 5〕《陳誠先生回憶錄——抗日戰爭》，（臺）國史館 2004 年版，第 92 頁。

的南嶽軍事會議上亦認為日軍鐵騎必然南下長沙，「詳察地方最近言行，絕無悔過之心，餘則步步決然處置，毫不猶豫，使敵無間可乘，彼能不為之失望乎」〔註 6〕？此際，長沙即為後方基地，亦是第九戰區的心臟。據此，筆者認為此際國民黨最高當局在長沙周邊的軍事因應未見太大的失誤。那麼，在焦土抗戰的時代背景下，在長沙實行堅壁清野也就顯得順理成章。在此背景下，蔣介石於 11 月 7 日在長沙召開軍事會議。

關於本次會議，長沙警備司令部參謀處長許權稱，11 月 9 日下午，（應是 11 月 7 日）蔣介石在長沙召開軍事會議，長沙警備司令酆悌和湖南省保安處長徐權列席，許權負責會議警戒。會後酆悌告知許權，蔣指示「日寇越過新牆河進攻長沙而長沙棄守時，就舉火燒掉長沙」。〔註 7〕對於該次軍事會議，時任長沙市長席楚霖有述，「蔣介石這一次來長沙，並不是布置如何保衛長沙，抗拒日寇，而是面諭張治中火焚長沙」。〔註 8〕

時任湘省主席張治中記載，會議只是檢討了武漢棄守時沒有徹底破壞的原因，確定了新的「焦土抗戰」的方針，並未云及火焚長沙。〔註 9〕蔣介石對於該次會議的定位是「就整個戰局，檢討籌策」。蔣氏當日記下心得，「卓見與定力，乃為成功之要素，以吾之所見與所定方向，冒險猛進，必至達到目的，非敗即成，非死即生，人生實一大冒險，無此冒險性，即無人生矣」。〔註10〕該句群語義隱晦，似有堅定自我信念之意，亦有評析日人的冒進政策，

〔註 6〕秦孝儀：《總統蔣公大事長編初稿》卷四（上冊），（臺）財團法人中正文教基金會 1978 年版，第 262～263 頁。不過，相關記載反映，「與會者都認為長沙是守不住了」，見陳正《長沙大火前後的親歷和見聞》，全國政協文史資料委員會編《文史資料存稿選編——抗日戰爭》（下），中國文史出版社 2002 年版，第 4 頁。

〔註 7〕許權：《長沙大火紀實》，見中國人民政治協商會議湖南省委員會文史資料研究委員會編《湖南文史資料選輯》第 39 輯，湖南文史雜誌社 1990 年版，第 49 頁。

〔註 8〕席楚霖：《長沙文夕大火前後》，見中國人民政治協商會議湖南省委員會文史資料研究委員會編《湖南文史資料選輯》第 18 輯，湖南人民出版社 1984 年版，第 42 頁。

〔註 9〕張治中：《張治中回憶錄》，文史資料出版社 1985 年版，第 267 頁。關於武漢棄守時未能徹底破壞的原因，戴笠的解釋是，由於顧慮到市民的財物損失和若干外僑的可能被波及，原來決定的破壞目標，奉命將「漢口的特一、二、三區的破壞部分和武漢三鎮的市區內縱火部分，一律取消」，見張士琦整理：《戴雨農先生全集》（上），（臺）國防部情報局 1979 年版，第 92 頁。

〔註10〕秦孝儀：《總統蔣公大事長編初稿》卷四（上冊），（臺）財團法人中正文教基金會 1978 年版，第 264 頁。

尤其是「冒險」一詞，是否與長沙焚城計劃有關聯，筆者不敢妄加揣測。其他與會者亦有記載，徐永昌所記該會多為統一軍令，部隊駐地、編成時間，兵員之來源及補充，後方勤務之改革，軍隊人事整理改進之類，未見蔣於會上下令焚城之相關內容。〔註 11〕馮玉祥日記素喜流水帳，然 7、8、9 三日均未記錄蔣安排焚城一事。〔註 12〕並且，一旦本次會議上蔣介石公開確定了焚城方針，則長沙大火事後陳誠等人當不至於振振有詞力主嚴懲。

由此推定，長沙焚城一事當為蔣介石對張治中的私下授意。並且，張治中在 11 月 10 日為此召開了緊急省府秘密會議。列席的有省府總參議周斕、軍管區參謀長滕傑、長沙警備司令酆悌、長沙市長席楚霖。席提及會中有人表示燒長沙值得考慮，張治中「頓時怒容滿面」，說，「這件事我本不打算提出來的，予可（徐權別號）卻要我告訴大家。放不放火是軍事機關的事，我們管不著。大家切不可在外面說。要是有人聽到省政府開會商議燒老百姓的房屋，那還成什麼話！好了好了，不必說了！」〔註 13〕由此可見，此事對張治中壓力不謂不大。

（二）長沙執行焦土政策的事前準備

張治中指出，長沙大火事發當天（11 月 12 日）上午 9 時許接到林蔚電話傳諭「我們對長沙要用焦土政策」，隨即接到蔣委員長文侍參電，「限一小時到。長沙張主席。密。長沙如失陷，務將全城焚毀。望事前妥密準備，勿誤！中正文侍參」。〔註 14〕這個細節劉斐予以了證實，不過時間是「午前十時」。〔註 15〕張隨即召集酆悌、徐權指示辦法，「並指定警備司令部負責籌備，由保安處協助」。〔註 16〕但酆悌 12 日的日記與此有出入，「下午，主席召余與徐與可商談，準備破壞長沙成一片焦土問題。主席謂奉委座電令，長沙失陷，應焚毀。主席唯恐得不徹底，故一再慎選指揮人員及執行者。初余提出

〔註 11〕《徐永昌日記》，1938 年 11 月 7 日、8 日、9 日、10 日，臺北，中央研究院近代史研究所 1991 年。

〔註 12〕《馮玉祥日記》1938 年 11 月 7、8、9 日內容，江蘇古籍出版社 1992 年版。

〔註 13〕席楚霖：《長沙文夕大火前後》，第 42～43 頁。張治中在其回憶錄當中未有此會議及其記錄。

〔註 14〕《張治中回憶錄》，第 263 頁。

〔註 15〕徐永昌曾親聞劉為章（劉斐）說過，「十二日午前十時在郴州委員長留有電與張主席令於長沙不能守時即放火燒毀之」，見《徐永昌日記》，1938 年 11 月 15 日。該日岳陽失守。

〔註 16〕《張治中回憶錄》，第 263 頁。此點與焚餘日記所記相同。

之人選及執行者，渠不同意。後彼親自決定，以警備團徐團長昆為總指揮，以該團長所部士兵組成，三人一組，共百組擔任此種任務。余等辭退，即召徐商討，告其準備動手時，應以放緊急警報，奉主席最後命令，始執行」。

長沙警備司令部參謀處長許權稱，「（張治中）下午召集長沙市警備司令酆悌和湖南省保安處處長徐權討論縱火燒長沙的事宜」。會後已是下午 4 點，酆悌交代許權，縱火計劃由警備司令部草擬，「同徐處長研究後」再報省府審查。酆悌安排許權 7 點之前完成計劃起草。〔註 17〕比對上項材料可知，張治中接電報後即召集酆悌、徐權開會一節記憶有誤。

關於人事分共方面的分歧，張治中記，12 日下午 4 點，「酆悌、徐權同來，拿出一焚城準備綱要」。酆悌提出讓長沙市社訓副總隊長王偉能、警備司令部參謀處長許權充當正、副指揮。但張治中「以為王偉能是軍訓教官，恐不方便」，故改用警備第二團團長徐昆為正指揮，王偉能、許權為副指揮。這與上文《焚餘日記》所載有相同部分。張並且說：「須在我軍自汨羅撤退後，再命令開始行動」。同時還加上一條，「下命令後，先放空襲警報，使人民逃避，等到再放緊急警報時，即開始行動」。「當時余並命明日須根據綱要，做好細則，送來核定」。〔註 18〕

據此可知，許權所述酆悌命令其起草的計劃，當是根據綱要擬出的實施細則。那麼，焚城綱要也僅有張治中、酆悌、徐權三人知曉，且有過一定的磋商，正副指揮長的人選一事上的變化也只有此三人明瞭，長沙市府對此事知之不多，這也是下文長沙市長席楚霖當晚內心焦躁的一個原因（見後文）。

許權稱，當天下午 6 點，其即根據酆悌的要求草成計劃（實施細則）。

> 第一條　日寇先頭部隊在新牆河以北地區活動，長沙外圍萬一失利而決定放棄前，必須將長沙市的公私建築和一切不準備運走的物資全部焚毀，不資敵用。
>
> 第二條　派湖南省會警備司令部警備第一團和長沙市社訓總隊負責執行本綱第一條規定的任務。
>
> 第三條　警備第一團和社訓總隊務於 11 月 13 日凌晨兩點以前，以連為單位，進入準備位置。
>
> 第四條　湖南省保安處供給引火材料；警備團領到引火材料後，

〔註 17〕許權：《長沙大火紀實》，第 51 頁。
〔註 18〕《張治中回憶錄》，第 263 頁。

發給連，由連長控制，社訓總隊發到中隊，由中隊長控制。

第五條　起火命令必須是以湖南省主席之命令為依據，由湖南省會警備司令部發布書面命令，方算為起火命令。

第六條　起火信號——首先，聽警報；其次，看天心閣上火炬。聽到，方准起火。

第七條　起火的秩序——警備團區以天心閣為中心，逐漸向中山馬路延伸火點。社訓總隊區，從聖經書院逐漸向中山馬路延伸火點。不准遍地同時起火；

第八條　警備團派少校團附協助市電話局加強保密，不准洩露火訊，並利用市內民間電話組成通訊網；

第九條　不准封鎖渡口，不准管制船隻；

第十條　嚴禁趁火打劫；

第十一條　未完成任務，棄職逃走者，軍法從事；

第十二條　警備團和社訓總隊受到警備司令部之書面起火命令後，方准以班（小隊）為單位進入起火位置；

第十三條　本計劃大綱業〔一〕經湖南省主席批准，立即生效。

〔註 19〕

上述活動，據酆悌歸案後供稱，蔣曾有手令給張治中，說撤退時要將長沙徹底破壞。〔註 20〕張曾召集他和保安處長徐權討論過，並「令他負責草擬一個放火計劃」，計劃內容，「調用一個團的兵力，裝成是從前線退下來的，先期分駐在全市各處，暗中將軍隊編組，基層以五人為一小組，配備放火器材；若干小組編為一隊，由隊長統一指揮，按指定地區執行放火任務」。另外，預定在放火之前，先放「假空襲警報」，使居民往郊外逃避，「並勒令未出戶立即離開，然後開始縱火，各按指定區域同時進行」，「還配備摩托車攜帶汽

〔註 19〕許權：《長沙大火紀實》，第 51～52 頁。

〔註 20〕此即探討長沙大火者多引之「文侍參電」。張治中證實了此點，其內容謂，「限一小時到，長沙張主席：密。長沙如失陷，務將全城焚毀，望事前妥密準備，勿誤！中正文侍參」，諸作者未曾注意的是，張治中在回憶錄正文部分並未公開這份電令來為己身開脫，而是在回應郭老《洪波曲》有關細節「不實之詞」時才予以披露。由此觀之，對於長沙大火事張治中內心是悲涼的，也是憤懣的。同時，站在一個追求進步的舊知識分子的立場上，成心把所有的是非都歸結於昔日的首領，無疑是超越了張治中的道德底線。電文參見《張治中回憶錄》，第 272 頁。

油，插上小白旗為標誌，四處逡巡補火」。這份計劃曾送交張治中審查，並由張治中召集徐權、酆悌討論過兩次，做了一些修改補充後，才「決定作為實施計劃」。（按：此類小白旗等物證在大火案預審酆悌時都已經呈堂）「原定從13 日四時開始檢查，然午夜二時，南城的縱火分隊忽然魯莽的舉起了第一把火」，由是蔓延各處，遍及全城。〔註 21〕

酆悌何以把焚城計劃做得有「四處逡巡補火」者之周密，實為其戰時風氣所致。據載，「11 月月初，由於破壞武漢三鎮的計劃未予實施，『焦土抗戰』的口號風靡一時」。〔註 22〕並且，12 日國軍在退出岳陽時，也將城區部分繁華區域燒毀始行撤退。陳誠的第九戰區前進指揮部也於當天由平江遷長沙「南門外土地堂之章宅」。〔註 23〕而此時長沙街市上混亂情形有增無已，風聲鶴唳人心惶惶。〔註 24〕以至於當日 12 時許陳誠造訪張治中，抱怨「長沙市警察崗位都沒有了」。張聞之庚即電詢警察局長文重孚，文答「只把不重要的地方撤去，重要地方還有崗位」。〔註 25〕陳誠譏以撤退是既定軍略上的轉移，應當沉著從事；然此際長沙街市慌張得「連崗位都有點異樣了」。儘管張治中於陳的不滿不予認同，不過張為此事曾向警備司令部詢問多次，然不得要領。由此可見，已是戰時中心的長沙，其軍政長官之間的聯繫確實不夠。而幾天前的長沙軍事會議曾專門討論過「修正軍令軍政軍訓政治各部及彼此連繫機構以增進辦事效能而免牽制衝突案」〔註 26〕，軍政部門之間常態下難以顯現的條塊隔膜已成為抗戰之際中樞必須解決的問題。中樞如此，湘省亦復如是。馮玉祥於會議期間指出，「湖南地位太重要，但目前尚有機關駢立，事權不能統

〔註 21〕楊宙康：《記張耀辰談審判酆悌經過》，中國人民政治協商會議湖南省委員會文史資料研究委員會編《湖南文史資料選輯》第 18 輯，湖南人民出版社 1984 年版，第 49～50 頁。

〔註 22〕鍾啟河：《湖南抗戰大事記》，見中國人民政治協商會議湖南委員會文史資料研究委員會編《湖南文史資料》第 26 輯，湖南人民出版社 1987 年版，第 190 頁。

〔註 23〕《陳誠先生回憶錄——抗日戰爭》，第 93 頁。《湖南抗戰大事記》，第 191 頁。

〔註 24〕張恒：《長沙大火鋒鏑煙雲錄》，《中華公論》第十一卷第六期（1944 年 9 月 1 日），第 23 頁。張恒，時由武漢衛戍區轉任第九戰區軍法分監，長沙大火案任軍法承審員。

〔註 25〕張治中：《張治中回憶錄》，第 263～264 頁。徐永昌記，「張文伯〔白〕日間即聞市內已撤警崗，詢之公安局，謂不必要之處撤，市內未撤。入夜，雖張文伯〔白〕附近之派出所亦已封釘，張再詢，該局長仍支吾。該局長為戴雨農舉薦」，見《徐永昌日記》，1938 年 11 月 21 日。

〔註 26〕《徐永昌日記》，1938 年 11 月 8 日。

一的毛病」。〔註 27〕徐永昌亦慨歎黨國人事間之關係，「很多人見面時極其親熱，背後卻極鬧意見」，並認為國人尚處在「近之則不遜遠之則怨」的時代。〔註 28〕因此，南嶽軍事會議期間，蔣介石則直言不諱「我各機關之麻木所以不仁」。〔註 29〕

如此背景下，許權所擬具的焚城實施細則讓別動隊起家的康澤一眼就看出問題。康問許權，「開始破壞的信號，白天規定用打鐘，晚上為什麼要規定用放警報」，許說長沙晚上沒有空襲。康指出戰爭迫近之際，敵機要是晚間來襲怎麼辦，許承認「這是沒有考慮得很周到，明天我請示以後，再把它修改一下」。康澤再問是否城中人都走完了，許權答「都走完了」，康澤說「恐怕還沒有走完，我剛才還看到有些門縫裏有燈光」，許權答，「那是少數看守房屋的人，管不得那樣多了」。康澤指出還是要盡可能再通知一下才好，還有城裏有些教堂也要通知他們，這些都是許權計劃當中遺漏的。當然酆悌、徐權乃至張治中審查該計劃時，不僅僅是因時間緊湊，更因為缺乏專業水準，而最致命的是對 12 日晚間放火準備工作中可能出現的險情麻痹大意。儘管張治中批准「只要敵人一過汨羅江就開始」〔註 30〕。但是這樣粗疏的細則缺乏縝密性，在當時並未引起重視。酆悌當晚亦未當值，而是回家休息。康澤何以知悉此份細則？

（三）康澤與戴笠的見聞

康澤稱，12 日「深夜兩點左右到達長沙」，逕往長沙警備司令部，所過各條街道，看到均是關門閉戶，寂無人聲，只有稀少的幾個交通警察，在暗淡的街燈下走動；間或從門縫中發現如豆的燈光。康到警備司令部門口，見廊簷下有不少的「徒手士兵」，坐的坐著，倒的倒著，在那裡打瞌睡。他們的旁邊，「擺著不少的汽油桶和水桶」。康驅車逕入司令部，衛兵也沒有阻止，「衛兵司令認得是我，他馬上去把他們的副官主任請來」。為了瞭解全部情況，那個副官主任去把參謀主任「喊了起來」。「參謀主任說他是黃埔六期，名叫許權」。6 月間曾在漢口見過康。「他對我很客氣，他告訴我，說他根據省政府主席張治中的指示，起草了一個徹底破壞長沙的計劃，並且經過張治中批准了」，「只要敵人一過汨羅江，就開始破壞」。他當即把「由他起草、

〔註 27〕《馮玉祥日記》，1938 年 10 月 29 日。
〔註 28〕《徐永昌日記》，1938 年 11 月 10 日。
〔註 29〕《徐永昌日記》，1938 年 11 月 26 日、27 日。
〔註 30〕《康澤自述及其下落》，臺北，傳記文學出版社 1998 年版，第 320～321 頁。

經張治中批准的破壞計劃拿給我看」，「我從頭到尾看了一遍，是多少條款，我記不清楚了。我還模糊地記得，這個計劃是用十行紙寫的」，在「破壞的準備」的某一條上，張治中批有一個頂批，「明早七時檢查」，在最後，張治中批有「照辦」字樣。〔註 31〕

許權回憶照應了康澤的說法，稱當晚約 10 點，保安處長徐權「催領汽油」〔註 32〕，徐昆領到汽油後報告了許權，許權認為「汽油要由連控制」，徐昆說徐權「叫汽油發到班」，並且，社訓總隊也是「按照徐處長的指示辦的」。〔註 33〕許又稱，「康澤領導的爆破隊 11 點來報到」，許權將他們「分配到徐團和王總隊去了」。不過康澤稱是「深夜兩點左右到達長沙」，具體經過是，11 月 12 日晚，康在衡陽參加完各界慶祝孫中山先生誕辰的晚會之後，即趕赴長沙，「在過了湘潭以後，看到從長沙出來的車輛，以及挑箱提籠，扶老攜幼，向南行進，絡繹不絕」，並且向他這輛北行的汽車招呼，「去不得了，敵人迫近長沙了」。「兩點左右到達長沙」，然作為總指揮的酆悌沒在司令部。康澤稱在警備司令部盤桓了一小時，因在城內無住宿之處，「亦無留住必要」，且「當時口渴，找不到一滴開水喝」，大概在 13 日「凌晨三點鍾離開了警備司令部轉回衡陽」。走了半小時以後，在車上偶而回頭，看到長沙城裏有一處起火，康澤和同車的湯如炎、袁用馥認為那一處火如果不能及時撲滅，萬一發生誤會，那怎麼得了？〔註 34〕

如果從許權用語上來分析，「康澤領導的爆破隊 11 點來報到」，可以理解為 11 點來報到的是爆破隊，康澤本人不一定就在其中。因為從語句結構上分析，「康澤領導的爆破隊 11 點來報到」與「康澤領導爆破隊 11 點來報到」是兩回事；並且，依據職位及軍銜高低，康澤也無須向一位警備司令部下屬參謀處長「報到」，從許權無意識的用語當中，很難撇清康澤的爆破隊沒有參與

〔註 31〕康澤：《康澤自述及其下落》，第 319～320 頁。

〔註 32〕據胡蘭畦記載，「好多士兵和機關裏的公差，都在街上滾大號汽油桶，他們手推腳踢，把汽油桶滾得滿街都是」，見《胡蘭畦回憶錄（1936～1949）》，四川人民出版社 1987 年版，第 112 頁。

〔註 33〕許權：《長沙大火紀實》，第 53 頁。

〔註 34〕康澤返回長沙何以當晚直往警備司令部？據徐永昌記載，許權係康澤舉薦之人；酆悌是張治中調來的，警察局長文重孚是戴笠舉薦而來。見《徐永昌日記》，1938 年 11 月 21 日。大火案發之後，許權潛逃，蔣介石為此專門找過康澤，「他問我長沙警備司令部的參謀主任許權的情況，說他已逃跑了」，見《康澤自述及其下落》，第 322 頁。

長沙縱火。康澤深夜駕臨應該帶有檢閱該隊的意味。否則，康澤當晚長沙之行來去匆匆之動機難以解釋。並且，康澤深夜駕臨長沙，依照隸屬關係應首先參見政治部部長陳誠〔註 35〕，為什麼徑往與其沒有直接隸屬關係的長沙警備司令部？

12 日深夜，除康澤外，戴笠也在長沙。戴笠親自執行了武漢撤退前的「反資敵大破壞」，隨後經沙市撤往長沙，大火案發之後，戴笠已撤往沅陵。未幾，張治中與戴笠之間就縱火一事於蔣介石處互參，戴笠稱，「曾以張治中所獲情報不確，加以阻止」，並建議破壞應有限地選擇軍事設施目標，「張不聽」。戴稱為防範張魯莽從事，乃急電蔣委員長報告。不料，急電剛發出，而「張治中已下令火燒長沙」。而張稱係戴下令長沙警備司令酆悌、警察局長文重孚、保安第五團長徐昆縱火的。但蔣介石認為：「戴笠未奉本人命令，不會亂來」。不過，蔣 16 日抵達長沙之後曾急電戴笠趕回長沙，「專門對質過此事」。〔註 36〕張治中的懷疑具有一定的代表性，徐永昌在獲悉「或謂此事戴雨農亦參加，似已取得蔣先生同意者」這類消息之後，也頗以為然，「按前次汗［漢］口之破壞，即由戴執行之，余於二十四日傍晚上尚切囑其再以余意詢蔣先生，果必行時再執行。當時，戴似亦重余說者，不悉何以又有此舉，真是不與人民留應留之生活耶」。〔註 37〕

康澤戴笠二人 12 日當晚在長沙一節，也是長沙大火事發後，張治中懷疑有其他人陰謀使壞的一個原因。

（四）檢閱縱火準備工作之事是否存在

據許權稱，當晚約 7 點半，酆悌、徐權、許權同在張治中辦公室，「主席批准了計劃」，又寫了 14 個字：「限明晨四點準備完畢我來檢閱。」並吩咐「謹慎從事，不許失敗」。〔註 38〕另據上文酆悌的供詞和康澤的有關記錄，均提到張治中要求在 13 日凌晨（許權說 4 點，康澤說 7 點）「檢查放火演習」。

許權稱，當晚約 12 點，徐昆和王偉能都進入了準備位置，「徐昆親自把進入準備位置的草圖送給了參謀長許權」，許問市內情況如何，徐答，「市內

〔註 35〕康澤的公開身份是軍事委員會政治部第二廳廳長。

〔註 36〕張士琦整理：《戴雨農先生全集》（上），（臺）國防部情報局 1979 年版，第 94 頁。

〔註 37〕《徐永昌日記》，1938 年 11 月 14 日。

〔註 38〕許權：《長沙大火紀實》，第 53 頁。

議論敵寇已經到新河」，「我團的下級軍官看到省政府、市政府、保安處和警察局都慌慌張張地後撤，埋怨沒有安置他們的眷屬，他們說日寇進南京殺了幾十萬人，他們耽心同樣被殺掉」。（按：下級軍官因緊張恐懼而致心情之急躁可見一斑，這也是當晚「玩火」變成實際行動的一個重要因素，加之聯絡不暢，局面勢必失控。）許權意識到問題有異，急電張治中。張治中回答，「我們並沒有放棄長沙，長沙東面和北面的敵人，離長沙各有 100 多里。第九戰區司令長官部和陳誠長官都在長沙。蔣委員長正在調軍隊增強防務。告訴徐昆不要驚慌。第二團和社訓總隊的家屬責成徐團長和王總隊長就地疏散，爾後由省政府辦理轉移」。張治中並囑咐，「校閱按原定計劃進行」。並且，13 日凌晨，許權接衛士報告「南門起火」，許「上平臺看後」判斷是「失慎」。因南門是「徐昆團的範圍」，所以許電話徐團部，「徐不在團部，徐團的中校團附也不在團部」，團部只有幾個通訊兵，說「都出去準備檢閱了」。許權隨即打電話找警局文重孚派消防隊救火，文回答「警察局撤走了，消防隊也撤走了」。許權說「警備司令部沒有命令（警局及消防隊撤退）」，文答「市政府叫走的」。〔註 39〕（按：市政府是否下令警察撤退？市政府確實有依令遷往邵陽之事，那麼在此期間長沙市長席楚霖則是一關鍵角色）

張治中是否認為有檢閱縱火工作一節，17 日他在接受中央社記者時，稱：「省政府原是奉到行政院命令遷往沅陵，各廳廳長和秘書長都已移走，我因有許多事務要料理，決定留守在長沙。十二日晚七點，曾邀集本事教會代表和英艦沙燕號艦長來晚餐……晚九時在廣播電臺講演。十時許，搬到現在住所，批了些公事。十二時許，「將將落枕」，電燈一度發暗，乃用電話問席市長，囑以電廠工人安心工作。旋又與周副部長（恩來）通話。待要睡去，一時半左右，突想還有許多軍用品不能上車，乃令×××召集民夫五百人，限於第二日上午集合搬運。到二時左右，才睡覺。不料大火很快燃燒起來，還是他們看見火焰逼近，才把我喚醒的」，〔註 40〕張治中在《長沙火變一日記》也沒有提及這個細節，但說法與中央日報採訪時，時間上有改動。不過，當晚「將到十二點時」，張治中叫副官打電話請警察局長文重孚來，「預備一同上街巡查」，但「警察局電話無人來接，且到處找他不著」。這時又接到副官

〔註 39〕許權：《長沙大火紀實》，第 54 頁。

〔註 40〕中央社長沙通訊：《長沙大火之前後》，《中央日報》（重慶）1938 年 11 月 27 日，第三版。

報告，「街上警察局均從門上用竹板釘起」。〔註 41〕（按：文重孚此時已經接到市長席楚霖指示而緊急撤離，見下文）從這些表述來看，張治中沒有表示存在檢閱縱火準備一事的工作安排。

但不管當晚情形如何，檢閱縱火準備工作一事當不是空穴來風。當有關執行部門在配備了汽油等易燃易爆物品為縱火工作做準備時，自然埋下自焚的隱患。

（五）市長席楚霖的言行

席楚霖稱，12 日是孫中山誕辰紀念日，上午省會各界在教育會坪舉行了紀念大會。晚間，席率領市府所屬人員及各團體人士「約三百人參加火炬遊行」，當時形勢緊張，很多店鋪都閉戶停業。「我們遊行時，還奉命動員明日開業」。（按：長沙本奉令疏散，緣何又得「動員開業」？實際情況與席楚霖所說有所出入，胡蘭畦時在長沙，該日中午與田漢在一家菜館吃中飯，「飯還未吃完，服務員就來催促，說是今天下午奉命停止營業」。並且，胡在「午後四點」為買「中成藥」跑遍了長沙街頭，街上的店鋪幾乎都關門了，據稱「奉了政府的命令關鋪子」〔註 42〕）遊行隊伍經過水風井、八角亭、南正街等主要街道，「一直到南門外才解散」。晚間 10 點多，席至學院坪省政府（到省府目的不詳），「門崗已撤，屋子裏燈火輝煌，滿地是書報雜物，不見一個人影」。於是，席楚霖往省會警察局找局長文重孚，「警察說他不在局裏」。再至長沙市民抗日自衛團團部找副團長王偉能（市長兼團長），王正在打電話布置工作。席吩咐王，「張主席要明早派八百名民夫替軍政部搬運軍用品上車」，王說張主席已有重要任務給他，「他說是指揮放火」。席楚霖遂急忙趕回市府，「通知未走的人員趕快向邵陽疏散」。（此點證實了上文文重孚所說的「市政府叫走的」）隨後，席楚霖「奔回南門外回龍山住宅」，沿途看見「手執乾柴和洋油桶的軍人三五成群源源不斷地由南門進城」。〔註 43〕（按：據上文可知此當是徐昆警備第二團從南門外入城為「防火演習」做準備，徐團駐地在南門外）對照張治中回憶稱再次電話席楚霖之時間，則席楚霖見到此景時間當不超過 13 日凌晨 1 點。若依照許權所稱，則席楚霖奔回南門外時間當在夜 12 時之前，因 12 時徐昆報告許權，駐在南門外的警備二團 12 點就已經進入了準備位置，

〔註 41〕《張治中回憶錄》，第 265～266 頁。
〔註 42〕《胡蘭畦回憶錄（1936～1949）》，第 111～112 頁。
〔註 43〕席楚霖：《長沙文夕大火前後》，第 43 頁。

那麼席楚霖所見到的「明火執仗的軍人」進入南門時間勢必在 12 點之前。

張治中稱其在 13 日凌晨「一時半至二時之間，又打電話找著席市長，問他究竟明日伕子有無辦法？如果真沒有，即將義勇壯丁常備隊餘留的五百人調來搬運物資」〔註 44〕。席楚霖稱其回家之後，勤務兵告訴他「張主席來電話找你，我說你不在家。主席已搬到二里牌公館，他要你回來打電話去。」席隨即打電話給張，張治中問軍政部要的八百名民夫一事辦好了沒有。（五百名還是八百名無關宏旨）席說，「剛才正為這事找過王副團長，他說主席另有重要的命令給他，他無法辦這件事」。張說：「我沒有給他什麼命令呀！」據席稱，「我本想把王偉能受命指揮放火的事告訴他，但我沒有這樣做」，言下之意就是沒有挑明說。席楚霖隨後作出的選擇則是，「保全自己脫離危險境地，略加考慮後，便趕快坐上了小汽車逃命」。〔註 45〕

承上文席稱，其是在南門外回龍山自己的住所給張治中打完電話之後即乘車出逃，則其出逃之時間不會超過深夜兩點，其所說的天心閣火光四射接著全城起火一說顯然有誤。〔註 46〕該市長「督促司機加足馬力向湘潭方向駛去」，路上塞滿了大小汽車，人擠人，「直到天明時才到達下攝司」。〔註 47〕（按：長衡公路在疏散期間擁擠的狀況不僅僅存在於 12 日一晚，之前也曾如此，人所公知，頗似遁詞〔註 48〕）事後，席楚霖並未返回長沙，而是取道湘潭去了市府所在地邵陽。（據其事後回憶，他在衡陽見到軍事委員會軍法執行總監何成濬，何督促他回到長沙，但在下攝司時，席楚霖稱「遇著一輛從長沙方面來的小汽車，車上坐著陳誠和蔣鋤歐，心想他們都逃出來了，我還去長沙幹

〔註 44〕張治中：《長沙火變一日記》，見《張治中回憶錄》，第 266 頁。

〔註 45〕席楚霖：《長沙文夕大火前後》，第 43 頁。

〔註 46〕周恩來在南嶽時稱，長沙起火時間「約在夜二時半」，「三時驚起，附近火頭已多。」見《徐永昌日記》，1938 年 11 月 17 日。奉令前往南嶽衡山參加軍事會議的鄭洞國當日下午抵達長沙，「住在市內北長街路西的第 31 集團軍辦事處」，其所記並未有如席所說之火景，見鄭建邦等編著《我的戎馬生涯——鄭洞國回憶錄》，團結出版社 1992 年版，第 222～223 頁。

〔註 47〕席楚霖：《長沙文夕大火前後》，第 43～44 頁。

〔註 48〕陳正：《長沙大火前後的親歷和見聞》，見全國政協文史資料委員會編《文史資料存稿選編——抗日戰爭》（下），中國文史出版社 2002 年版，第 4～5 頁；又，王魯彥記載，10 月 30 日起，車過湘潭，「公路上漸漸紊亂了」，除了各種汽車以外，還有前後相接滿載行李的人力車、小車，以及扶老攜幼的老百姓，「像潮水似的由長沙湧了來」，見王魯彥：《長沙火災的前後》，《國民公論》第一卷第五、六期合刊（1939 年 1 月 16 日），第 54 頁。

什麼呢？」）〔註 49〕14 日，張治中電報要求席速返長沙，席於 15 日回長。但是，席楚霖於 13 日拜會了軍法執行總監何成濬。不過，據徐永昌記，12 月 12 日夜，「長沙電話電報不通」，13 日「夜知城中大火」，「據長沙逃出之市長席某午後過此」稱，「渠見城中大火，詣省府時，不見一人。詣公安局時，三二警士慌亂中云即將燒公安局，渠遂逃出」。〔註 50〕

席楚霖經歷文本和在南嶽時見何成濬等人的言語緣何存在差異，文本說的是乘車逃離長沙後看到城中大火，而告知徐永昌等人的言語則云城中大火時席本人尚在城中，是在詣省府、公安局無果之際，始乃逃離火海。席氏此通言論是面對國民黨中央大員而發，意在開脫。而經歷文本形成時間是 1962 年，此際政治環境已經發生改變，可以理解為席氏為表明自己不苟同舊政權火焚長沙的殃民政策，其記錄敢於直書自己在大火封城之前即行離開，此舉亦可視為不願助紂為虐。不過，其經歷文本稱，12 日晚 10 點多，席氏在火炬遊行結束，在省政府「不見一個人影」時，心想「為什麼不通知我一聲，大家都逃走了呢？既然大家要逃走，為什麼還要我率領市民火炬遊行，叫商人明早開市呢」〔註 51〕？其倍感被騙之後的憤憤不平躍然紙上，尤其該氏看到三五成群的手執乾柴和洋油桶的軍人從南門進城，其內心的不平又加上了許多的恐懼。那麼，城中火未起而該氏即行離城則不難理解，湘省軍政之間消息之阻隔可見一斑。

（六）酆悌並非慷慨赴死

18 日組織最高軍法會審，錢大鈞任審判長，張耀辰、蔣鋤歐任審判官，「（王）志剛（閻）景瑜為當然軍法官」，並由警備司令俞濟時處調來一位法官任書記。審理過程中間，蔣鋤歐頗同情酆悌，「再三誘導他能供出共同負責的人」，然因酆悌「不肯多說一個人」而無法替他減輕。因此，省保安處長徐權就在這種情形之下沒被牽連到此案。〔註 52〕

酆悌既然在審判時不願扳出別人，也不可以看做其一心慷慨赴死以謝天

〔註 49〕席楚霖：《長沙文夕大火前後》，第 44 頁。

〔註 50〕《徐永昌日記》，1938 年 11 月 13 日。身在常德的沈醉亦記載，「長沙電話報均已不通」，沈醉著，公安部檔案館編注：《沈醉日記》，1938 年 11 月 13 日，群眾出版社 1991 年版。

〔註 51〕見《湖南文史資料選輯》第 18 輯，第 43 頁。

〔註 52〕張恒：《長沙大火鋒鏑煙雲錄》，《中華公論》第十一卷第六期（1944 年 9 月 1 日），第 24 頁。

下。軍法審判員張耀辰記載，11 月 18 日，預審法庭上文重孚和徐權都是助犯，開口便是「遵從警備司令部的命令」，酆悌的責任由此越發加重，儘管如此，他「自己卻痛恨自己，為什麼十年學劍在此大時代卻無用武之地，反而幹起這種消極工作來」。其供詞是，「我非常慚愧，沒有臉再見湖南父老兄弟，我是生長在湖南，怎能忍心來毀壞自己家鄉，真是萬死也不抵這次損失億萬分之一，不過我敢放膽的說：我是三民主義下的一個鬥士，一個忠實的信徒，我是委員長人格裏薰陶出來的忠實幹部，我決不會不體驗國策為所欲為的。我不能否認這次因準備檢查而發生大火，是違背了機宜，是一種不能赦免的過失。但假定沒有這次大火，人家（按：日軍）是不是會這樣停止進攻。願後人以歷史的眼光評論之……」〔註 53〕。必須指出的是，酆悌此際思維確實紊亂，中日對壘，日方並不會因為中方的自毀財物即落荒而逃。在此，筆者覺得有必要列舉酆悌這幾天的日記。

11 月 13 日，「今日謁陳司令長官辭修，被其當面責備，蓋其未明余之處境與責任也。余申告係奉命準備，但不料突然起火，似為另一組織變動者，蓋余始終不明何以如此動作離奇耳。然余責任所在，自難逃其咎，部隊非余訓練，僅係指揮他人者。其實此輩均各有背景，對指揮亦不過敷衍，實際一切均聽命於其背景也。今日中國之事，雖余滿腔熱忱，思為國盡忠，其奈各級幹部不一致何。張主席以電呈委座之稿示余、徐與可，以責任似為之諉卸於我。徐權為其最信任之幹部，軍事政治一切企圖，均出之於徐，而徐亦自命不凡，無論何事，彼均為包攬，準備之名係主席交余與徐二人共辦。今電委座，僅以余負主持之責，雖然余不諉責，然余為奉彼命之一人而已。愛憎偏頗如此，令人心寒」。

11 月 14 日，「然余方寸實痛苦萬分，恨不能自殺，以盡良心之自裁耳。雖然余非劊子手，而僅為一傳令之轉承者，以公私關係而論，以部隊不聽指揮而論，余之罪並不大也。然而余觀瘡痍痛心之狀，實較人為難過也。……部隊誤事，亦證訓練不夠，徐與可應負責也。主席、陳司令長官委俞濟時為長株警備司令，令余受其指揮。嗟乎，余今每況愈下，已人人為我之上，舊日之部下資格者，均在余上。問其本領學識，余未敢贊辭。升沉之象，中國迷信者，所謂關命不關人也。余奉命警備長沙，手無兵卒，僅負名義上之責，更受命於武漢將陷，所謂「於危難之中」，設非余之勇於負責，他人決不為

〔註 53〕張恒：《長沙大火鋒鏑煙雲錄》，第 24 頁。

也」。

11 月 15 日，「晨，主席找余詢問放火事有無線索，余答無知。主席一再說，此事絕非「誤會」「偶然」，意似乃一組織系統所陰謀，與余之所得與蔣團長面報諸點，不大質疑。以余意度之，警備團為其親信部隊，又為徐處長一手包辦，如果認為警備團所做，則渠之責任更重。其規避責任，縱主席無此心意，在徐方面，恐不見得無意也。余今日之處境極苦，一切均為上面所指揮，下面所實行，余僅居中間，等於一留聲傳音機而已。而事變橫來，其責任余固不能卸，論情應有原諒。總之餘生不辰，而遭此鞠凶，余決不諉卸責任，準備一死而已。縱令網開一面，使余得苟延殘喘，余亦棄軍政而杜門寡過也。下午四時許，主席召余及胡參謀長談話，形同審判，另一科長記錄，不識其認識如何也。又命余與徐與可往訪意教師，查放火情形。意教師云，放火者盡為士兵，且發槍止人救火，此地為北區，據當事人到時，始能證明。總之，余看徐與可之態度，只要一遇能與警團卸責之事，彼必十分注意，張大其詞，以為可以諉卸也。往訪陳司令長官，未晤」。

上項材料顯然不能夠得出酆悌主動求死以負責之結論，求死與求生的心理錯雜，日記內容既有文過飾非也有分謗代過，相信讀者能夠明察。本來張治中「頗有袒護酆氏之意」，但最終蔣介石令以「辱職殃民」定以極刑〔註 54〕，酆悌臨刑喊冤也就不難理解了〔註 55〕。

有關文章談到張治中的責任問題，依據的材料多為《焚餘日記》，這與大陸有關之作同樣失之偏頗。14 日，因長沙電話電報不通，軍令部派往查看的某參謀回南嶽稱，張治中現居唐公館，其左右云「張主席原令敵至距長沙五十里時放火，執事者誤會提前，現長沙已燒去四分之三」。〔註 56〕揆諸上文，須知張治中在 12 日審閱焚城計劃時，並沒有「敵至距長沙五十里時放火」這樣的「原令」，張治中的左右緣何對某參謀有了這樣的轉述，有事後統一口徑的嫌疑。再聯繫上文張治中不提放火檢閱工作一節，張治中有推卸責任之嫌。儘管如此，張治中在 16 日（張記成 14 日）蔣介石抵達長沙後〔註 57〕，「報告了當夜實在的經過之後，坦然承認我自己的過失，請求嚴予

〔註 54〕張恒：《長沙大火鋒鏑煙雲錄》，第 23～24 頁

〔註 55〕徐永昌記錄，「何敬之、熊哲民來寓午飯，飯後偕之陳雪軒處少坐。敬之述長沙槍決之三人喊叫，張主席害了他」，見《徐永昌日記》，1938 年 11 月 22 日。

〔註 56〕《徐永昌日記》，1938 年 11 月 13、14 日。

〔註 57〕秦孝儀：《總統蔣公大事長編初稿》卷四上冊，第 267 頁。

處分」。〔註 58〕對於酆悌的死，張治中慨歎「酆悌原是不應死的！……我曾經兩次向蔣申述我的意見，求為減輕」。〔註 59〕

如何理解張治中上述兩種對立的言行，林蔚的陳述道出了其中的些許端倪。

> 「張文伯〔白〕受到委員長郴州命令，即日開會規定燒毀程序，由保安團派三百人分百組準備發火，但須在汨羅江失守，敵人前進。先發特別警報，至第二次時，並俟令舉行。或謂保安處長（徐權）傳出汨羅已失，此話為警備司令部參謀處長某（許權）所聞，某即知會某保安團長（徐昆）舉行矣。某參謀處長係康澤舉薦之人，對警備司令不甚措意。酆為張文伯〔白〕調來者，又張文伯〔白〕日間即聞市內已撤警崗，詢之公安局長，謂不必要之處撤，市內未撤。入夜，雖張文伯〔白〕附近之派出所亦已封釘。張再詢該局長，仍支吾。該局長為戴雨農舉薦。某參謀處長已逃。張謂酆有些冤。」〔註 60〕

因此，從整個事件看來，抗戰前期，國民政府軍政上下級對於焦土抗戰的理解存在很大的分歧，並且，焦土政策的運用往往受人事關係制約呈現出積極與消極、盲動與鬆懈的不同面相。湖南省府要求長沙警備司令部「須明日須根據綱要做好細則，送來核定」，警備司令部起草的細則疏漏眾多，但連夜卻在做實際上的準備工作，使得本來尚可以處在文本上的焚城計劃，變成了草木皆兵背景之下的「玩火」之舉。最致命之處還在於警察局在長沙市不設崗，整個長沙處在失控狀態之中。等到警備司令部意識到局面可能失控之際，已經沒有力量來進行補救。尤其是省保安處長徐權連夜就「催領汽油」，並傳令發到班組。本案當中的如此重要人物，後來竟然杳如黃鶴，沒有歸案。

三、結論

七十餘年之後重新梳理長沙大火事件，筆者決然非重評歷史人物功過，只是惑於後人建構的歷史神話在上述疑點尚未澄清即遽下斷語，加之眾所周知的原因，海峽兩岸對於此案的責任認定尚存在一定的差距，因此，本文也僅是依照長沙大火當事人的經歷和記憶做一「縮小取值範圍」的梳理質疑工作。

〔註 58〕《張治中回憶錄》，第 270 頁。

〔註 59〕《張治中回憶錄》，第 270～271 頁。

〔註 60〕《徐永昌日記》，1938 年 11 月 21 日。

不過，事後蔣介石快刀斫亂結束長沙大火案似有隱衷，聯繫時局，身前有咄咄逼人的日軍，身後汪精衛與日勾搭並蓄勢待發，國際上充滿不敢真正開罪日人的政治冷遇，而自身難以為繼的財政問題〔註 61〕，兼之敵媒對其淪為地方政權的奚落中的刻意孤立〔註 62〕，在擺脫政治與道德雙重危機時，對於大火案的此番處置也是蔣兩害相權取輕之舉。且 20 日蔣氏處理完該案回南嶽，當天日記流露出焦頭爛額的悽惶，「上星期處理廣州失守重案之後，不料又有長沙失火重案處理。……南北奔走，何日得已！」〔註 63〕但據此並不意味著筆者苟同這樣的言論，「抗戰八年，艱苦卓絕，獲致最後勝利，則國民政府縱有美中不足，又焉足道」？〔註 64〕此種一將功成即可無論萬骨枯朽的政治論斷，以道德和學術二途計，其間以政治話語掩蓋歷史真實的虛妄不言而喻。至於為尊者的諱言，「蔣總統深信長沙是安全的……長沙之警備與防守當局以為最後關頭已屆，在慌張之下，下令縱火燒毀該城」，〔註 65〕亦可付之一哂。

長沙大火一事言人人殊，多半因有關歷史文本形成的時代以及解讀者的認知諸因素使然。當然，如此慘絕人寰的悲劇觸發當事人的良知，與人類趨利避害的心理，使得當事人留下的歷史文本呈現文過飾非和分謗代過兩種敘事風格的並存，使得後來詮釋長沙大火案者無所適從或各執一端。實際上，長沙大火案發後，高一涵的調查報告雖稍有為張治中開釋之嫌，但分析長沙大火之發生倒也是切中肯綮，「該警備司令酆悌等在擬訂破壞計劃、尚未呈經主席核准之時，即先自實行分配放火之工作。夫以如此龐大之組織，聚則傳令較易，散則傳令實難，且當準備破壞之時期，即假以實施破壞之工具，其在上級機關，固知準備與行動係為兩事，而在下級員兵，根本未明真相，徒

〔註 61〕以 1937 年度預算，關稅、鹽稅、統稅三項共占國民政府歲入的 77.2%，而武漢撤退之後，上海、天津、青島淪陷，長蘆、兩淮產鹽區被日佔領，沿海工業區淪陷，致使國府三大收入大幾成烏有。見《新華日報》1938 年 10 月 31 日，第一版。

〔註 62〕《盛京時報》評議，「抗日戰已全無意義，蔣應亟向天下謝罪」，見該報 1938 年 11 月 2 日晚刊，第一版。

〔註 63〕參見《中日關係八十年之證言》（第五冊），哈爾濱出版社 1989 年（內部發行），第 200 頁。

〔註 64〕薛光前：《八年對日抗戰中之國民政府（1937～1945）》，臺灣商務印書館 1978 年版，序言。

〔註 65〕董顯光：《蔣總統傳》（二），臺北，中央文物供應社 1956 年版，第 300～301 頁。

見情勢如此洶湧，謠言如此繁興；政府機關人員多已倉皇步行而去，昔日繁盛街市亦已大都寂然無人；今獨令彼等守候街中，既無嚴密紀律之防閒，復無高級長官之督率，而對於彼等所擔任之破壞工作，究竟係為準備？抑即實行？以彼等思想簡單，亦屬難以辨別，遂致惶惶無主，更增躁急之心，且以為情勢如斯，行動已不容再緩，一唱百和，頓成吠影吠聲。夫以當時如此情形，實已如矢在弦，一觸即發，但使稍有誤會，或有一人一處開端，則一發即不可收拾。況聞當彼等出發之初，對於施行放火之信號，曾告以或以舉火，或以傳令，或以警報，尚未確切定明。在群情惶惑之中，既未責以有一定信號之遵守，則只須有一人一處有類似發布信號之行為，便即可引起全體之動作」。〔註 66〕

此說大體上道出了長沙大火事發之因，而細察長沙大火之事不難發現，國民黨軍政上下對於焦土抗戰的理解存在較大的分歧，並且，焦土政策的運用也因人事因素制約而呈現出積極與消極、盲動與鬆懈的不同面相，從而使得風聲鶴唳背景下的焚城準備演變為火燒長沙的人間慘劇。

焦土抗戰背景下的長沙大火，國民黨軍政當局和湖南省負有集體責任，但都不願也未敢擔此責任，酆悌如此，張治中如此，蔣介石亦復如此。

〔註 66〕高一涵：《調查長沙市火災案報告書》，陳建寧等選輯：《國民政府監察院調查長沙文夕大火相關史料》，《民國檔案》2015 年第 1 期。

第九講　劫盡棋亡：中條山國民黨的敵後游擊抗戰及其式微

題記：1941 年 5 月，日本華北方面軍多路圍攻國民黨中條山根據地，國民黨軍隊損失慘重，根據地陷落。究其原因，根源在於以中條山根據地為中心的晉南各抗日武裝之間矛盾日漸凸顯，失去了抗戰初期聯合抗戰的戰略態勢，尤為重要的是中條山根據地建設也日漸廢弛。軍力戰力日呈頹勢，根據地淪陷勢在必然。

中條山根據地是國民黨軍隊堅持華北抗戰的前哨陣地，是中共領導的華北敵後抗日游擊戰場和國民黨正面戰場的結合部，還是華北抗日根據地通往大後方的交通要道，在華北一度牽制著四個師團的日軍，因而該處被日軍視為「擾亂華北，尤其是山西的主要根源」。〔註 1〕其戰略地位不言而喻。然至 1941 年 5 月，中條山一戰，國軍損失慘重，根據地淪陷，蔣介石稱此為「抗戰中最之大恥辱」。學界對此有過一定的關注，具有一定的說服力。〔註 2〕

〔註 1〕日本防衛廳戰史室編纂，天津市政協編譯委員會譯校：《日本軍國主義侵華資料長編》（上），四川人民出版社 1987 年版，第 629 頁。

〔註 2〕關於中條山戰役的既往研究，如郭學旺《中條山會戰述評》（《近代史研究》1987 年第 4 期），楊聖清《中條山戰役研究述論》（《近代史研究》1997 年第 3 期）。相關研究有，劉貴福《抗戰中期的國共配合作戰問題——以百團大戰、中條山戰役為中心的討論》（《抗日戰爭研究》2007 年第 2 期），鄧野《日蘇中立條約在中國的爭議及其政治延伸》（《近代史研究》2009 年第 6 期），楊奎松《關於中條山戰役過程中國共兩黨的交涉問題——兼與鄧野先生商榷》（《近代史研究》2010 年第 4 期）。

較諸既往研究，本文認為中條山戰役國軍的失敗，不僅在於軍事問題，也不盡是政治上的反動，〔註 3〕更在於中條山根據地所處的複雜環境，並受此種環境中各方軍事與政治鬥爭的結果所影響。三年來中條山周邊各方力量的角逐，使得理應統一於抗戰大旗之下的晉南抗日力量（中共、國民黨、閻錫山）因不同的政治利益而呈現出貌合神離態勢，加之根據地內部建設廢弛，及至日軍進犯中條山根據地，該處已由當初的中國「馬奇諾」衰落為一局進退失據的死棋。

一、衛立煌與周邊友軍之關係

標榜「守土抗戰」的閻錫山在抗戰期間表現出濃重的地方本位主義，這是閻錫山與中共及衛立煌難以真誠合作的原因。

閻錫山在日軍的步步緊逼下節節敗退，其賴以立身的舊軍也消耗殆盡；而中共在山西的敵後游擊戰則不斷發展。在閻氏眼中，中共敵後抗日武裝「不聽指揮，不打敵人，專門繳收國軍槍械，搜刮人民財物，赤化農村」〔註 4〕，乃起「晉西事變」，進而與中共幾近決裂。同時，閻氏與第一戰區司令長官衛立煌關係也逐漸走低。1939 年 1 月，衛立煌出任第一戰區司令長官，晉南中條山根據地劃歸第一戰區，由第一、第二戰區協力固守，然地方政權仍屬山西省政府領導，僻據晉西一隅的閻錫山由是與衛立煌圍繞晉南的軍政大權而矛盾頓生。畢竟抗戰軍興，山西閻氏權勢式微，多年經略的地方已為多方力量所佔據，因此，對於閻氏而言，圍繞利益的獲得，與日人的暗地交涉沒有逾越不了的鴻溝，山西的抗日勢力也不見得就是生死與共的盟友。

日軍進攻中條山時，閻部控制地區與中條山最接近處為稷山。除對逃出日軍包圍圈的中條山國民黨軍有所接濟之外，閻軍並未表現出更多的軍事策應。軍令部長徐永昌認為閻錫山此舉是一種短視行為，因為徐判斷日軍「努力肅清山西」之程序是「先中央軍次晉軍次共軍」，若晉軍策應中條山國民黨軍，「俾不至敗退過河」，而這於晉軍「利莫大焉」。反之，「彼亦難於獨存」。〔註 5〕閻氏短視原因在於所部力量衰弱，其轄區基本侷限於汾離公路以南、汾

〔註 3〕中共總結中條山國軍失敗的教訓「主要的一個就是反共。反共結果，使得內部不團結，將士無信心，所以吃了大虧」，《晉南戰役的教訓》，《解放日報》1941 年 6 月 9 日，第一版。

〔註 4〕閻錫山：《閻錫山早年回憶錄》，臺北傳記文學出版社 1968 年，第 112 頁。

〔註 5〕《徐永昌日記》第 6 冊，臺北「中央研究院」近代史研究所 1997 年，第 113 頁。

河以西的狹小地帶，難有作為。且為積蓄力量計，閻錫山對日方表現出更多的隱忍。「晉西事變」使得閻錫山既失去了新軍，又失去興縣、臨縣等地盤，「他哀歎他自己這個『不倒翁』在山西舞臺上當主角數十年，現在被『幾個娃娃』搞倒了」。〔註 6〕其心頭之恨意自不待言，並遷怒於在此衝突過程中中條山的國民黨軍「保存實力」「見死不救」，「中央軍沒有和他（引者注：閻軍）並肩作戰」，致使閻部在晉南的舊軍「差不多損失十分之七八」。〔註 7〕如，八路軍 129 師由太行山南移支持為閻軍孫楚部所攻擊之決死一、三縱隊，結果「先後重創了孫楚所指揮的獨八旅及閻錫山的新編第二師、暫編第二旅」。最後，孫楚被排擠出了晉東南。彭德懷曾表述，「十八集團軍是受他（引者注：衛立煌）指揮的，但他從未指揮過的」；〔註 8〕並且，劉少奇對統戰衛立煌有過專門指示，「只要他（衛立煌）這個具體執行的人對蔣介石的命令不那麼積極，有時打一個折扣，有時拖延一下，這中間對我們就有很大的好作用。我們知道他們內部的認識不統一，我們對於一些事情的掌握，就可以不那麼盲目」。〔註 9〕由此不難發現衛立煌對活躍在華北敵後的中共武裝保持了足夠的善意。那麼，生存空間日漸受到打壓的閻錫山對於衛立煌此舉作何感想，則不難揣測，這也是後來中條山戰役中，閻部不做過多策應的一個重要原因。

誠然，此後閻錫山、衛立煌、中共三股抗日武裝力量之間先後劃界守土抗敵，彼此之間看似相安無事，實則失盡了抗戰之初彼此相互策應的戰略態勢。黃炎培對於此種「共事難成」的局面不無痛惜，並指出此種局面的形成根本上在於「凡事互信不足」。〔註 10〕因此，從某種意義上講，起於晉西事變的反共「摩擦」，公開化了抗日力量之間的矛盾，使得華北聚集在抗日民族統一戰線的各力量貌合神離。

二、中共對於中條山戰事的因應

與中條山根據地東線毗鄰的中共抗日武裝本與衛立煌交好，中條山戰事

〔註 6〕趙榮聲：《回憶衛立煌先生》，中國文史出版社 1985 年版，第 201 頁。

〔註 7〕趙榮聲：《回憶衛立煌先生》，第 198 頁。

〔註 8〕彭德懷：《彭德懷自述》，人民出版社 1981 年版，第 232 頁。另，劉伯承也述及反擊閻錫山孫楚部一節，見《劉伯承回憶錄》，上海文藝出版社 1981 年版，第 23 頁。

〔註 9〕趙榮聲：《回憶衛立煌先生》，第 156～157 頁。

〔註 10〕黃炎培著，中國社會科學院近代史研究所整理：《黃炎培日記》第 7 卷，華文出版社 2008 年版，第 82 頁。

既起，蔣介石等要求中共華北武裝立即策應作戰。但國民黨方面前有 1939 年發動的第一反共「摩擦」，新近又製造了「皖南事變」，對中共「心存芥蒂」。

應蔣介石國民黨的策應作戰要求，周恩來根據中共中央書記處的意見，於 5 月 9 日作出回應，表示配合作戰不成問題，同時轉達中共中央的意見，「（一）速解決新四軍問題；（二）速發餉彈；（三）停止反共；（四）派機送周恩來回延安開會」。〔註 11〕5 月 10 日，就衛立煌致電彭德懷要求派部配合作戰一事，毛澤東告示彭德懷，「擬一部署計劃電告，此計劃中在太南太嶽兩線者戰事發生時雖不是猛打，但應準備施行之，在其他區域只做樣子，不應實施。……另以一電給衛，請其轉陳重慶速發餉彈」。中共中央緣何如此謹慎，客觀上在於 18 集團軍在經歷百團大戰之後，力量損失頗大，戰力尚未恢復；更因蔣介石製造的「皖南事變」，中共為反擊國民黨而對自己武裝的行動有過三令五申的交代。〔註 12〕但在實際行動中，中共中央要求部隊積極配合國民黨的中條山戰役。14 日，毛澤東電告周恩來，「已迭電前方配合作戰」，〔註 13〕蘇聯駐中國武官兼任國民革命軍總軍事顧問崔可夫也要求中共「速將八路軍配合作戰的行動計劃報蔣介石；打擊日軍後即廣為宣傳，並要蔣速發餉彈」。〔註 14〕5 月 15 日中條山戰鬥激烈之際，毛澤東致電彭德懷、左權，要求八路軍總部「應與蔣介石、徐永昌、衛立煌、閻錫山通報，不斷告以敵情、戰況，特別是勝利消息，表示我軍熱心配合作戰，並向他們請示，以影響其抗戰決心，爭取國共好轉」。〔註 15〕

顯然，中共的良苦用心，並不為國民黨高層所理解。軍令部長徐永昌認為「中共之打敵與否，全視與彼有利與否」。〔註 16〕如中條山戰事迫近之際，蔣介石曾委託劉斐約談周恩來，希望 18 集團軍予進犯中條山之日軍以打擊，因為，「日軍在華北交通已固，只乘［剩］此中條山一旦失守，華北完了，西北必跟著緊急，國際路線也得成為問題」。〔註 17〕徐永昌認為蔣介石寄希望中

〔註 11〕中共中央文獻研究室編：《周恩來年譜（1898～1949）》，中央文獻出版社、人民出版社 1989 年版，第 501 頁。

〔註 12〕參見楊奎松《關於中條山戰役過程中國共兩黨的交涉問題——兼與鄧野先生商榷》，《近代史研究》2010 年第 4 期。

〔註 13〕《周恩來年譜（1898～1949）》，第 502 頁。

〔註 14〕《周恩來年譜（1898～1949）》，第 502 頁。

〔註 15〕中共中央文獻研究室編：《朱德年譜 1886～1976》（中），中央文獻出版社 2006 年版，第 1058 頁。

〔註 16〕《徐永昌日記》第 6 冊，第 103 頁。

〔註 17〕《周恩來關於蔣介石要求華北我軍配合作戰等問題向中央的請示》，見《中共中央文件選集》第 13 冊，中共中央黨校出版社 1991 年版，第 105 頁。

共出兵策應實屬不明智之舉，中條山戰役期間，徐永昌認為中條山國軍此次不能相機北進避實擊虛（日軍基本是傾巢出動而放鬆了後方守備），主要原因在於「無勇氣涉近共黨區域」，因為中條山日軍雖多「（守軍）尚可避於敵寡之處」，若北進，「（國民黨軍）一入共黨區域，則無處不是危險」。在此基礎上，徐永昌得出「今日共產黨只有防［妨］害抗戰而已」之結論，並認為「青年信之，有資格人士賴之，政府冀之」乃「過愚」。〔註18〕出於這種政治偏見，徐永昌主張對八路軍在中條山戰役的配合作戰戰報不予發表。〔註19〕

國民黨軍事高層不信任中共在中條山會戰當中的軍事策應顯然出於政治上的互信不足，中共抗日武裝對於日軍進犯中條山不乏配合作戰，諸如，5月12日，八路軍「開始對平漢鐵路、同蒲鐵路及白晉路各交通線猛烈破壞，使日軍無法運輸接濟，日軍乃不得不放棄渡河計劃」。〔註20〕5月22日，彭德懷發布戰鬥指令，命令各部隊在平津、平保及太原南北鐵路線發動游擊戰。〔註21〕雖然此類對日攻擊並非國民黨所期盼的對進犯中條山之日軍的直接打擊，但這也是有客觀原因的，首先在於第18集團軍防區不在中條山，只能盡力在指定地域配合中條山作戰；其次，第18集團軍防區包括晉北、晉西北、晉東南等地，其牽制日軍保衛大西北與策應中條山同等重要，也就不能集中力量只管中條山戰事而置其他於不顧；第三，國民黨對第18集團軍軍餉械彈已欠發半年，該部作戰甚為困難。因此，不能把根據地的淪陷歸因於中共的不配合。

至此，中條山根據地在日軍合圍之前，其外圍戰略策應顯得緩不濟急，根據地本身只是背水設陣的一局死棋。而頗為弔詭的是，這一切並非日軍神通廣大。日軍也認為「中條山會戰以赫赫戰果勝利結束」，收到「事變以來罕見的成果」，〔註22〕其訝異之情躍然紙上。

三、中條山根據地建設的衰微

揆諸史實，中條山根據地之淪陷，其內部建設之日漸衰退亦是一重要因素。1938年根據地鼎盛之際，其範圍包括同蒲線以東、太行山以西、太岳以

〔註18〕《徐永昌日記》第6冊，第118～119頁。

〔註19〕《徐永昌日記》第6冊，第124頁。

〔註20〕周立：《中條山戰事與國內團結問題》，《上海週報》第3卷第23期（1941年5月31日），第586～587頁；另見《周恩來年譜（1898～1949）》，第503頁。

〔註21〕王焰主編：《彭德懷年譜》，人民出版社1998年版，第250頁。

〔註22〕日本防衛廳防衛研究所戰史室著：《中國事變陸軍作戰史》第3卷第2分冊，田琪之等譯校，中華書局1983年版，第135頁。

南和黃河以北，其範圍囊括翼城、絳縣、聞喜、夏縣、永濟、芮城、平陸、垣曲、濟源、晉城、陽城、沁水等地之全部或一部。其駐軍有原楊虎城的十七路軍改編的第 31 軍團（後改為第 4 集團軍）、曾萬鍾的第 35 軍團（後改第 5 集團軍）、李默庵的第 33 軍團（後改為第 14 集團軍）及李家鈺等部，由衛立煌統一指揮，堅守中條山。而時至 1941 年 4 月，中條山中央軍多被調出，守軍總兵力共 16 個師。〔註 23〕戰後衛立煌曾電呈蔣介石，稱中條山根據地丟失與防務力量薄弱有關，指出自 1939 年起，「（部隊）由晉南調出者，則第四集團軍全部，五集團軍之第 14 軍（陳鐵部），第三十六集團軍（川軍李家鈺）之 47 軍、第 76 軍。而只代以第 80 軍（軍長孔令恂）之兩個師與第 34 師」。〔註 24〕

如果說駐軍數量減少削弱了根據地的力量，而駐軍戰時軍紀之廢弛更消減其戰鬥力。第 14 集團軍劉茂恩部號稱中央軍，然該部同樣「缺乏長期抗戰的決心」，紀律也不好。「表面上誰都不說不想抗日，實際上很多人怕在前方受苦，希望退到黃河以南」。該部雖為衛立煌的老根底，然駐守中條山期間，「秘密賭博，打麻將，推牌九、擲骰子」之事時有發生，「很多人閒談時談的都是嫖經」。參謀處的勤務兵強搶村中農民養的雞，各處室的官員一天干不了幾個小時的工作，白天也睡大覺。「衛立煌在紀念周上大罵這些人，說他們頭都快睡扁了」。〔註 25〕

當然，中條山駐軍生活之艱難也削弱了自身的戰力。「（中條山）各山村隨處可見把著磨棍推磨的士兵，惟磨架設在露天的院裏或空場上，如遇狂風或下雨的天氣，官兵只能煮整個的麥和包穀吃了」。並且，中條山區不適宜種植蔬菜，官兵吃青菜比吃肉還困難，青菜由黃河南岸運到此處，已腐爛不堪。因此，官兵經常的食品就是「麥摻包穀的麵和小米稀飯」。前線官兵生活更為艱苦，其距離日軍「最近者僅二三華里」，他們日夜不離戰壕，「在戰壕下部挖五尺見方的地下洞，鋪上少許麥秸，不論下雨颳風，這就是他們唯一的住所」。〔註 26〕

〔註 23〕蔣緯國總編著：《抗日禦侮》第 6 卷，臺北黎明文化實業股份有限公司 1978 年版，第 53 頁。

〔註 24〕《衛立煌致蔣介石密電》（1941 年 10 月 28 日），中國第二歷史檔案館編：《抗日戰爭正面戰場》下冊，江蘇古籍出版社 1987 年版，第 1025 年。

〔註 25〕趙榮生：《回憶衛立煌先生》，第 99 頁。

〔註 26〕洛陽通訊：《中條山將士戰鬥生活》，《中央日報》1940 年 9 月 13 日，第 2 版。

同時，大量的軍隊湧入和戰事不斷，也嚴重影響農民的耕種，根據地糧食補給問題長期存在。尤其是日偽有計劃地掠奪、破壞糧食等資源並實行經濟封鎖，中條山根據地在戰前就出現了物價飛漲和糧食的空前危機。為此，該處不得不從河南採購米麥，通過黃河各渡口運往中條山區。〔註 27〕因此，後勤保障一直成為中條山根據地發展的制約性因素。中條山根據地軍需後勤由第一戰區後勤部負責，而運輸中如何克服黃河天塹這一障礙始終是個難題，以往主要是是由第一戰區後方勤務部在黃河各渡口設立糧食供應站，駐軍派遣士兵下山背糧食，「遇著好天氣披星戴月往返需要兩天多，遇著颳風或雨雪天，就要三四天才背一回」。士兵要自己推磨，把原糧變成麵粉，還需上山打柴才有燃料。「沒有副食，油鹽也很困難，士兵營養不夠，勞動繁重，疲憊不堪」。中條山氣候寒冷，士兵在高山放哨，凍手裂足，只有一套棉衣，日夜不脫，夜間睡草鋪，「遍身生虱，蝨子傳染病」。因此，士兵逃亡現象非常嚴重，「前線各師缺額日增，每連士兵多者七八十名，少者五六十名，甚至三四十名者」。〔註 28〕

據此可知，中條山戰役之前，中條山根據地駐軍雖號稱有 16 個師之眾，若按照士兵逃亡比例折合，筆者認為實則不超過 10 萬人。日軍資料中也有相關記載，其華北方面軍作戰記錄顯示，「（日軍）置作戰地區於張馬－垣曲一線，分成東西兩個地區，把重點始終保持在西部地區。為此，決定從四十二個大隊中集結三十五個大隊，俾能保持優勢兵力（敵九個師五萬人，敵我戰鬥力對比大致為一比零點七），把敵人完全包圍起來予以殲滅」。〔註 29〕若依照日軍所說的中條山國軍「九個師五萬人」，則中條山國軍每個師平均人數不到 6000 人，由此推定，中條山西線國軍共計 7 個師，則人數不超過 4 萬人，而西線日軍投入 3 個師團又兩個獨立旅團兵力，則日軍當有 5 萬人以上。〔註 30〕由此可知衛立煌所說中條山國民黨軍敗績緣於敵眾我寡則是實情，

〔註 27〕馮雲詩：《中條山裏農民的生活》，《新華日報》1940 年 10 月 28 日，第 2 版。

〔註 28〕公秉藩：《第三十四師在中條山抗戰紀實》，全國政協《晉綏抗戰》編寫組：《原國民黨將領抗日戰爭親歷記．晉綏抗戰》，中國文史出版社 1994 年版，第 527 頁。

〔註 29〕《中國事變陸軍作戰史》第 3 卷第 2 分冊，第 133 頁。

〔註 30〕日軍第 36、37、41 師團為臨時編成三單位制挽馬師團編制，每師團人數約 12800 人。獨立混成旅團下編 5 個獨立步兵大隊，人數約 4900。見張明金、劉立勤主編《侵華日軍歷史上的 105 個師團》，解放軍出版社 2010 年版，第 424～425 頁。

而他所說的「我軍概為十七萬餘人，敵方則在十八萬至廿一萬」，〔註 31〕當屬推測。犯下了不知彼不知己的兵家大忌。〔註 32〕

衛立煌不知彼不知己的思想根源，於此前中條山根據地曾 13 次擊退了日軍的進犯的戰績不無關聯，當時國內輿論如此宣傳中條山根據地，「敵人為欲實現其侵吞中原的陰謀，就不得不徹底的計劃著肅清山西我軍的威力，可是由於我軍的艱苦作戰，在中條山一帶埋伏的靈巧的隊伍不斷襲擊，時時化零為整，化整為零，或前或後的游擊，並截奪敵軍的軍火糧食，使敵人疲於奔命，所以就引起了敵人幾次大舉掃蕩我們的計劃，但是結果只是傷兵損將自速滅亡，這也證實了一個先天不足的國家，要想征服一個具有悠久文化歷史的國家，只是一種悲哀的夢幻而已」。〔註 33〕不過，日華北方面軍在 1941 年前對於中條山根據地的存在並沒有太多的在意，起碼有部分作戰參謀認為中條山這個所謂的「擾亂治安的游擊基地」實際上有名無實，「拿它與共黨系統相比，它的活動是極其差勁的」。〔註 34〕日軍如此輕慢不是沒根據的。

早在 1939 年 6 月，中條山守軍就曾吃過敗仗。6 日，日軍抽調晉南 3 個師團 9 路進犯中條山，意圖全殲中國守軍。中條山守軍對於日軍舉動「昧於先知」，及獲悉日軍進犯，「以為虛張聲勢，不足為患」，未作充分準備，「僅照過去六次抵抗辦法，分派各地兩師二旅三萬部隊分頭截擊」，不料敵眾我寡，難於抵禦，最後，為避免損失，於 7 日向後移動。同時，西線守軍「防範不力，誤中敵寇迂迴奸計」，致陣地大亂，無法防守，「予敵寇東犯機會」，使得葛趙、常樂等村相繼失陷，北線後路即被敵寇佔據，所有守軍不能不退下山來，向東集中，與東北兩線守軍聯合抵抗。而此時「各線潰亂，無法指揮，失卻戰鬥力」。日軍從東西北三面進逼而來，國軍「士氣大餒」「面面相覷，無計可施」，「遂相率退避縣城沙口一帶黃河低窪灘地，企圖河南大炮掩

〔註 31〕《衛立煌致蔣介石密代電》，《抗日戰爭正面戰場》下冊，第 1025 頁。

〔註 32〕1940 年夏馬其諾防線已成為防禦不靈失敗的象徵和帶諷刺性的詞匯，「衛立煌仍然在大庭廣眾之間大講中條山是中國的馬奇諾防線」，見趙榮聲《回憶衛立煌先生》，第 248 頁。另，1940 年 11 月第 34 師公秉藩換防中條山之前，衛曾對其表示「中條山是抗日戰爭中的『馬奇諾』，防禦工事堅強，守軍士氣旺盛，這是我使用背水戰的成功，別人都不敢使用這個戰術，只有我使用它成了大功」，公秉藩：《第三十四師在中條山抗戰紀實》，《原國民黨將領抗日戰爭親歷記．晉綏抗戰》，第 526 頁。

〔註 33〕《中條山十蕩十決》，《合作與民眾》新第 8 期（第 47～48 期合刊），1940 年 3 月 16 日，第 15 頁。

〔註 34〕《中國事變陸軍作戰史》第 3 卷第 2 分冊，第 135 頁。

護，以求生存」，然「河南大炮他移，一炮未發，保障無望，陷於重圍」。是役，日軍消滅國民黨軍有生力量的目的基本達成後開始撤退。18 日，中條山國民黨軍各部隊逐漸恢復陣地。戰後第一戰區總結失敗經驗，「一、敵眾我寡，不能戰勝；二、由戰前失察，對敵人估計太低，犯了不知己不知彼之病；三、轉移無方，致陣地大亂。」〔註 35〕可見，中條山根據地在 1941 年的淪陷之前防務即已漏洞百出。

四、日軍對於中條山戰役的目的

尤其值得重視的是，1941 年日軍進犯中條山之作戰目標完全不同於既往。早在 1940 年 11 月 13 日，日本的御前會議認為「在目前形勢下，使重慶政權在短期內全面屈服極為困難」，為此決定向「長期戰方針」轉變並制定了「支那事變處理綱要」。該綱要規定，「應盡政略和戰略的所有手段，竭力摧毀重慶政權的抗戰意志，以圖迅速使其屈服」。〔註 36〕考慮到「短期間內不太可能期望重慶政權投降」，日大本營陸軍部於 1941 年 1 月制定了「對支長期作戰指導計劃」——決定到 1941 年秋為止，使用各種手段盡力解決日中戰爭，因而 1941 年中國各地仍然展開了激烈的戰鬥。〔註 37〕就這一大背景而言，本次日軍進攻中條山顯然不同於既往的治安肅正，而是具有重要戰略目的——即以武力壓服重慶方面，從而為應對日漸尖銳的日美矛盾背景下的南進創造穩固的戰略後方。為此，華北方面軍在 2 月 25、26 日召開參謀長會議，其基本設想是，「更加積極加強作戰，在重點地區以一定時間集中實施，以期促進迅速解決中國事變，同時適應國際形勢整備國家態勢」。〔註 38〕日軍分析，華北方面，「山西由於有以延安為根據地的共產軍、南面黃河兩岸有中央軍第一戰區的軍隊活動，治安情況極為惡劣」，〔註 39〕加之日軍在華北兵力過於薄弱，因此，中國派遣軍決定以華北為重點。而在華北的抗日力量中，「中共軍進行了百團大戰以後，因幾次受到日軍的討伐，戰鬥力恢復很慢」。另外，「山西

〔註 35〕錚錚：《抗戰在中條山》，《後方勤務半月刊》第 26～27 合刊（1939 年 7 月 1 日），第 60～61 頁。

〔註 36〕〔日〕服部卓四郎：《大東亞戰爭全史》第 1 冊，商務印書館 1984 年版，第 65～66 頁。

〔註 37〕〔日〕石島紀之著：《中國抗日戰爭史》，鄭玉純等譯校，吉林教育出版社 1990 年版，第 96 頁。

〔註 38〕《中國事變陸軍作戰史》第 3 卷第 2 分冊，第 130 頁。

〔註 39〕《日本軍國主義侵華資料長編》（上），第 629 頁。

軍仍然無意與中央軍合作，戰鬥力也低」，因此，其打擊重點「仍然是盤踞在中條山的衛立煌軍」。〔註 40〕

日軍為此次進攻中條山做了充分準備。為加強進攻中條山力量，日軍從第 11 軍抽調第 33 師團主力、從第 13 軍抽調第 17 師團，轉屬於華北方面軍。同時，日軍還進行了準備性作戰。3 月，第 36 師團擊退了集結於陵川的范漢傑第 27 軍，第 37、41 師團在翼城以南、絳縣以東地區擊敗了國民黨軍第 15 軍，從而給本次作戰創造了有利態勢。另外，日大本營於 4 月 19 日又從關東軍調來飛行第 32、83 戰隊。至此，第三飛行集團主力（輕轟 6 中隊、偵察 3 個中隊、直協 2 個中隊、戰鬥 1 個中隊）在運城、新鄉兩個機場展開，擔任空中配合。〔註 41〕

當然，日軍此次進攻中條山是基於充分認識中條山周邊各抗日力量之關係的基礎之上的，1941 年，日華北方面軍認為皖南事變之後，國共之間「事態可能達到最壞」，事後國共雙方則「把險惡的對立感情藏於內心」。「華北的共軍正忙於處理國共衝突後的善後工作，和恢復去秋以來屢遭我軍討伐所受的損耗，其活動表現消極」。蔣介石忙於對付共軍和第四期整訓，也看不出有積極的企圖。〔註 42〕閻錫山的山西軍「仍無積極的戰鬥意志」，以晉南的第 34、83 軍的一部「勉強進行游擊活動」。晉南方面的中央軍，「目前因整訓關係，不致有較大的積極行動」。並且，日軍偵知第一戰區為策應豫南會戰，「衛立煌把黃河河防部隊及整訓中的各軍集結於新鄭、臨汝地區」準備反攻，並由晉南調出一部分兵力。〔註 43〕山西境內的中共抗日力量可能出於與衛立煌的私誼而援助中條山，不過，聶榮臻部「正在努力補充損耗、恢復戰鬥力及重建被毀滅的根據地設施……有逐漸北上的徵兆」。晉中主力 129 師「在遼縣東南及南面的晉冀豫地區集結」，日軍估計是要攻擊第 24 集團軍龐炳勳部。〔註 44〕而晉西北中共力量也遭到日軍的清剿，興縣一帶的根據地遭到反覆掃蕩，晉西北抗戰力量「退到陝西境內」。因此，日軍認為，此時進攻中條山形勢十分有利。

〔註 40〕《中國事變陸軍作戰史》第 3 卷第 2 分冊，第 132～133 頁。

〔註 41〕《中國事變陸軍作戰史》第 3 卷第 2 分冊，第 133 頁。

〔註 42〕日本防衛廳戰史室編：《華北治安戰》（上），天津市政協編譯組譯，天津人民出版社 1982 年版，第 351 頁。

〔註 43〕日本防衛廳戰史室編：《華北治安戰》（上），第 352 頁。此處當指撤出主力部隊陳鐵之第 14 軍，另調入第 34 師公秉藩部接防。

〔註 44〕日本防衛廳戰史室編：《華北治安戰》（上），第 354 頁。

正因為如此，日華北方面軍調動主力（6 個師團、2 個混成旅團及 1 個騎兵旅團）對中條山根據地實施了徹底地包圍作戰。並且，戰役收到一擊即中的效果。儘管這一場徹頭徹尾的潰敗被國民黨軍粉飾為戰略轉移，並有著驕人的戰績，「消滅敵人約在三萬以上」。〔註 45〕而日軍認為中條山會戰達到了消滅這一帶國民黨軍主力的目的，「收到事變以來罕見的戰果」，「敵人的傷亡為：被俘約三萬五千名，遺棄屍體約四萬二千具」，日軍承認自己所付出的代價為「戰死六百七十三名，負傷二千二百九十二名」。〔註 46〕誠然，此中不乏日軍的自我吹噓之詞。後來，國民黨方面對這一戰事亦著意正面宣傳，「我軍奮起抗拒，寸土必爭，惟以中條山大部分地區，經敵蹂躪，補給困難，乃以一部留置山中，繼續作戰。主力則突至敵後，奮勇夾擊，斃傷敵至二萬餘眾」。〔註 47〕但中條山一戰孰勝孰敗，衛立煌不久即被解職乃至成都賦閒即是說明。

結論

眾所周知，在日本帝國主義的步步緊逼之下，國民黨對日政策自第五次全國代表大會之後逐漸朝向維護國家利益轉化；張學良、楊虎城激於民族情緒而發動西安事變，結束了中國多年的內戰局面。七七事變和淞滬戰事加速了國共抗日民族統一戰線的形成。在大敵當前抗戰各方都有意無意把多年的政爭掩藏在民族大義之下，因而，中國抗戰一度出現通力合作的大好局面。毋庸諱言，在各具有政治信念的各種力量之間，統一戰線不可能是高於一切的終極理念，各方在抗日禦侮方面的合作，並不是放棄原則的深度合併，合作中存在著鬥爭。中條山會戰反映了抗戰各方既有聯合又有矛盾的關係。

中條山根據地與其說具有使國民黨政府經略華北的戰略意義，不如說是蔣介石以守代攻的軍事思想的集中反映，在抗戰事起三年多時間中，中條山根據地的存在更多是表現了一種象徵性的政治意義，並未發揮應有的敵後抗日根據地之示範作用，而在這種方略的指導之下，導致了中條山根據地歸屬於第一戰區這一戰略上的失誤，因為依據地理環境，中條山根據地理應歸屬第二戰區，而不是隔河相望的第一戰區。軍事委員會似乎用人事任命解決了

〔註 45〕《衛立煌致蔣介石密代電》（1941 年 10 月 28 日），見《抗日戰爭正面戰場》下冊，第 1010 頁。

〔註 46〕《中國事變陸軍作戰史》第三卷第二分冊，第 132 頁。

〔註 47〕秦孝儀總編：《總統蔣公大事長編初稿》卷 4（下），臺北財團法人中正文教基金會，1978 年，第 694 頁。

這一戰略失策——第一戰區司令長官衛立煌兼任了第二戰區副司令長官，然副職多為榮譽職務而已，更何況這種以正職兼任副職之事，〔註 48〕因而該地區的實際問題被表面的平靜所掩藏。致使戰鬥打響，一戰區如何救助孤懸黃河以北的轄區，如何調動第二戰區軍力救助，如何利用當地二戰區的天時地利人和因素，這些本應早該解決的問題一直懸而未決，最終釀成中條山根據地致命的併發症。

同時，中條山根據地的丟失，一定程度上與其承載的使命有關。國民黨中央勢力在閻錫山左支右絀之際進入山西並在晉南存活，中條山根據地成為國民黨中央勢力打入山西的一個重要支點，標榜「守土抗戰」的閻錫山卻敗退晉西一隅。其次，中條山根據地還肩負著限制中共勢力在晉冀豫發展的政治使命。如此一股讓戰略友鄰持謹慎態度之勢力的存在，其中奧秘難免為日軍窺見。

總之，晉南三方抗日力量發展、合作以及彼此間的疏離，甚或摩擦，正是中國抗戰大背景下各派力量關係的一個微縮。中條山根據地在華北發揮過它作為抗戰堡壘的精神激勵作用，然愛國熱情為政治利益取代之後，晉南抗戰三方之發展呈各行其是之趨勢，中條山根據地日漸形成「盤角曲四」的死棋——外無戰略聲援，內部建設不力，軍力戰力日漸頹勢。此情此景，中條山根據地難免淪陷，正好印證了圍棋術語，「盤角曲四，劫盡棋亡」。

〔註 48〕如上將馮欽哉任第一戰區副司令長官並不到長官部辦公，也僅出席總理紀念周來洛陽「行禮如儀」，平時無須來長官部。見蔣文鶴《抗日時期第一戰區長官部的編制、人事和內幕》，全國政協文史資料委員會編《文史資料存稿選編．抗日戰爭》（下），中國文史出版社 2002 年版，第 447 頁。

第十講　救國救民：晉西北根據地災荒救助

題記：抗戰時期，晉西北根據地自然災害頻發，加之日軍掃蕩的破壞，根據地民眾生活甚為艱難。晉西北根據地政府在中共的領導下，切實開展災荒救濟，並積極發動民眾開展多種形式生產自救，初步達成標本兼治救災度荒救助民眾的目標，贏得了民眾的擁護；並在此基礎上擴大了根據地面積，為抗戰救國的政治目標奠定了堅實的戰略根基。

抗戰爆發之後，為抗日禦侮並拱衛陝甘寧邊區，八路軍一二〇師奔赴華北前線，在貧瘠的晉西北地區開闢了抗日根據地。除抗擊日軍侵略外，晉西北根據地政府（以下簡稱根據地政府）還時時救助遭受災害困擾的民眾，並發動民眾投身全民族的抗戰。縱觀晉西北根據地建設歷程，根據地政府傾注了相當多的精力用於賑災救民。在此期間，根據地政府不僅積累了豐富的救災經驗，而且擴大了根據地面積，在朝向抗日救國的政治目標上邁出了堅實的步伐。

一、晉西北自然災荒概況

晉西北根據地受自然與地理影響，生態環境非常脆弱。每年局域性的乾旱、洪澇、低溫冷凍、風雹、病蟲害等自然災害會給民眾的生產和生活造成極大的損失。而各種自然災害當中，旱災首當其衝，「十年九旱，年年春旱」是山西旱情的形象表述。較諸其他災害，旱災成災率最高，是窒礙根據地農業生產發展的主要因素。

1939年，根據地靜樂縣災情嚴重，全縣30% 土地荒蕪，田禾損失70% ，蔬菜損失20% ，損失價值約合15萬元。〔註1〕同年，神池縣旱災受害面積為103.95公畝，受災作物價值41萬元，全縣災民達5500多人。1942年全縣旱災損失達28.94萬元，6671戶家庭生活嚴重困難。〔註2〕1939年崞縣（原平）大旱，田禾損失90%，損失價值3200萬。而1941年，全縣從春到夏未曾下雨，春耕之際，農民勉強下種，大部分不能萌芽，而小麥枯萎，農民青黃不接，遍受飢餓。〔註3〕1945年入春以來，寧武，靜寧等縣普遍少雨，神池、岢嵐、五寨、方山等縣自春耕至小滿以前均無雨，春耕夏種無法進行。離東縣原計劃種棉3000畝，因天旱最終只種了200畝。而陽曲試種的棉苗，也因乾旱枯死了一半。〔註4〕

受季風氣候的影響，晉西北根據地降雨多集中於夏季，往往因之形成突發性的山洪，給人民生命財產造成重大損失。1939年，寧武縣水毀村莊36座，塌毀房屋2951間，受水災土地1094畝。神府也遭到水災，受災47村，受災地2018畝。〔註5〕1939年6月以來，忻縣大雨連綿，山洪爆發，雲中河決口，東溈城等52個村毀房1978間，沖毀土地63630畝，傷亡7人，牲畜死亡無數。1942年8月，該地區再發山洪，沖毀莊稼91555畝，房屋4355間，死畜180頭，傷亡44人，重災無法生活者584戶。〔註6〕1939年汾河文水泛濫，文水縣67村受災，塌毀房屋518間。〔註7〕1942年陽曲山洪暴發，高村、大盂一帶，沖毀房屋1000多間，90多戶民眾家產全被沖毀。1943年洪水再發，大盂一帶被淹32戶。〔註8〕1945年，神府10個村莊遭水災，沖毀耕地80垧，損失糧食2500石。同年保德7個村受遭受暴雨，被毀耕地474畝，損失糧食

〔註1〕靜樂縣志編纂委員會：《靜樂縣志》，紅旗出版社2001年版，第87頁。

〔註2〕神池縣志編纂委員會：《神池縣志》，中華書局1999年版，第55頁。

〔註3〕原平縣志編纂委員會:《原平縣志》,中國社會科學出版社1990年版,第54 頁。

〔註4〕晉綏邊區財政經濟史編寫組：《晉綏邊區財政經濟史資料選編》（農業編），山西人民出版社1986年版，第806頁、807頁。

〔註5〕寧武縣志編纂委員會：《寧武縣志》，中華書局1999年版，第83 頁。

〔註6〕忻州志編纂委員會：《忻州志》，中國科學技術出版社1993年版，第105頁。

〔註7〕文水縣志編纂委員會：《文水縣志》，山西人民出版社1994年版，第90頁。

〔註8〕陽曲縣志編纂委員會：《陽曲縣志》，山西古籍出版社1999年版，第95頁。

142 石，沖毀房屋 924 間。〔註 9〕

同樣，晉西北根據地因植被覆蓋率低，夏季地面受熱增溫快，容易形成區域性空氣的熱對流，促成了冰雹雲的生成，使得天降冰雹成為山西每年常見的災害性天氣。1941 年，靜樂大部分地區降冰雹五次，莊稼被毀一半。9 月，該縣一、二、五、六、八區先後降雹，秋季作物損失一半以上。1941 年神池 15 村受雹災襲擊，無法生活者 274 戶 1057 人。1943 年 6 月，忻縣突降冰雹，受災面積 9000 餘畝，災民 3000 餘名，餓死 70 餘人。時至 1945 年，靜樂大嚴村下了兩個多小時的冰雹，打傷了 3 人，打死了 2 人，損失糧食 1.1 萬石。同年，嵐縣 65 個村遭遇雹災，21000 垧土地受損，減少糧食 1000 石。神府 10 村遭災，減少糧食 300 石。臨南 61 村遭災，損失糧食 21055 石。興縣 10 村遭災，糧食損失 2/3。〔註 10〕

另外，該地區蝗災亦較厲害。1945 年 7 月，一場蝗災使得靈石秋季作物依然減產五成左右。〔註 11〕8 月，汾陽縣蝗蟲侵入文水縣，危害 20 多個村子，並涉及北張、南武鄉及城關鎮的部分村莊，遭災嚴重之處，秋糧顆粒無收。〔註 12〕

二、日軍侵襲加重災害

承上文所述，自然因素是晉西北根據地災害發生的主因，但日軍的侵略和掠奪則加重了該地區的災荒。

1940 年，日軍在華北施行囚籠政策以分割封鎖敵後各抗日根據地，妄圖達到限制抗日軍民的活動，並摧毀抗日根據地生存空間之目的。為此，日軍對晉西北根據地連續發動了 3 次大掃蕩，並在冬季掃蕩中實行了「三光」政策。據資料統計，抗戰八年間，晉西北地區僅被敵迫害致殘者就達 12462 人。〔註 13〕而據戰後晉綏邊區統計，整個抗戰期間，晉西北根據地因日軍侵略所造成的人口的損失更為巨大。（見表 1）同期，日軍還隨意抓捕壯丁去修築碉堡和公路，迫使大批勞動力脫離生產，耽誤農時，根據地糧食生產由此大受影響。此外，日軍的大肆屠殺根據地民眾以及由此引發的大量人口逃亡，使

〔註 9〕《晉綏邊區財政經濟史資料選編》（農業編），第 813 頁。

〔註 10〕《晉綏邊區財政經濟史資料選編》（農業編），第 813 頁。

〔註 11〕靈石縣志編纂委員會：《靈石縣志》，中國社會科學出版社 1992 年版，第 67 頁。

〔註 12〕《文水縣志》，第 95 頁。

〔註 13〕晉綏行署：《晉綏邊區因敵災天災所引起的人口重大損失》，山西省檔案館藏檔案：A90-1-28。

得根據地農村勞動力較戰前較少了 1/3 以上，土地因之無人耕種而荒蕪。加之農戶普遍缺乏牲畜、種子、肥料和生產工具，農業生產能力遠不如前。據統計，1940 年根據地的耕地面積減至戰前的 84.5%，土地產量亦大幅下降，一般山地收成比戰前減少了 1/3，下等山地每畝僅產糧折小米 3 升多，棉花總產量 5.5 萬斤，僅及戰前的 3%。〔註 14〕

表 1：晉西北根據地因敵災天災引起之人口重大損失

地區＼人數＼項目		直接被敵偽殺害者	間接被敵偽殺害者	被敵掠去者			
				原被掠數	現已還鄉者	現猶在偽軍者	漂流在外或下落不明者
山西地區	一分區	6600	4819	5070	4568		502
	二分區	9730	5646	9253	8046		1205
	三分區	9960	6036	9703	7710		2002
	五分區	14610	7037	12126	6984	3307	2100
	六分區	9760	6475	8432	6713	1642	614
	七分區	13670	6856	11085	3862	4518	3038
	八分區	12980	6794	12724	9957	5843	3623
	九分區	8550	6623	9759	7441	600	1708
	小計	85810	50288	77815	47734	15280	14792

附注：根據晉綏行署《晉綏邊區因敵災天災引起之人口重大損失》整理，山西省檔案館 A90-1-28，。

另外，日軍掃蕩期間還大肆掠奪糧食、牲口等。1942 年 9 月，日軍對臨縣一、五兩區進行了掃蕩，計殺當地民眾 63 人，傷 13 人，「搶糧食計有細糧三十七石一斗三升，粗糧一百七十八石九斗八升，白麵五千一百零九斤，雜麵一千三百零四斤」〔註 15〕。1942 年的 7 月間，駐紮在崞縣的日軍強行向老百姓徵集糧食，第一次 27.5 萬斤，第二次 5 萬斤。1944 年夏，朔東平川等地遭受冰雹襲擊，三十多個村莊沒有收成，日偽乘機勒索，據川中被勒索最少的一個村子統計，「一畝地要攤銀元四元多，合糧食一大斗，白麵每畝三斤，馬料每畝一小斗」。〔註 16〕所有這些都加劇了災民的貧苦。

〔註 14〕劉欣、景占魁：《晉綏邊區財政經濟史》，山西經濟出版社 1993 年版，第 53 頁。

〔註 15〕《臨縣一五區遭敵浩劫，陽曲兩莊被掠一空》，1942 年 10 月 27 日《抗戰日報》，第 2 版。

〔註 16〕《朔東平川的災難》，1944 年 11 月 29 日《抗戰日報》，第 2 版。

三、根據地政府的賑災

在根據地政府成立之前，救災工作由各縣區開展。1940 年 1 月晉西北根據地政府成立，2 月召開了第一次會議，通過了六大施政綱領，並頒布了救濟災難民的條例。〔註 17〕1942 年 10 月《中國共產黨中央晉綏分局對於鞏固與建設晉西北施政綱領》中規定「救濟災難民，使其取得職業和受教育的機會。」〔註 18〕根據地政府負責救災的專門機構為民政處，其下屬為各區署和縣府的民政科，縣轄區設民政助理，村設民政委員會。

災害發生後，根據地政府救災的首要任務就是勘災和救濟，主要分以下幾個步驟進行：首先要抽調人員前往災區對災民進行思想安撫，增強戰勝災荒的信心，並初步確定救災的措施。其次是勘災——對人員、糧食、衣物、牲畜、房屋、財產方面的損失進行調查。最後就是撥發救災的物資，包括救濟糧，救濟款，幫助災民度過眼前難關。

1940 年，根據地政府派南北兩路慰問團發放了救濟款 5 萬元用來救濟受到日軍侵擾的災民，同時為救濟因旱災引起的損失再發賑款 1 萬元，貸款 13 萬元。嵐縣為救濟難民發放賑款 4 萬多元，糧 1400 大石。〔註 19〕並且，根據地政府在日軍春季掃蕩後，救濟災民 3 萬元，夏季掃蕩後救濟 2760 餘元，發放救濟糧兩次合計 1419 石。各區縣對轄區也進行了了救濟，五專區給興縣縣府救濟糧 1129 石，縣救濟款 1844 元。日軍掃蕩後，縣府救濟災民 946 元，糧 75 石。方山縣府救濟災難民糧食 400 石，白麻 200 斤。朔縣政府還把沒收敵佔區糧 51.3 石分給災民。〔註 20〕

1944 年河曲縣三、五區春荒，行署發給公糧 150 石，縣府撥救濟災民米 40 石，共救濟 131 戶 340 人。〔註 21〕1944 年 8 月，根據地政府撥給塞北分區雹災救濟款 50 萬元，9 月撥給八分區 75 萬元救濟莊稼被毀的災民。〔註 22〕統計根據地政府 1941 至 1945 年歷年救濟糧款如下表 2。

〔註 17〕中國社會科學院經濟研究所現代經濟史組：《中國革命根據地經濟大事記》，中國社會科學出版社 1986 年版，第 10 頁。

〔註 18〕晉綏邊區財政經濟史編寫組：《晉綏邊區財政經濟史資料選編》（總論編），山西人民出版社 1986 年版，第 373 頁。

〔註 19〕《晉綏邊區財政經濟史資料選編》（總論編），第 243 頁。

〔註 20〕《晉綏邊區財政經濟史資料選編》（總論編），第 321 頁。

〔註 21〕《行署撥糧五十石救濟河曲受災人民》，1943 年 5 月 22 日《抗戰日報》，第 2 版。

〔註 22〕《行署撥款百萬餘元救濟災難民》，1944 年 10 月 18 日《抗戰日報》，第 2 版。

表 2　邊區歷年救濟糧款統計表

年別	救濟糧（石）	救濟款（元）	備考
1941 年	91575	154928	糧係十縣的統計，款係十二縣的統計
1942 年	773	24640	糧係五縣的統計，款係十一縣的統計
1943 年	537	2000000	糧係八縣的統計，款係全邊區的統計
1944 年	3926	2850000	全邊區
1945 年	913	2952350	全邊區由行署借糧救濟各縣自籌不在內
合計	97064	7981918	

資料來源：晉綏行署：《晉綏行署歷年糧款統計表》，山西省檔案館藏檔案 A90-2-184

為配合救災工作，根據地政府靈活執行了減租減息政策，規定：「因敵匪破壞以及水旱蟲等災害，使得作物歉收者，其正產物實有總額由出租人和原租人分；其正產物全部被毀，地租停付。」〔註 23〕在日軍掃蕩之際，根據地政府指示災害嚴重地區可免田賦一年，糧食損失 1/3 以上者減免 1/2 的田賦，損失一半糧食者，田賦可全免。1942 年 11 月正式公布的《晉綏邊區減租交租條例》和《晉綏邊區減息交息的條例》規定，「山地以前的原租額先以七成五折算（因戰後產量約及戰前的七成），再減 25%，水地平地只減 25%。」〔註 24〕根據這一政策調整，1943 年興縣的交租額減至 1942 年交租額的 57%。〔註 25〕關於減息方面，根據地政府規定，抗戰前所欠舊債的利息，已達到了本金的，可不必再還本金。抗戰以後所欠的租金按二五減免，再按收成減，分五年還清。1943 年河曲三、五區等 24 個行政村受到了雹災，根據地政府結合實情減少了租率。因為 1941 年產量比戰前減低 28.7%，1942 年比戰前減低 55.7%，1942 年比 1941 年又減低 45.9%。政府規定按當年產量的 20%至 25%交租。〔註 26〕

此外，為從源頭上緩解財政困難和減輕民眾負擔，1941 年底，根據地政府深入貫徹「精兵簡政」政策。至 1942 年底，全區主力部隊由三萬九千餘人減至了三萬五千餘人，裁減公務人員 731 名，第 120 師和新軍部隊共減少伙食單位達 118 個。另據興縣等二十八縣的統計，共減少各種人員（包括幹部、

〔註 23〕《山西省第二游擊區減租減息單行條例》，1940 年 11 月 12 日《抗戰日報》，第 2 版。

〔註 24〕《晉綏邊區財政經濟史資料選編》（農業編），第 25 頁。

〔註 25〕張國祥：《山西抗日戰爭史》（下卷），山西人民出版社 1992 年版，第 284 頁。

〔註 26〕《減租交租工作在河曲》，1943 年 3 月 9 日《抗戰日報》，第 2 版。

工勤人員、警衛人員）5949 名，區公所工作人員由 15 人減至 7 人，村公所脫產人員由 8 人減少到 3～5 人。上項共計減少了 5564 人。全區的行政人員由 18073 人減至了 7489 人。〔註 27〕此舉相應的減輕了民眾的負擔，有力地推動了根據地的建設。

四、幫扶民眾生產自救

抗戰期間，根據地政府救濟遭受自然災害和日軍侵害的民眾是義不容辭的義務。但不容否認的是，對災民直接提供資金或物資的生活救濟，長此以往，根據地則難有此等經濟實力，也難以根本性解決災荒問題。如何標本兼治災荒問題，中共中央專門做出指示：「應堅決實行生產自救的基本方針，應提出了生產自救，大家互助，渡過困難，政府以一切方法保證不餓死肯自救的人等口號去動員組織黨內外的群眾進行生產自救。」〔註 28〕根據地政府積極貫徹中央方針，通過無息農貸、開荒、興修水利、植樹造林、發展副業等方式幫助並指導民眾開展生產自救。

因自然災害和日軍的掠奪，1940 年至 1944 年的根據地人民普遍短缺耕牛、工具、種籽等生產資料，根據地政府針對實情發放無息貸款，幫助民眾恢復生產。1943 年晉西北農民銀行增發興縣耕牛以及紡織貸款各 10 萬元，其中，耕牛貸款一、二、四區各 2 萬元，三、五區各 15000 元，六區與十區各 5 千元。〔註 29〕八分區 1944 年貸款 480 萬元，貸糧 700 石。臨縣 1944 年青貸 30.44 萬元。1945 年離東二區發放農貸 26.06 萬元。〔註 30〕為了保證春耕正常的進行，五區專署對轄區提供春耕貸糧貸款，計平魯貸糧 1300 石，貸款 13000 元；右玉貸糧 850 石，貸款 15000 元；右南貸糧 880 石，貸款 12000 元，東邊的其他縣貸糧 2 千石，貸款 1 萬元。〔註 31〕

同期，針對戰爭造成的耕地拋荒狀況，根據地政府於 1941 年頒布了《晉綏邊區開荒條例》獎勵墾荒，「生荒開墾及林地開墾後免徵公糧三年，免徵地

〔註 27〕《山西抗日戰爭史》（下卷），第 192～193 頁。

〔註 28〕《中央關於克服財政困難和生產自救問題給豫鄂區黨委的指示》，見《中共中央文件選集》第 14 冊，中共中央黨校出版社 1992 年版，第 304 頁。

〔註 29〕《興縣增發耕牛、紡織、貸款二十萬》，1943 年 3 月 13 日《抗戰日報》，第 2 版。

〔註 30〕《晉綏邊區財政經濟史資料選編》（農業編），第 831～832 頁。

〔註 31〕《五行政區長會議春耕貸糧貸款已發放》，1942 年 3 月 17 日《抗戰日報》，第 2 版。

租五年，熟荒開墾後免徵公糧一年，灘荒開墾與淤壩成田後，免徵公糧五年，免徵地租三年。同時還規定開墾他人荒地者，仍依照上述規定減免外，減免地租還如下：生荒開墾後免交租五年，熟荒開墾後免交租三年，灘荒開墾與淤壩成田後，免交地租十年至二十年。〔註 32〕在邊區政府和群眾的積極努力下，興縣災民 1941 年開荒 3000 垧，1942 年 14951 垧，1943 年 24419 垧。而 1944 年軍民共開荒 748000 畝，共計產糧 16 萬擔。耕地面積從 1940 年的 390000 垧增加到 1943 年的 498296 垧，增加 27.8%。棉花的種植面積也有了很大的發展，1941 年棉花的種植面積為 32000 畝，1942 年增加 56000 畝，1943 年增加到 71000 畝，1944 年全區種植棉花的面積為 18 萬畝。〔註 33〕另外，針對區域性人少地多的狀況，根據地政府還組織群眾到別處開荒。1942 年初，二專署動員河保等地的無地群眾一百戶到岢嵐進行開荒，並出臺幫扶優惠政策，「本年三月至五月底三個月內，無利貸給糧食和所需的種子，秋後再還；村公所幫助開荒的群眾尋找住所、耕地、耕牛；無力購置農具的，由村公所農救會證明後，無利貸金，分期歸還」。〔註 34〕

為建立起預防水旱災害的長效機制，根據地政府重視水利興修和植樹造林工作，並制定獎勵興辦水利辦法，「新開自流水地，上水的第一年按旱地計算收入，徵收公糧；興修的弔杆水地，二年內按旱地計算收入，徵收公糧；利用洪水淤地，按原產量計算收入，徵收公糧，獎勵一年；水利合作社投資股本與利潤，均不計算負擔」。〔註 35〕通過根據地政府的政策導向與群眾的積極開發，晉西北根據地的水地面積大增。據統計，1941 年神池縣水地有 24300 畝，朔縣有 14500 畝，忻縣有 12000 畝，崞縣 5400 畝，文水 234725 畝，交城 9018 畝，汾陽 64312 畝。統計邊區在 1940 年有水地 42850 畝，1941 年增加到 56235 畝，1942 年又新增 16563 畝。〔註 36〕受此推動，民眾還自發組織興修水渠，據統計：臨縣的大川陳莊新修水渠一條，可增灌水地 400 畝，鄭家灣新修水渠 500 條，可增灌水地 310 畝。〔註 37〕通過水利興修，根據地內原來的鹽鹼荒灘等不毛之地逐漸變為良田，對救荒渡死起了很大的作用。1944

〔註 32〕《晉綏邊區財政經濟史資料選編》（農業編），第 141 頁。

〔註 33〕陳廷煊：《抗日根據地經濟史》，社會科學文獻出版社 2007 年版，第 177 頁。

〔註 34〕《二專署決定動員群眾赴岢開荒》，1942 年 1 月 29 日《抗戰日報》，第 2 版。

〔註 35〕《山西抗日戰爭史》（下卷），第 341 頁。

〔註 36〕《晉綏邊區財政經濟史資料選編》（農業編），第 681 頁。

〔註 37〕《臨縣大川群眾修成水地千餘畝》，1943 年 4 月 3 日《抗戰日報》，第 2 版。

年，根據地政府還發布《清明節植樹造林的指示》，要求各縣專員、縣長發動群眾在荒地及山地較多的地方多加植樹，並要求保證樹木的成活率。〔註 38〕

為了度過災荒，根據地政府通過提高副業稅收的起徵點等方式鼓勵民眾發展副業，如原規定副業收入不超過一石者免徵，超過者按超出部分以七折計徵；新條例修正為，「畜養蜜蜂免徵，其餘副業的收入全家在一石米以上者，免徵；超過者，依下列折合徵收其超過的部分：一石以上至二石以下者以五折計，二石以上者以七折計」。〔註 39〕此外，根據地還發動群眾進行各種副業生產，如，1944 年五區有 27 個村子 802 人打乾濕色葉 170000 斤，共賣本幣 73 萬餘元。全區 14 個採藥村莊 160 餘人共採藥材 1700 斤，共賣 9 萬餘元；而割馬蘭 38 個村莊 525 人，「漚馬蘭二萬四千五百斤，能賣六十一萬二千五百元」。〔註 40〕1944 年 8 月，陽曲縣遭遇雹災，莊稼被毀，縣府號召生產救災，西莊等三個自然村 458 人，除了留下開秋地外，餘者都參加各類副業生產，參加煤窯的十八人，採山貨，編條器的二十餘人，油坊五人，小販十四人，婦女也參加到了勞動中去，挖山藥蛋，冬天紡織，做鞋。兒童也參與了此類活動，「二十一個兒童，四天從地裏揀回長了芽的豌豆一石六斗八斤，他們還上山採菜，拾蘑菇，割條子，幫助家庭生產」。〔註 41〕

除此之外，根據地政府還廣為宣傳災害的成因，破除民眾的迷信，使該等明白要戰勝災荒就要自己動手及時改種、補種、搶種，儘量減少災害損失。同時，還引導民眾興辦義倉儲備物資，幫助民眾樹立起備荒觀念。〔註 42〕

結論

毋庸諱言，抗戰期間中共領導的抗日武裝的要務肯定是驅逐日軍出中國，為之勢必要努力壯大自身武裝才行。然而，中共圍繞山西所開闢的各個根據地都無法迴避一個客觀現實，即如何在貧瘠的黃土高原上扎根生存壯大問題，為此，一方面需要打退日軍的歷次掃蕩並反擊，實現救國的政治主張；另一方面，還需要幫助民眾度過災荒，實現中國共產黨與民眾切身利益一致的政

〔註 38〕《晉綏邊區財政經濟史資料選編》（農業編），第 189 頁。

〔註 39〕《抗日根據地經濟史》，第 469 頁。

〔註 40〕《副業生產收穫巨大》，1944 年 10 月 29 日《抗戰日報》，第 2 版。

〔註 41〕《陽曲五區降落冰雹，縣府發動生產救災》，1944 年 9 月 24 日《抗戰日報》，第二版。

〔註 42〕《河曲進行備荒發起募集義倉》，1944 年 2 月 19 日《抗戰日報》，第 2 版。《晉綏行署指示各地普遍開義田辦義倉》，1944 年 10 月 6 日《解放日報》，第 2 版。

治先進性，從而實現救國救民的終極目標。晉西北根據地在抗戰期間所開展的災荒救濟工作，正是中共救國救民政治實踐的真實寫照。圍繞救濟災黎，根據地政府探索出了一系列卓有成效的工作方法，其生產自救工作，不僅一改過去救災消極賑濟的不足，而且幫助災民樹立起戰勝困難的自信力，更是提升了根據地民眾追隨中共的政治覺悟，從而使得根據地由草創階段的 7 縣壯大到 35 縣 350 萬人，面積近 6 萬多平方公里，約占山西全省面積的五分之二。〔註 43〕此則充分說明了中共贏得了民心，也為解放戰爭的勝利奠定了民眾基礎。並且，根據地政府當年興修水利植樹造林等前瞻性的防災舉措，對於當代依然具有重要指導作用。

〔註 43〕魏宏運、左志遠：《華北抗日根據地史》，檔案出版社 1990 年版，第 60 頁。

第十一講　新民主主義啟蒙：太行抗日根據地的小學教育

題記：全面抗戰爆發之後，中共倡導施行以抗日救國為目標的教育方針和課程標準，用普及義務教育的形式廣為宣傳民族精神，以喚起全民族的抗戰。1940 年起，太行根據地在「教育正規化」方針指導下推行義務教育。至抗戰勝利前夕，全區 70%以上的適齡兒童得以入學。在普及教育過程中，中共以檢定和鑒定的方式吸收了大批知識分子加入中共文教幹部隊伍，並通過政治學習和業務考察的方式改造了他們的世界觀，進而通過他們在普及義務教育當中去宣達中共抗日救國的政治理念，實現小學教員、施教對象與中共政治的一致性。

費孝通曾指出，傳統中國是一個鄉土社會，亦即面對面（face to face）的社會，有話可以當面說明，民眾在社會生活中沒有對文字的需要。不過，費氏認為，「如果中國社會鄉土性的基層發生了變化，也只有在發生了變化之後，文字才能下鄉」。〔註 1〕全面抗戰爆發之前的華北廣大農村地區，鄉土性的基層變化不大〔註 2〕，對文字的依賴也不明顯。1937 年日本全面侵華戰爭極

〔註 1〕費孝通：《鄉土中國》，上海人民出版社 2007 年版，第 18、22 頁。

〔註 2〕參考喬啟明：《山西人口問題的分析研究》，《社會學刊》1930 年第 2 卷第 2 期；李景漢：《定縣社會概況調查》，中華平民教育促進會 1933 年發行；李亮恭：《山西生產事業概況》，《實業統計》第 2 卷第 4 號，1934 年 8 月，第 43～63 頁。

大地改變了華北地區的基層，日人的壓榨和掠奪不僅加劇了農村的經濟危機，而且激發了民眾強烈的反抗情緒。深入華北敵後從事抗戰的中共因勢利導加大文化教育宣傳，自1940年起，以新民主主義國家藍圖描繪中國未來的政治願景，按照「三三制」原則進行各級抗日民主政權建設，並把科學的、民族的、大眾的文化綱領和中共的奮鬥目標有機合一，以推行義務教育等方式動員教育民眾，以檢定和鑒定的方式獲得了大批文教幹部，並通過他們的教育普及啟發民眾認同新民主主義方針，使得根據地進一步穩固並擴大。學界對於根據地的小學教育研究成果頗豐〔註3〕，不過，本講以太行抗日根據地的義務教育為考察對象，與有關研究略有不同。〔註4〕

一、1940年前太行根據地及其小學教育基本概貌

1937年全面抗戰爆發之後，中共紅軍主力改編為八路軍開赴山西，接受第二戰區司令長官閻錫山的指揮從事敵後抗戰。11月，八路軍129師轉戰晉東南，開闢了以太行山脈為中心的晉冀豫抗日根據地。1939年7月，日軍打通了白（圭）晉（城）路，把晉冀豫區分割為路東、路西兩個區域。同年12月，閻錫山挑起「晉西事變」，閻共雙方軍事較量之後，各自控制區域發生變化。為應對時局變化，1940年1月中共中央批准晉冀豫根據地按白晉路一分為二：路西成立太岳區，路東成立太行區。是年3月，太行區打退國民黨部朱懷冰、石友三的反共摩擦之後，控制了邯（鄲）長（治）公路以南、臨淇以北地區，隨後與國民黨第一戰區司令長官衛立煌進行談判。為維護統一戰線，中共作了必要的讓步，「以臨屯公路及長治、平順、磁縣之線為界，該線以南為國民黨軍隊駐區，以北為我軍駐區」〔註5〕。反摩擦鬥爭「鞏固了太行山根據地，保證了太行山根據地和山東、蘇北、皖北、河北平原的聯繫」〔註6〕，此後，「我們黨已不必打著犧盟的旗號來做群眾工作，一切從事公開工作的幹部都要改變過去採用的

〔註3〕相關研究有：中國昌：《抗戰時期晉察冀邊區小學教育研究》，《抗日戰爭研究》2012年第3期；王龍飛：《戰爭與革命時空下的小學教員與學生——以陝甘寧邊區為中心》，《南京大學學報（哲學·人文科學·社會科學）》2014年第5期。

〔註4〕本文選擇太行抗日根據地加以探討，是其具有典型性，因為它是中共中央北方局、八路軍總部和晉冀魯豫邊區等黨政軍領導機關駐節所在地，尤其是太行根據地處在華北抗日前線，是中共西北、華北和華中地區相互連接的戰略通道，見楊尚昆：《楊尚昆回憶錄》，中央文獻出版社2001年版，第196頁。

〔註5〕劉伯承：《劉伯承回憶錄》（第一集），上海文藝出版社1981年版，第25頁。

〔註6〕《彭德懷自述》，人民出版社1981年版，第233頁。

那一套工作方法和工作作風。由於抗日民主根據地內的頑固勢力已被排除，我們可以放手地建設根據地的民主政權。新的鬥爭形式，要求我們把分散的根據地政權統一起來，制定和完善各項政策」〔註 7〕。由此可見，1940 年反頑鬥爭結束之後，中共在太行根據地奠定了建政基礎。

那麼，在此新形勢下中共必須考慮如何在敵後生存壯大自身的問題，因為作為一個外在的政治力量，中共進入一個既往沒有多少群眾基礎的傳統地域，如何為地方所接納所認同所擁護，則不僅事關中共在敵後的生存，更關乎贏得未來的民意以期政治的進一步壯大。否則，中共的抗戰就難以成其為全面抗戰，與單純依靠政府和軍隊的片面抗戰路線無異，而這對於區區 3 萬餘軍隊開進敵後從事抗戰的中共而言，簡直是不可想像的，自 1938 年起國民黨也在華北等地開展的敵後游擊戰終於消亡就是一個活生生的例子。

如何贏得民眾的擁護與支持，1938 年 5 月，毛澤東寫就《論持久戰》，認為必須進行廣泛的、經常的「抗日的政治動員」，首先就是要把「驅逐日本帝國主義，建立自由平等的新中國」這個戰爭的政治目的告訴軍民，如此才能達成抗日的熱潮。為此就得去動員，「靠口說，靠傳單布告，靠報紙書冊，靠戲劇電影，靠學校，靠民眾團體，靠幹部人員」，並且，「要聯繫戰爭發展的情況，聯繫士兵和老百姓的生活，把戰爭的政治動員變成經常的運動」，並指出這是一件絕大的事，戰爭首先要靠它取得勝利。〔註 8〕而文化界人士也大聲疾呼為了抗戰就要克服中國教育的危機，「要堅持抗戰教育」。〔註 9〕由此可見，利用文化教育等手段來進行政治動員具有時代緊迫性，並且在華北敵後根據地日漸統一軍政之際，也存在著統一推行的可能性，太行根據地教育由此興起。

1940年4月11～26日，中共北方局在山西黎城129師司令部召開由冀南、太行、太嶽三個根據地的黨政軍高級幹部會議（通稱「黎城會議」），會議圍繞「加強根據地政權建設」這個中心議題，提出「建政、建軍、建黨」三項任務，並決定設立冀南、太行、太岳行政聯合辦事處〔註 10〕。（簡稱「冀太聯辦」）8 月 1 日，冀太聯辦正式成立，實現了太行周邊中共敵後抗日根據地的統一。太行區為冀太聯辦直轄區，轄 36 縣。（1941 年 8 月 15 日，晉冀魯豫邊

〔註 7〕楊尚昆：《楊尚昆回憶錄》，中央文獻出版社 2001 年版，第 196 頁。
〔註 8〕毛澤東：《論持久戰》，1938 年 5 月，《毛澤東軍事文集》第二卷，軍事科學出版社、中央文獻出版社 1993 年版，第 308～309 頁。
〔註 9〕成仿吾：《中國教育的危機與出路》，《新中華報》1939 年 2 月 25 日，第 3 版。
〔註10〕楊尚昆：《楊尚昆回憶錄》第 197 頁。

區政府取代冀太聯辦成立〔註 11〕，下轄太行、太岳、冀南、冀魯豫 4 個行政區，太行區為邊區政府直轄區，下設 6 個專區 39 縣）政令由此統一，太行區開始根據地的全面建設〔註 12〕，開始在原有的基礎上興辦義務教育。

民元以來山西省小學教育向稱發達，1922 年山西全省小學生數占全國第一位，1922 年和 1929 年度的小學校數均居全國第二位，其中 1929 年小學校有 22400 所，小學生 808619 人。〔註 13〕1933 年官方統計有小學 23145 所，小學生數有 866194 人，失學兒童 440390 人〔註 14〕。不過，抗戰爆發前夕，時人基於實地考察指出山西小學教育在城裏尚可，而廣大農村多名不副實，「師資大多兼代數種課程，許多學校在秋季則停止上課，多數學校設備不完備，教育經費困難，班級混亂，學生甚至一年僅到校數日者，並無畢業期限，而校長是由村長兼任，大多不懂教育」。〔註 15〕抗戰伊初，太行區小學教育基礎亦不及冀南地區發達〔註 16〕。1938 年 4 月，日軍九路進攻晉東南太行地區，當地師生為避難而逃散，許多學校被迫停辦。（具體狀況見下表 1）在八路軍打退日軍圍攻之後，小學教育於 6 月開始恢復，並在原有的基礎上，「改變教育的舊制度、舊課程，實行以抗日救國為目標的新制度、新課程」〔註 17〕。10 月太行文化教育出版社在長治成立，編輯出版《戰時讀本》供小學使用〔註 18〕。自 1939 年 1 月到 1940 年將近一年的時間內，太行區基本確立起教育行政系統，學校教育略有發展。〔註 19〕（見下表 2）不過此間，太行區尚無統一的教育政策法規和課程標準。

〔註 11〕田酉如：《冀太聯辦的歷史作用》，《山西黨史通訊》1986 年第 1 期。

〔註 12〕黎城會議之後楊尚昆在抗大報告，「在對閻錫山、鹿鍾麟的發摩擦鬥爭勝利以後，形勢大好，日軍在華北的力量也比較薄弱，我們所在的以武鄉、遼縣為中心的大片地區，已經成為鞏固的抗日根據地，因此今後這一帶要大事建設，建黨、建軍、建政」。見《徐懋庸回憶錄》，人民文學出版社 1982 年版，第 136～137 頁。

〔註 13〕山西省教育廳：《最近山西全省教育統計》，《中華教育界》1931 年 11 月號，第 55 頁。

〔註 14〕吳億：《山西小學教育實況》，《西北論衡》第 5 卷第 3 期，1937 年 3 月 15 日，第 24 頁。

〔註 15〕吳億：《山西小學教育實況》，《西北論衡》第 5 卷第 3 期，1937 年 3 月 15 日，第 25～26 頁。

〔註 16〕楊秀峰：《楊秀峰文存》，人民法院出版社 1997 年版，第 177 頁。

〔註 17〕《毛澤東選集》第 2 卷，人民出版社 1991 年版，第 356 頁。

〔註 18〕皇甫束玉等編：《中國革命根據地教育紀事 1927.7～1949.9》，教育科學出版社 1989 年版，第 143 頁。

〔註 19〕杜潤生：《全區教育及二十九年度實施草案報告大綱》，1940 年 2 月，山西省檔案館藏革命歷史檔案：A67-4-1-2，第 2 頁。

表 1　戰前戰後學校比較表（1938 年 7 月）

專區	縣數	戰前校數	戰後校數	增減
晉東	6	1028	835	－193
冀西	5	588	327	－261
漳北	2	162	168	＋6
太南	3	240	225	－15
總計	16	2018	1555	－463

附注：晉東 6 縣——遼縣、武鄉、和東、昔東、黎城、榆社；冀西 5 縣——井陘、邢臺、內邱、臨城、沙河；漳北 2 縣——偏城、磁縣；太南 3 縣——平順、潞城、林縣。

資料來源：《關於全區教育工作的總結及今後鑒於建設的新方向》，1940 年 2 月 20 日，山西省檔案館藏革命歷史檔案：A198-4-4-1，第 5 頁。

表 2　1940 年 2 月的學校統計表

專區	縣數	現有學校數
晉東	9	1218
冀西	5	327
漳北	5	480
太嶽	10	1520
太南	3	225
總計	32	3776

附注：晉東 9 縣——黎城、遼縣、榆社、武鄉、昔東、和東、和西、平西、祁縣；冀西 5 縣——井陘、邢臺、內邱、臨城、沙河；漳北 5 縣——涉縣、武南、偏城、武安、磁縣；太嶽 10 縣——沁縣、沁源、安澤、平遙、介休、靈石、霍縣、趙城、洪洞、臨汾；太南 3 縣——平順、潞城、林縣。

資料來源：《關於全區教育工作的總結及今後鑒於建設的新方向》，1940 年 2 月 20 日，山西省檔案館藏革命歷史檔案：A198-4-4-1，第 6 頁。

有關 1940 年之前太行根據地的教育狀況，時人總結略謂，「1939 年文教工作非常活躍，舉辦了各種訓練班，逐漸恢復了小學、中學，差不多各縣都出了小報，辦了劇團。尤其是 1939 年還出版發行了《新華日報》。不過，當時的文教工作是中共及外來知識分子，從外到內、從上而下開展起來的，還沒能發動群眾來辦教育，不過結合了群眾的抗日熱情，所以也曾轟轟烈烈鼓舞了群眾積極抗日的情緒」。〔註 20〕由此可見，太行根據地小學教育的恢復相當程度上是由外來知識分子主導的；那麼，要在此基礎上普及小學教育，勢必需要大量的本土教員加入革命隊伍。

二、1940 年太行根據地小學教育的正規化建設

1937 年 8 月，中共洛川會議通過的《抗日救國十大綱領》之第八條即指出「實行以抗日救國為目標的新制度新課程」。〔註 21〕毛澤東強調「一定要喚醒全國人民全國黨派執行共產黨提出的抗日救國十大綱領，用以挽回危局，戰勝日寇」〔註 22〕。1938 年 10 月，毛澤東在中共擴大的六屆六中全會上強調，「在一切為著戰爭的原則下，一切文化教育事業均應使之適合戰爭的需要」，為此就要改定學制，廢除不急需與不必要的課程，以教授戰爭所必需的課程及發揚學生學習積極性為原則，辦理義務的小學教育，以民族精神教育新後代。會上毛澤東還指出，抗戰文化教育「至今沒有整個制度適應抗戰需要的變化，這種情形是不好的。偉大的抗戰必須有偉大的抗戰教育運動與之相配合，二者間的不配合現象亟應免除」。〔註 23〕之所以未配合起來，緣於 1940 年之前，太行等敵後根據地的主要精力在於反擊日偽頑軍的圍攻，並且中共中央此前尚未有具體的文化教育方針。

〔註 20〕馮士端：《業務教材》，1948 年 12 月 10 日，山西省檔案館藏革命歷史檔案：A52-4-5-4，第 9～11 頁。此處《新華日報》為華北版，1939 年元旦創刊，為中共中央北方局的機關報。關於群眾未能充分發動一事，時任北方局書記楊尚昆多年之後也有同樣的反思，「主要是對晉冀魯豫地區的進步勢力發展估計偏高，群眾運動發展得不夠深入，不夠鞏固。劉少奇同志從華中回延安，經過太行同彭德懷同志交談時，批評太行發動群眾不夠，批評得很尖銳，彭總接受不了，兩個人都拍了桌子」，見《楊尚昆回憶錄》，第 199 頁。

〔註 21〕《中國共產黨抗日救國十大綱領》，《南針週刊》第一卷第十一刊，1937 年 10 月 30 日，第 16 頁。

〔註 22〕毛澤東：《我們的責任》，《新中華報》1937 年 11 月 4 日，第 2 版。

〔註 23〕毛澤東：《論新階段》，中央檔案館編：《中共中央文件選集》第 11 冊，中共中央黨校出版社 1991 年版，第 616～617 頁。與此形成對比的是，1939 年 3 月 1 日，國民政府教育部召開第三次全國教育會議，4 日蔣介石出席訓話今後教育的基本方針，「不必有所謂常時教育和戰時教育的論爭，我們切不可忘記，戰時應作平時看，切弗為應急之故，而就不計了基本，不可因應急需而忽略正常教育，推行三民主義是努力的趨向」，見蔣介石：《第三次全國教育會議訓詞》，《文匯年刊》1939 年第 1 期，1939 年 5 月，第 116～118 頁；秦孝儀：《總統蔣公大事長編初稿》卷四上冊，財團法人中正文教基金會 1978 年版，第 308～309 頁。

1940 年 1 月，毛澤東在《新民主主義論》中闡明了新民主主義的文化教育方向，亦即是「民主的、科學的、大眾的教育」。2 月，太行區隨即召開教育會議，提出「教育正規化」〔註 24〕，其中心目標為「依據正規化方針，建立與整頓小學教育」。此際太行區內 32 個縣已有小學校 3772 所，學生 136121 人，60%的學齡兒童入學〔註 25〕。但各項制度未能統一，教育經費亦未做到統籌統支，教員調動過於頻繁。尤其全區尚未統一課程與教材，各縣使用的教材五花八門，統計有「新千字文、抗日識字課本、民革讀本」，還有用原商務和中華書局出版的《農民識字課本》、《民權課本》、《春耕課本》作為語文教材者，而自然、算術、常識課程則沒有教材可用〔註 26〕。是年 6 月，冀南、太行、太岳三區聯合召開擴大的教育會議，統一規定小學為四二學制〔註 27〕，（即初小四年，高小二年）並規定初小四年實行義務教育，8 周歲至 15 周歲之兒童一律強迫入學〔註 28〕。初小的課程內容為：「本國文字、算術、社會常

〔註 24〕教育正規化，指的是「實行強迫的、免費的義務教育，恢復四二制小學；確定統一學校組織、課程與教材，統一教學法；為此一方面要提高小學教師待遇，另一方面對小學教員實行系統的檢定、考察與測驗，提拔優秀；分區輪訓，確立學習制度，提高教師水準」，杜潤生：《教育擴大會議總結》，1940 年 2 月，山西省檔案館藏革命歷史檔案：A67-4-1-2，第 49 頁。同年 8 月份，晉察冀邊區也通過了施政綱領，對國民教育也做出了詳細的規定。

〔註 25〕《關於全區教育工作的總結及今後鑒於建設的新方向》，1940 年 2 月 20 日，山西省檔案館藏革命歷史檔案：A198-4-4-1，第 6 頁。

〔註 26〕《關於全區教育工作的總結及今後鑒於建設的新方向》，1940 年 2 月 20 日，山西省檔案館藏革命歷史檔案：A198-4-4-1，第 13～14 頁。

〔註 27〕1938 年 8 月 15 日，陝甘寧邊區教育廳頒布《陝甘寧邊區小學法》，規定陝甘寧邊區小學的修業期限為 5 年，前 3 年為初級小學，後 2 年為高級小學，初級小學得單獨設立。皇甫束玉等編：《中國革命根據地教育紀事（1927.8～1949.9）》，第 141 頁。

〔註 28〕這種強迫入學是基於陝甘寧邊區的辦學經驗，1939 年 12 月 4 日，陝甘寧邊區教育廳制定《普及教育三年計劃草案》，計劃在 3 年內實現普及教育，並認為，「專靠說服教育、宣傳鼓動的方法不能完成普及教育的急務，有實行強迫教育的必要」。另外，華北敵後抗日根據地在此之前都相繼提出普及義務教育，如 1939 年 10 月，冀中行署決定「普遍動員兒童入學，普及義務教育」，山東抗日根據地更早，因此，太行區普及強迫的義務教育是大勢所趨，形勢逼人，儘管時人覺得有些為時過早。見皇甫束玉等編：《中國革命根據地教育紀事 1927.8～1949.9》，教育科學出版社 1989 年版，第 162 頁。需要指出的是，強制的義務教育各地有區別，如 1940 年 4 月 29 日陝甘寧邊區頒布的《實施普及教育暫行條例》規定，「應入學的兒童，凡家長不送其入學者，經說服教育無效，得由當地政府強制執行」；晉冀魯豫邊區 1942 年 1 月頒布的《強迫兒童入學暫行辦法》規定，「兒童家長如經教員說服仍不令其子女入學時，得再

識、自然常識、遊戲、唱歌、藝術、勞作及生產活動」，且規定在教材上要使得初小成為獨立階段，「每村要有初級小學一所，每縣至少一所完全小學，五個至七個初小中要有一所中心小學，都由政府設立。私人設立者要向政府備案並接受領導」，初小校長由縣教育科委任，高小校長由縣推薦由專署委任，並在聯合辦事處備案。〔註 29〕為進一步指導敵後抗日根據地的教育事業，1940 年 11 月，中共中央宣傳部發出《關於各抗日根據地內小學教育的指示》，要求各根據地黨和政府的領導機關，「必須把建設新民主主義的小學教育事業提到重要的地位上來，初小為義務教育」，並為根據地教育正規化提供了執行參照標準。〔註 30〕

由此可見，中共至遲在 1940 年開始在抗日根據地開始實質性的教育建設，以期整合相對固定下來的敵後根據地，並通過普及教育的方式來統一民眾的基本認知，由此使得中共的路線方針政策為民眾所接受並擁護，達到真正意義上的根據地統一。當然更為長遠的則是，普及義務教育一方面能夠較為徹底的改變農村落後的文化面貌，起到近代化的啟蒙效果；而另一方面則是利用強制的，同時又是免費的方式來普及義務教育，起到政治動員達成認同中共政權的重任。因為，從此際初小的課程設置及其教材內容上看，國文課程是融看書識字和政治主張為一體，算術則結合了民眾直接相關的實際技術知識。並且，此間中共在太行等抗日根據地業已建立起「區－專區－抗日縣政府－區－行政村」統治格局，打破了華北地區的「權力的文化網絡」，起碼在根據地建立起了「同晶型（isomorphic）」的政治體系〔註 31〕，民眾的行為納

由村長進行勸告，無效時，課以 3 元至 5 元罰金，仍然無效時，得加重處罰」，可見太行區工作作風與陝甘寧邊區有差異。皇甫束玉等編：《中國革命根據地教育紀事（1927.8～1949.9）》，第 217～218 頁。

〔註 29〕《敵後教育根本制度：關於國民基礎教育》，1940 年 6 月，山西省檔案館藏革命歷史檔案：A52-4-1-1，第 51 頁。1942 年 1 月，晉冀魯豫邊區政府頒布的《強迫兒童入學暫行辦法》規定，「小學前 4 年為義務教育實施期，凡 8 歲至 14 歲之學齡兒童，除有特殊情形經當地主管教育機關之特許外，概須強迫入學。14 歲以上之失學兒童，亦應繼續強迫入學，如因在學兒童過多，教員無法照顧，得移歸民眾學校或成立夜學補習班容納之」。

〔註 30〕中央宣傳部：《關於各抗日根據地內小學教育的指示》，1940 年 11 月 15 日，見中央檔案館編：《中共中央文件選集》第 12 冊，中共中央黨校出版社 1991 年版，第 563～567 頁。

〔註 31〕〔美〕杜贊奇：《文化、權力與國家：1900～1942 年的華北農村》，王福明譯，江蘇人民出版社 2006 年版，第 11 頁。

入到新政權為其規劃的政治模式、經濟模式及文化模式中，進而能夠接受中共在根據地推行的一切政策，最終表現為民眾力量與國家政權的結合。

不過在此之前則不盡然。如在1938年伊初，太行根據地的教育工作主要是恢復教學，此即意味著有關教育方針、教育制度、課程設置諸多方面還屬於舊有體系：小學教育的目的在於造就男女兒童共同必需的經驗，即國民教育；其課程內容也是為了國民參加社會活動所必需的知識、技能、觀念、欣賞、精神和習慣。〔註32〕小學開設的相關課程有：公民訓練、國語、常識（社會、自然）、算術、工作（勞作、美術）、唱遊（體育、音樂）六門科目。〔註33〕當然，山西地方政府對此標準進行了補充，「初小須按照地方情形加授關於鄉村生活必需的知識與技能，勞作課所用原料應取材於本地物產，課外作業須側重於生產職業，各學科的講授須隨時調動兒童生產職業興趣，無相當師資的學校應減少樂歌、勞作等課程，另加授鄉土材料」。〔註34〕顯然，此種課程目標在日本全面侵華年代只能是一種美好的願景。由此可見，1940年中共教育正規化目標正好與民族解放這一時代主題相吻合，亦即教育必須賦予文化動員方能凝聚民智民力徹底打敗侵略者乃有國家建設，他者都顯得緩不濟急。

承上文所述，為推行小學教育，冀太聯辦在其《施政綱領》第11條中規定，「建立正規化的抗日民主教育，逐步普及義務教育」，聯辦設教育處，杜潤生任處長。〔註35〕太行區據此建立起教育行政系統：專署設有教育科，各抗日縣政府設教育科（設學校教育股、社會教育股、督學二人），縣轄區設教育助理員，各行政村設教育委員會。為督促各地小學教育的開展，太行區實行教育視導檢查制度，即區教育助理員每月得巡視全區學校一次，縣督學每月深入各村一次〔註36〕。並規定每次檢查之後，得召開小學教員會議討論並

〔註32〕程湘帆：《小學課程概論》，上海商務印書館1932年版，第37頁。時至1943年，國統區小學課程標準規定開設課程有：訓育、衛生訓練、音樂、體育、國語、算術、常識、社會、自然、圖畫、勞作等11門課程，見教育部：《小學課程標準》，正中書局1943年版，第4頁。

〔註33〕教育部：《修正幼稚園小學課程標準》，《中央週刊》1936年第405期，第11頁。

〔註34〕山西省教育廳：《山西省各縣初級小學改進辦法》，《山西公報》第22期，1934年3月31日，第32頁。

〔註35〕皇甫束玉等編：《中國革命根據地教育紀事1927.7～1949.9》，第177頁。晉冀魯豫邊區政府成立之後，升格為教育廳，羅青任廳長，杜潤生任秘書主任。

〔註36〕杜潤生：《全區教育及二十九年度實施草案報告大綱》，1940年2月，山西省檔案館藏革命歷史檔案：A67-4-1-2，第16頁。

總結。同時，確立起「會議會報制度」，即太行區教育會議每半年一次，各縣教育科、督學得派員參加，並請各文化群眾團體出席。各縣教育會議每半年一次，由縣教育科召集全體教員、區助理員參加，各文化團體出席會議。區教育會議每月一次，由區助理員召集全區教員參加。村教育會議每兩週一次，村教育委員會每半月向區會報一次，區給縣每月會報一次，縣給專署每月會報一次。〔註 37〕據此初步構成權力的文化網絡，確保中共的政治主張得到貫徹。〔註 38〕並且，為了實現教育的文化動員，1940 年 12 月 25 日，毛澤東專就「文化教育政策」指出：「應以提高和普及人民大眾的抗日的知識技能和民族自尊心為中心，應吸收一切較有抗日積極性的知識分子進我們辦的學校，加以短期訓練，令其參加軍隊工作、政府工作和社會工作，應該放手吸收、放手地任用和放手地提拔他們。」〔註 39〕

需要指出的是，1940 年後半年太行根據地主要精力集中於百團大戰，至 1941 年 2 月，「統一的文化教育政策是沒有的」，區署也承認工作當中存在兩方面的缺點，「一方面是對文化教育工作的忽視和沒有計劃，另一方面在文化教育上株守臨時性和訓練班式的教育，而忽視教育制度的建立及學校教育的正規化」。〔註 40〕1941 年 4 月，中共北方局為此提出《對晉冀豫邊區目前建設的主張》，決定「實施普及免費義務教育，建立與健全正規學制，大規模的興辦各種學校」，一改冀太聯辦「逐步普及義務教育」的計劃。〔註 41〕

三、太行根據地的艱難辦學及其成效

1940 年太行區實行學校教育戰時的正規化，即「實行強迫的、免費的義務教育，恢復四二制小學，確定統一學校組織與課程與教材，統一教學法規定的

〔註 37〕杜潤生：《全區教育及二十九年度實施草案報告大綱》，1940 年 2 月，山西省檔案館藏革命歷史檔案：A67-4-1-2，第 17 頁。

〔註 38〕同期，日華北方面軍對此的考察結論為，「中共勢力是黨政軍民結成一體的組織，具有明確的使命觀，他們為了實現革命，力圖通過爭取民眾，組織民眾，以擴大加強其勢力。他們巧妙地把思想、軍事、政治、經濟的各項措施統一起來，且將其勢力分配於七分政治、三分軍事之上」，見日本防衛廳戰史室編，天津市政協編譯組譯：《華北治安戰》（上），天津人民出版社 1982 年版，第 411 頁。

〔註 39〕毛澤東：《論政策》，《毛澤東選集》第二卷，人民出版社 1991 年版，第 769 頁。

〔註 40〕《各抗日根據地文化教育政策討論提綱（草案）》，《共產黨人》第 15 期，1941 年 2 月 20 日，第 3 頁。

〔註 41〕皇甫束玉等編：《中國革命根據地教育紀事 1927.7～1949.9》，第 198 頁。

正確的管理制度」。〔註 42〕為此，根據地把動員失學兒童入學作為健全學校的初步工作，並頒布《優待貧寒抗屬兒童就學條例》〔註 43〕，對貧寒子弟及抗屬子女補助書籍費。〔註 44〕為方便兒童入學以提高入學率，太行區規定「初小每個自然村一所，不滿二十戶的小村莊可以聯合辦半日制學校」。〔註 45〕同時，考慮到不違農時，太行區結合根據地實情安排了假期，「（1）春耕假二周，從穀雨節開始；（2）麥假一周，從夏至開始；（3）秋假三周，從秋風（分）開始；（4）寒假二周，從臘月二十三到正月初七」〔註 46〕。有關教育經費來源問題，規定「力求獨立以縣為單位，統籌統支。過渡期間可先向村中借款，將來由縣撥付。每個小學辦公費每月 5 元，嚴格預算制度，提倡戰時節約」。〔註 47〕

儘管太行區規定初小適齡兒童一律免費強制入學，然經過半年的努力，「入學兒童實數 136121 人，占學齡兒童的 60%」。〔註 48〕其他兒童因家境貧寒得在家參加生產，學校貧寒優待生數額不足以解決此類問題，而高年級學生失學更多。同時，民眾對於根據地的教育理念還不甚理解，如看到下午兒童活動課時，「以為在學校不識字不念書，印象不是很好，而且上學兒童不能參加生產」。〔註 49〕期間，日偽漢奸造謠「上學就得當兵」，也嚇退了部分民眾送兒上學的意願，以至於動員兒童上學之際，家長與教員之間「有時還發生誤會」。〔註 50〕

〔註 42〕杜潤生：《教育擴大會議總結》，1940 年 2 月，山西省檔案館藏革命歷史檔案：A67-4-1-2，第 49 頁。

〔註 43〕《關於全區教育工作的總結及今後教育建設的新方向》，1940 年，山西省檔案館藏革命歷史檔案：A198-4-4-1，第 9 頁。

〔註 44〕杜潤生：《全區教育及二十九年度實施草案報告大綱》，1940 年 2 月，山西省檔案館藏革命歷史檔案：A67-4-1-2，第 7 頁。

〔註 45〕杜潤生：《全區教育及二十九年度實施草案報告大綱》，1940 年 2 月，山西省檔案館藏革命歷史檔案：A67-4-1-2，第 8～9 頁

〔註 46〕杜潤生：《全區教育及二十九年度實施草案報告大綱》，1940 年 2 月，山西省檔案館藏革命歷史檔案：A67-4-1-2，第 6 頁。

〔註 47〕杜潤生：《全區教育及二十九年度實施草案報告大綱》，1940 年 2 月，山西省檔案館藏革命歷史檔案：A67-4-1-2，第 18 頁。

〔註 48〕《關於全區教育工作的總結及今後教育建設的新方向》，1940 年，山西省檔案館藏革命歷史檔案：A198-4-4-1，第 7 頁。

〔註 49〕岳生佩、史紫陽：《豆口村小學的工作報告》，1940 年 10 月 2 日，山西省檔案館藏革命歷史檔案：A68-6-24-36，第 1 頁。

〔註 50〕《關於全區教育工作的總結及今後教育建設的新方向》，1940 年，山西省檔案館藏革命歷史檔案：A198-4-4-1，第 9 頁。

太平洋戰爭爆發後，日軍為穩定戰略後方而加大對華北敵後根據地的進攻〔註51〕，兼以1942～1943年間的華北大災荒，太行根據地生存環境日益艱難，財政壓力進一步加大。為確保有限的教育經費落到實處，兼顧減輕民眾的「合理負擔」，1942年3月，晉冀魯豫邊區頒布了《村立與私立小學暫行辦法》，鼓勵創辦村立和私立小學。該辦法規定：「村立與私立小學須組織學董會，負責學校管理經費的籌措及人員聘定諸項行政事宜，它們要在所在縣政府備案，並接受縣政府的監督與指導，政府對村立與私立小學教員有調訓之權，課程種類與上課時間與公立一致，採用審定之教材」〔註52〕。並且，政府對於村立與私立辦學優良者予以獎勵，不善者隨時取締。同時，為確保私立小學的新民主主義文化性質，太行區規定學生不足15名的村落不准成立私立小學。私立小學的教員必須經縣政府鑒定，發給小學教員資格鑒定合格證明書方准執教。執教期間必須遵守縣政府規定的會議會報制度，接受聯合校長的領導。所講授的教材須是經過縣政府以上機關印發者，不許講四書五經百家姓之類。〔註53〕。

為統一規制，1942年10月，晉冀魯豫邊區政府正式公布《小學暫行規程》，規定小學以促進兒童民族覺悟，養成兒童民主作風，適應兒童身心發展，培養兒童生活必需的知識與為大家服務的精神為目標。「小學實行四二制，初小4年實行強迫入學，小學應由政府設立，同時獎勵私人創辦，但須受政府監督指導。小學經費由縣地方經費內統籌，非縣立者由該校的直屬部門負責，一律按規定具領，實行實報實銷」。小學課程有國語、常識、算術、遊唱、勞作。小學教學的原則是：「實行理論與實踐統一的教學方法；教學內容由近及遠，由淺入深，由具體到抽象；以集體的啟發為主，輔以自學輔導及行動上的設計教學；複式教學儘量利用導生制」。就兒童的生活指導上，《規程》要求「採用說服、鼓勵、制定兒童公約等方式，堅決廢止體罰及一切有礙兒童身心發展的懲罰」〔註54〕。教育要養成兒童眼睛向下，實事求是，從注意周圍環境鄉土事物之習慣以啟發其科學精神、愛國思想的習慣。〔註55〕小學生每年在

〔註51〕參見日本防衛廳戰史室編，天津市政協編譯組譯：《華北治安戰》（下），天津人民出版社1982年版，第一、二章。

〔註52〕皇甫束玉等編：《中國革命根據地教育紀事1927.7～1949.9》，第221頁。

〔註53〕平順縣政府：《私立小學教員生活供給的解決辦法》，1943年3月11日，山西省檔案館藏革命歷史檔案：A68-3-5-13，第2頁。

〔註54〕皇甫束玉等編：《中國革命根據地教育紀事1927.7～1949.9》，第233頁。

〔註55〕劉梅、李建國：《太行革命根據地教育簡史》，山西教育史志編審委員會1989年（內部），前言，第124頁。

校上課時間，高級、初級須達到 40 周。〔註 56〕1940 年太行區提出的教育正規化至此基本實現了制度上的完善。

儘管如此，1942 年太行三專尚有 30%~50% 的失學兒童，女童失學比例更大，初小貧困生及抗屬子女沒有實行優待，教學還很差，沒有學會運用新的教法，因新課本買的還不夠，教材雜七雜八，影響了教學。〔註 57〕尤其是根據地為渡過困難時期而推行「精兵簡政」，實行聯合辦學，原來學生數較少的小學實行合併，貧寒生優待數額銳減，義務教育的推進出現滑坡。以太行三專襄垣縣為例。1942 年該縣實施簡政，「裁撤初小 83 校，教員 91 人，保留初小 61 校，教員 65 人」。精簡之後，該縣民眾反映自身負擔是減輕了，但「兒童就學不便，失學兒童比前更多了」。〔註 58〕1943 年 1 月，晉冀魯豫邊區政府為此公布《晉冀魯豫邊區國民教育視察員暫行通則》，規定由縣政府以上各級政府按通則聘任國民教育視察員，以檢查督促小學教員的教學、宣傳、學習、生活，並提出批評與獎懲與任免建議權〔註 59〕。然而 1943 年全華北大災荒，在學兒童為填補家用不得不在家撿柴拾荒、抬水澆莊稼等，輟學日漸增多。以黎城縣最好的學區——程家山學區、城南學區為例，1943 年 8 月初，兩地在校學生數分別是 73.1% 和 65.3%。〔註 60〕太行第四專署反映，「小學生在農閒時尚能勉強維持，每當農忙，尤其適逢今年夏旱時節，貧苦兒童更是銳減，因為他們不是幫大人刨地、牽牛、下種，就是餓的下不來地，拉不出屎，或者雇給人家放羊牧牛，大的女孩子則留在家紡花織布，外出時則採野菜、拾草籽。有的乾脆就童養到婆婆家去了」，而另一方面還在於學校離家較遠，兒童上學不甚方便。〔註 61〕有關教育狀況見下表 3。

〔註 56〕劉梅、李建國：《太行革命根據地教育簡史》，山西教育史志編審委員會 1989 年（內部），第 125 頁。

〔註 57〕太行三專：《一年來的工作環境與工作特點》，1942 年 1 月，山西省檔案館藏革命歷史檔案：A67-4-2-1，第 16 頁。

〔註 58〕吳殿甲：《襄垣縣簡政後教育工作實況報告》，1942 年 5 月 12 日，襄垣縣檔案館藏中共國產黨襄垣縣委員會檔案，案卷號 52，第 1、2 頁。

〔註 59〕皇甫束玉等編：《中國革命根據地教育紀事 1927.7～1949.9》，第 242 頁。

〔註 60〕太行四專：《關於太南各縣教育工作概況》，1943 年 8 月，山西省檔案館藏革命歷史檔案：A68-3-1-21，第 3 頁。

〔註 61〕太行四專：《關於太南各縣教育工作概況》，1943 年 8 月，山西省檔案館藏革命歷史檔案：A68-3-1-21，第 6 頁。女孩在家則紡花織布，出則採野菜，這與當地的習俗有關，當地農戶很少種菜，「除非有婚喪大事，才買數斤白菜，發一點豆芽來待客；否則，即便是過陰曆年，也只多自己養一點豆芽來做菜」。當地所仰賴的綠色蔬菜，只有夏天田地裏的野菜。見已夫：《山西潞安的農村婦女生活》，《婦女共鳴月刊》第 2 卷第 2 期，1933 年 2 月，第 52 頁。

表 3　太南各縣教育工作概況統計表

	村莊		初小學校數		小學教員數		聯合學區	校長
	主村	自然村	公立	私立	公立	私立		
黎城	150	300	98	32	110	37	18	19
潞城	149	220	69（？）	33（？）	75		8	8
平順	172	691	85	25	105		16	14
壺關	77	299	50	25	60		6	7

資料來源：根據太行四專：《關於太南各縣教育工作概況》，1943 年 8 月，山西省檔案館藏革命歷史檔案：A68-3-1-21 製作。

考察上表可知 1943 年太南四縣，即便是公立和私立學校加在一起，尚未達到一個主村擁有一所初級小學這個條件，兒童就近上學問題未有改變。實際上，一村一校與精兵簡政之間還是存在一定的矛盾。時至 1944 年太行區統計調查發現，第一專區昔東、內邱、臨城、贊皇、元氏、井陘、平東、和東 8 個縣，第七專區林縣、汲淇、輝縣、輝嘉 4 個縣，遼西、武鄉、榆社、武西、林北、邢西、武安等共計 19 個縣總人口 990284 人，文盲有 432682 人，入學者 271506，占文盲數的 62%〔註 62〕。而具體到相關縣，則顯得參差不齊。（見下表 4）

表 4　七個縣文盲與入學文盲之比例表

	贊皇	和東	平東	邢西	武北	輝縣	林縣	合計
文盲數	10695	12230	14371	31850	32671	26840	77947	206604
入學數	9687	11847	13270	25590	28402	11016	42849	142661
百分比	90%	95%	93%	81%	87%	41%	55%	69%
修正	90%	96.7%	92.3%	80.3%	86.9%	41%	55%	69%

資料來源：《七個縣文盲與入學文盲之比例表》，1945 年 6 月 15 日，山西省檔案館藏革命歷史檔案：A52-4-7-2，第 22 頁。

綜上可知，太行區義務教育兒童入學率始終在 60%～70%之間徘徊。時人分析認為，1940 年提倡正規化是「不恰當的過早的，以至脫離群眾、脫離實

〔註 62〕文教委員會：《太行區十九縣四四年文盲及入校的比例表》，1945 年 6 月 15 日，山西省檔案館藏革命歷史檔案：A52-4-7-2，第 20 頁。

際，始終未能衝破教條主義和形式主義的圈子」。〔註63〕有關此點，中共北方局在延安的工作彙報中也承認，北方局基本上執行了中央的指示，但自身「缺點和錯誤主要是『左』」。〔註64〕因為，此間太行區義務教育硬件建設嚴重不足，學校大多是因陋就簡，許多校舍還被部隊機關佔用。〔註65〕至1943年亦未有多大起色，如壺關、潞城等縣報告「學校建設是談不上的，就是一般必需設備也大成問題」，壺關1942年入學兒童有1223人，學校只有桌子215張，凳子185個，「平均四人一張桌子，五人一個長凳，尚有148人沒桌子，291人少凳子，以至有些學生立著聽講」。這很難說不影響到兒童的學習積極性。潞城縣1942年也是七八個人共一張桌子，1943年「學生仍是坐在磚頭石塊上聽講」。為解決辦學硬件問題，1943年黎城、潞城縣「把廟宇裏的神像打毀之後，各小學利用廟堂，桌凳利用供桌神椅，大小黑板利用神匾」，終於有了辦學場所。辦公用品則讓大一點的學生去擔白土做粉筆，找紅土做為畫圖畫、寫標語的顏料，找滑石做石筆、石板，用秫秸做珠算教具。〔註66〕總之土法上馬，暫時解決了辦公用品和教具不足問題。

四、太行根據地小學教員的塑造及其艱難從教

抗戰時期，中共對知識分子持爭取、團結、教育、改造政策，並鼓勵該等與工農相結合。就中共抗日根據地實況而言，知識分子的缺乏是普遍存在的，所以教員這類知識分子承擔了相當的戰時工作。在太行根據地，依照條例規定的小學教員職責為，「負責學校行政教育兒童；幫助民革室工作，進行掃除文盲及一般宣傳；參加村教育委員會，推動其他有關教育文化工作」〔註67〕，因而

〔註63〕馮士端：《業務教材》，1948年12月10日，山西省檔案館藏革命歷史檔案：A52-4-5-4，第9頁。同樣，太行區提出教育正規化過早的看法，楊尚昆多年之後也有同樣的反思，「黎城會議也有一些缺點，主要是對晉冀魯豫地區的進步勢力發展估計偏高，群眾運動發展得不夠深入，不夠鞏固。劉少奇同志從華中回延安，經過太行同彭德懷同志交談時，批評太行發動群眾不夠，批評得很尖銳，彭總接受不了，兩個人都拍了桌子」，見《楊尚昆回憶錄》，第199頁。

〔註64〕楊尚昆：《楊尚昆回憶錄》，第207頁。

〔註65〕太行行署：《關於禁止部隊團體機關占住學校的命令》，1940年12月15日，山西省檔案館藏革命歷史檔案：A68-6-7-15，第11頁。

〔註66〕太行四專：《關於太南各縣教育工作的彙報》，1943年8月28日，山西省檔案館藏革命歷史檔案：A68-3-1-21，第4～5頁。

〔註67〕戎武勝：《小學教員服務條例》，1940年5月1日，山西省檔案館藏革命檔案：A68-6-9-14，第1頁。

作為文教幹部的小學教員，其事務是多元的。如，在戰時以服從戰時工作任務要求為原則，應根據敵人「三分軍事七分政治」之陰謀行為，隨時向群眾揭破其欺騙宣傳與政治組織的陰謀，提高人民民族自尊心、自信心，領導人民堅決執行國民公約，保證自己所在村人民瞭解「順民」、「維持會」、「新民會」是敵人漢奸組織，不為之，不參加〔註 68〕。戰爭年代此類工作多具有臨時性和緊迫性，而因為通訊手段的落後，大多數任務只能是以開會的形式分工下達，「教員每月開會七八日，影響學校教育工作極大，如武鄉小學教員 12 月份參加各種會議所費時間有半月之長」。〔註 69〕就戰時的教學而言，太行區規定「敵人不到臨十里之地點不得解散學校，敵人走後七天要恢復學校」。學校解散之後，小學教員須參加村戰時指揮部作宣傳鼓動工作；在執行撤退過程中，小學教員得參加到民兵中，作政治文化工作，「宣傳邊區 129 師之戰功戰績及建立根據地的豐功偉績，樹立人民沒有正規軍就沒有根據地的觀念，參加八路軍即是保衛根據地、保衛自己，激起參加八路軍之熱潮。同時，要與義務教員配合，具體分工擔任戰時人民教育及民兵教育，不得隨意脫離本村，如有特殊事情，得向區指揮部請假批准」。〔註 70〕為確保抗戰時期小學教員恪盡職守，太行根據地選定教員的態度是審慎的，其依據是檢定與鑒定小學教員的成績。

所謂「檢定」，即「考核教員的政治與教育常識，用集合測驗法舉行，每半年一次」。〔註 71〕「鑒定」，即考查下列事項：「A.經常學校行政學校成績。B.對社會教員的幫助成績。」鑒定由教育科長及區助理員、中心校長依據工作計劃，經常檢查，每月份一次，以半年內的平均分數為所得成績。其中 A 項成績占鑒定總成績 70%，B 項占 30%」。最終成績由縣教育科組織教員成績考核委員會討論決定，兩項平均分在 80 分以上為甲等，70 分以上為乙等，60 分以上為丙等。60 以下者降為代課教師或辭退。其中的成績優良者，提升為高小教員或按高小教員待遇。那些通過鑒定與檢定且服務三年以上的教員，若成績優良者，再由教育科加以考核，其優秀者呈請專署分別以獎金、獎章、

〔註 68〕郝晉瑞：《抗日根據地的小學教育》，《山西教育科研通訊》1982 年第 4 期，第 34～35 頁。

〔註 69〕太行三專：《一年來的工作環境與工作特點》，1942 年 1 月，山西省檔案館藏革命歷史檔案：A67-4-2-1，第 9 頁。

〔註 70〕太行區署：《小學教員戰時工作細則》，1942 年 2 月，山西省檔案館藏革命歷史檔案：A68-3-5-1，第 3 頁。

〔註 71〕戎武勝：《小學教員服務條例》，1940 年 5 月 1 日，山西省檔案館藏革命歷史檔案：A68-6-9-14，第 1～2 頁。

褒狀三種方式予以獎勵。〔註 72〕

有關教員檢定一事，國共兩黨政策不同。抗戰期間國統區小學教員檢定分為「無試驗檢定」和「試驗檢定」，並且無試驗檢定是針對學歷和資歷合格者而言，每學期開始前檢查相關證明書件即可；試驗檢定指學歷、資歷二者有不具備者而舉行的測試，此種測試至少每三年舉行一次。〔註 73〕太行區是每半年使用測試法檢定小學教員一次，沒有免試者；而鑒定則是每月都有，折射出中共統一小學教員群體意識的緊迫心情。當然，這樣的方式確也起到了裁汰冗員的作用，不過，此種方式再加上 1942 年開始起的整風運動，對教員群體的心理還是起到了微妙的影響，並且因為根據地長期受到日軍掃蕩的威脅，從教環境險惡，不少教員最終選擇了脫離教職或改行為政工幹部者。截止到 1945 年 6 月，一份太行區 11 縣小學教員的現狀統計顯示，在 1244 名小學教員當中，貧農出身者 206 人、中農出身 735 人。其中，「從教 1 年者 476 人，2 年者 259 人，3 年者 165 人，3 年以上者 344 人」〔註 74〕，從事教育 3 年及其以上者占總數的 40%，此則意味著超過 60%的小學教員都不是 1940 年太行區開始義務教育以來的一以貫之的從教者，這意味著，相當多的教育工作者以升遷、改行、被辭退、自動離職等方式退出了教師行列。需要指出的是，無論是哪一種方式的退出教職，客觀上不利於教學經驗的總結積累，進而影響到太行根據地教育質量整體的提升。但是，從歷史主義來看，確保革命隊伍的世界觀正確是無產階級政黨當時「一元化」體制之下建設根據地的必然選擇，否則根據地也難以在敵後生存壯大，這是不爭的事實。

通過了檢定與鑒定而從教的小學教員，在其具體工作當中，還存在著較多的困難需要克服，而這些也影響著教員隊伍的穩定。

首先就是小學教員的待遇問題。1940 年開始教育正規化之際，太行區決定對小學教員確立衣食供給制，並發津貼；舉行系統的檢定、考察與測驗，提拔優秀，避免無故打擊，提高信心。〔註 75〕然此前，「教師當中普遍的感

〔註 72〕戎武勝：《小學教員服務條例》，1940 年 5 月 1 日，山西省檔案館藏革命歷史檔案：A68-6-9-14，第 2 頁。

〔註 73〕教育部：《小學教員檢定規程》，《僑務月報》1937 年 1 月號，第 14～15 頁。

〔註 74〕文教大會材料處：《太行區十一縣小學教員現狀表》，1945 年 6 月 15 日，山西省檔案館藏革命歷史檔案：A52-4-7-2，第 20 頁。11 縣指贊皇、和東、武鄉、襄垣、左權、林北、黎北、潞城、偏城、武安、邢西。

〔註 75〕杜潤生：《教育擴大會議總結》，1940 年 2 月，山西省檔案館藏革命歷史檔案：A67-4-1-2，第 49 頁。

到苦悶，對教育工作沒信心與興趣」。主要原因在於「普遍的不能按時領到薪水，常常拖欠，甚至有三四個月拖欠的，每月便倒貼二三元錢，上級的幫助不夠，得不到圓滿的解決」。〔註 76〕1941 年 7 月，冀太聯辦第三次行政會議議決提高小學教員待遇：（1）小學教師薪金最高額增加到每月 20 元至 25 元〔註 77〕（包括菜金、衣服、鞋襪、醫藥等費），具體數額由各專署按照當地物價規定，且自 8 月份起，每月發放 45 斤小米。所有小學教師薪金、糧食按一年 12 個月十足發放。聯辦同時指示各專署，「必須做到經過增薪提高教員工作熱忱，所以，應在教員間進行深入動員，應召開會議傳達號召教員提高工作的效率，改進工作質量，以報答人民增加負擔，萬不要平平常常、無聲無息單純增加幾個錢就了事」。〔註 78〕據此可以看出，聯辦認為小學教員的政治覺悟有待提高。實際上，抗日根據地內確也存在工農幹部輕視知識分子的現象〔註 79〕，小學教員的待遇也難有大幅度的提高。時至 1945 年 5 月，太行三專向邊區政府反映「絕大部分小學教員都不安心工作，要求去外區工作或是調換工作，不願從事教育工作」，小學教員生活待遇較低是重要原因之一。按《小學教員服務暫行條例》第三章第十一條「小學教員之物資待遇採取薪給制或供給制，原則以能維持兩人之生活為標準」，但以實際情況來看，小學教員的待遇並沒有達到這個標準，並且普遍不如民政幹部的水平，「我們檢查過去對小學教員服務條例執行很不夠，關於年功加薪（相當於現在的工齡工資），各地根本未實行過」。〔註 80〕

其次，為義務教育的普及，需要下村動員適齡兒童入學問題。儘管，相當的教員為之做到了「路上不長草，村中狗不咬」。期間，太行區也明令各地再三動員，然民眾送兒上學的熱情不高。中農之家表示，「小孩子上學好是好，就是年成壞，用不起人，孩子在家還頂半把手呢」。貧農之家表示，「家裏困難，孩子在家還得剜菜割柴呢」。一些老年人說，「孩子念了三四年書，比以

〔註 76〕李曄：《小學教員的苦悶》，1940 年 2 月，山西省檔案館藏革命歷史檔案：A67-4-1-2，第 30 頁。

〔註 77〕當時 10 元錢的購買力為 2 斤豬肉，徐懋庸：《徐懋庸回憶錄》，人民文學出版社 1982 年版，第 121 頁。

〔註 78〕戎武勝：《教財糧第 113 號命令：規定小學教師增薪辦法》，1941 年 7 月 20 日，山西省檔案館藏革命歷史檔案：A68-6-9-6，第 2～4 頁。

〔註 79〕徐懋庸：《徐懋庸回憶錄》，第 122～123 頁。

〔註 80〕武光湯：《關於小學教員待遇問題的請示》，1945 年 5 月 26 日，山西省檔案館藏革命歷史檔案：A67-4-7-4，第 2 頁。

前更懶了」。婦女們說，「閨女在家要紡線，哪裏顧得上去上學」。大多數教員也認為「村里人對學校的意見，(兒童）上學（就）不能上地，是他們不滿意的一點」。〔註 81〕因此可以看出兒童上學與在家勞動表現出一定的對立，太行區署認為這種對立是「教育和實際脫節的結果」〔註 82〕，並為此推行過小學教育「四大結合」，因此，「到處是學校到處是課堂，結合了生產戰爭參軍抗優等中心工作，在打蝗救災翻身運動中起了不少作用」。不過，「四大結合」之際教育主管部門沒有具體的指示，學校往往大多數一哄而上，偏離了「學校以學習為主」原則。例如，「結合勞動」卻過於強調了生產，結果把學校變成了農場、工場、作坊，學生大部時間用於生產勞動，影響到文化課的學習。又如「結合社會」則過分強調宣傳，結果把學生變成了宣傳隊，甚至有的學校停課月餘，專門輪迴演出。這樣形成了「以工作去結合學習，以社會去結合學校，結果是種地不如農民，做工不如工人，技術未學成，文化課又耽誤了」。〔註 83〕

再次就是根據地各校普遍缺乏教科書〔註 84〕，小學教員整天忙於抄書，學生在校沒有課本頗感不樂，也加劇了流失。又因教材不配套，「頭年念第二冊，第二年念第一冊」。第二冊課本太深奧，「結果是好幾天也念不會一課書」，家長時常說「到學校念什麼書，都沒有念個啥」。〔註 85〕太行地區情況較為特殊，因為山區村莊散佈，如黎城 18 個學區管轄 150 個主村 300 個自然村，潞城 8 個學區管轄 149 個主村 220 個自然村，平順 16 個學區管轄 172 個主村 691 個自然村〔註 86〕。分散在各村莊的小學教員反映「紙張筆墨書籍

〔註 81〕馬塔村小學教員王秀珙：《馬塔村小學的工作報告》，1940 年 10 月 8 日，山西省檔案館藏革命歷史檔案：A68-6-24-35，第 2 頁。

〔註 82〕太行區：《1944 年小學教育的概況》，1944 年 7 月，山西省檔案館藏革命歷史檔案：A52-4-90-2，第 3～4 頁。

〔註 83〕《業務教材》，1948 年 12 月 10 日，山西省檔案館藏革命歷史檔案：A52-4-5-4，第 11～13 頁。

〔註 84〕太行行署：《襄垣縣第三聯合學區 1942 年全年工作總結》，1942 年 12 月 31 日山西省檔案館藏檔案：A182-1-50-9，第 4 頁。一直到 1947 年，缺乏教科書的現狀還沒有好轉，即使是在革命中心延安也是如此，相關情節見《珍貴的教科書》，該文作為經典一直編排在小學《語文》教材第六冊當中，成為幾代人的記憶。

〔註 85〕崔維珽：《襄垣縣教育工作總結 1945 年》，襄垣縣檔案館藏中國共產黨襄垣縣政府檔案，案卷號 234，第 43 頁。

〔註 86〕太行四專：《關於太南各縣教育工作概況》，1943 年 8 月 28 日，山西省檔案館藏革命歷史檔案：A68-3-1-21，第 1 頁。

購買不到」，〔註 87〕「課本缺乏，在學習上書籍不完善，不能明白」。〔註 88〕同樣，雙射泉小學也是反映「上級不給保障，學習上材料缺乏」。〔註 89〕至 1943 年「初小課本解決辦法已發，現在為時已久，多數縣份尚未前來訂購」。不過，地方政府認為一種最為經濟的辦法就是由邊區發給「樣本自行翻印」，邊區政府認為不可以，因為「樣本係為補救將來數目供應不敷」，並且地方上「印刷條件尚難做到」，為此就是要到邊區訂購，「今年（1943）上半年各該專區要使初小課本一定獲得」。〔註 90〕

承上文所述，抗戰期間小學教員這個群體的工作不可謂不重要，但是，繁雜的事務和不符合預期的待遇，相當多的小學教員基於名與實的考察，其心態是複雜的。就抗戰這個特定的歷史時空而言，中共對於知識分子的准入和規訓制度，也是為了集攏各種資源以壯大自身進而奪取抗戰勝利的一種選擇。而這樣的選擇確也培養了一大批為新民主主義教育方針服務的教育工作者，並通過他們的勞動為新民主主義政權的壯大培育出一大批經歷過中共革命文化啟蒙的新人。因此，從這點來說，抗戰時期的小學教育是在中日民族矛盾根本對立，兼有國共黨爭背景之下的特殊教育，該種形式的出現體現了歷史和邏輯的統一。並在具體施行過程當中，根據地的新民主主義教育成效日漸達成。兼以 1943～1944 年間太行區開展的幹部整風運動和大生產運動，「教育界開始轉變，接受了文教工作要結合抗日運動，減租減息生產運動、時事教育整風運動，從群眾實際需要出發，為群眾服務，才能逐步前進提高，才能改造舊的文化工作者，產生新的文化工作者」，太行根據地的教育事業發展迅速，工農群眾熱烈要求學文化，大批送子弟入學，有的地區入學率達 90% 以上。〔註 91〕至 1945 年 4 月份太行區文教大會的召開之際，全太行區除八專外共有 4714 個行政村，根據其他七個專署當中的 2542 個行政村的統計，「有

〔註 87〕耿建昌：《克老峧學校工作總結報告》，1940 年 10 月 3 日，山西省檔案館藏革命歷史檔案：A68-6-24-42，第 2 頁。

〔註 88〕王嘉會：《平順縣源頭學校工作報告》，1940 年 10 月 11 日，山西省檔案館藏革命歷史檔案：A68-6-24-43，第 2 頁。

〔註 89〕張漢卿：《雙射泉小學工作報告》，1940 年 10 月 3 日，山西省檔案館藏革命歷史檔案：A68-6-24-44，第 1 頁。

〔註 90〕晉冀魯豫邊區：《關於初小課本解決的辦法》，1943 年 2 月 7 日，山西省檔案館藏革命歷史檔案：A68-3-10-10，第 2 頁。

〔註 91〕馮士端：《業務教材》，1948 年 12 月 10 日，山西省檔案館藏革命歷史檔案：A52-4-5-4，第 11 頁。

2454 座初級小學（民辦在內）」〔註 92〕，適齡兒童入學率達到 70%以上。如太行三專 1942 年尚有 30%~50%的失學兒童〔註 93〕，1945 年該專區適齡兒童入學率已達到 79.2%。〔註 94〕相關統計見表 5。

表 5　太行區 28 個縣學齡兒童統計表

	學齡兒童	入學兒童	入學百分比	學校數	縣域統計數
一專	13741	10955	79.7%	212	昔東、和東、內邱、臨城、贊皇 5 縣
三專	43354	34329	79.2%	802	武鄉、武西、左權、榆社、襄垣、黎北 6 縣
四專	30854	21310	69.1%	440	黎城、潞城、壺關、平順 4 縣
五專	32414	17593	54.3%	254	磁武、涉縣、林北、安陽 4 縣
六專	26864	19692	73.3%	301	邢西、武安、沙河、武北、偏城 5 縣
七專	32008	21968	68.6%	241	林縣、輝縣、汲淇、輝嘉 4 縣
合計	179235	125847	70.2%	2250	共計 28 個縣

附注：1.上列數字係指有學校的村莊的學齡兒童；2.每所學校平均入學兒童為 55 人。

資料來源：晉冀魯豫邊區教育廳：《太行區二八縣學齡兒童統計表》，1945 年 6 月 15 日，山西省檔案館藏革命歷史檔案：A52-4-7-2，第 18 頁。

結論

莫里斯・邁斯納指出，毛澤東等中共高層認為，「決定歷史進程的根本因素是自覺的人的活動，革命的最重要的因素是人如何思考以及他們決定參加革命活動的決心。這暗示著要特別注意形成『正確的思想意識』，這是取得勝利的決定性因素。在毛看來，正確的思想是進行有效革命活動的根本前提」〔註 95〕。因此，中共十分強調「思想改造」和「思想建設」。那麼，在廣大的敵後抗日根據地，其中最有效的改造和建設思想的途徑，天然歸於教育，因為教育有利於集中、統一培養民眾對共同信念和共同思維方式的強烈責任感。所以全面抗戰爆發伊始，中共即倡導抗戰教育，教育建設不但絕不應當

〔註 92〕晉冀魯豫邊區第一廳：《太行區教育概況》，1945 年 6 月，山西省檔案館藏革命歷史檔案：A52-4-7-2，第 2 頁。

〔註 93〕太行三專：《一年來的工作環境與工作特點》，1942 年 1 月，山西省檔案館藏革命歷史檔案：A67-4-2-1，第 16 頁。

〔註 94〕晉冀魯豫邊區教育廳：《太行區二八縣學齡兒童統計表》，1945 年 6 月 15 日，山西省檔案館藏革命歷史檔案：A52-4-7-2，第 18 頁。

〔註 95〕〔美〕莫里斯・邁斯納：《毛澤東的中國及其後：中華人民共和國史》（港譯版），杜蒲譯，香港中文大學出版社 2005 年版，第 41 頁。

放棄，而且應當加強〔註 96〕。需要指出的是，儘管至抗戰勝利前夕，太行區並未普及嚴格意義上的義務教育，但是起碼有 70%以上的學齡兒童入學，也許這個比例並不比 1940 年以前有明顯的增長，但重要的是，課程以及教材得到了全新的改觀，真正意義上體現了中國共產黨利用教育啟發民智，並以此實現文化整合與政治動員，這個比單純的數量上的增長更具深遠意義。

抗戰期間，中共軍政幹部從事的是行軍打仗、催糧收款等直接維護根據地政權運轉之工作，此乃革命最直接的支撐。以小學教員占多數的根據地知識分子則是為政權培養革命的潛在力量，關乎著革命後續的重任。此則意味著把對最廣大受眾進行民族的、革命的詮釋權託付給了一個非無產階級占主體的知識分子群體，那麼，中共此間對知識分子的「爭取、團結、教育、改造」政策也就不難理解了。即便是抗大廣設分校培養的革命知識分子，毛澤東也一再告誡他們要「當學生，當先生，當戰爭領導者」〔註 97〕。還原到太行抗日根據地而言，把革命詮釋權交給文化程度參差不齊、非無產階級出身占多數的小學教員，更是如此。但是，教師隊伍的培養絕非週年半載所能達成，如何確保這個群體世界觀的革命屬性，其最好的方式莫過於運用鑒定和檢定方式把好教員入職關。並通過強調在職者的學習，同時利用開大會的方式公開獎懲，營造一種儀式感，形成一種人人奮發向上的積極氛圍，進而改造他們世界觀和價值觀當中的非無產階級成分。如此一來，知識分子的政治覺悟得以提升，總體上加速了共產黨隊伍整體素質的提高，並通過民族主義貫注的文化方針，建構起抗戰時期共產黨黨政軍文化教育的一元化體系，在敵強我弱的整體形勢下，利於新民主主義革命力量的迅速壯大，尤為重要的還在於啟蒙了革命的未來，啟發了廣大民眾對於中共革命的認同〔註 98〕。那麼，這些中共爭取、團結、教育、改造而來的知識分子從事的革命工作，如本文所言的教育事業則顯得意義非凡。因為在日本全面侵華這個嚴重的民族危機背景之下，根據地的新民主主義方針指導下的

〔註 96〕《關於全區教育工作的總結及今後鑒於建設的新方向》，1940 年 2 月 20 日，山西省檔案館藏革命歷史檔案：A198-4-4-1，第 3 頁。

〔註 97〕毛澤東：《當學生，當先生，當戰爭領導者》，1938 年 8 月 22 日，《黨的文獻》2013 年第 6 期。

〔註 98〕因為，中共敵後抗日根據地除了興辦學校教育之外，還有幹部教育、社會教育等。而普及教育確也使得華北地區的農民對中共的政治認同度明顯高於東北地區。1945 年 11 月，林彪不同意彭真堅守瀋陽等大城市，主要是東北民眾有「正統」觀點，也就是比較看好國民黨政權及其軍隊。見孟醒：《彭真、林彪和東北局》，《文史精華》2013 年第 2 期。

基礎教育注入了民族主義內核和抗日救亡功能，隨著華北地區國民黨政權的潰散，民眾日益認識到抗日救亡運動的領導核心就是中國共產黨及其武裝〔註99〕，那些因國家感知缺位的民眾找到了現實生活當中的政治實體，所以，新民主主義理論指導下的基礎教育增進了民眾對中共及其民族解放事業的認同。

在此之間，小學教員這個知識群體需要實現兩個轉向：第一，政治立場的轉型，即由家庭出身各異的小學教員轉變為服膺中共政治的文教幹部；第二，由業師嚮導師的轉向，即在新的課程理念、民主的師生關係當中完成民族主義宣講任務。由此可見，小學教員在此過程當中承擔了「成己渡人」的雙重任務。從戰爭年代的抗日民主政權角度來看，小學教員不僅僅是政府治下的薪金雇員，還因為他們出身的家庭的階級屬性並沒有隨抗戰而轉變，需要一個世界觀的「改造」，才能把政治宣導重任託付給他們。這預示著中共對於知識分子的政策在一個比較長的時段內的不確定性。〔註100〕而在此過程當中，小學教員隊伍的不穩定性折射出他們對於自身角色認同一事上的猶豫心理。眾所周知，隨著清末學堂教育的興起，授館作為讀書人的出路進一步逼仄。抗戰軍興，無論國統區還是根據地，私塾逐步取締，授館先生也必須經過政府檢定，讀書人自主擇業的空間進一步受抑，只能通過檢定進入體制，獲得一個薪金雇員的身份。但在日本侵華這個敵我根本對立時代，兼以國共黨爭，知識分子思想上只能獨尊一家。尤其是日本侵華戰爭給中國經濟造成巨大破壞，使得知識分子經濟地位不穩定，其權力地位的尊崇象徵意義居多，其職業聲望預期亦甚不佳，這個群體難以確定自己在社會階層結構中的位置，由此自我認同度不高，而其施教對象畢業絕少願意從教的擇業旨趣使得他們看到了「鏡中我」〔註101〕。因此，這種現象在根據地表現為，順從中共政治理念的小學教員在機緣來臨之際，表現有更多改行的意願，以實現一個達成自我期許的社會歸屬。〔註102〕

要言之，抗戰期間，太行抗日根據地克服重重困難盡力普及小學教育，

〔註99〕全面抗戰爆發以後，「群眾是誰打日本就擁護誰」，見《呂正操回憶錄》，解放軍出版社1988年版，第64頁。

〔註100〕直到1950年代知識分子階級屬性的認定暫告一段落，而1971年又出現「兩個估計」的反覆，1977年這個問題才算解決。

〔註101〕參閱〔美〕查爾斯・霍頓・庫利：《社會組織》（英文版），中國傳媒大學出版社2013年版。

〔註102〕此種現象一直持續到1993年8月14日《國家公務員暫行條例》頒布後乃止。

並在此過程中塑造了教員這個知識分子群體的職業身份，其作用是明顯的，其影響是深遠的。

第十二講　孩子王的故事：太行抗日根據地的小學教員

題記：抗戰期間，中共制定了以抗日救國為目標的教育方針，並積極為之施行新制度和新課程。然從戰時革命要求規約下的基礎教育實況考察，總體教育方針往往屈從於各地的現實需要。在此背景下，因從教環境、智識水平、薪金報酬、個人升遷等因素之影響，小學教員的從業態度各異，並呈現出生存樣態的多歧。抗戰期間根據地小學教員的人生境遇，反映出現代知識分子在特定時空下的複雜心態，而此種心態不僅影響著各該從業旨趣，還形塑了下一代及其後人。

1937年8月，中共洛川會議規定在教育領域要改變舊有的一切，「實行以抗日救國為目標的新制度新課程」。〔註1〕中共六屆六中全會則進一步提出「實行抗戰教育政策，使教育為長期戰爭服務」的教育方針，為此需「改定學制，廢除不急需與不必要的課程」。〔註2〕由此可知，中共抗戰教育方針順應了「教育立馬抗戰化」時代的訴求。〔註3〕揆諸史實，抗日根據地堅持以救國圖存為

〔註1〕《中國共產黨抗日救國十大綱領》，《南針週刊》第一卷第十一刊，1937年10月30日，第16頁。

〔註2〕毛澤東：《論新階段》，新華日報館印行，1939年1月1日，第64頁。

〔註3〕任時先：《非常教育與抗戰教育》，《統一評論週報》第四卷第十三期，1937年9月25日，第4～5頁。

目標的抗戰教育總方針無疑具有時代的合理性，在此背景下，承載著抗戰建國最基礎的宣教使命者當為小學教員，他們不僅要教育廣大的成年男女，更要教育在學兒童，使他們成為民族未來的主人和戰士。小學教員的工作不可謂不重要。〔註4〕不過，從中共太行抗日根據地基礎教育的實況考察，中共總體教育方針不得屈從於現實需要，根據地的基礎教育狀況和小學教員的生活呈現出複雜的面相。學界對抗戰期間中共治下的小學教員關注不多，既有之研究主要集中於陝甘寧邊區的小學教員隊伍建設和小學教育實踐。〔註5〕不過，在作者看來，抗戰期間陝甘寧邊區面臨戰爭的直接威脅相對不多，轄區內小學教員的生存環境不及太行根據地惡劣，難以呈現小學教員戰爭狀態下的從業實況，反映不出小學教員這一知識群體在抗戰前線的真實生活場景。因此，本文在前人研究的基礎上，以太行區襄垣縣檔案為中心，兼顧同期太岳區小學教員之實況，就中共太行根據地小學教員的從教環境、施教對象、工作範疇、待遇和價值取向等方面加以考察，由此呈現抗戰時期中共太行根據地這一特定時空下小學教員的生存樣態，藉此揭示受此影響之下他們對於自身角色定位的心路歷程，以及由此帶給他們施教對象認知的影響。

一、抗戰時期太行根據地小學教育掠影

抗戰時期，由於日軍的燒殺和戰爭的破壞，整個華北小學教育受到嚴重的破壞，表現為學校減少，教員逃散，適齡兒童失學增多。中共 129 師所建立的太行根據地尤其如此，如「昔西縣戰前有 42 所學校，現在只一個能開學；和西縣以前 76 個，現在 33 個；和東縣以前 45 個，現在 26 個」。「晉中各縣，除太谷外，學校皆減少」。昔西以前有 40 個教員，「現在有 8 個，只有 1 個能開學」。〔註 6〕同處太行根據地的襄垣縣，其北半部毗鄰根據地中心區域——武鄉、黎城縣，其南端與日偽長期侵佔的長治相連。〔註7〕該縣地處根據地前

〔註 4〕溫濟澤：《提高小學教員的地位》，《新中華報》1940 年 8 月 30 日，第二版。

〔註 5〕有關研究有，康小懷等：《抗戰時期陝甘寧邊區小學教員隊伍建設初探》，《甘肅社會科學》2012 年第 1 期；王龍飛：《戰爭與革命時空下的小學教員與學生——以陝甘寧邊區為中心》，《南京大學學報》（哲學·人文科學·社會科學），2014 年第 5 期。

〔註 6〕太行行署：《打開晉中區宣傳教育工作的嚴重局面》，1941 年 7 月，山西省檔案館藏檔案：A67-4-1-3，第 32 頁。

〔註 7〕〔澳〕古德曼著：《中國革命中的太行抗日根據地社會變遷》，田酉如等譯，中央文獻出版社 2003 年版，第 2 頁。

哨，複雜多變的鬥爭環境便是太行根據地小學教員從教環境的縮影。

抗戰爆發前，襄垣縣共有高小5所，在校小學生數約計400人以上。其中，第一高小在縣城內，為三班編制，人數約百餘人。第二高小在虒亭鎮，三班編制（內有初級一班），約百人。第三高小在下良鎮，三班編制（內有初小一班），約百人。女高在城內，二班編制（高小初小各一班），約六十人。私立霖生高小在黃莊村，三班編制（內有初小一班），約八十人。〔註8〕抗戰爆發後，中共抗日武裝在此建立太行區襄垣縣抗日縣政府，（以下簡稱縣政府）在轄區內繼續興辦小學教育，並承接既往教學模式，以高小、初小和完小三種形式貫徹實施。

1938年4月，中共129師打退了日軍針對晉東南抗日武裝的九路圍攻，襄垣等縣得以光復。〔註9〕縣政府根據實情將原實驗小學（只有初級班）添設一個高級班，人數約40人。此時全縣高小學生數約300人。1939年，日軍佔領白晉線後，襄垣縣高小全部瓦解，稍後僅恢復第三高小一處，「學生數甚少」，縣政府為此通令「凡前在本縣各高小學生一律籍住第三高小」，同時將第三高小改名為「聯合高小」，班級3個，「學生數一百三四十」。未幾，日軍復行三次大掃蕩，「靠近前方區的學生，遂無形退學，人數則降至六七十人」。後經縣政府動員，至1941年春，學生數回升至120人左右。不過為了便於躲避日軍掃蕩，該校自4月份起分成第一、二兩級小學，共設班級5個，教職員8人。而1941年年關，日軍再行掃蕩，根據地教育再遭重創，縣政府此際結合邊區簡政工作，將兩個學校再行合一，計有教職員5人，學生80人左右，編制三個班。至1942年，該校學生數增至95人，分三班上課。〔註10〕

同期，縣政府辦有各類初小144所，教員156人。1942年，縣政府實施精兵簡政，「裁撤初小83校，教員91人，保留初小61校，教員65人」。精簡之後，該縣民眾反映自身負擔是減輕了，但「兒童就學不便，失學兒童比前更多了」。〔註11〕

1942年，縣政府辦有第一第二完全小學兩所。1943年9月，日軍突襲根據地，第一第二完小損失巨大，為了適應戰爭環境，「第一完小移居上良，留著四

〔註8〕張本初：《襄垣縣立第一高小概況書面報告》，1942年9月25日，襄垣縣檔案館藏中國共產黨襄垣縣委員會檔案，案卷號48，第14頁。

〔註9〕徐向前：《歷史的回顧》，解放軍出版社1987年7月第一版，第599頁。

〔註10〕張本初：《襄垣縣立第一高小概況書面報告》，第15頁。

〔註11〕吳殿甲：《襄垣縣簡政後教育工作實況報告》，1942年5月12日，襄垣縣檔案館藏中共國產黨襄垣縣委員會檔案，案卷號52，第1、2頁。

班五班，一班移居北尖」，剛到北尖時，「人數僅有二十餘人，住的是民房」，當時既沒有教室，也沒有課桌。1944 年 2 月，再由北尖搬到西邯鄲，此際學校才有了教室和一部分桌凳，學生由 23 人增加到 52 人。此際「整個學校雖說有四個教員，但因有整風一人，病了一人，一處只留一人堅持一個班的工作」。

為防範日軍偷襲，1943 年縣政府實行流動辦學，不過，因為精兵簡政，「各校校役取消之後，一切公物形成負責無人」。一旦日軍焚燒掠奪，則校產殆盡。更有甚者，個別學校此際反被「趁火打劫乘機據為己有，收入學董私囊。為惡霸貪污者亦在所不少」。〔註 12〕而在此之前，太行根據地小學校往往是部隊團體機關臨時「借用」的場所。〔註 13〕

1944 年 6 月初，縣政府決定將全縣兩個完小增至四所。因此，西邯鄲的高小班和村中的初小合併為第三完全小學。〔註 14〕此間，校舍在邯鄲廟的基礎上稍作修葺，「教室廚房都比前好了，教員增加了三人，高初學生共發展成九十七人」。11 月份，教員增加 1 人，學生經過測驗，由一個高級班劃分為兩個高級班，定名為第一班和第二班。經過一年來師生的開荒、鬧副業、養豬，在生產上有所收穫，「學校才由困難中喘過一口氣來，學校購買校具，如廚灶家具，大鍋、風匣、運動器具等」。〔註 15〕至抗戰勝利前夕，縣政府轄區各公私立學校共 192 所。（見表 1）

表 1　襄垣縣完初小學數統計表（1945 年 7 月）

區別	學區	行政村數	學校數			
			公立	民辦公助	私立	合計
一區	一	9	10		4	14
	二	13	7	7	2	16
二區	三	12	9	2	1	12
三區	四	10	11		3	14
	五	12	5	10		15

〔註 12〕襄垣縣抗日縣政府：《襄教行字第號通令》，1943 年 3 月 1 日，襄垣縣檔案館藏中共國產黨襄垣縣委員會檔案，案卷號 95 號，第 1 頁。

〔註 13〕太行行署：《關於禁止部隊團體機關占住學校的命令》，1940 年 12 月 15 日，山西省檔案館藏檔案：A68-6-7-15，第 11 頁。

〔註 14〕連次華：《襄垣縣立第三完全小學一九四五年全年工作總結》，1945 年 12 月，襄垣縣檔案館藏中共襄垣縣政府檔案，案卷號 234，第 3 頁。

〔註 15〕連次華：《襄垣縣立第三完全小學一九四五年全年工作總結》，第 4 頁。

四區	六	8	10		8	18
	七	15	6	8	5	19
五區	八	19	17	1	4	22
六區	九	20	17		3	20
七區	十	14	10		8	18
	十一	25	5		15	20

資料來源：襄垣縣檔案館藏中國共產黨襄垣縣政府檔案，案卷號234，第56頁。

此際小學教員的受教育程度不盡相同。如1942年簡政前，太行區襄垣縣小學教員有164名，其中高小教員8人，多係師範畢業生。〔註16〕以1942年9月縣政府第一高小為例，該校教職員10人（連火夫工友在內）。其中以幹部身份登記且從教者5人，均畢業於山西各類師範學校，（見表2）而第三聯合學區教員的等第也各各不同。（見表 3）至抗戰勝利前夕，縣政府轄區各公私立學校小學教員共計237人。

表2　1942年高小現任幹部統計表

職別	姓名	履歷	學歷
校長	張本初	曾任三高教員，聯高校長及督學等職	省立國民師範
教導主任	連次華	曾任三高及聯高教員等職	同上
教員	宣和如	曾任前二高教員，聯高校長及督學等職	省立四師畢業
	郭碩輔	曾任中心校長及區教助等職	省立四師畢業
	郭華亭	曾任前二高教員及中心校長等職	省立四師畢業
事務	栗懷珠	曾任區食助	縣立一高畢業

資料來源：襄垣縣檔案館藏中國共產黨襄垣縣委員會檔案，案卷號48，第18頁。

表3　襄垣縣第三聯合學區教員統計表

姓名	年齡	成分	學歷	服務年限	備考
栗子清	26	中農	師範	七年	甲
魯巨義	22	中農	高小	三月	丙
李炳贊	29	下中農	高小	七年	甲
李嘉祥	22	富農	高小	三月	丙

〔註16〕太行行署第三專署：《各縣小學教員統計表》，1942年10月7日，山西省檔案館藏檔案：A67-4-2-4，第3頁。

李項庭	25	貧農	高小	三月	丙
陳一恕	24	貧農	抗院	三年	乙
李才白	34	中農	初中	二年	甲
張寶高	29	富農	高小	十二年	乙
王洛宏	20	富農	高小	一年半	乙
郭寬榮	29	貧農	高小	三年	丙
王惠國	19	中農	高小	三月	丙

附注：抗院，全稱「抗戰學院」，抗戰期間中共太行區所辦，地址左權縣澤城。

資料來源：山西省檔案館藏檔案：A182-1-50-9，第 2 頁。

與此同時，襄垣縣敵佔區辦有高小三所，分處城內、虒亭、夏店三地。「城內一高校長張國權，教員楊雨霆，孫維德、白國璽、傅海龍、趙懷文（現已跑回根據地向抗日政府自首）、趙鮮棠」。有 6 個年級，內有 2 個高級班，人數約百餘人。虒亭偽高小係與初小合立，共 3 個班，人數約七八十人。「校長孫澤生，教員邱克濬、李慶一、孫保禹、董居易」。夏店偽三高係夏店實驗小學改制而來，有一個班，人數約三四十人。「校長張少渠，教員不詳」。另外，敵佔區尚有新民小學，名義上屬於偽縣府教育局，「實質上整個領導屬於新民會之次長（日人）和新民會教育分會」，對兒童進行「新國民運動和王道樂土及防共宣傳」，1942 年著重於「反共思想教育」。〔註 17〕

二、小學教員教育對象的實況分析

根據中共抗戰教育方針的總體要求，根據地本應實施普及的義務的免費教育來提高民眾的民族覺悟。小學教員在此要求下執教於各類小學，在其教育實施過程中，因日軍掃蕩、家庭貧富、學習興趣、貧寒生補助、寄宿住校等因素的影響，其教育對象在年齡層次、智識水平及入學時間等方面參差不齊，施教頗為不易。以襄垣縣第三完小為例，1942 年該校學生年齡跨度十周歲，年長者 20 歲，年幼者 10 歲，（見表 4）家庭出身各異，（見表 5）且此類學生並非同一時間入學，（見表 6）如何決定教學內容及教學進度，讓教員頗為費神。

〔註 17〕張本初：《襄垣縣立第一高小概況書面報告》，第 22～23 頁。

表 4　第三完小學生年齡段統計表

年齡	20	19	18	17	16	15	14	13	12	10
人數	3	6	17	24	15	14	10	4	2	1
備考	成人心理 50，占 52.083%				兒童心理 46 人，占 47.917%					

資料來源：襄垣縣檔案館藏中共襄垣縣政府檔案，案卷號 234，第 12 頁。

表 5　第三完小學生家庭成分統計

成份	貧農	中農	富裕中農	富農	地主	合計
學生數	17	41	16	19	3	96

資料來源：襄垣縣檔案館藏中共襄垣縣政府檔案，案卷號 234，第 11 頁。

表 6　第三完小學生班次及新舊生統計表

班次	本班數	男	女	新	舊
一班	31	30	1	1	30
二班	51	44	7	26	25
初級班	14	7	7	13	1
合計	96	81	15	40	56
備考	初級班只是住校的				

資料來源：襄垣縣檔案館藏中共襄垣縣政府檔案，案卷號 234，第 12 頁。

據上列數據可知，近 80%的學生來自中農以上家庭，過半學生為「成人心理」，因「個性衝突，互相不尿」而發生的問題比較常見，一旦出現爭執就提出要調動小組，「不然什麼都搞不好」。如學生馬增福「個性太強，平素自大，不格人，尿不著別人，總想顯露顯露自己，別人給他提意見，他總認為是攻擊他」，經過「大家孤立了他」之後，他才認識到。「當時就向大家做了自我批評，給大家提出保證」。並且，新生幾近一半，「從家中將［剛］來，也沒有經過什麼集體生活，什麼制度，所以就有一部分小的同學覺得很受拘束，情緒不安」。〔註 18〕總之，此類參差不齊的教育對象，其經受教育之後的成績也不盡人意。（見表 7）

〔註 18〕連次華：《襄垣縣立第三完全小學一九四五年全年工作總結》，第 12 頁。

表 7　第三完小學生測驗平均分數表

平均分	班別		備考
	一班	二班	
90 分以上			
80 分以上	2	4	
70 分以上	2	4	
60 分以上	11	14	
50 分以上	11	15	
50 分以下	5	14	

資料來源：襄垣縣檔案館藏中共襄垣縣政府檔案，案卷號 234，第 20 頁。

至 1945 年 10 月，第三完小共有住校學生 118 人，其中男生 104 人，女生 14 人，內含「村幹部 3 人，幹部家屬 4 人」。根據縣府規定該校貧寒生資助名額核定為 7 人，然實有 22 人，為此，貧寒金發放只能按實數均分。另外，自 1942 年後的三年當中，該校學生增加了 22 名，從學生年齡層次及家庭出身份析，（見表 8）中農子弟入學比例增多，年齡跨度有所減小。

表 8　第三完小學生年齡段及家庭出身分佈圖

年齡段	人數	家庭出身	人數
12～15 歲	34	雇農	—
16	32	貧農	10
17	22	中農	90
18	13	富農	8
19～20	10	地主	7
20 歲以上	7	商人	3

資料來源：襄垣縣檔案館藏中共襄垣縣政府檔案，案卷號 234，第 5 頁

上項情況的背後還隱含者學生輟學情況。學生輟學，一則因為根據地各校教科書相當缺乏〔註 19〕，「教員整天忙於抄書工作」，學生在校沒有課本「頗感不樂」，以至於「難以保留兒童」。又因教材不配套，「頭年念第二冊，第二年念第一冊」。第二冊課本太深奧，「結果是好幾天也念不會一課書」，家長時

〔註 19〕太行行署：《襄垣縣第三聯合學區 1942 年全年工作總結》，1942 年 12 月 31 日，山西省檔案館藏檔案：A182-1-50-9，第 4 頁。

常說「到學校念什麼書，都沒有念個啥」〔註 20〕，送子女上學的興趣也就逐漸失去。另外，為資助貧寒子弟上學而設立的助學金（即公費生）在精兵簡政開始之後大幅減少，貧寒生因之輟學。如 1942 年第一高小反映，「按規定 12 人優待，實難分配，急需再行增加數目，以利救濟敵佔區失學兒童及貧寒生」。〔註 21〕縣政府解釋原有 60 名公費生名額，因為是簡政時期「經過多方說服與動員，儘量爭求自費或動員學生家長負擔一部分」，減去了 48 名。不過，這 12 名公費生的優待費處置方式也有一定的變化，「為了補救敵佔區學生及部分貧寒生繼續就學，特拿上 12 名公費生的優待費，根據各個家庭距敵遠近及貧寒之不同，酌情優待了 22 名」，但這樣的結果便是，「其餘 38 名因此失學，學生因之減少 1/3」。所以，就出現了上文所述之第一第二高小合併為一校之事。〔註 22〕太行區政府也承認要增多公費生名額，並表達了擴大貧寒子弟入學機會的意願，〔註 23〕然實惠未至。教員們表示，「政府對優待貧寒生應切實優待，不應光調查不優待，影響貧寒生入學」〔註 24〕，希望「高小今年（1942 年）畢業之公費生在可能範圍內應准予優待，否則對該生之學業及前途大有可惜」。這是高小的優待生情況。該縣初小優待生根本就沒優待起來，「因我縣二十九年八月份至現在的小學教育經費還未全部解決(如二區)」。〔註 25〕縣府也承認「高小貧寒生問題實際上是不夠解決的，每個貧寒公費則供給三四個人用，有的二分之一，有的三分之一，全部供給的很少」，而初小的貧寒生及貧寒抗屬子弟「根本就沒有救濟」，因此，有大多數貧寒生輟學，有些則根本未上學。〔註 26〕

關於小學學生畢業及出路狀況。抗戰爆發之前，襄垣縣共有 5 所高小學校，「每校每年畢業 1 班，全縣約可百十人，升學者在半數以下」。抗戰爆發後，根據地第一高小 1941 年畢業一個班 20 人，其中，「升學四人，擔任公職

〔註 20〕崔維珽：《襄垣縣教育工作總結 1945 年》，襄垣縣檔案館藏中國共產黨襄垣縣政府檔案，案卷號 234，第 43 頁。

〔註 21〕張本初：《襄垣縣立第一高小概況書面報告》，第 22 頁。

〔註 22〕吳殿甲：《襄垣縣簡政後教育工作實況報告》，第 3 頁。

〔註 23〕太行行署第三專署：《一年來教育工作初步總結》，1942 年 12 月，山西省檔案館藏檔案：A67-4-2-5，第 10 頁。

〔註 24〕太行行署：《襄垣縣第三聯合學區 1942 年全年工作總結》，1942 年 12 月 31 日，山西省檔案館藏檔案：A182-1-50-9，第 4 頁。

〔註 25〕吳殿甲：《襄垣縣簡政後教育工作實況報告》，第 4 頁。

〔註 26〕崔維珽：《襄垣縣教育工作總結 1945 年》，第 43 頁。

七八人，居家者七八人」；1942 年畢業班 27 人，其中，「升學 16 人，作宣傳工作 9 人，因病居家者 1 人，擔任教員 1 人」。該畢業班即第二班，是由第二高小第一班學生與第一高小第二班於 4 月份合併而成。其中，原第二高小第一班學生「於民國廿八年十月間入學，學習一直到今年七月間，前後共廿八個月。除假期外，共上課 810 天」。另外一班為第一高小第二班，「於民國廿九年八月間入學，一直到今年為 20 個月，實上課 600 餘天」。他們的畢業成績，「八十分以上畢業人數為 21 人，七十分以上畢業人數為 6 人」。統計至 1942 年，縣政府轄區小學共畢業「學生 9 班，人數約 200 餘人，不過大都居家，有些擔任工作」。〔註 27〕

三、小學教員的日常工作

太行根據地小學教員的日常工作範圍涵蓋教育教學、訓導學生積極參與服務抗戰的實踐活動、配合各級政府做抗戰工作等方面。

教學方面，太行根據地小學規定開設國語、算術、社會、自然、新文字、藝體等課程。如高小課程國語科內容，「使用冀太政聯辦事處〔註 28〕教育部編審之高級小學國語課本第一冊第一課至第四十課止，第三冊第一課起至第四十課止，以及零選國語九十餘篇」。算術內容，「小學教材算術從整數認識起至非十進複名數小數關係止，並授面積的算法，體積算法，分數算法和百分法等」。社會課內容，使用「社會常識讀本，《中國歷史》（敬之編）從第一課起至二十三課止」。自然課內容，「新課程標準的小學自然課本從第二冊選起至第三冊止，又另選授過抗大編印的自然課本第一冊」。新文字課，教授內容「拉丁語單字母起至詞的寫法止，完全採授新文字概要本內容」。補充課內容為「中共的十五項建設主張，新民主主義」。藝術課內容「從單純的藝術字學

〔註 27〕張本初：《襄垣縣立第一高小概況書面報告》，第 17～20 頁。其中，注明內含公費生 5 人。敵偽地區高小 1942 年畢業學生共「二班 80 人」，其中「考入偽長治師範者 8 名，日語專修科 2 名，初中班者 10 名，介紹我方太行三中者 2 名，擔任偽工作者 20 餘人，其餘返家任偽村幹部」。同引，第 23 頁。

〔註 28〕1940 年 4 月，中共中央北方局在黎城縣召開北方局高幹會議，會上太行軍政委員會書記鄧小平提出統一冀南和晉冀豫區的行政領導，以促進根據地建設，為此決定成立太行、太岳、冀南行政聯合辦事處（簡稱冀太聯辦）。1940 年 8 月 1 日冀太聯辦在涉縣東遼城村成立，主任楊秀峰，副主任薄一波、戎武勝。1941 年 8 月 15 日，晉冀魯豫邊區政府選舉產生，冀太聯辦完成了歷史任務宣布撤消。見田酉如：《冀太聯辦的歷史作用》，《山西黨史通訊》1986 年第 1 期。

起至各種簡單抗戰漫畫」。唱歌課主要是「抗戰歌曲小調」。勞作課內容「從認識各種土壤、墾荒至播種各樣蔬菜及一切實際工作止」。體育課內容為「從各種步法教練變換隊形，以及各種柔軟操等」。課程設置方面，除「國術、新文字兩科共 135 分係自己添設外，其餘國語、社會、算術、自然、唱歌、體育、藝術、勞作均是依據邊府小學規程之規定計算分數」。〔註 29〕

不過，因為抗戰的形勢需要，中共敵後抗日根據地大多貫徹「以教授戰爭所必需之課程及發揚學生的學習積極性的原則」。〔註 30〕太行區曾專門召開文教大會，要求小學教育必須與抗戰實際相結合。原因是，「學生學（了）國語，不會寫單據、路條、信件；學（了）地理，不瞭解本縣地形及本區地勢等等」。「很多課在書本上懂得，搬到其他地方就不懂了」。尤其是「課表是花樣插開，這科下了上那科，一個問題沒有講好，又隔了六七天，一點也沒有用」。學生往往因為學不會用，「不能滿足家的要求，不是挨罵就是受氣。有的碰到寫東西的事，就滿街亂跑不敢回家」。因此，學科教育只能屈從於戰時最基本應用技術教育，如，寫契約，寫賬，算帳，寫單據，信件等。為此，各學校和「學生幹部及學生代表」共同決定了「以實際需要為原則，用甚教甚」的教學計劃，教學內容壓縮為「國語、地理和珠算（附加音樂和時事）」。具體而言，國語教學也就講授注音字母和應用文。應用文也只要求學寫契約、路條、單據等。針對部分學生識字太少，所以再加上老百姓日用雜字。地理教學「原則上還照課本，必要時加以補充」。珠算課程「以能算一般的糧秣賬、算算地畝，並會加減法為標準」。因此，正常教學多講授實用技術。小學教員們對此也隱曲地表達了非議，「沒有注意到有系統的突擊目標和原則，只是瑣碎的接受了群眾的意見，就去執行」，這樣很影響對學生基礎知識的教育。並且，「凡事處處依照學生的需要而改變教學規律，其結果也不是很好」。〔註 31〕

〔註 29〕張本初：《襄垣縣立第一高小概況書面報告》，第 20、21、17 頁。同期，中共太岳區小學開設的課程有國語、算術、社會、歷史、地理、自然、音美體育等，見太嶽行署：《太岳區小學教育暫行實施辦法（草案）》，1942 年，山西省檔案館藏檔案：A71-4-35-3，第 5 頁。

〔註 30〕毛澤東：《論新階段》，第 65 頁。

〔註 31〕太行行署：《1940 年教育工作指導》，1940 年 2 月 20 日，山西省檔案館藏檔案：A67-1-50-9，第 1～3 頁。太岳區也是如此從，注重農村實用文化，「用啥學啥，即學即用，在課程上增加了農村應用文，如寫路條、契約、書信等，學打算盤、記帳等」，實行一年多，「改變了群眾對過去學校脫離實際的觀點」，見太嶽行署：《太岳區文教工作總結》，1944 年，山西省檔案館藏檔案：A71-4-50-1，第 5 頁。

有關教育方面，小學教員需要教育指導小學生在校期間幫助駐地群眾，平時為群眾擔水、碾麵等，農忙季節如房東無勞力和畜力，學校則組織學生在課外幫助他們刨地、拔穀、割麥等。除此之外，還需組織學生課外參加群眾鬥爭大會，如「反貪污反惡霸，鬥爭過頑固家長（如不讓其子女入學）」〔註 32〕。實際情況是，學生因「品行非常瘋傻」而引發群眾不快，村幹部為之十分不滿。〔註 33〕還有學生午睡時偷跑到外面去捉松鼠、打酸棗，上自習時個別同學不看書，「偷偷地串廚房」，打了起床鈴不起，打了睡覺鈴不能很快入睡。此類問題，學校的處理方式一般是「由小組批評的，有隊前悔過的，也有隊前批評的」。最麻煩者還在於學生開學時間難以整齊劃一，多數學生出身富裕中農與富農、地主家庭，難適應學校清寒生活，受不了制度約束，因此開學按期到校者只有三四人，遷延月餘學生才來齊全。又因戰時小學生多寄宿學校，該等在校期間因想家而喜歡「請假，越假」。詢及回家原因則云「在學校吃不慣，想回家吃些好的」。再如 18 歲的小學生常成喜同學「就是好請假，請假總是越假。或者到其他地方去送信，趕集呀，總要偷跑回去瞧一瞧」。還有少數學生借用群眾用具遲送或失掉而讓群眾不滿，學校為此制定使用借物證制度，「寫明某組某人某日物名件數及歸還日子」，並宣傳「早借早還」。對學生「偷人（東西）案件二次（筆一次錢一次）」，學校處置方法是經過個別的長時間談話來「改造他，無有給以任何的打擊」。教員在處置這些問題時，因為學生接近成年人，一般多是採用個別談話加以引導。不過，校方事後也自我檢討此類教育方式「太右傾了，不能用具體的事實作普遍的教育」。〔註 34〕

當然，這種教育方式是因為根據地師生之間的民主制度使然，還因為根據地小學生多接近成年，傳統的訓導方式只能是讓渡於同齡輩的交流。而部分小學教員適應不了這樣的轉變。〔註 35〕且不論上述教育方式是否右傾，此種教育方式在根據地有其普遍性，如太岳區全區小學普遍廢除了體罰，實行

〔註 32〕太行行署：《1940 年教育工作指導》，1940 年 2 月 20 日，山西省檔案館藏檔案：A67-1-50-9，第 3 頁。

〔註 33〕連次華：《襄垣縣立第三完全小學一九四五年全年工作總結》，第 16 頁。

〔註 34〕連次華：《襄垣縣立第三完全小學一九四五年全年工作總結》，第 11、13 頁。

〔註 35〕如沁源有個教員，「對學生既不願採取舊的壓迫辦法來管理，又不會用新辦法，無法管理，苦苦哀告，辭職回家不幹」。安澤有個教員上課時無法維持課堂秩序，臉紅說不出話來，幾乎掉下淚來。靈石「一個教員的戒尺被沒收，給縣教育科長寫信說：沒有戒尺我無法管理學生，辭職不幹了」，見太嶽行署：《一年來學校教育總結》，1942 年 12 月，山西省檔案館藏檔案：A71-4-49-1，第 7 頁。

學校民主自治，一般學校都有學生自治會，由學生自選學生幹部管理自己的學習生活，「並建立師生互相檢討批評制度，長子（縣）模範教員鄧儀召開學生民主大會，向學生承認錯誤。陽城模範教師衛竟成同志經常向學生作自我批評。許多學校都採用了多鼓勵少批評、當眾表揚個別批評的原則」。〔註 36〕

除此之外，小學教員還承擔中共抗戰宣教的具體工作，因為中共基層政權從縣府到區鄉村各級政權組織需要大量黨員的參與。為此，其身份為文教幹部的小學教員往往被賦予了政工幹部的一些職能，除日常教學之外，他們還承擔了中共各級政權的臨時性「宣傳工作」和「組織與調查」任務。〔註 37〕如襄垣全縣 1941 年僅有黨員 635 人，分散在全縣 7 個分區 64 個支部，從抗戰工作需要來看，黨員人數明顯不足。〔註 38〕1942 年簡政之後，「村幹部缺乏，特別是政權幹部缺」，諸如傳達上級會議精神，訓練村幹部，制定村幹部選舉辦法，張貼標語等工作多由駐地小學教員負責完成。〔註 39〕在收集「公民證款」、「三八六旅之軍鞋」時，教員須「自帶熟食兩頓」，將此類錢物及時解送縣府時，「否則按紀律論」。〔註 40〕元旦之際，高小教員需負責召集群眾舉行聯歡會，「座談時事，生產擁軍，檢討工作缺陷」。在此類集會上，教員須將新年宣傳內容根據印發材料詳加解釋，「詳解之後，要求群眾提出意見」。〔註 41〕舊曆年關，小學教員得書寫牆報負責時事政治宣傳。〔註 42〕在農村冬閒季節，教員還得負責民革室建設、社會教育和冬學掃盲任務。他們在被選為冬學義務教員後，要趕赴縣政府接受培訓，完畢之後，即行開展工作。〔註 43〕此外，小學教員還負責教育

〔註 36〕太行行署：《太行區教育工作總結》，1945 年 8 月，山西省檔案館藏檔案：A68-4-50-1，第 7 頁。

〔註 37〕第一區抗日區公署：《九月份教育工作總結》（1941 年 9 月 30 日），襄垣縣檔案館藏中國共產黨襄垣縣委員會檔案，案卷號 21，第 4 頁。

〔註 38〕中共晉冀豫區黨委：《組織工作報告》，1941 年 8 月 1 日，見山西省檔案編《太行黨史資料彙編》（第 4 卷），山西人民出版社 1994 年版，第 540 頁。

〔註 39〕褚文遠：《襄垣縣簡政總結報告》，1942 年 5 月 21 日，襄垣縣檔案館藏中共國產黨襄垣縣委員會檔案，案卷號 52，第 7 頁。

〔註 40〕第五區抗日區公署：《民教字第號通知》，1943 年 10 月 23 日，襄垣縣檔案館藏中共國產黨襄垣縣委員會檔案，案卷號 95，第 8 頁。

〔註 41〕襄垣縣抗日縣政府：《襄教社字第號指示》，1943 年 12 月 22 日，襄垣縣檔案館藏中共國產黨襄垣縣委員會檔案，案卷號 95，第 12 頁。

〔註 42〕襄垣縣抗日縣政府：《襄社教字第一號通令》，1944 年 1 月 13 日，襄垣縣檔案館藏中共國產黨襄垣縣委員會檔案，案卷號 95，第 9 頁。

〔註 43〕襄垣縣抗日縣政府：《民教字第 18 號通令》，1943 年 10 月 14 日，襄垣縣檔案館藏中共國產黨襄垣縣委員會檔案，案卷號 95，第 7 頁。

民眾「如何應付敵人要錢要糧，抵制仇貨對敵抽丁」，同時提醒群眾警惕敵人的經濟封鎖政策，預防敵人的大掃蕩。〔註 44〕總之，此類工作較為繁重，且具有臨時性和緊迫性。

四、小學教員的生存環境

中共太行根據地堅持敵後抗戰，使得侵華日軍如鯁在喉。自 1941 年起，日軍按照「七分政治、三分軍事」的原則和對華實行政治、軍事、經濟、文化一元化的「總力戰」的方針，集中優勢兵力對根據地持續「掃蕩」。在日軍掃蕩之際，根據地小學教員們的去留選擇都賦有一定的政治考量。此際選擇中立態度繼續從教，看似與投降無涉，實則充當了維持會的角色，為堅持抗戰者所不容。設若此際棄職離開，則為日偽所不許可，輕則毒打，重則有性命之虞。1941 年 9 月，日軍曾十一次掃蕩襄垣縣第一區，「打過二十多個人，捉北郝中心校長李富金，苦打幾次，不准今後做抗日工作」。〔註 45〕中共因為堅持抗戰，也反對任何人在民族大義上有絲毫的猶豫。而實際情況則讓中共較為擔憂，因為小學教員當中存在「兩面三刀」之「灰色態度」者——有基本上抗日，對敵採取兩面態度的「抗日兩面派」；基本上對敵忠實，對中共採取應付的「漢奸兩面派」；在敵我頑之間足踏三隻船的「投機傢伙」。〔註 46〕去留之間，依違失據。如此生存環境使得小學教員群體發生了很大的分化。

襄垣原一高校長王在廷「現住友軍區」，靠近敵佔區的教員劉子靜、劉耀甫、張愚之、郗耀中「均居家」。「范發義，現任偽督學」。前二高小校長孫士達居家。教員何承天，「曾任聯高教員一年，現也居家」。教員宣和如，任縣政府第一高小教員。教員李茂喬，任祁縣行政科長。教員王魯廷，「現任偽小學教員」。教員栗子英、韓叔文、張偉民「現均居家」。前三高校長朱維普居家。張本初任縣政府第一高小校長，教員連作率任第一高小教導主任。郗子和、劉省三、申尚義均居家。杜思湖「亦任一高教員，最近因有維持嫌疑，被縣政府判處徒刑一年」。〔註 47〕前女高校長姚瑞琴「現住家」。教員張國權

〔註 44〕《抗日第一區九月份教育工作總結》(1941 年 9 月 30 日)，第 4 頁。

〔註 45〕《抗日第一區九月份教育工作總結》(1941 年 9 月 30 日)，第 1 頁。

〔註 46〕太行行署:《一年來學校教育總結》，1942 年，山西省檔案館藏檔案:A67-4-49-1，第 10 頁。

〔註 47〕張本初:《襄垣縣立第一高小概況書面報告》，第 16 頁。「維持嫌疑」，指的是 1942 年初日軍大掃蕩後，「襄垣縣各村鬧起了維持會，全縣只有七個村子沒有

充任「偽一高校長」。壽汝蓉「現居家」。秦愛香「曾任偽教員，現住壽陽偽府工作」。前霖高校長王鳳山，教員韓毓宏、路六齋「均已死亡」。傅海龍、李慶一「現均任偽高小教員」。前實驗小學校長王懋官，「從友軍區歸來後，居家」。教員王千田、郝雨田「現任偽縣府區長與科員」。教員任義昌現居家。何順甫「曾任聯高校教員，去年任二高校長，後因維持嫌疑，被政府判處有期徒刑一年」。〔註48〕在敵我頑之間，小學教員只能三居其一，生活方式在抗戰年代被賦予了民族的、政治的立場。

抗戰期間日軍對根據地的進犯也加劇了小學教員的生存壓力。如日軍掃蕩期間，「漢奸逼迫各村推車往城裏拉煤，並有自衛團配合出動捉拿抗日幹部」。因此，「村幹部不敢出頭幹，教員同志也不敢開展工作，只好是打游擊的來做」。這樣的結果就是，教員「因環境不敢做工作」，又因工作事頭繁多，「與村幹部配合的不夠」。結果，各小學一半兒童未到校，而入學的兒童也是流動上課，所有的學生編成小組實行輪迴教學，還實行「小先生制」。〔註49〕而此種提心弔膽的工作環境使得教員顧慮重重。抗日縣政府認為，該縣現有的小學教員，「其中有 1/3 是消極怠工不負責任，常回家，總之是不遵守小學教員紀律，一但［旦］予以批評或警告，他就藉故說不當教員了」。〔註50〕而根據地小學教員渴望的是生存環境的穩定，「他們只是痛很［恨］軍隊不來打仗」。此情此景之下，政府認為小學教員對抗日工作「不觀［關］心人多」，因為擔心日偽打擊報復，他們「對偽政府的工作是看重一件大事」。〔註51〕因此，1942 年太行根據地實行精兵簡政之際，襄垣縣被編餘的 91 名小學教員「都樂意回到生產崗位」。〔註52〕

其次，薪資待遇也是小學教員頗為關注的現實問題。1941 年之前，太行區小學教員每人每月供給小米三斗，每月薪金，「初小甲等教員 11 元，乙等 10 元，丙等 9 元；高小校長 13 元，教員 12 元」。〔註53〕1941 年各地物價高

維持」，4 月初，抗日縣政府「展開了全縣反維持鬥爭」。見褚文遠《襄垣縣簡政總結報告》，第 6 頁。

〔註48〕張本初：《襄垣縣立第一高小概況書面報告》，第 16～17 頁。

〔註49〕《抗日第一區九月份教育工作總結》（1941 年 9 月 30 日），第 4 頁。

〔註50〕吳殿甲：《襄垣縣簡政後教育工作實況報告》，第 4 頁。

〔註51〕《抗日第一區九月份教育工作總結》（1941 年 9 月 30 日），第 2 頁。

〔註52〕吳殿甲：《襄垣縣簡政後教育工作實況報告》，第 3 頁。

〔註53〕太行區署：《小學教員服務條例》，1940 年 5 月 1 日，山西省檔案館藏檔案：A68-6-9-14，第 31 頁。

漲，小學教師薪金不足以維持生活。是年 7 月，冀太聯辦調整小學教員薪金，「最高額增加到每月廿元，至多廿五元（包括菜金衣服鞋襪醫藥等費），每級差額一元，挨次遞減」。小學教員的糧食，「自八月份起，每月按 45 斤小米發放」。〔註 54〕1943 年襄垣縣政府規定小學教員的待遇，「每月至少不得低於 22 元，學生最多的地方不得超過 26 元，小米每月按 45 斤計」。〔註 55〕然自當年起，華北地區旱災嚴重，太行根據地政府規定「所有各初小教員每人每日以一斤四兩計」，但地方政府號召「每人每日應節約糧食二兩，由各支發部門依數扣留」，因此，小學教員每人日口糧實發一斤二兩。〔註 56〕為此，教員輪流值日，「負責掌握灶上火［夥］食」。但在伙食管理當中，因為「不是落筆賬，就是算錯帳，吃的沒糧，有些家長對這個問題相當不滿」。〔註 57〕

小學教員的待遇還因小學校的性質而呈現差別。太行根據地小學校有完全公立、民辦公助、完全民辦三類。公辦小學校的一切薪糧公費都能從政府按月支領，「民辦小學很困難，沒有正當開支，單純的由群眾募捐」，但群眾僅表示「合理的負擔大家出」。同時，區署規定民辦學校小學教員「不得向村要小米，採取學生家庭輪流管飯辦法，每月津貼卅元」。實際情況則是部分教員「（調）走了半年，都沒有要完薪糧」。因此，大部分教員不願任教民辦學校〔註 58〕，民辦學校正常教學遂無法開展，「二區土合村，因沒支出，停了學校，教員的薪糧仍未算清。諸如此類的事，多的很」。〔註 59〕時至 1945 年，「小學教員絕大部分工作都不安心」，武鄉縣很多小學教員要求去外區工作，或調換工作，不願再做教育工作。根據地政權也承認，「目前小學教員生活待遇較低，實是重要原因」。〔註 60〕太行區為之修改小學教員待遇，「薪給一律發給

〔註 54〕太行行署：《關於規定小學教師增薪辦法的命令》，1941 年 7 月 20 日，山西省檔案館藏檔案：A68-6-9-7，第 13 頁。

〔註 55〕襄垣縣抗日縣政府：《襄教字第 26 號通令》，1943 年 4 月 15 日，襄垣縣檔案館藏中共國產黨襄垣縣委員會檔案，案卷號 95，第 15 頁。

〔註 56〕襄垣縣抗日縣政府：《襄財會字第 8 號通令》，1943 年 8 月 21 日，襄垣縣檔案館藏中共國產黨襄垣縣委員會檔案，案卷號 95，第 20 頁。

〔註 57〕連次華：《全年工作總結》，襄垣縣檔案館藏中共襄垣縣政府檔案，案卷號 234，第 6、15、31 頁。

〔註 58〕太行區平順縣政府：《私立小學教員生活供給的解決辦法的報告》，1943 年 3 月 11 日，山西省檔案館藏檔案：A68-3-5-13，第 14 頁。

〔註 59〕崔維珽：《襄垣縣教育工作總結 1945 年》，第 44 頁。

〔註 60〕太行行署第三專署：《關於小學教師待遇問題的請示》，1945 年 5 月 26 日，山西省檔案館藏檔案：A67-4-7-4，第 18 頁。

糧食，所有被服鞋襪均按本專區糧價折合成糧食發給」，依此規定，太行區武鄉、襄垣、榆社、武西、祁縣等地「甲等教員每月薪給米 125 斤，乙等 112 斤 8 兩，丙等 100 斤」，左權、黎北兩縣「甲等教員每月薪給米 116 斤 8 兩，乙等 105 斤，丙等 93 斤 8 兩」。〔註 61〕

針對小學教員的生活困境，各地方政權亦有相應的扶助。1943 年 9 月襄垣縣發出指示，要求自當年秋季麥種之前起，各村都須「在村公產社地絕地」或其他應分配土地中劃撥「耕地三畝至五畝」給學校作為農業試驗田，並要求「距離（學校）不應過遠，土地不宜低劣」。該部分土地收入所得，可補助學校建設之用，也可以津貼本村貧寒兒童，和「少［稍］作改善教育學生生活之需」。該指示明確強調，此類耕地「決不能成為教員私人資產，搜刮肥己」。〔註 62〕縣府確也處理過將此類農業試驗田「作為私人收入，甚至拿回家去」的不良教員。〔註 63〕不過，艱難時代的民眾也顧忌不多，學校此類試驗田的莊稼「被老百姓偷的很厲害，特別是玉茭，已竟殘留的無幾，南北瓜全部偷光了」。〔註 64〕

五、小學教員的從業心態及價值取向

抗戰期間，太行根據地小學教育可謂篳路藍縷，慘淡經營。期間也湧現了很多新問題。尤其是基於現實環境的考量，根據地小學教員的從業心態和價值取向發生了很大的變化。

1942 年襄垣縣抗日縣政府在分析該縣教育狀況時指出，「因本縣環境惡化，又加上過去工作沒有基礎，使得部分幹部悲觀失望情緒高漲。表現在消極怠工，逃避工作」，小學教員此種現象「比政權、民運幹部更為顯著」，導致檢定教員工作無法進行。當年實行簡政之後，小學教員是「經過下鄉動員，才到了工作崗位」，但「直到今天，還有個別頑皮教員，藉故呈請辭職」。值得關注的是，有些「能力較低的編餘教員還願意出來擔任教員工作」。〔註 65〕同

〔註 61〕太行行署：《教財字第 95 號通令》，1945 年 6 月 25 日，山西省檔案館藏檔案：A67-4-7-7，第 21 頁。

〔註 62〕襄垣縣抗日縣政府：《襄教行字第 13 號指示》，1943 年 9 月 12 日，襄垣縣檔案館藏中共國產黨襄垣縣委員會檔案，案卷號 95，第 2 頁。

〔註 63〕襄垣縣抗日縣政府：《通令》，1943 年 9 月 30 日，襄垣縣檔案館藏中共國產黨襄垣縣委員會檔案，案卷號 95，第 11 頁。

〔註 64〕連次華：《全年工作總結》，第 26 頁。

〔註 65〕吳殿甲：《襄垣縣簡政後教育工作實況報告》，第 1～3 頁。

時，受整風運動影響，部分教員「被特務種下了思想病」。尤其是那些在日軍侵犯根據地之際未能全身而退的教員，此際也易被視為「反特的對象」。因此，小學教員「每個人就像戴了一頂愁帽子，終日愁苦，在工作中不大膽，一提起來就想離開教育系統」。〔註66〕此種狀況一直持續到1945年。

為解決小學教員上述思想病。1945年7、8月之間，襄垣縣政府集中全縣小學教員進行甄別。期間，日本宣布無條件投降的消息傳來，參加甄別集訓的教員們呈現出對各自利益關注的差異性，「有的脫離崗位到其他村進行參軍工作，有部分到前（方）做政工（幹部）」，留下的教員「亦不甚安心」。與此同時，縣政府決定開展教育檢查，但政工幹部大多數參加當年的整風工作，專門負責教育工作的同志「忙於中心工作，互相扯皮」。縣政府遂將此項檢查工作委託小學聯合校長去完成。結果該項工作「一點也未突破，全面也未推開」。縣政府歸咎是縣區之間缺乏聯繫和聯合校長「走馬觀花式的檢查」，導致「有些跳［調］皮教員就趁機偷懶，不好好搞，工作懈怠」。〔註67〕

揆諸史實，聯合校長之所以走馬觀花，一則在於檢查單位過多（按，全縣此際有小學192所）；再則，作為教員出身的聯合校長，最能明瞭教員自身的隱曲，所檢查的對象差不多是曾經的同事或相識，因此，他在凸顯部分自身角色意識的同時，也默認和順從權勢的意志，否則會成為「壞分子」而被剔除。如，教員石玉山在1942年冬學「沒很好」，「今年自開學到現在連面也不去」，冬學裏「照（樣）生活腐化，消極怠工，不負責任，使得群眾不滿」，為此，抗日縣政府予以通令撤職處分。〔註68〕1943年4月，韓家莊教員程顯華「工作消極行為不檢，有失抗日民主教育之尊嚴」，被撤職。〔註69〕耐人尋味的是，作為有行政級別的各類校長是不可以越俎代庖處置教員中的壞分子的。小學教員陳一恕「能力博［薄］弱，工作消極，抗日縣政府曾有批評，以期在工作中學習鍛鍊以便改進」，然「近來不但沒有進步，反而生活腐化行為失檢」，尤其是在婦女上冬學時，「將好看的向前坐，醜陋的後面坐」。當地群眾對該教員甚表不滿，縣府亦指斥其行為實非為人模範的小學教師所應有。

〔註66〕崔維珽：《襄垣縣教育工作總結1945年》，第43頁。

〔註67〕崔維珽：《襄垣縣教育工作總結1945年》，第43頁。

〔註68〕襄垣抗日縣政府：《民教字第8號通令》，1943年3月11日，襄垣縣檔案館藏中共國產黨襄垣縣委員會檔案，案卷號95，第4頁。

〔註69〕襄垣縣抗日縣政府：《襄教字第27號命令》，1943年4月19日，襄垣縣檔案館藏中共國產黨襄垣縣委員會檔案，案卷號95，第17頁。

未幾，聯合校長崔維民將陳一恕撤職，但縣府指出崔不該「全無組織觀念越級處理」，也應受到批評。〔註 70〕

除上述之外，太行根據地小學教員的身份也影響整個他們的從業心態和價值取向。如在日常生活當中，被賦予文教幹部身份的小學教員承擔著根據地政權建設各類任務，不過，他們無緣參與各級政權會議。如聯合校長「任用（級別）是區幹部」，但區署召開全區幹部會議布置或總結工作時，不通知聯合校長參加，「這點政治待遇連個村幹部都不如」。與村幹部同級別的小學教員「在村上一樣是關係轉不來，整個會議仍不能參加」。小學教員為此感到困惑，覺得自身游移於幹部與辦事員身份之間，並被「形成孤立」。因此，只要存在可能的機會，小學教員大多願意轉換為其他幹部身份。並且，現實生活當中也存在此種機遇，教員若被評選為模範文教工作者，則此種轉換機遇更大，「有個高小校長（評為模範文教工作者）現提拔為教育科長，有個教員已提拔為高校校長，初小共有五人（評為模範文教工作者），其中有三個由教員提拔為聯合校長，有一個到完小任教員，一個任民政助理」。〔註 71〕

當然，教員提拔的獲得不在自身。如，與小學教員薪給直接掛鉤的教員檢定一事，是由政府教育科長主持，每月一次，以半年總平均分為所得成績，教員按此成績升降等次。「成績優良者，提升為高小教員或按高小教員待遇；成績不良者，應以所得成績降等，並予批評」。〔註 72〕此處正好照應了「權力把它的追求制度化、職業化，並加以獎勵」。〔註 73〕當然，這種獎勵所引發的小學教員職位變動往往使教學大受影響。以襄垣第三完小為例，自 1945 年 2 月 20 日開學至 6 月 20 日放假的四個月當中，「校長教員調動三次」，3 月上旬學生才來齊，下旬校長調走。4 月縣府派來教員一名，「不久又有調動」，學校正常的教學秩序被打亂。〔註 74〕縣政府也承認「教員的更動在襄垣是最頻繁的」。又如，教員王惠「二月份在田家坡，三月份到北馬喊，又調北河，秋後又調到南姚。類似這樣每年調二三個地方的教員是不算稀罕的，其原因是有

〔註 70〕襄垣縣抗日縣政府：《襄教字第 2 號通令》，1943 年 12 月 1 日，襄垣縣檔案館藏中共國產黨襄垣縣委員會檔案，案卷號 95，第 14 頁。

〔註 71〕崔維珽：《襄垣縣教育工作總結 1945 年》，第 44、52 頁。

〔註 72〕太行區署：《小學教員服務條例》，1940 年 5 月 1 日，山西省檔案館藏檔案：A68-6-9-14，第 3 頁。

〔註 73〕〔法〕福柯著：《權力的眼睛：福柯訪談錄》，嚴鋒譯，上海人民出版社 1997 年版，第 228 頁。

〔註 74〕見襄垣縣檔案館藏中共襄垣縣政府檔案，案卷號 234，第 8 頁。

的提拔任幹部，動一人波動好幾個」。〔註 75〕而正是這樣的調動和提拔，恰好攪動了其他教員內心的微瀾，因為教員一旦調動則不至於在根據地前沿敵我爭奪地區擔心受怕；設若是提拔，則意味著此種憂慮獲得了一勞永逸的解脫。其結果，不僅是教學進度大受影響，也促成了教員隊伍的分化。

抗戰時期根據地這一特定時空之下的教員，如何實現自身名與實的價值統一，不能不引發教員對此的思考，進而影響到他們更為務實的價值取向。而在此之間他們的言傳身教自然潛移默化地影響著其服務對象上學讀書的動機。然時至 1945 年 7 月間，「學生看不起技術工作，想當幹部的思想濃厚。有個別學生已公開說出將來堅決不當教員」。襄垣縣第三完小學生入學動機的統計與此基本一致。〔註 76〕（見表 10）

表 10　第三完小學生入學動機統計表

動機願望	當幹部	升學	工作與農家	當教員	守業	當工人	合計
學生數	54	7	16	6	10	3	96
百分比	56.214%	7.292%	16.667%	6.25%	10.452%	3.125%	100
備考	當工人的 1 個準備住紗廠，2 個當守業工人						

資料來源：襄垣縣檔案館藏中共襄垣縣政府檔案，案卷號 234，第 11 頁。

由此可見，小學教育的培養目標達成度不高。因為，太行根據地培養目標規定是，「學習初步科學常識，樹立革命思想，不但成為良好公民，而且有一定的文化科學基礎，便於一部分升學，一部分參加工廠商店工作，或者經過相當訓練，參加其他工作，一部分參加農葉［業］生產，或為農村積極分子」。〔註 77〕

結論

知識分子是受過專門訓練，掌握專門知識，以知識為謀生手段，以腦力勞動為職業的社會群體。毋庸置疑，太行抗日根據地小學教員也是知識分子

〔註 75〕崔維珽：《襄垣縣教育工作總結 1945 年》，第 42 頁。

〔註 76〕同期，中共太岳區小學生學習動機與此相似，如，「讀書能陞官發財有勢力，好把家庭地位提高，別人不敢欺侮」，「念哈書將來當個幹部威風」。而「比較進步的學生求知識學本領為革命盡忠為人民服務」，此類不多。見太嶽行署：《1944 年教育工作總結》，山西省檔案館藏檔案：A71-4-49-2，第 3～4 頁。

〔註 77〕太行區署：《太行區小學教育暫行實施辦法》，山西省檔案館藏檔案：A67-6-49-3，第 1 頁。

的一分子。不過，根據地小學教員在適應抗戰所要求的新文化轉變之際，尤其是在「替新政治新經濟服務」的過程當中呈現出複雜的生存樣態。從地理環境上看，他們往往處在敵我爭奪之間；從教學內容上看，他們面臨實用技術教育和學科教育理念間的衝突；從教育對象來看，他們在同齡人與傳統老師角色間犯難；而在與政權機關交往之際，他們在幹部和辦事員兩種身份之間遊走。總之，抗戰期間小學教員群體的生活樣本折射出特殊時代知識分子依違失據的夾縫人生，在此境遇中，他們緣於務實選擇和大背景下的價值取向，其生活旨趣及最終歸宿呈現分野，一部分及時實現了由文教幹部向政工幹部的華麗轉身，一部分因不願承擔從教可能帶來的政治風險而回歸了政治屬性不強的農業生產，而繼續留在講壇者，在忍受生活清貧和環境壓力之餘，確也保留部分角色意識，然更多的表現出對於權勢意志的順從，而這種順從之餘所表現出來的困惑，也深深影響著他們的服務對象對於人生的規劃。

總之，抗戰期間太行抗日根據地小學教員的工作環境和生存方式，既引發了他們對於自身價值所繫的思考，也折射出特定時空下知識分子複雜的心態。並且，他們的生存樣態及其價值取向，還形塑了下一代及其後人。

第十三講　亂世中的遁世：抗戰時期底層民眾的草根信仰

題記：一貫道是近代中國最具影響力的會道門之一，自晚清初見雛形到新中國被取締的幾十年發展當中，一貫道調試儒釋道三教提出自己的祈福消災的修道方式，契合中國抗戰這一特定的動盪年代之民眾的遁世思想，獲得了傳道的極大成功。抗戰時期的山西，因國家權力式微及日偽力量的扶持，一貫道依靠櫃坊制組織體系，通過親渡親友傳友的發展模式，形成綿密而富有親情的社會網絡，並通過靈活自由的教職升遷，使得一貫道眾達百萬之巨。

一貫道是中國近代史上信徒達千萬之眾的一個會道門組織，1951 年被人民政府列為反動會道門予以取締。新政權在較短時間之內取得對一貫道鬥爭的勝利一度獲得各界的廣泛關注，並總結出各地完勝一貫道的有關經驗。不過，一貫道活動隱秘，所留文本語義隱晦，學界對此的研究相對不足〔註 1〕。

〔註 1〕相關論著有李世瑜：《現代華北秘密宗教》，上海文藝出版社 1990 年版；陸仲偉：《民國會道門》，福建人民出版社 2002 年版。相關論述有周育民：《一貫道前期歷史初探——兼談一貫道與義和團的關係》，《近代史研究》1991 年第 3 期；韓志遠：《王覺一與末後一著教新探》，《近代史研究》2007 年第 4 期；盧雲峰：《變遷社會中的宗教增長》，《北京大學學報（哲社版）》2010 年第 6 期。其中盧文從社會學的角度對一貫道在 1930 年代的勃興進行了探討，具有一定的學術創新。

在此基礎上，本講擬就新發現資料對抗戰期間一貫道在山西基層的組織發展狀況做一簡單探究，以此求教同仁。

一、一貫道的歷史

一貫道提倡儒釋道三教合一論，他們的道義也可儒可釋可道的。據其道眾所稱，所謂一貫道乃孔子之「吾道一以貫之」的那個道，且兼有老子的虛無，佛家之寂靜和儒家之明明德。一貫道認為，儒釋道三教均由「無極」一理而生，即，佛講萬法歸一，道講論元守一，儒講執中貫一，三教均以「一」為本課，故該教名曰一貫道。故他們認為儒釋道三教的創始即一貫道之創始。在其宣傳品中，他們以達摩係佛教禪宗東土之初祖，天竺香至王之第三子，梁大通元年來廣州，後上嵩山少林寺修道，是謂其第一代祖師。

近代一貫道究竟何時為何人所正式創立，相傳 1877 年山東青州人王覺一開辦東震堂開始傳播「末後一著教」，並提出「三教合一」說，為一貫道的創立進行了一定的理論準備。1884 年王覺一死後，其弟子劉清虛於 1886 年執掌東震堂。1905 年，劉清虛取《論語》「吾道一以貫之」句，正式改東震堂為一貫道。〔註 2〕1919 年劉清虛死後，其弟子濟寧人路中一繼任一貫道教主。路自稱彌勒下凡，道眾尊其為「白陽初祖」。路中一傳道十餘年，然影響不大。1925 年路中一死前，將一貫道暗傳其妹路中節，路中節自稱「南海古佛」下凡，執掌一貫道至 1930 年乃死。死後路中一之大徒弟郝寶山（山西孝義人）與張光壁互爭繼位，濟寧人張光壁利用扶乩自立的方式勝出。郝寶山派在張派的排擠下，日漸衰落，不過因其地緣關係，郝派在晉中一點仍有相當多勢力。該派在晉發展道徒較為慎重，規定道徒必須「清口」。而張派則不清口也可，道眾雖為複雜，然道眾甚多。

張光壁，號天然，自稱濟公下凡，為一貫道第十八代祖師，被道眾尊為張老祖。自 1930 年獲一貫道道首後，張光壁經過 17 年的經營，一貫道獲得了空前發展。在日偽統治時期，張光壁被南京汪偽政府聘為外交部顧問，自此，一貫道遂為日偽所利用，在敵偽統治下的城市發展日熾，並蔓延至鄉村。〔註 3〕

〔註 2〕陸仲偉：《民國會道門》，福建人民出版社 2002 年版，第 243～244 頁。亦有「最遲在光緒六年又稱一貫道」一說，見韓志遠：《王覺一與末後一著教新探》，《近代史研究》2007 年第 4 期。

〔註 3〕中陽縣政府：《晉綏一貫道概況》，1949 年 4 月 20 日，山西省中陽縣檔案館藏檔案，全宗號 02，目錄號 2，案卷號 19，第 26 頁。（以下使用節略表示）。

根據張光壁 1939 年手訂的《暫訂佛規》規定，一貫道內組織系統自上而下之傳道人分為：師尊（本道老師至尊之長）、典傳師（替老師典傳道法者）、壇主（各壇之主人）、引保師（引人保人求道者）、道親（通道之人皆謂之道親）。

一貫道自劉清虛至張光壁時代，均注重調試儒釋道三者進而強調一貫道的存在合理性，以此擴大影響贏得受眾。一貫道認為佛道二教偏重出世，儒教偏重入世。而所謂教人出世者，恐人貪戀紅塵；而教人入世者，恐人競尚名利，因此二者其本質都是一致的。因此，世人只有三教齊修，不偏不倚，行儒家之禮儀，用道教的功夫，守佛家之規誡。一貫道儘管強調三教齊修，然其內部存在「釋派」「儒派」之分。

二、一貫道進入山西

根據有關資料顯示，一貫道傳入山西時間大概是七七事變之後，多在 1939 年至 1940 年間由綏遠包頭和北平兩地相傳而來。由於一貫道不鼓動抗日等政治參與，因而獲得日偽利用和扶持，至日本投降前後，一貫道由日占區城鎮及交通沿線逐漸向山西邊遠地區擴展，遂成一個信徒眾多的封建迷信組織。〔註 4〕抗戰期間，晉西北之一貫道以「懷仁、忻縣、崞縣、代縣、寧武等地為基點」。在日本投降前後，一貫道傳入興縣、臨縣、離石、方山、岢嵐、神池、五寨、河曲、保德、偏關、忻縣、崞縣、靜樂、寧武、朔縣、山陰、懷仁、大同、左雲、右玉、平魯、交城、孝義、文水等地。晉南各地一貫道之傳入略遲，最早是由安邑人陳振華於 1940 年傳至該縣東郭鎮〔註 5〕，1943 年在日偽扶持下始獲得大發展。具體而言，山西各地一貫道之傳入時間大體歸結如下。

1929 年，白其仁開始在綏遠包頭地區傳道，九一八事變後獲得大量發展。1935 年，一貫道北平點傳師開始在崞縣傳道，1939 年後大獲發展。1940 年冬，一貫道自綏遠傳入代縣、懷仁、左雲、右玉、山陰、大同。同年傳入晉南安邑、河津等地。1942 年，6 月傳至寧武；7 月，傳至神池、五寨、嵐縣、繁峙、五臺等處 1943 年 11 月傳入離石，並由代縣傳入方山。1944 年開始傳入晉南永虞縣。1945 年 5 月傳入興縣，是年冬由神池傳入臨縣、岢嵐、保德、河曲、

〔註 4〕中陽縣政府：《晉綏一貫道概況》，1949 年 4 月 20 日，山西省中陽縣檔案館藏檔案：2/2/19，第 28 頁。

〔註 5〕安邑，原山西省轄縣屬之一，1958 年併入運城，現為運城市安邑鎮。

偏關等地。值得一提的是，1944 至 1945 年間，一貫道還從山西發展到陝北延安、清澗、米脂、瓦窯堡、正川、鰁鎮、榆林等地。〔註6〕

抗戰期間傳入晉省之一貫道，其內部又分為「聯合」和「厚和」兩線分別在山西發展道眾。所謂「聯合線」，即奉行「釋派」依附偽華北聯合政府系統形成，供奉彌勒佛，因自北平沿平綏線向晉北發展，故又稱「北平系」。所謂「厚和派」，即是奉行「儒派」依附偽蒙疆厚和自治政府系統形成，供奉孔夫子，因自綏遠傳入晉北，故又稱「綏遠系」。1942 年夏，一貫道發展到晉北朔縣、神池、五寨、寧武等地時，此兩大系曾一度合作，共立佛堂，然至 1942 年冬復行分開，兩派各建佛堂，競爭發展。〔註7〕

一貫道在山西發展期間，其內部組織名稱及相互關係較之《暫訂佛規》略顯複雜，其組織關係自上而下有：「師尊」，即張光壁本人，其妻及其子女分別尊為師母、師兄、師妹。張本人並不傳道，其下專設「道長」五六十人輔佐其辦理各省市道務指導事項。「道長」，又稱「老前人」，即省市負責人，監視指導各地前人與典傳師工作，並有保舉與委任典傳師之權限。「前人」，即典傳師以上及道長以下、負責一個地區道務之負責人。「典傳師」，也稱傳櫃，即一貫道之傳道師，負責各地組織、發展、宣傳、派遣、聯絡之直接領導者，其中分為乾道典傳師（男）、坤道典傳師（女）、老典傳師和新典傳師。「代表師」，也稱扶坐、善士、輔助人、普通典傳師，其任務是輔助或代表典傳師辦理道務。「老壇主」，也稱大佛堂之主，不出門專營佛堂，佛堂多設在自己家中，並負責勸道、渡人，以及一般道親之審查談話、招待、道內書訓文件之保管、佛規之講解等地。「壇主」，一般指管理小佛堂而言，性質任務與老壇主相同。「引師」，即介紹人。「保師」，即介紹者本人的介紹人。「道親」，即普通教徒，分為乾（男）、坤（女）、童（男孩）、女（女孩）四種。〔註8〕

1939 年，薛洪獲山西一貫道正道長主持道務，（副道長陳秀林協助）其組織系統逐漸明晰。薛氏在山西漸次建立起有別於其他地方一貫道組織發展的

〔註6〕中陽縣政府：《晉綏一貫道概況》，1949 年 4 月 20 日，山西省中陽縣檔案館藏檔案：2/2/19，第 2～3 頁。

〔註7〕中陽縣政府：《晉綏一貫道概況》，1949 年 4 月 20 日，山西省中陽縣檔案館藏檔案：2/2/19，第 4 頁。

〔註8〕中陽縣政府：《晉綏一貫道概況》，1949 年 4 月 20 日，山西省中陽縣檔案館藏檔案：2/2/19，第 5～6 頁。

「櫃坊」制，其在山西總櫃下分設「仁義禮智信」五常櫃組織指導傳道，常櫃分駐陽泉、忻縣、崞縣、代縣、太原，並以太原為基地〔註9〕。不過也有說法是，山西一貫道分設有東西南北中五個中心傳道，東面中心設平定，負責人姚姓；西面中心設在文水，負責人胡家舉（平遙人）；南面中心設在運城，負責人王世昌；北面中心設在忻州，負責人李耀昂（忻州人）；中面中心設在太原，陳秀林兼任。〔註10〕

若從實際傳道業務活動看，真正負責各地宣傳組織工作的是各地壇主、代表師與典傳師。其下屬縣亦設壇由典傳師或代表師直接領導，按屬地區村發展下線，並依據入道者人數多寡設壇若干。壇設壇主一人，直接領導各佛堂。少數地區則在壇主以下設指善、達善、講善領導道親。

三、一貫道的入道手續及其紀律

一貫道在山西發展相對比較謹慎，其入道手續亦顯繁瑣，且有相應的盟誓約束道眾。信徒凡加入一貫道者，須服從入道條件：入道必須遵守佛堂教儀規；勤修內外功課（內功為修己向善，外功為渡人行善）；入道須繳納功德費；入道須遵守師訓。在其「入道」之際，須得履行相應手續：介紹——由引師和保師介紹；談話——引保師將擇定對象報告壇主或典傳師，再由壇主談話，考察其身家及其思想表現；填表——將入道者姓名、引保師姓名填入制式表文二份，一份送交上級，一份在舉行入道儀式時焚燒，謂之「上天」。宣誓——宣誓之際，焚香叩頭，向天宣誓，「如果反了天條，天打五雷轟身」。

上項手續履行之後即算「入道」，然入道不等於「得道」，一貫道宣稱「入道者如毛，得道者如犀角」。因此，一般入道者還須履行有關手續與考驗始算「得道」：（1）求道——信徒經引保師介紹入道時，須口念求道願文，宣誓對道忠實。（2）「清口」——戒齋，不吃五葷，不用煙酒。（3）「點開」——典傳師主持儀式，入道者跪在佛前，由典傳師用左手中指在其兩眉之間一點，

〔註9〕陸仲偉：《一貫道內幕》，江蘇人民出版社1998年版，第218頁。不過也有說法是，山西一貫道分設有東西南北中五個中心傳道，東面中心設平定，負責人姚姓；西面中心設在文水，負責人胡家舉（平遙人）；南面中心設在運城，負責人王世昌；北面中心設在忻州，負責人李耀昂（忻州人）；中面中心設在太原，陳秀林兼任。見山西省中陽縣檔案館藏檔案：2/2/19，第7頁。

〔註10〕中陽縣政府：《晉綏一貫道概況》，1949年4月20日，山西省中陽縣檔案館藏檔案：2/2/19，第7頁。

並授以最秘密之「三寶」，始算「得道」。〔註 11〕

道徒得道之後，須在相應道首及神佛面前發誓遵守十條「洪世大願」：誠心保守、實心懺悔、如有虛心假意、欺師滅祖、藐視前人、惹道不顯、不量力而為、不遵佛規、洩露天機、陽奉陰違。若違背大願者，將受「天打五雷轟身」，其九玄七祖也將打入陰山永不能出世。此後，得道之道徒可正式介紹他人入道，不過其引保他人入道時須立願宣誓，口念引保願文，保證不介紹壞人。此後，如升任「重股」和「正股」職位，每月則須分別外出 20、25 天傳道，是謂「盡力辦道」和「捨身辦道」。且有離家外出專門辦道者，謂之「開荒」。

有關一貫道的經費收入主要來自於道費、超拔亡魂、傳授秘密經卷、募捐及其他。道費即入道者繳納的功德費，各地數量不等，少者三五毛，多者三元六元白洋，也有規定為一升米，也有二三升麥子，「祁縣郭五成入道時，因無二元五角白洋，給壇主打了兩場也就了事」。道費的使用規定是「三成留壇，七成交上」。〔註 12〕超拔亡魂費用，如神池超拔一次少者 20 元白洋，多者百元。傳授秘密經卷費用，一般繳納 12 元白洋。募捐的方式主要是在道內設「法師」「財師」名目，鼓吹「誰出的錢多，誰得的功勞大，能夠消災免難」，「誰上的供多，死後神位大」。另外，各地典傳師外出開荒時，道徒得出「助荒費」。〔註 13〕一貫道上項費用，其用途除少數留於佛堂外，多充做傳道經費，或設立商鋪及小型織布廠第道產，或購買糧食，接濟道內生活困難道親。此舉對於基層民眾加入一貫道賦予了一定的現實考量，並提升了信徒入道的積極性。

一貫道要求道親嚴守秘密。其宣稱「日本人是開道的，國民黨是傳道的，八路軍是改道的」，因此對中共格外嚴守秘密〔註 14〕，並改換組織名稱，其內部則屢屢強調，「上不告父母，下不告妻子」。對於初入道者，一般不告以道內更多秘密，不多發生橫的關係。

〔註 11〕中陽縣政府：《晉綏一貫道概況》，1949 年 4 月 20 日，山西省中陽縣檔案館藏檔案：2/2/19，第 30 頁。

〔註 12〕中陽縣政府：《晉綏一貫道概況》，1949 年 4 月 20 日，山西省中陽縣檔案館藏檔案：2/2/19，第 32 頁。

〔註 13〕中陽縣政府：《晉綏一貫道概況》，1949 年 4 月 20 日，山西省中陽縣檔案館藏檔案：2/2/19，第 33 頁。

〔註 14〕中陽縣政府：《晉綏一貫道概況》，1949 年 4 月 20 日，山西省中陽縣檔案館藏檔案：2/2/19，第 34 頁。

一貫道山西各地道首均有恆產，經商行醫者居多，或者說有恆產者較為容易勝任道首角色，因為一定的職業可以作為傳道的掩護。如懷仁道首任誠、劉振綱經營城內「文珍照相館」，五寨道首陳蘭州經營「德生祥」商鋪，蘇子明以經營「明記」雜貨鋪。一貫道接頭談話均有一定的時間與方式，多在早晚進行並規定接頭聯絡暗號。開會時有專人放哨，晚上活動天不明就走，其宣傳品多用江湖切口，語義隱晦。

對於一般道徒而言，引保他人入道既是主要任務，亦為考驗自身對道是否忠誠之主要標尺。如臨縣一貫道宣稱「誰發展的人多，誰就是忠實可靠的道徒」。也有從精神方面加以激勵，稱凡「傳下一個人即算一個功德，傳夠六十個人可免去自己前世罪惡，發展一百人就可當典傳師，發展三百人可以預知三百年後的事」。而有些地方則從實用方面激勵道徒，如代縣宣傳「誰先開荒那塊地區，將由誰掌握，開闢一縣是縣長，開闢一區為區長」。崞縣規定發展一個，可從入道者功德費中抽取五毛錢作為獎勵。〔註 15〕由此可以看出，一貫道之所以能夠獲得迅速發展，與一貫道教職升遷方式的靈活性相關，即普通道親只要一心向道並努力傳道渡人，都是可以獲得壇主乃至典傳師教職。此舉一定程度上調動了一貫道信徒傳道的積極性。

四、太谷一貫道

1939 年，河北人梁通海來太谷縣水秀村「開荒」，未幾發展當地居民郭效舜夫妻、程巨貴夫妻和郭慶豐等五人入道，〔註 16〕此乃太谷所見最早的一貫道。

一貫道在太谷的宣傳較為講究策略，然較諸既往一般秘密宗教之傳言，其教義並無太多差異。其宣傳天地間上有西天之樂，下有十八層地獄在；道內則宣傳人有七難，入道者可以消難昇天。而對於一般民眾則宣稱西天有五百童男五百童女，上帝把他們打落世界投胎受難，現在已快期滿，急需收回，如果「原來就是童兒，一修就可脫離苦處，其次也能得個西天之安樂，最底限度也能得個人間享福、子女平安」。〔註 17〕此外，還宣傳三期末劫、「有錢

〔註 15〕中陽縣政府：《晉綏一貫道概況》，1949 年 4 月 20 日，山西省中陽縣檔案館藏檔案：2/2/19，第 36 頁。

〔註 16〕《太谷縣二區水秀村的基本情況》，山西省太谷縣檔案館藏太谷縣公安局檔案：17/1/1，第 96 頁。梁通海，河北人，當時在太穀城東寺園街經商。

〔註 17〕《太谷縣會道門材料整理報告》，山西省太谷縣檔案館藏太谷縣公安局檔案：17/1/1，第 87 頁。

難買三期貧」，說「過了這一段還要出真主，共產黨、國民黨、閻錫山都是混世魔主」。並且入道能昇天見佛入地見父母。信徒在入道的時候可傳授五字真訣「無泰佛彌勒」，初一十五燒香以及遇到困難時，念此五字。〔註 18〕

（一）組織系統

抗戰期間在太谷縣開展道務的一貫道共分五個派系：楊志亨系、劉夢棨系、顧光生系、長治系和榆次系。各派系均設道首、前人、點傳師、壇主等教職。1943 年之後，各派系發展迅速，以楊志亨系發展道徒最多。〔註 19〕以下以楊志亨系為例揭示太谷一貫道的組織發展狀況。

楊志亨系有領長二個，即楊志亨、田沛潤。其下由經濟（股長太原人陳友蓮）、道務（股長榆次人李偉）、人事（股長榆次人侯永楨）三大股協辦道務。三大股由內外四股組成，其中內四股分為「貞股、利股、亨股、元股」，外四股分為「清股、廉股、正股、公股」。內外四股均設大小正副股長、壇主，機生。〔註 20〕楊志亨系主要分布在榆次、祁縣、徐溝、交城、平遙、清源、石家莊、曲沃、運城、高平、太原等地，〔註 21〕楊系一貫道鼓勵道徒外出「開荒」，一旦道首在當地傳道暴露，人事股長則將其調往別處繼續「開荒」。〔註 22〕因此，楊系教職人員多不屬太谷本籍，他們或來自於晉省其他縣屬或河北省。〔註 23〕詳情見表 1。

表 1　太谷一貫道組織系統人員籍貫統計（楊系）

籍貫	人數	籍貫	人數
太谷	86	河北	3
祁縣	31	清源	1

〔註 18〕《太谷縣會道門材料整理報告》，山西省太谷縣檔案館藏太谷縣公安局檔案：17/1/1，第 87 頁。

〔註 19〕《太谷縣一貫道五個派系材料整理》，山西省太谷縣檔案館藏太谷縣公安局檔案：17/1/3，第 32～33 頁。

〔註 20〕《一貫道信記總櫃太谷組組織系統表》，山西省太谷縣檔案館藏太谷縣公安局檔案：17/1/1，第 57 頁。

〔註 21〕《太谷縣一貫道五個派系材料整理》，山西省太谷縣檔案館藏太谷縣公安局檔案：17/1/3，第 32 頁。

〔註 22〕《一貫道的組織情況》，山西省太谷縣檔案館藏太谷縣公安局檔案：17/1/1，第 118 頁。

〔註 23〕山西省太谷縣檔案館藏舊政權檔案，2/6/10，第 14 頁。

徐溝	27	交城	1
文水	26	壽陽	1
榆次	18	高平	1
平遙	12	曲沃	1
太原	4	總計	212

資料來源：山西省太谷縣檔案館藏，舊政權檔案，2/6/10。

一貫道在太谷發展道徒，信徒亦需繳納入道費算作功德，入道費數額較之晉省其他各地略低。如，1939～1940 年入道費 2 元，1941 年 2.5 元，1942～1943 年 30 元，1944 年 50 元，1945 年 55 元，以上五年的道費按每年的平均市價折合小米一百二十餘斤。〔註 24〕因此，太谷一貫道徒中農成份以上者多，貧雇農少〔註 25〕。此外，道徒在入道之時，均被告知須介紹他者入道，是謂「勸道」，並稱「勸三人保本人一人安好，勸六人保其三人安好，勸十人保全家安好，勸三十人歸自己掌握」。因此，一般道親盡力勸道爭相升任壇主、點傳師，除卻精神上的慰藉之外，不排除有金錢獲利的動機，如典傳師張六魁 1944 年冬勸常坦銀入道，說：「你參加一貫道吧，參加了以後咱們開上個小鋪，你要多少能往回撈多少。」〔註 26〕

（二）道徒籍貫及傳道特色

抗戰期間，太谷縣 357 個自然村中一貫道遍及 237 個，入道道徒 30632 名，〔註 27〕其中有詳細住址者共 5948 人。分析屬地道徒人數在 100 人以上者，按人數多寡依次為：太穀城內 1214 人，侯城 795 人，北郭村 631 人，龐村 315 人，北洸村 241 人，南郭村 210 人，西莊 167 人，大威村 163 人，胡家莊 155 人，胡村莊 150 人，白村 148 人，東關 112 人。詳情表 2。

〔註 24〕《太谷縣二區水秀村的基本情況》，山西省太谷縣檔案館藏太谷縣公安局檔案：17/1/1，第 100 頁。

〔註 25〕以水秀村為例，地主、富農、中農共入道 189 戶，雇農 13 戶。《太谷縣二區水秀村的基本情況》，太谷縣檔案館藏太谷縣公安局檔案：17/1/1，第 99 頁。

〔註 26〕《取締一貫道專報》，山西省太谷縣檔案館藏太谷縣公安局檔案：17/1/3，第 34 頁。

〔註 27〕《取締一貫道專報》，山西省太谷縣檔案館藏太谷縣公安局檔案：17/1/3，第 15 頁。

表 2　太谷一貫道道親籍貫匯總表

籍貫	人數	籍貫	人數	籍貫	人數
城內	1214	南副井村	7	太平莊	25
東門外	68	南沙河村	13	白村	148
東關	112	東咸陽村	11	南郭村	210
西關	10	咸陽村	9	張家莊	37
北關	2	楊家莊	17	馮家堡	33
西莊	167	申奉村	21	團場村	43
賈堡	51	惠安村	94	大威村	163
程家莊	24	西孟家莊	10	郭家堡	23
南賀家堡	7	桃園堡	19	陽邑村	95
胡村	9	王悔莊	7	里美莊村	37
朝陽村	50	北洸村	241	四卦村	5
敦坊村	37	北副井村	24	四光村	3
孟高村	34	西副井村	5	河西村	29
胡村莊	150	白城	40	辛莊	1
韓村	84	南洸村	30	新村	97
武村	12	北張村	15	石象村	63
龐村	315	南張村	42	郭里村	13
張村	1	井神村	24	東郭里村	32
侯城村	795	東井神村	6	楊莊	26
貫家堡	5	水秀村	51	北堡	62
里修村	47	北郭村	631	砲守堡	59
胡家莊	155	東懷遠村	12		
胡莊	53	武家堡村	13	總計	5948

資料來源：山西省太谷縣檔案館藏舊政權檔案，2/6/13、27。

考察太谷一貫道，道徒同宗同姓現象較多。北郭村道徒共計 631 人，智姓者獨佔 133 人，即 21.08%，（按：智姓當代仍是北郭村的大姓）；龐村道徒共計 315 人，龐姓者 73 人占 23.17%。又如，北郭村有智姓信徒「智保愛」、「智保德」、「智保英」、「智步倫」、「智步仁」、「智步陞」、「智步文」、「智步孝」、「智步忠」等；龐村有龐姓信徒「龐嘉德」、「龐嘉懷」、「龐嘉俊」、「龐嘉良」、「龐嘉維」、「龐嘉鮮」、「龐嘉興」、「龐嘉有」、「龐嘉增」等；侯城村有曹姓信徒「曹長福」、「曹長貴」、「曹長明」、「曹長仙」等，他們多是親兄弟（姐妹）或同宗兄弟（姐妹）。〔註 28〕此種情形的出現，與一貫道採取親渡親、友傳友的勸道方式有關，道眾為各自動機而竭力在親友、鄰里間宣講，如，「三十二年九月八日在敦坊白世英介紹白玉英入」；又如，「三十四年正月二十日在太平莊李培昌介紹李耀昌和李昱昌入道」。〔註 29〕僅從名字看不出他們之間的具體關係，然根據漢人取名多遵照宗親譜系排序的取名習慣考察，他們之間應該是熟人，而這卻是勸人入道的最為有效的途徑。

此外，亦有道首採幫人解難之方式發展信徒，如郭效舜在水秀村用「十見十慧」拉攏群眾，如日偽政權為催逼要糧而把很多民眾扣押在鄉公所，郭就給群眾借糧借錢，用這樣辦法獲得人心發展道徒；武培葉（醫生）利用看病傳道以及上街算卦說命不好有災難，入了道就能救下。〔註 30〕以上兩種勸道方法均先以家族和親戚朋友為主。故而在一貫道徒中有很明顯的「同村同姓」現象。

（三）道眾構成分析

揆諸史實，傳統民眾多嚮往平穩過活，然則日軍侵華所帶來的劫掠打破了這種現狀。一貫道把此種社會現狀解釋為「上天降下九九八十一劫十分人要收六七分，趕快進道就可躲過其劫難」。〔註 31〕因而對於一般的民眾而言，加入一貫道不失為一種排解災難的途徑。據相關資料考察，太谷一貫道眾涉及八個行業，詳情見表 3。

表 3　道徒職業分類表

職業	人數	備註	職業	人數	備註
針	113		工人	7	
農	22	女性 2 名	劇團	1	
商	14		郵政	1	
學生	8	女性 3 名	市民	1	

資料來源：山西省太谷縣檔案館藏舊政權檔案，2/6/25。

〔註 28〕山西省太谷縣檔案館藏舊政權檔案，2/6/13。

〔註 29〕山西省太谷縣檔案館藏舊政權檔案，2/6/13。

〔註 30〕《太谷縣二區水秀村的基本情況》，山西省太谷縣檔案館藏太谷縣公安局檔案：17/1/1，第 99 頁。

〔註 31〕《太谷縣二區水秀村的基本情況》，山西省太谷縣檔案館藏太谷縣公安局檔案：17/1/1，第 101 頁。

與其他地方類似，太谷一貫道道首職業多涉經商，一則可以通過商鋪掩護傳道活動，二則能通過商業交往接觸和發展更多的信徒入道。如楊志亨本人即為太穀城內「德記貨莊」掌櫃，程巨貴也是用做小買賣掩護到鄉下先找親戚朋友勸道，然後再串通他人他勸。〔註 32〕而一般道眾職業最多的是做針線活，且多為女性。(一貫道徒中女性約占 67.66%) 根據有關道徒的登記簿冊統計顯示 (見表 4)，道徒年齡參差不齊，自 3 歲至 72 歲均有，然以 30～39 歲居多。並且，女道徒在 30～39 年齡段之總數是男性道徒總數的 3 倍以上。

表 4　道徒年齡段情況表

年齡段	人數	備注
10 歲以下	5	女性 4 人，男性 1 人；最幼者 3 歲
10～19	27	女性 16 人，男性 11 人
20～29	35	女性 27 人，男性 8 人
30～39	41	女性 31 人，男性 10 人
40～49	37	女性 20 人，男性 17 人
50～59	35	女性 15 人，男性 20 人
60～69	18	女性 12 人，男性 6 人
70～79	7	女性 2 人，男性 5 人
總計	205	女性 127 人，男性 78 人；最長者 72 歲

資料來源：山西省太谷縣檔案館藏舊政權檔案，2/6/25。

眾所周知，在傳統時代的女性，其交往圈小社會活動亦少，但事實上太谷一貫道女性道徒卻高於男性，這似乎與一貫道的勸道方式有關，一貫道道徒引入入道之對象主要為親族朋友和街坊鄰居婦女，也有落後迷信濃厚的、有困難、有病不能解決著。〔註 33〕道徒為得道，多選擇串門方式勸人入道，即使被狗咬仍然繼續進門勸。同時，一貫道還宣傳入了道就可得西天安樂，免遭世上苦難，可以享福，子女平安。〔註 34〕此種現象還與女性自身的心理

〔註 32〕郭齊文主編：《太谷縣志》，山西人民出版社 1993 年版，第 600 頁；《太谷縣二區水秀村的基本情況》，山西省太谷縣檔案館藏太谷縣公安局檔案：17/1/1，第 101 頁。

〔註 33〕《太谷縣會道門材料整理報告》，山西省太谷縣檔案館藏太谷縣公安局檔案：17/1/1，第 87 頁。

〔註 34〕《太谷縣二區水秀村的基本情況》，山西省太谷縣檔案館藏太谷縣公安局檔案：17/1/1，第 97 頁；《太谷縣會道門材料整理報告》，第 87 頁。

特性與處境相關。以下以水秀村道徒的入道動機為例分析（見表 5）。在入道的七個動機中，除「死了能上天」和「解決家中生活的困難」外，其他動機均是女性人數遠遠高於男性，尤其是「家中沒有子女的參加道為了生兒女」全部都是女性，「身體有病想參加了道治好病」的女性人數也是男性的 4 倍。傳統中國社會，女性的追求莫過於兒女雙全，家庭和樂，身體健康，然而抗戰期間的生活難如人意，因而女性易於接受這種心理暗示而入道。

表 5　水秀村一貫道徒入道動機

入道動機	總人數	男	女
死了能上天	67	32	35
身體有病想參加了道治好病	50	10	40
死了能見親人	39	16	23
家中無子女入道為了生兒女	38	0	38
怕有災難	36	8	28
向善積德	30	11	19
解決家中生活的困難	21	12	9
總計	281	89	202

資料來源：山西省太谷縣檔案館藏太谷縣公安局檔案，17/1/1。

值得關注的是，一貫道宣揚「誰家兒女誰不拔，兒女遭殃母焉寧」，因此，一般愛子心切的家庭婦女願信其有，不僅自己入道，亦將子女入道。〔註 35〕從太谷一貫道徒的統計資料顯示，該地不僅女性道徒所佔比例高，童道的比例甚至超過了成年男性道眾。見表 6

表 6　道親類別表

	人數	所佔比例	備註
乾道	520	29.51%	
坤道	673	38.20%	69.41%
童道	550	31.21%	
亡靈	19	1.08%	
總計	1762	1	

資料來源：山西省太谷縣檔案館藏舊政權檔案，2/6/27。

〔註 35〕李世瑜：《現代華北秘密宗教》，上海文藝出版社 1990 年版，第 98 頁；路仲偉：《一貫道內幕》，江蘇人民出版社 1998 年版，第 120 頁。

各地一貫道眾對外和對內普通道徒宣稱「只求行動，不問政治」，然其上層及其中堅分子不排除具有一定的政治目的。如一貫道散佈「三陽開泰，青陽是日本人治世，紅陽是紅軍占世，白陽是國民黨治世」，現在已到了三期末劫，「不久天下就是一貫道的」；並稱「真龍天子已經出世了，此人是十八子姓李，其大臣是卯金刀走肖」〔註 36〕，在此劫難來臨之際，普羅大眾只有入道求神敬靈才能免劫。〔註 37〕但必須指出的是，依太谷一貫道觀察，其道徒以家庭婦女和稚齡兒童居多（二者所佔比例高達 69.41%），真正是家庭、社會頂樑柱的青壯年男性所佔比例較小，如此單從普通道眾的社會活動能量這一層面來看，一貫道似乎沒有政府所想像的那樣具有社會威懾力，儘管山西一貫道眾達百萬。〔註 38〕尤其是上表 6 尚有亡靈入道，則更說明一般信徒加入一貫道，其動機以祈福消災之本初思想為主。〔註 39〕

總結

要言之，分散的小農經濟是秘密會社賴以存在的根基，而動盪年代下未及整合的社會空間更能為會道門的發展提供勃興機遇。抗戰時期，由於日偽的大肆擄掠，廣大民眾出於對自身及其家庭命運未知的焦慮，易於接受一貫道等會道門的宣導而託身其中，藉此消災自保。因此，在日占區、游擊區內，一貫道等會道門獲得了長足的發展。而抗日邊區政府在新民主主義理論的武裝下，確立起縣區村新政權體系，並動員各級各類的群眾組織，通過理性宣傳和持續的改造，實現了戰時中共對鄉村權力結構的整合，其社會控制力不斷加強。且互助合作的興起和邊區政府的適時救恤，為小農個體的存活提供了相應的保障，因此根據地內一貫道等會道門勢力式微。有鑑於此，引領基層民眾走上時代的前列，加強基層的社會整合，並適時確立起民眾生存的保障體系，才能最終剷除會道門在基層落地生根的可能，這個歷史經驗在當代依然具有現實意義。

〔註 36〕三期指青陽期、紅陽期、白陽期，每期期末必有劫降。

〔註 37〕《太谷縣會道門材料整理報告》，山西省太谷縣檔案館藏太谷縣公安局檔案：17/1/1，第 91 頁。

〔註 38〕李修仁：《山西取締一貫道的報告》，《山西文史資料》2000 年第 4 期。

〔註 39〕解放戰爭時期，一貫道宣揚「打仗是毛主席蔣介石二人的事，死的盡是老百姓」，對民眾起反動作用，而中共對其的定性較為平實，「一貫道是一種封建迷信的宗教社團，幻想以此渡過戰爭、饑荒、疾病等痛苦而達到升平」。《一貫道的活動及其處理辦法》，《黨內通訊》第十五期，1948 年 10 月 5 日，第 24 頁。

第十四講　黎明前的黑暗：太行根據地艱難的 1943 年

題記：1943 年世界反法西斯戰爭出現重大轉機，中國國際地位得到提升，宋美齡訪美極獲成功，蔣介石乘勢發表《中國之命運》以搶佔國內政治話語權，並企圖武力解決延安，中共此間形勢極為不利。一則共產國際的正式解散使得取消中共邊區之論甚囂塵上；二則在敵後從事抗戰的重慶方面軍隊日漸潰敗，且有落水與根據地為敵者；三則日軍加強華北治安戰，反覆掃蕩和經濟封鎖敵後根據地。最為艱難的是，此際持久的華北大旱災使得根據地各項事業極度受阻，社會秩序動盪不安。太行根據地為此動員一切力量賑災度荒，渡過了根據地最為黑暗的 1943 年。

風起於青萍之末。1942～1943 年在華的費正清看到了國民黨極權之下的腐敗，並充分表達了對此的失望乃至惡感，但不足以據此就認為費氏在 1943 年即斷言國民黨江山要易手中共，因為費氏的有關論斷形成於 1949 年中國大陸發生不可逆轉的不符合美國利益的事實之後〔註 1〕。還原到 1943 年中共的政治生態，尤其是生存環境甚或比國統區更為艱窘，就本文所探討的太行根

〔註 1〕相關研究有韋磊：《1940 年代費正清對中國共產黨的認識》，《重慶社會科學》2006 年第 6 期。其實費正清的如是說也並非 1943 年的斷言，原文為：「1943 年，我看到國民黨的統治氣數已盡，民心全失，如果我的預言是正確的話，那麼赫爾利大使在 1945 年羅斯福總統逝世後把美國的旗幟釘在國民黨戰艦的桅杆上，決心偏袒國民黨到底的行為，可以說既是徒勞，又引起了災難。歷史已經證明赫爾利的後果正是如此」。見〔美〕費正清著，陸惠勤等譯：《對華回憶錄》，知識出版社 1991 年版，第 301 頁。

據地而言，1943 年中共所遭遇的困境，其艱難程度遠遠超過了大陸教科書當中所稱的 1941～1942 年，（不過在革命樂觀主義的語境裏，1943 年所遇見的種種困厄被稱為「黎明前的黑暗」）本文就此做一專論。

一、自 1941 年起的太行根據地的災荒狀況

抗戰期間太行根據地轄區地多貧瘠。如，井陘縣群山懷抱，當地民眾「旱荒束手待斃，豐稔亦僅足以糊口」。邢臺縣多山少地，民眾終年勞作也只能「食雜糠秕」。遼縣（今左權縣）地瘠民貧。武安縣山區約占全縣面積一半。林縣地瘠民貧人多地少。磁縣地處山區，地少人多，食糧不足。〔註 2〕涉縣有民謠，曰「一怕冰雹二怕旱，三怕蝗蟲四怕捐」。〔註 3〕不過，在 1940 年之前，太行根據地總體社會經濟尚能支撐敵後抗戰的軍需民食。然自 1941 年起日軍對根據地反覆「掃蕩」與「清剿」，其實施的「三光」政策徹底破壞和摧毀根據地，並大力修築交通網構成「經濟封鎖線」，給太行根據地造成了極大的破壞。〔註 4〕期間，華北地區的旱災逐漸加劇。1941 年後半年起，「太行區各縣均大旱成災，畝均產量不足 50 公斤，蔬菜產量僅為正常年的 2 成。四、五、六專區，計有災民 35 萬人」〔註 5〕。1942 年夏季，豫北地區大部「玉米有的不曾出土，就已幹死，豆子顆粒無收，穀子每畝最高收產量是三升多，壞的不過一升。災民已大批逃入我太嶽根據地沁縣、安澤、沁源一帶開荒做短工過活」。據祁大鵬估計，當時「災民達一千餘萬，非賑不活者有五六百萬」。〔註 6〕

〔註 2〕魏宏運：《二十世紀三四十年代太行山地區社會調查與研究》，人民出版社 2003 年版，第 15 頁。

〔註 3〕涉縣地方志編纂委員會：《涉縣志》，中國對外翻譯出版公司 1998 年版，第 820 頁。

〔註 4〕戎武勝：《加強經濟戰線開展對敵的經濟鬥爭》（1941 年 4 月 28 日），河南財政廳、河南檔案館合編：《晉冀魯豫抗日根據地財經史料選編（河南部分）》（一），檔案出版社 1985 年版，第 55 頁。1941 年邊區政府成立之後，通過發行生產建設公債、規範組建各類合作社、獎勵生產技術、實行工業生產獎勵、徵收出入境稅、實行糧食出口專賣、發放農業貸款等措施，困難暫有紓解。

〔註 5〕山西省史志研究院編：《山西通志・民政志》，中華書局 1996 年版，第 227 頁。

〔註 6〕李文海等：《近代中國災荒紀年續編 1919～1949》，湖南教育出版社 1993 年版，第 552～553 頁。通過筆者調查，山西平順、壺關、臨川、澤州、陽城、沁水、安澤等縣有相當數量的居民原籍隸屬河南，籍貫隨其高祖 1943 年前後逃荒至山西而改變。

學界指出，1942 年前後的華北地區旱災是發生在年代際相對溫暖期，持續時間長、範圍廣和受災重，旱蝗併發的極端乾旱事件。〔註 7〕根據有關統計可知，1940 年全國受旱縣數為 100 個，1942 年為 337 個，1943 年為 207 個；其中，1942 年中國北方受災縣數占全國的 59%；而在北方中，以河南受災最嚴重〔註 8〕，如當年中國北方 6 省共有 198 縣受旱，河南省則占 110 縣，幾乎無縣不災，因此，地處豫北的太行根據地第五、七、八專區〔註 9〕，受災慘烈。

1942 年起，太行根據地連續兩年遭受旱災，糧食大幅度減產，災民逐漸增多，（1943 年初達到 36 萬多人）飢饉年代，兼以疾病蔓延，人畜死亡，根據地生產力遭到嚴重的破壞。如，第六專區〔註 10〕有 70%的民眾沒有糧食，以野菜、樹皮充饑，最後連野菜樹皮都吃光了。第八專區的高平「（1942 年）秋旱至次年 5 月無雨，麥無收，丹河兩岸赤地千里，餓死人舉目皆是」，晉城麥苗多枯死，陵川縣死亡人數占總人口的 19.4%。又據沁陽、博愛的 14 個村統計，死亡、逃亡人口數占原有人口的 80.4%，牲畜由 30008 頭減少到 7 頭。〔註 11〕第四專區的長治、潞城等地「夏秋大旱，大部不收」。平順「五穀枯死者大半」，壺關「春旱無雨，秋苗死盡」。第三專區的黎城「旱，減收 4 至 5 成」，襄垣、武鄉「夏秋收成不足 5 分」。〔註 12〕

1943 年入春伊始，饑荒再度加劇，而旱災持續。太行根據地「豫北之涉縣、武安、林縣以西，山西之黎城以南等地，經久未雨，秋苗無法播種，種上的也早已旱死，秋收絕望。幾與水旱同時發生的是駭人聽聞的蝗害。所過

〔註 7〕董安祥等：《1941～1943 年中國北方大旱的特點及其影響》，《乾旱氣象》2011 年第 4 期，第 423 頁。

〔註 8〕夏明方：《民國時期自然災害與鄉村社會》，中華書局 2000 年版，第 380～381 頁。

〔註 9〕第五專區轄林北、安陽、涉縣、磁（縣）武（安）等 4 縣，第七專區轄豫北林縣、湯陰、淇縣、汲縣、新鄉、輝縣、原陽等 6 縣及修（武）獲（嘉）武（陟）一帶，第八專區轄陵川、高平東部、晉城東部、焦作、博愛、武陟等地。

〔註 10〕時第六專區轄邢（臺）東、邢（臺）西、武（安）北、沙河等 4 縣。

〔註 11〕中共山西省委黨史研究室：《太行革命根據地史料叢書之四．政權建設》，山西人民出版社 1990 年版，第 45 頁。

〔註 12〕李文海等：《近代中國災荒紀年續編 1919～1949》，第 563 頁。第三專區轄武鄉、襄垣、榆社、左權、祁縣等 5 縣，第四專區黎城、平順、潞城、長治、壺關等 5 縣。

之處，禾苗變色，噬食殆盡，為害尤巨」。〔註13〕4月19日，平順縣上報邊區，「從現在至陰曆五月間全縣至少有 25000 人沒有吃的，占全（縣）人口23%。現在第三區馬塔村已經發生餓死人與老百姓摻土吃的現象」。〔註14〕

入夏之後，壺關、潞城等縣也開始有餓死人的事發生。最嚴重的是平順第三區，自陰曆六月上旬沒吃的就有6290人，占全區人口70%以上。半月死去48人，平均每日有3個人因餓而病死。四區、六區、一區之情形大底與三區相似，全縣已有 20000 人以上沒吃的。其他如「壺關之北莊、東西七里、徐家後等村，潞城下社、李莊一帶，也有 80～90%沒吃的。有麥子的地區，穀中拌糠，過去不吃糠的黎城、潞城及平順五區、壺關一二區民眾，現在也都加糠加菜了。南瓜、豆角早已旱得無影，小麥、玉茭已陸續枯死」。此際，太行根據地第一、二、四、六專區也是如此，如壺關縣七里河溝一帶，潞城一、二、三區除沿河兩岸外，黎城二、三、五區大部分，莊稼均已「旱得變成灰色，萎縮成了細繩，陸續乾死」。〔註15〕

隨著旱情的持續加劇，太行根據地的四、五、六專區等地災情空前嚴重〔註16〕。7月份，太行根據地通報的總體災情為，「一、五、六、七分區是純災區，五六分區去年秋末收麥未種，今年田苗久旱死。四分區平（順）壺（關）災情亦十分嚴重。河峧溝投河自殺者已達四十餘人。三分區雖較富庶，但目前也有 1/10 至 2/10 沒有吃的。黎城秧苗均大部旱死，目前即使下雨，亦收成極微。黎城糠每三元一斤買不到，潞城二元一斤亦同樣買不到。二區李莊自入夏以來，餓死4人，辛安及安嶺寺亦餓死4人，四區部分群眾大吃大喝，今日有酒今日醉，貧苦人民有的賣閨女賣牲口，向外童養閨女，並有一家人因飢餓互相吵嘴打架，外來難民死於道途者，亦時有所聞。凡此種種現象使人心動盪社會不安，嚴重的危機擺在我們面前」。〔註17〕

7月底，形勢更加危急。太行四專專員張維翰再三電告晉冀魯豫邊區代理主席戎武勝，「我區災民已將房地變賣，開始出發，現減三千人，困難殊多，

〔註13〕李文海等：《近代中國災荒紀年續編 1919～1949》，第 572～573 頁。

〔註14〕平順縣政府：《民字第 45 號報告：春荒情形與救濟辦法》，1943 年 4 月 19 日，山西省檔案館藏革命歷史檔案：A68-1-15-21，第 2 頁。

〔註15〕太行四專署：《關於從思想上高度注意災荒問題的指示》，1943 年 7 月 26 日，山西省檔案館藏革命歷史檔案：A68-1-15-44，第 1 頁。

〔註16〕齊武：《一個革命根據地的成長》，人民出版社 1957 年版，第 156 頁。

〔註17〕潞城抗日縣政府：《關於目前防旱救災的幾項具體工作》，1943 年 7 月 29 日，山西省檔案館藏革命歷史檔案：A68-1-15-6，第 2 頁。

希速示」。〔註 18〕「十萬火急，邊區戎代主席，我區災民房地典賣，急於出發，人數太大，無法解決，請速示遵」。〔註 19〕28 日，戎武勝回電，「八專屯糧寬裕百分之五，更撥不出移民糧來。如果你們能帶上糧食去，由地方糧內開支，或去八專後，所發糧食由你們地方糧內照樣解還邊區，亦可多去楊簿。儉日，萬萬火急」。〔註 20〕同樣，第五專區也需要轉移災民前往八專區，第五專員顧卓新致電四專員張維翰，「移民路線，大部道經貴區，希通令所屬各縣區村予以災民招待（主要是找房子），災民燒柴，希按官價售給，以資優待」。〔註 21〕移民期間，各地情況不一樣，邊區給四專、五專說明了六專的情況，「據六專來電，該區本地災民兩萬三千人，亦亟待救濟。今年屯糧任務完成很差，移民力量較小，只能接納六千人。現決定由四分區移兩千人，五分區移四千人。如災民有辦法有關係，自由移去者不在此限」。〔註 22〕由此可見，1943 年夏季整個太行根據地都面臨著饑荒。

與此同時，太行根據地中心地帶爆發痢疾等傳染病，疫情嚴重。〔註 23〕並且，民眾對於旱災的判斷受身體條件、生理狀態和主觀感受等諸多因素的影響，旱災持續的時間越長，人們的焦慮越加急迫，易於誤聽誤信，失去抗旱救災的主動性〔註 24〕，進而引發系列社會危機，「目前各地民眾，昂首看天，生產情緒低落，人心惶惶不安，強迫幹部借糧者有之，吃大鍋飯的亦有之，強給有糧戶鋤地混飯，偷盜公糧，惹起離婚要坐看守所，幹部要求脫離工作等等不正常現象日益發生」。〔註 25〕太行根據地的社會秩序動盪，一切生產建

〔註 18〕張維翰：《致戎子和電》，1943 年 7 月 25 日，山西省檔案館藏革命歷史檔案：A68-1-15-5，第 2 頁。

〔註 19〕張維翰：《致戎子和電》，1943 年 7 月 26 日，山西省檔案館藏革命歷史檔案：A68-1-15-5，第 3 頁。

〔註 20〕戎子和：《電報》，1943 年 7 月 28 日，山西省檔案館藏革命歷史檔案：A68-1-15-5，第 3 頁。

〔註 21〕顧卓新：《關於災民招待問題給四專署的函》，1943 年 7 月 16 日，山西省檔案館藏革命歷史檔案：A68-1-15-29，第 1 頁。

〔註 22〕晉冀魯豫邊區政府：《關於救濟移民問題給四五專署的電》，1943 年 7 月 23 日，山西省檔案館藏革命歷史檔案：A68-1-15-30，第 2 頁。

〔註 23〕《滿街是糞，大港村病人日增》，《新華日報》（華北版）1943 年 6 月 23 日，第 1 版。

〔註 24〕〔美〕柯文著，杜繼東譯：《歷史三調：作為事件、經歷和神話的義和團》，江蘇人民出版社 2000 年版，第 60 頁。

〔註 25〕太行四專署：《關於從思想上高度注意災荒問題的指示》，1943 年 7 月 26 日，山西省檔案館藏革命歷史檔案：A68-1-15-44，第 2 頁。

設受到嚴重影響。

二、1943 年中共政治生態的惡化

太行根據地災害慘烈的 1943 年，也是中共抗戰期間政治生態最為困難之際，國內國際局勢似乎朝向有利於重慶方面發展。

是年國際反法西斯戰爭形勢發生根本性好轉。美英等盟國開始考慮廢除對中國的不平等條約，重新調整雙邊關係。1 月 11 日，中美雙方在華盛頓正式簽署《中美關於取消美國在華治外法權及處理有關問題條約和換文》;同日，《中英關於取消英國在華治外法權及其有關條約與換文》在重慶簽字。百年屈辱似乎一夜之間洗刷，中國的國際地位空前提高。2 月 19 日，宋美齡在美國會發表演說〔註 26〕，掀起了夫人外交風暴〔註 27〕。重慶方面抓住時機，於 3 月 10 日發表蔣介石署名文章《中國之命運》，指明中國的進步與發展緣於以蔣為首的國民黨和國民政府努力所得；並且，中國的命運係與國民黨一身。出於政略的需要，重慶方面對該書的出版發行使足了本錢，由此一度引發了國內的連鎖反應和政黨之間的口水戰。

在此背景之下，重慶方面一度存在以武力解決中共的軍事冒險。因為蔣介石在《中國之命運》書中指出，「大家如果不肯徹底改變封建軍閥的作風，和沒有根本放棄武力割據的決心，那就是無論怎麼寬大，決不會發生什麼效果，亦找不到有什麼合理的方法了」。〔註 28〕期間，胡宗南於 6 月 18 日在洛川召開軍事會議，且從黃河河防調出 6 個師，做出進攻陝甘寧邊區的態勢〔註 29〕。延安方面則三萬人聚會抗議內戰，並為之進行了邊區動員。中共多方面活動呼籲制止內戰，軍政要人先後致電胡宗南、蔣介石、何應欽、徐永昌呼籲團結。為防止萬一，還從晉冀魯豫邊區調兵回防陝甘寧。〔註 30〕

〔註 26〕社論：《自由中國之呼聲——讀蔣夫人在美國國會演詞的感想》,《中央日報．掃蕩報》1943 年 2 月 20 日，第 2 版；中央社：《蔣夫人在美國會演說增進中美間無限友誼》,《中央日報．掃蕩報》1943 年 2 月 20 日，第 2 版。

〔註 27〕中央社:《蔣夫人出席白宮記者會,由羅斯福總統介紹問答著重對我援助》,《中央日報．掃蕩報》1943 年 2 月 21 日，第 2 版；中央社：《美各議員讚譽蔣夫人演說，一致為其熱誠所感動》,《中央日報．掃蕩報》1943 年 2 月 21 日，第 2 版。

〔註 28〕蔣介石：《中國之命運》，重慶正中書局 1943 年印行，第 198～199 頁。

〔註 29〕中共中央文獻研究室編：《朱德年譜》，人民出版社 1986 年版，第 258 頁。

〔註 30〕《董必武年譜》編輯組編:《董必武年譜》，中央文獻出版社 1991 年版，第 182

從國際背景看，1943 年中共政治話語一度受抑。是年斯大林認為「實踐證明，即使馬克思和列寧，在目前情形之下也無法用一個國際中心來對世界上所有國家的工人運動實施領導」，並且，「作為共產國際分支機構的各國共產黨均受到了無端的指責——似乎他們是別的國家的代理人」〔註 31〕。基於此，莫斯科從戰略的角度放棄了世界革命的主張，並於 1943 年 6 月 10 日正式解散共產國際。中共存在的政治邏輯與合法性一度受到質疑〔註 32〕，「（國民黨）對我疑忌甚大，不願解決問題，天天宣傳我黨罪狀，打擊我黨威信，厲行特務政策，圖從內部破壞我黨」。〔註 33〕如果說黨爭是事關宏旨可以等閒視之的話，那麼日軍反覆的掃蕩則是切切不可掉以輕心的，因為抗日根據地的生存空間進一步遭到壓制。

1943 年，日華北方面軍司令岡村寧次強調當年的使命是「為了完成大東亞戰爭，確保華北兵站基地的安定，向開發建設邁進，對支持戰爭應做出比過去更大的貢獻」〔註 34〕。為此日軍加強野戰軍體制，並規定太行區轄冀西地區春季作戰由第 110 師團林芳太郎部擔任，秋季作戰由方面軍實施，太行山區由第一軍吉本貞一部實施。同期，日軍還加大對太行根據地的經濟封鎖，「糧食、棉花是華北土產物資中最重要的，其收購的成敗，直接對完成戰爭及重要產業的生產具有極大的影響，軍隊對此等物資的收購政策，必須經常給以強有力的妥善的支持」。〔註 35〕

4 月 20 日起，日軍實施春季「太行作戰」。駐山西日第 1 軍在獲得第 12 軍一部的支持下，首先擊敗晉東南陵川周邊的重慶方面軍龐炳勳第 24 集團

～187 頁。中共中央文獻研究室編：《朱德年譜》，人民出版社 1986 年版，第 261 頁。

〔註 31〕沈志華：《斯大林與 1943 年共產國際的解散》，《探索與爭鳴》2008 年第 2 期。

〔註 32〕中共中央文獻研究室編：《朱德年譜》，第 258 頁。

〔註 33〕毛澤東：《對國民黨現狀的分析和關於我黨今後的工作方針的指示》（1943 年 6 月 1 日），中央檔案館編：《中共中央文件選集》第 14 冊（1943～1944 年），中共中央黨校出版社 1992 年版，第 44 頁。不過費正清倒是清楚的認識到，「中共已代表了民族共產主義而不是共產國際；中共的理論產生於農村中的實踐」，〔美〕費正清著，劉尊棋譯：《偉大的中國革命（1800～1985）》，世界知識出版社 2000 年版，第 295 頁。

〔註 34〕日本防衛廳戰史室編，天津市政協編譯組譯：《華北治安戰》（下冊），天津人民出版社 1982 年版，第 28 頁。

〔註 35〕日本防衛廳戰史室編，天津市政協編譯組譯：《華北治安戰》（下冊），第 285～286、329～330 頁。

軍，接著轉進西北，進犯涉縣八路軍總部。其第一期作戰以第 36、37 師團為主力，從潞安及澤州做正面攻擊前進；以第 69 師團、獨立混成第 3、4 旅團從彰德、淇縣出發；第 12 軍第 35 師團為主力從新鄉及其西北地區，分別向林縣、臨淇附近進攻，總兵力第 1 軍約 26 個大隊，第 12 軍約 8 個大隊。第二期，以第 36 師團為基幹從潞城、襄垣、遼縣（今山西左權縣）方面；獨立混成第 4 旅團從林縣北方，以獨立混成第 3 旅團為主力從武安方面，分別向涉縣南方地區壓縮包圍圈。4 月 24 日，國民黨新編第 5 軍軍長孫殿英率部投降。5 月 5 日，國民黨第 24 集團軍兼冀察戰區副總司令龐炳勳率部 7 萬餘人「通電停戰復員，效忠國民政府」。〔註 36〕至 5 月底，日軍進攻根據地才告結束。

7 月 10 日起，日軍開始夏季「太行作戰」。其第 36 師團一度掃蕩至太行根據地腹地武鄉蟠龍鎮附近，並進行了招回居民的工作。日第 35 師團自 8 月 19 日起，對根據地林縣附近進行了反覆清剿。〔註 37〕並且，國民黨反共特務機關的方針是「利用敵偽消滅姦偽，（姦偽指共產黨八路軍、抗日民主政權和一切抗日愛國人士）把姦偽區變成敵區」。而日偽也利用國民黨的名義與國民黨反共分子的基礎向根據地開展新民會的工作。中共認為此際「敵特與國特狼狽為奸，散佈曲線救國論」，降低民眾的抗戰積極性，加劇大災荒時期對敵鬥爭的複雜性。〔註 38〕

儘管毛澤東在 1942 年 4 月 13 日預警 1942 和 1943 年是中共最困難的兩年，困難主要源於國民黨的反共高潮和中共自身的經濟困難。〔註 39〕但是，1943 年中共及其領導的力量所遇到的困難遠遠超出了自身能夠想像的範圍。中共在 1943 年既要反擊《中國之命運》一書出版之後不利於中共發展的政治影響，還要隨時防禦重慶方面的軍事進攻。而在華北前線的廣大根據地更要反擊日軍治安作戰。在此空前的政治軍事壓力之下，中共主要敵後根據地均

〔註 36〕不飛：《龐炳勳來歸》，《大亞洲主義與東亞聯盟月刊》第 2 卷第 6 期，1943 年 6 月 1 日，第 5 頁。日本防衛廳戰史室編，天津市政協編譯組譯：《華北治安戰》（下冊），第 307～311 頁。

〔註 37〕日本防衛廳戰史室編，天津市政協編譯組譯：《華北治安戰》（下冊），第 317～318 頁。

〔註 38〕中共山西省委黨史研究室編：《太行革命根據地史料叢書之四．政權建設》，第 235 頁。

〔註 39〕中共中央文獻研究室編：《毛澤東年譜（1893～1949）》中卷，人民出版社、中央文獻出版社 1993 年版，第 374～375 頁。

遭遇空前的災荒，形勢之緊張，困難之嚴重超過了預計。如何渡過內外交困難關，考驗著根據地的執政水平。

三、1943 年太行根據地的災荒賑濟

1943 年敵後根據地所遇到的極端困難，延安方面清楚〔註 40〕，毛澤東曾專電彭德懷，「對人民除堅持三三制外，應以大力發展農業、手工業，如人民（主要是農民）經濟趨於枯竭，我黨即無法生存，為此除組織人民生產外，黨政軍自己的生產極為重要」〔註 41〕。據此，太行抗日根據地一面反擊日偽進攻，一方面全員行動組織度荒。

首先，根據地加大宣傳提高軍民政治覺悟，指出根據地的困難主要是由於敵人的摧殘和破壞。揆諸史實，1943 年前後敵後根據地除罕見的特大旱災和蝗災外，日軍掃蕩當中實施「三光」政策和瘋狂的掠奪，則嚴重削弱了根據地抗災的能力。〔註 42〕1943 年 5 月日軍的春季「太行作戰」，對太行腹心區實行清剿和破壞，民眾物資損失嚴重。如黎城全縣損失公糧 40 餘萬斤，被（日軍）拉走牲口 800 餘頭，死傷民眾六百餘人。其他如潞城、平順的邊沿區、壺關三區等處也有相當的損失。因此，太行區號召加強軍事建設，積極開展對敵鬥爭，指出這是戰勝嚴重困難，堅持和保衛根據地的前提〔註 43〕，「（太行根據地）這一年中進行了四次大的反掃蕩戰爭，1943 年 7～8 月間連續進行了衛南戰役和林南戰役，共殲滅日偽軍一萬二千餘人」。〔註 44〕

為安撫民眾，根據地規定在此內外交困期間，各專區要在一個月內完成安慰救濟民眾任務，軍隊厲行節約的糧食可抽出一部或全部交給政府，以救濟受災民眾。各駐地主幹團和獨立營成立醫療組，趕赴各區村義務醫治傷病民眾。把繳獲敵人的糧食牲口發還給民眾，無原主的由政府分給被搶各戶。「發揚過去一旅每到一地給群眾挑水的制度，並保證不亂用群眾一點水」。

〔註 40〕中共中央文獻研究室編：《朱德年譜》，第 257 頁。

〔註 41〕毛澤東：《對國民黨現狀的分析和關於我黨今後的工作方針的指示》（1943 年 6 月 1 日），中央檔案館編：《中共中央文件選集》第 14 冊（1943～1944 年），第 45 頁。

〔註 42〕清慶瑞：《抗戰時期的經濟》，北京出版社 1995 年版，第 580 頁。

〔註 43〕中共山西省委黨史辦公室：《太行革命根據地史料叢書之四．政權建設》，第 32 頁。

〔註 44〕劉伯承：《劉伯承回憶錄》，上海文藝出版社 1981 年版，第 30 頁；中共中央文獻研究室編：《太行革命根據地史料叢書之四．政權建設》，第 236 頁。

〔註 45〕並規定 6 月份為「擁政愛民月」，加強官兵政治覺悟教育，隨時隨地注意群眾紀律，體念群眾艱難困苦，認識到群眾的痛苦和災害是和軍隊本身休戚相關的，做到「處處關心群眾利益，如不踏青苗等；幫助群眾勞作，如春耕、擔水等；節糧救災，號召全體軍人省吃儉用救濟災胞（按過去規定）」。〔註 46〕同時，在救災之際加強對群眾的教育，「使他們更加體念到八路軍是自己的軍隊，而確立一個新的觀念」。〔註 47〕論者認為，這種新的觀念關涉政治認同，因為，「一種政體如果要想達到長治久安的目的，必須使全邦各部分（各階級）的人們都能參加而且懷抱著讓它存在和延續的意願」。〔註 48〕並且，個人是一個一體化的有組織的整體，受到促動的是一個完整的個體並非個人的某個部分，其需要是人的行為的驅動力。〔註 49〕中共太行抗日根據地救災，使民眾實現了部位化的需要（生存），並擴展到所有其他的生理和精神方面——抗日與救災不可分割——太行根據地在救災過程當中廣為宣傳教育，民眾真正懂得了中共及其八路軍就是自己人。時人認為，中共的「群眾路線」得到了充分的踐行，「黨必須到人民中間去發現他們的苦處、不滿和需要，然後由黨提出解決方案，按照符合人民最大利益的原則，向他們做出說明」。〔註 50〕

其次，中共通過一元化領導下，通過節約、募捐、平調等方式實現縣區之間的互濟合作，以共渡難關。

3 月 8 日，四專署上報邊區救濟委員會，「壺關、潞城兩縣救濟平順的救濟

〔註 45〕太行四專署、四分區政治部：《關於戰後安撫救濟工作機勞軍擁政愛民運動的聯合指示》，1943 年 5 月 22 日，山西省檔案館藏革命歷史檔案：A68-1-15-34，第 3 頁。

〔註 46〕太行四專署、四分區政治部：《關於戰後安撫救濟工作機勞軍擁政愛民運動的聯合指示》，1943 年 5 月 22 日，山西省檔案館藏革命歷史檔案：A68-1-15-34，第 4 頁。

〔註 47〕太行四專署、四分區政治部：《關於戰後安撫救濟工作機勞軍擁政愛民運動的聯合指示》，1943 年 5 月 22 日，山西省檔案館藏革命歷史檔案：A68-1-15-34，第 5 頁。

〔註 48〕〔古希臘〕亞里士多德著，吳壽彭譯：《政治學》，商務印書館 1996 年版，第 188 頁。

〔註 49〕〔美〕馬斯洛著，許金聲等譯：《動機與人格》，華夏出版社 1987 年版，第 23、70 頁。

〔註 50〕〔美〕費正清著，劉尊棋譯：《偉大的中國革命（1800～1985）》，世界知識出版社 2000 年版第 297 頁。

糧，150 石已如數募齊，壺（城）糧在平順南耽車交，潞（關）糧在北躭車交」。〔註 51〕四專署分解給各縣的募捐任務，各縣黨政軍民多能如數完成。如 3 月潞城救濟平順的募捐活動中，潞城縣府分配救濟五六專區救災糧共 80 石，縣長傅甲三報告，「除第五區分配募集 10 石因環境特殊關係尚無確定數目報來，其餘各區悉數完成——共 70 石」。〔註 52〕襄垣抗日縣政府號召公職人員「每人每日節約糧食二兩，由各支發部門依數扣留」，即每日實發食糧一斤二兩。〔註 53〕邊區工商管理第四分局也為災民節約小米「洋四百餘元」〔註 54〕。1943 年 4 月 14 日，四專署指令平順縣長，「一把米運動與其他募捐節約所得之糧款等，准做本縣春荒救濟之用」。〔註 55〕4 月 19 日，平順縣長魏建上報專署，「全縣義倉存糧計 2893 石，救濟災民每日每人按四兩小米計算，共需小米 2950 石，所差之數由『一把米』糧內補充，並由第五區募捐糠 300 石，第四區募捐糠 50 石捐助第三區」。〔註 56〕根據地內黎城一度富庶，因為沿漳河南北一帶開鬮了許多水利灌溉工程，從而使農業產量年年年淨增〔註 57〕。1943 年災荒之際，河北和河南大批的難民流入黎城。〔註 58〕6 月 11 日，太行四專電告黎城、潞城縣長，除救濟本縣災荒外，應設法救濟平順災荒。〔註 59〕7 月黎城各地普遍旱災，仍然為平順募捐糠萬斤。〔註 60〕

〔註 51〕太行四專署：《關於壺、潞兩縣救濟糧 150 石數目募齊上交的通知》，1943 年 3 月 8 日，山西省檔案館藏革命歷史檔案：A68-1-15-42，第 1 頁。

〔註 52〕潞城縣政府：《民社字第 12 號報告》，1943 年 3 月 23 日，山西省檔案館藏革命歷史檔案：A68-1-15-27，第 2 頁。

〔註 53〕襄垣縣抗日縣政府：《襄財會字第 8 號通令》，1943 年 8 月 21 日，襄垣縣檔案館藏中共國產黨襄垣縣委員會檔案，案卷號 95，第 20 頁。

〔註 54〕工商管理第四分局：《關於救濟難民的公函》，1943 年 1 月 29 日，山西省檔案館藏革命歷史檔案：A68-1-15-24，第 2 頁。

〔註 55〕太行四專：《專民褒撫字第 18 號指令》，1943 年 4 月 14 日，山西省檔案館藏革命歷史檔案：A68-1-15-19，第 2 頁。

〔註 56〕平順縣政府：《民字第 45 號報告：春荒情形與救濟辦法》，1943 年 4 月 19 日，山西省檔案館藏革命歷史檔案：A68-1-15-21，第 2 頁。

〔註 57〕許國生、陳宇華：《山西縣區經濟發展史略》，山西經濟出版社 1992 年版，第 231 頁。黎城縣志編纂委員會：《黎城縣志》，中華書局 1994 年版，第 227 頁。

〔註 58〕中共黎城縣委黨史研究室：《中國共產黨黎城縣簡史》（1937～1949），新華出版社 1991 年版，第 145 頁。

〔註 59〕太行四專：《關於災荒救濟問題給黎潞縣的指令》，1943 年 6 月 11 日，山西省檔案館藏革命歷史檔案：A68-1-15-17，第 2 頁。

〔註 60〕黎城縣政府：《關於募捐情況及災情給四專署的信》，1943 年 7 月 23 日，山西省檔案館藏革命歷史檔案：A68-1-15-47，第 2～3 頁。

再次，廣泛開展以工代賑等生產自救運動。以楊秀峰為主任委員的「太行救災委員會」提出「不餓死一個人」的口號，並為之出臺救災措施：減免災區負擔、對敵抗戰糧食鬥爭、安置災民、組織移墾、以工代賑、開展社會互濟合作等。1942 年邊區政府減免六專區公糧 337.5 萬公斤，1943 年夏收之際再減免公糧 116 萬公斤。同時頒布了災區減免地租的辦法，並從西部敵佔區購回 1575 萬公斤糧食解決全區的軍需民用。另外，邊區組織災民從事運輸，給予賑濟糧，除供伙食之外，每日每人可剩餘半斤到 1 斤小米；又如組織災區婦女從事紡織，每紡 1 斤棉花可得工資米 1 公斤，織成布再得工資米 1 斤。五、六專區共有 44530 名婦女參加紡花織布，共得工資米 250450 多公斤〔註 61〕。同期，太行區各級政府共撥款 235 萬元、小米 10 萬公斤，用以組織災民開渠修壩，並開墾 1 萬餘畝灘地，開通 22 里長的黎城漳北大渠和 26 里長的涉縣漳南大渠，增加了水澆地 6783 畝。邊區政府還撥款 310 萬元和 41.5 萬公斤糧食，支持太行災區生產。〔註 62〕此間的邏輯就在於，抗戰時期的中國的主體經濟依然是農業，中共積極救濟災民，一方面在於鞏固根據地渡過難關，而實際上，日偽佔據城鎮，中共佔領鄉村，恰恰是抓住了農業時代城鎮最需要的糧食與原料的源頭，「我們加強對糧食與原料的控制，組織起人民對敵人掠奪的反對，便可以破壞敵人控制敵人。同時我們要力求自力更生，擺脫對城市的依賴，便是增長自己的力量，打擊了敵人」。〔註 63〕

最後，謹慎安置外地流入根據地災民。1943 年 7 月，太行四專接報，「楊威每日有災民四五百人入境，王曲、李莊一帶亦日有災民數百入境。災民仍陸續入境，將更嚴重影響本區災荒，特別特務汗（漢）奸更要乘此機會混入根據地進行破壞」。第四專區通令各縣對敵佔區災民堅決阻止入境，從安陽、林縣新開闢的根據地而來的災民也要勸阻入境，「說腹心地區亦是災荒嚴重」，各災民入境口處，應責成該區村負責進行此工作，並將進行情況上報。〔註 64〕

〔註 61〕中共山西省委黨史研究室：《太行革命根據地史料叢書之四．政權建設》，第 46 頁。

〔註 62〕中共山西省委黨史研究室：《太行革命根據地史料叢書之四：政權建設》，第 47 頁。

〔註 63〕戎武勝：《進一步加強財經建設開展對敵經濟鬥爭》（1943 年 2 月 1 日），河南財政廳、河南檔案館合編：《晉冀魯豫抗日根據地財經史料選編（河南部分）》（一），第 235 頁。

〔註 64〕太行四專署：《專撫救字第 34 號通知：關於嚴禁災民入境的通知》，1943 年 8 月 4 日，山西省檔案館藏革命歷史檔案：A68-1-15-7，第 2 頁。

潞城抗日縣政府規定，「舊難民已參加生產的，幫助安插，對不參加生產的游民份子，動員其走，對新來難民絕對禁止入境，對過境難民，如係由敵佔區來的，指定其由邊沿區通過。五六分區根據地來的，須有正式路條，責令迅速通過。對有嫌疑的難民，用和平方式動員或驅逐出境。犯罪有證據的，依法處理。但最後這一點必須由區幹部親自掌握，防止部隊村幹部藉口將舊留外籍人不分皂白一律驅逐走的違法行為」。〔註 65〕

7 月 31 日，中共北方局指出上述做法不足取，「（此事）須十分慎重，如不向敵佔區人民作深入宣傳解釋，不領導敵佔區災民與敵鬥爭，而強制敵佔區災民不准進入我根據地，這可能被敵偽利用造成敵我區群眾對立，將給我開展敵佔區、游擊區工作以極大困難」〔註 66〕。晉冀魯豫邊區政府專門頒布移墾優待辦法，規定移墾者開荒五年不出租，不出土地資產負擔，半年不支差。並撥出 112.5 萬公斤糧食幫助移墾災民。「從五、六專區移到二、三專區三千五百餘人，從一專區臨城、內邱、贊皇移到山西、山東一千五百餘人」。〔註 67〕

除此之外，太行根據地厲行精兵簡政以充實生產人員，還加大減租減息政策的落實，並推進「三三制」政權建設以激發民眾積極性。學界對此研究較多，在此不述。總之，至 1944 年初，太行根據地的災荒終於艱難度過。

四、中共救濟災荒的內在邏輯

1937 年 11 月太原失守之後，中共抗日武裝在華北地區開展的敵後游擊戰逐漸活躍，並上升為主流，乃有 1940 年中共在華北根據地的迅速擴大，政治上更有《新民主主義論》喊出了引領時代的強音〔註 68〕，並在華北地區敢於主動發動百團大戰。其後日軍對華北地區的「治安戰」力度空前加大並持久

〔註 65〕潞城抗日縣政府：《關於目前防旱救災的幾項具體工作》，1943 年 7 月 29 日，山西省檔案館藏革命歷史檔案：A68-1-15-6，第 3 頁。

〔註 66〕中共中央北方局：《關於救災工作的指示》，1943 年 7 月 31 日，河南省財政廳、河南省檔案局合編：《晉冀魯豫抗日根據地財經史料選編（河南部分）》（一），檔案出版社 1985 年版，第 25 頁。

〔註 67〕中共山西省委黨史研究室：《太行革命根據地史料叢書之四．政權建設》，第 47 頁。

〔註 68〕「列寧說過，資產階級民主革命在一個落後國家可以由共產黨代表的無產階級來領導實行。抗戰期間允許無產階級的中共在必要時沒有國民黨也可以領導全國」，見〔美〕費正清著，劉尊棋譯：《偉大的中國革命（1800～1985）》，世界知識出版社 2000 年版，第 302～303 頁。

施行，中共在華北的敵後根據地均遭遇了不同程度的挫折。如 1942 年的五一大掃蕩期間太行根據地損失慘重。晉西北地區經受日偽的反覆掃蕩，根據地面積迅速縮小，人口大幅度減少。如林楓向中央彙報「晉西北只有人口七十萬至一百萬」，中共中央電令「檢查如此迅速縮小的原因，與周（士第）甘（泗淇）商討積極開展游擊戰爭向敵人擠地盤的具體方案，必須振奮軍心民心，向敵取積極政策，否則地區再縮前途甚壞」。〔註 69〕又如，冀中平原根據地這個「八路軍的平原堡壘」經過「五一」日軍大掃蕩之後，冀中平原根據地基本成為游擊區，「我們的主力部隊暫時撤到了山區」。〔註 70〕1943 年，「我北嶽山區鞏固根據地的地區縮小，敵人加緊封鎖，天災敵禍，軍民交困」。〔註 71〕同期，晉察冀邊區腹地北嶽山區也遇到了空前的災荒，1943 年初，「僅靈壽、行唐一帶逃往內地的難民即有 1160 人」，又因水旱蟲災波及 3 個專區 14 個縣，災民達 64393 人。曲陽、唐縣、完縣、阜平有 16701 人完全斷炊。易縣三區有 5286 人外出逃荒，完縣一、二、三區有 2542 人外出逃荒。〔註 72〕太岳區「1942、1943 兩年連續大旱，屢遭日軍燒殺搶掠的太嶽軍民面臨著饑荒的威脅」，1943 年 10 月至 11 月再遭大「掃蕩」。〔註 73〕尤其是，「山西日軍在『駐軍糧食絕對自給』的總命令下，制定了搶糧五十萬石的計劃，並具體規定冀寧道搶糧 36379 噸，上黨道（36 師團轄區）搶糧 55306 噸。1943 年 6 月，正式夏收季節，日偽軍開始了瘋狂的搶糧活動」〔註 74〕，加劇了根據地的災荒。

此間華北各根據地均遭遇了持續的旱災，晉冀魯豫邊區尤甚。人禍天災齊至，如何渡過難關，確實考驗著堅持敵後抗戰的中共。最主要的是，此際，根據地統一思想的整風運動尚未完成，延安方面數度籌備七大均未能如期舉行。而華北敵後抗日根據地日益受到日軍壓制，思想上亟待統一認識。為此，自 3 月 16 日至 20 日，延安即舉行中共中央政治局會議，通過了《關於中央機構調整及精簡的決定》，推選毛澤東為政治局主席、書記處主席，加強中共

〔註 69〕《晉西北要積極開展游擊戰爭》（1942 年 10 月 31 日），中共中央文獻研究室、中國人民解放軍軍事科學院：《毛澤東軍事文集》第二卷，軍事科學出版社、中央文獻出版社 1993 年版，第 688 頁。

〔註 70〕相關內容參見《呂正操回憶錄》，解放軍出版社 1987 年版，第 342～348 頁；程子華：《程子華回憶錄》，解放軍出版社 1987 年版，第 240 頁。

〔註 71〕程子華：《程子華回憶錄》，第 255～256 頁。

〔註 72〕程子華：《程子華回憶錄》，第 254 頁。

〔註 73〕李聚奎：《李聚奎回憶錄》，解放軍出版社 1986 年版，第 215～218 頁。

〔註 74〕王新亭：《王新亭回憶錄》，解放軍出版社 1992 年版，第 198～199 頁。

思想的統一。〔註 75〕

承上文所述，蔣介石於 3 月發表《中國之命運》以「收拾人心」，6 月共產國際正式解散，並且胡宗南準備有閃擊延安的軍事行動。困局亟待破解。針對《中國之命運》所宣揚的反共立場，中共中央專門召開會議，並由劉少奇主持召開理論幹部會議，部署了對該文的批判，指出該文是「借著中山先生『行易』哲學的名義，來製作一套極不合理的唯心的，鼓勵盲從的，反共反人民反革命的中國式法西斯主義的愚民哲學」〔註 76〕。延安《解放日報》發表社論，指出《中國之命運》的出籠，集中表明蔣介石國民黨要同中共爭奪革命的領導權，是從思想上政治上向中共進攻。其所謂的「繼承民族傳統，排斥外來思想」，實際上是集「中外文化一切醜惡方面之大成，排斥中外文化中一切優良的成分」，其結果只能是造成「中國式買辦封建的法西斯主義」，社論明確提出「沒有共產黨就沒有中國」。〔註 77〕

客觀意義上說，1943 年共產國際解散對於中共倒也不成大事，中共已代表了民族共產主義而不是共產國際，中共有了新民主主義理論，成為民眾的代言人。但是 1943 年根據地的災荒賑濟實則兩難，根據地面積減少，意味著可控制資源和土地的減少，那麼可資役用的資源同比減少，遇上持續的旱災，如何救濟根據地民眾？另外，大量的根據地之外的災民開始湧入根據地，迎拒都是困難。在此歷史時空中來考察，明顯可以看出，太行抗日根據地的救災，是真心的與民同甘共苦，因此太行根據地內餓死人的情況明顯少於毗鄰的國統區和淪陷區。學界因為河南當時餓死人多而關注該省，需要指出的是，河南省當時政治生態複雜，即便是國民黨尚能控制的區域，也因黨政軍民不統一，兼以推行「田賦徵實」，其救災一事也是媒體引發的道義倒逼之下的應景之作〔註 78〕。而太行區的黨政軍民一元化的政治結構在特殊時空當中，使得救災工作富有成效，獲得民心，鞏固了根據地。

〔註 75〕中共中央黨史研究室：《中共黨史大事年表》，人民出版社 1987 年版，第 160 頁。

〔註 76〕如陳伯達：《評中國之命運》，《董必武年譜》編輯組編：《董必武年譜》，中央文獻出版社 1991 年版，第 183 頁；艾思奇：《〈中國之命運〉——極端唯心論的愚民哲學》，蔡尚思主編：《中國現代思想史資料簡編》第四卷，浙江人民出版社 1983 年版，第 257 頁。

〔註 77〕社論：《沒有共產黨，就沒有中國》，《解放日報》1943 年 8 月 25 日，第 1 版。

〔註 78〕相關研究有：江沛：《哀鳴四野痛災黎：1942～1943 年河南旱災述論》，《河南大學學報（社會科學版）》2014 年第 3 期。

中共當然深知「一切革命的根本問題是國家政權問題」〔註 79〕，毛澤東則指出中共革命取勝的法則——「兵民是勝利之本」。在這種艱窘的生存空間，中共必須思考政治生存和何以為繼的重大問題，為此，抗戰之初中共制定的「減租減息」、「三三制」政權建設等制度都得到真正的落實，中共的工作重心從伊初的軍事行動已經轉移到政權建設上來。並且在最為艱難的 1943 年災荒救濟之執政能力檢閱當中，其政權一元化的領導模式（見救災部分），明顯優於災荒地區其他各種政治力量。這既反映出新民主主義革命理論的政治活力，也是根據地衝破「黎明前的黑暗」的必須之舉，更為中共贏得民心奠定了堅實的基礎，尤其是在其根據地建設所獲的卓有成效的治理經驗，不僅在戰後國共內戰當中繼續良性運行，並成為 1949 年建國之後的執政經驗。

總結

1940 年代前期的華北災害（以旱災為主），其波及範圍和危害程度倒也不及「丁戊奇荒」之廣之烈。〔註 80〕不過，此間華北被災地區政權分立，敵我交錯，若從各統治集團自身利益而言，賑濟災民實則鞏固自身的統治根基，中共太行抗日根據地尤其如此，儘管救災多力不從心，但其賑災未敢掉以輕心。一則因為地處接敵前沿，自 1941 年日軍大掃蕩以來，根據地不斷縮小；二則國民黨敵後抗戰武裝紛紛落水加入反共行列，中共敵後根據地三面受敵，戰略態勢急劇惡化；三則 1943 年 6 月共產國際宣布解散，中共政治合法性在蔣介石《中國之命運》一書的催生下，備受爭議，並且重慶方面確有武力解決延安的軍事企圖。據此可知，在此特定時空下，較諸華北其他政治力量，太行抗日根據地救災既受中共內生性政治理念驅使，兼有外源性生存空間壓力所致。

「天行有常，不為堯存，不為桀亡」，以時間加以呈現的歷史本身是直線的，但是歷史主體的變化則不同。抗戰期中的 1943 年，國共兩黨的權勢之高下絕非後見這般的涇渭分明。一定程度上，重慶方面處於攻勢狀態，並在國統區一度提振了民心。延安方面此間多處於守勢。須得注意的是，中共通過

〔註 79〕列寧：《論兩個政權》，中共中央馬克思恩格斯列寧斯大林著作編譯局編譯：《列寧全集》第 29 卷，人民出版社 1990 年版，第 131 頁。

〔註 80〕丁戊奇荒幾乎囊括晉陝冀魯豫五省，並波及蘇北、皖北、隴東和川北地區，餓殍達千萬以上，見李文海等編：《中國近代史大災荒》，上海人民出版社 1994 年版，第 80～81 頁。

整風統一了全黨的思想，並使得「群眾路線」得到了新的詮釋，尤其是在與日偽、災荒反覆較量中，敵後抗日根據地黨政軍民擁有共同的生活經歷和命運共同體的情感交融，這種歷史記憶使得根據地民眾對於中共的民族主義的理解與社會規範或社會期待逐漸趨於一致，並表現出在情感上對中共政治生活的認同。〔註 81〕這種黨政軍民之間所建立起的利益對應之下的密切關係，是國共內戰期間新解放區所難以企及的〔註 82〕。需要指出的是，在風雲變幻的 1943 年，太行抗日根據地的災荒賑濟，踐行了新民主主義革命時期領導者的責任，渡過了「黎明前的黑暗」，為中共未來贏得新民主主義革命的勝利奠定了堅實的後方基礎。當然，1944 年國民黨在豫湘桂戰場的大潰敗，徹底斷送了 1943 年好容易搶得的時代話語權。歷史就是這樣富有戲劇性。

〔註 81〕這與同期國統區形成了顯明的比照，「知識分子們認為，如果他們是被重視的，或者是當此國難之際全國上上下下各階層是在同甘共苦的，那麼即便挨餓也沒什麼關係。但是他們親眼看到了如此觸目驚心的不平等現象和社會上層的奢侈浪費。因此，許多知識分子感到心灰意懶，一部分人將會死去，其餘的人將會變成革命分子」。〔美〕費正清著，陸惠勤等譯：《對華回憶錄》，知識出版社 1991 年版，第 295 頁。

〔註 82〕如，1945 年 11 月，林彪不同意彭真堅守瀋陽等大城市，主要是東北民眾有「正統」觀點，也就是比較看好國民黨政權及其軍隊。見孟醒：《彭真、林彪和東北局》，《文史精華》2013 年第 2 期。

第十五講　民族地區的抗戰：大青山抗日游擊戰

題記：為遏制了日軍自綏遠進犯陝甘寧邊區的企圖，1938年6月，中共中央決定進軍綏遠，開闢敵後抗日游擊根據地。在西北艱苦卓絕的環境裏，中共大青山抗日武裝，堅持黨的工作方針路線，運用統一戰線以及民族政策，建立起各級抗日政權，組建大青山騎兵支隊，在八路軍主力抽調之後，開創了綏遠敵後抗戰的新局面，有力的打擊日偽勢力，喚起和團結蒙漢一切力量一致抗日，粉碎日寇分裂中國的滿蒙計劃，為中共經略內蒙地區積累了許多寶貴經驗。

1938年中共120師派部開闢了綏遠大青山抗日游擊根據地，在西北民族地區宣傳中共的抗日主張，並結成抗日民族統一戰線，有力的打擊了日寇和偽德王政權，遏制了日軍扶植蒙疆政權以分裂中國的企圖，發展和鞏固了華北地區的游擊戰爭。學界對大青山抗日游擊根據地的研究頗多，不過集中於對該根據地的建立與發展的敘述，而對於根據地在1942年之後發展受到侷限的原因尚缺乏總體檢視，本文將就此問題加以探析。

一、抗戰爆發後綏遠的局勢與中共的應對

1937年9月初，日察哈爾派遣軍進犯晉北，二戰區司令長官閻錫山曾策

劃「大同會戰」，終因中路李服膺部在天鎮陽高地區抵抗不力，合圍日軍的會戰計劃失敗。9 月 13 日，日軍佔領大同，晉綏軍轉而退守桑乾河以南恒山一線陣地。17 日，日獨立步兵第 11 聯隊占豐鎮，24 日占集寧。18 日，獨立混成第 1 旅團開始進攻綏遠。自傅作義率部出省參戰之後，綏遠省留守軍力尚能抵抗日軍的進犯。不過，自 10 月 10 日起，日軍千田機械化兵團協同偽蒙軍沿平綏線向歸綏正面進攻。同時，攻陷涼城的河村支隊與從右玉出發的松井支隊進襲歸綏側背。「斯時我軍指揮欠統，部隊又過於分散」，10 月 13 日，綏遠省會歸綏（今呼和浩特）失守。16 日，包頭陷落。〔註 1〕在此期間，晉綏軍曾在莎拉齊（今薩拉齊）、沙爾沁一線和磴口地區組織抵抗，但受到日軍優勢兵力的打擊而撤退。進入綏遠省的偽蒙軍，一部分守備歸綏，一部佔領烏蘭花和武川，並於 21 日佔領固陽。另一部偽軍沿平綏線以南追擊，在日軍佔領包頭之後，該部偽軍前鋒進抵五原以東地區。總之，1937 年 10 月底，日偽軍佔領了綏遠省的大部。〔註 2〕10 月 27 日，日軍扶持下的「偽蒙古聯盟自治政府」在歸綏成立，由德王主政，李守信主軍（偽蒙古軍總司令），使他們相互牽制。〔註 3〕

中共紅軍主力改編為國民革命軍系列開赴山西抗戰之後，毛澤東即於 9 月 17 日電令，「我二方面軍（即 120 師）應集結於太原以北之忻縣待命，準備在取得閻之同意下，轉至晉西北管涔山脈地區活動」。〔註 4〕18 日，彭德懷回電稱，「115 師進到靈丘、淶源以南，相繼側擊敵之一部，120 師及總部直屬隊進到阜平、五臺及靈丘以西，加緊發動群眾及組織游擊隊」〔註 5〕，顯然，彭德懷尚未領會毛澤東的意圖。19 日，毛澤東再電強調了八路軍戰略區域問題，明確指出「賀龍部應位於晉西北，處於大同、太原之外翼，向綏遠與大同游擊」，120 師應迅速赴晉西北佔先著。〔註 6〕並命令中共神府特委及第 120

〔註 1〕何應欽編著：《八年抗戰之經過》，中國陸軍司令部 1946 年印行，第 13 頁。

〔註 2〕郭汝瑰、黃玉章：《中國抗日戰爭正面戰場作戰記》（上冊），江蘇人民出版社 2005 年版，第 386、495 頁。

〔註 3〕札奇斯欽：《我所知道的德王和當時的內蒙古》，中國文史出版社 2005 年版，第 247 頁。

〔註 4〕《關於敵情判斷及我之戰略部署》（1937 年 9 月 17 日），《毛澤東軍事文集》第二卷，軍事科學出版社、中央文獻出版社 1993 年版，第 47～48 頁。

〔註 5〕《彭德懷給毛澤東、朱德、任弼時的電報》（1937 年 9 月 18 日），《毛澤東軍事文集》第二卷，第 51 頁。

〔註 6〕《八路軍戰略區域問題》（1937 年 9 月 19 日），《毛澤東軍事文集》第二卷，第 50 頁。

師工兵營營長王兆相「五日內率主力出五寨、神池」配合 120 師進軍晉西北。〔註 7〕10 月 6 日，毛再令 120 師在晉西北創建抗日根據地，並在「綏遠之清水河一帶，主要是繁殖游擊隊、義勇軍」。〔註 8〕1937 年 10 月 21 日，朱德、彭德懷、任弼時指示第 120 師在晉西北、綏東發動和組織群眾。〔註 9〕

1937 年 11 月 8 日，太原失守，「華北正規戰爭階段基本結束，游擊戰爭階段開始」〔註 10〕。而此間綏遠局勢更加危急。此前，內蒙各旗盟王公有的已動搖，有的徘徊無主見，而日寇正利用德王及沙王，企圖統一內蒙各部於一傀儡政府之下。尤其是在 10 月份歸綏、包頭失守之後，若日偽聯合西進，整個西北局勢危急。為此，中共中央任命陝甘寧保安司令部司令員高崗為八路軍騎兵司令，率領八路軍騎兵團及蒙漢支隊「出東西烏審旗、鄂托克旗一帶」，具體戰略任務是「甲、以『蒙漢兩民族團結一致抗日』、『保衛綏遠』的口號去發動與奔走各旗王的聯席會議，做到伊克昭盟各旗上層的抗日統一戰線，團結抗日（對德王、沙王採取批評態度），同時進行廣大的蒙漢民族工作，組織與武裝他們，建立新的抗日游擊隊與擴大自己。乙、與馬占山、何柱國等及當地國民黨人取得聯絡，傳達我們抗日主張及八路軍在晉情況，督促他們改善民族政策，去團結全綏抗日組織與武裝當地人民，堅決向漢奸作鬥爭，發展獨立自主的群眾的游擊戰爭，來打擊日寇進攻」。同時，命令陝西省委蒙民部最大部分工作人員必須隨高崗進入內蒙，「騎兵團及支隊經過數日整理動員及準備工作後即可出動。如無皮衣可從鹽稅局撥二千元購皮衣」。〔註 11〕本次派兵北出內蒙，安定了人心，並聯絡各旗開展游擊戰爭，保衛三邊（定邊、安邊和靖邊）。同時，中共中央還決定自晉西北進軍綏遠，對綏遠地區日偽進行戰略牽制，以拱衛陝甘寧邊區。

1937 年 12 月南京淪陷之後，中日戰局一度陷入停頓狀態。1938 年春，

〔註 7〕《王兆相部主力準備配合一二〇師作戰》（1937 年 9 月 21 日），《毛澤東軍事文集》第二卷，第 52 頁。

〔註 8〕《在晉西北創建抗日根據地》（1937 年 10 月 6 日），《毛澤東軍事文集》第二卷，第 74 頁。

〔註 9〕《朱德、彭德懷、任弼時就華北八路軍的部署給八路軍各師領導人並報毛澤東的電報》（1937 年 10 月 21 日），《毛澤東軍事文集》第二卷，第 95 頁。

〔註 10〕《太原失守後華北將以八路軍為主體開展抗日游擊戰爭》（1937 年 11 月 8 日），《毛澤東軍事文集》第二卷，第 111 頁。

〔註 11〕《八路軍騎兵團向蒙境出動》（1937 年 11 月 16 日），《毛澤東軍事文集》第二卷，第 119、120 頁。

日軍為打通華北、華中之間的聯繫，先後進攻徐州和武漢。〔註 12〕在此期間，毛澤東多次電令八路軍各部利用此機會大力發展抗日根據地。1938 年 5 月，毛澤東指出「華北游擊戰爭還是廣泛開展的有利時機，目前應加重注意山東、熱河及大青山脈」。〔註 13〕6 月 10 日，朱德、彭德懷致電毛澤東陳述大青山脈的重要性，並建議組織騎兵前往為宜。〔註 14〕毛澤東覆電同意，並告知要選派精幹，「領導人須政治軍事皆能對付，且能機警耐苦，而有決心在該地創立根據地」〔註 15〕。不過，前期所派的陝北騎兵團正控制河套地區，且「在定（邊）鹽（池）以北五百里之杭錦旗一帶配合蒙民抗禦敵軍南下，故不能調動」〔註 16〕，那麼，派遣誰帶領什麼兵種去開闢大青山根據地一事也就擺上了日程。

二、中共開闢大青山抗日游擊根據地

1938 年 6 月，中共 120 師 715 團和師部騎兵一連組成的大青山抗日支隊成立（簡稱「支隊」），由李井泉擔任支隊長，姚喆任支隊參謀長。〔註 17〕支隊組成後，在山西五寨舉行了挺進敵後誓師大會，隨後即進軍大青山地區。同時，中共晉西北區黨委還在岢嵐建立中共大青山特委會，由武新宇任書記，隨支隊開赴綏遠抗戰。並且，第二戰區民族革命戰爭戰地總動員委員會於 7 月在岢嵐縣建立晉察綏邊區工作委員會，由武新宇擔任主任，作為大青山地

〔註 12〕〔日〕服部卓四郎：《大東亞戰爭全史》第一冊，商務印書館 1984 年版，第 16 頁。

〔註 13〕《在華北應廣泛開展游擊戰爭》（1938 年 5 月 26 日），《毛澤東軍事文集》第二卷，第 227 頁。

〔註 14〕《關於組織騎兵團去大青山的報告》（1938 年 6 月 10 日），中共內蒙古自治區委員會黨史資料徵集委員會、中國人民解放軍檔案館、內蒙古自治區檔案館：《大青山抗日游擊根據地資料選編》（歷史檔案部分），內蒙古人民出版社 1986 年版，第 5 頁。

〔註 15〕《毛澤東致朱德、彭德懷、賀龍、蕭克、關向應電：大青山游擊根據地須選派精幹部隊優秀領導者》（1938 年 6 月 11 日），中共內蒙古自治區委員會黨史資料徵集委員會、中國人民解放軍檔案館、內蒙古自治區檔案館：《大青山抗日游擊根據地資料選編》（歷史檔案部分），第 6 頁。

〔註 16〕《擬創造大青山根據地》（1938 年 6 月 11 日），《毛澤東軍事文集》第二卷，第 353 頁。

〔註 17〕之所以抽調 715 團來承擔此項任務，一則該部隊的裝備較好，更主要是因為該團為 120 師的老根基，參加過二萬五千里長征，是一支具有豐富經驗和實戰能力的部隊。何其芳：《七一五團和大青山》，《文藝戰線》第 1 卷第 6 號，1940 年 2 月 26 日，第 14～16 頁。

區抗日政權未建立之前的行政代理機構〔註 18〕。另外，由太原成成中學師生組成的「第二戰區民族革命戰爭戰地總動員委員會抗日游擊第四支隊」300 多人，也隨部挺進大青山。〔註 19〕總之，支隊進軍大青山之前，中共已初步建立起黨政軍機構。

1938 年 9 月，支隊抵達大青山地區。〔註 20〕隨即在綏中、綏南、綏西地區開展群眾動員和游擊戰爭，建立起縣、區、鄉三級動員委員會。為了打開工作局面，首先發起烏蘭花戰鬥，將偽蒙軍和四子王旗保安隊 180 餘名官兵全部俘虜，繳獲機槍 9 挺，長短槍 80 餘支和一批彈藥，並繳獲戰馬 100 多匹，不到 20 分鐘即結束戰鬥。〔註 21〕不久，支隊在歸綏－武川公路伏擊日軍運兵車隊，襲擊三道營火車站，不過當地「富戶都逃入歸綏城內去了，籌款無希望」，並且，因群眾怕當游擊隊，擴軍不易。〔註 22〕尤其是偽蒙古聯盟自治政府散佈蒙漢對立，到處都有日偽的「協助員」暗中慫恿匪盜對抗抗日武裝，宣揚抗戰前途悲觀言論，脅迫當地民眾擁護他們的偽政府。因此，支隊到達之處，當地民眾逃避一空。〔註 23〕對此工作局面，毛澤東電告李井泉，大青山北靠外蒙，戰略地位極其重要，日軍也正重視，因此，「那裡一切政策應以長期游擊戰爭性質為出發點」，為此要處理好與傅作義的統一戰線問題，爭取當地自發抗日武裝，團結蒙漢人民聯合抗日。〔註 24〕據此，支隊廣為宣傳解釋，說服村民回家，同時武力掃除日偽勢力——攻打陶東、襲擊三道營，收復烏蘭花，〔註 25〕並進行廣泛的群眾動員，積極開展武裝建設，執行正確的

〔註 18〕內蒙古軍區《大青山抗日鬥爭史》編寫組：《大青山抗日鬥爭史》，內蒙古人民出版社 1985 年版，第 34 頁。

〔註 19〕中共內蒙古自治區委員會黨史資料徵集委員會、中國人民解放軍檔案館、內蒙古自治區檔案館編：《大青山抗日游擊根據地資料選編》（歷史檔案部分），第 21 頁。

〔註 20〕《在大青山堅持長期游擊戰爭》，1938 年 11 月 24 日，《毛澤東軍事文集》第二卷，第 438 頁。

〔註 21〕內蒙古軍區《大青山抗日鬥爭史》編寫組：《大青山抗日鬥爭史》，第 44～45 頁。

〔註 22〕李井泉：《關於大青山地區情況的報告》，（1938 年 9 月 13 日），中共內蒙古自治區委員會黨史資料徵集委員會、內蒙古自治區檔案館：《大青山抗日游擊根據地資料選編》（中冊），內蒙古人民出版社 1987 年版，第 7 頁。

〔註 23〕姚喆：《大青山的騎兵游擊戰爭》，《八路軍軍政雜誌》1941 年 5 卷，第 26 頁。

〔註 24〕《在大青山堅持長期游擊戰爭》（1938 年 11 月 24 日），《毛澤東軍事文集》第二卷，第 436 頁。

〔註 25〕見內蒙古軍區《大青山抗日鬥爭史》編寫組：《大青山抗日鬥爭史》，第 45 頁。

路線，及時開展除奸工作。〔註 26〕在此基礎上，首先建立中共武川三區區委會，再建五區委員會、陶林三區委員會。11 月在烏蘭花召開「動員委員會」各地代表大會。隨後建立固陽、薩拉齊、武西各區動員委員會，進而建立起包含歸綏在內，含「東西以武十區為中心，以固陽至陶林凡六七百里，南北大青山至滿漢山百餘里」範圍的大青山根據地。〔註 27〕

1938 年 11 月，中共六屆六中全會確定了「鞏固華北、發展華中」的敵後抗戰方針，為之抽調支隊主力 715 團兩個營到冀中。「仍留一個營與四支隊，配合地方武裝，支持長期游擊戰爭」。〔註 28〕此後，大青山游擊根據地加強黨的建設，並遵照抗日民族統一戰線，處理好與「綏遠民眾抗日自衛軍」關係。因為當地地域遼闊，人煙稀少，物質供給困難，地方黨與群眾尚未建立良好的基礎，群眾缺乏革命鬥爭經驗，文化政治水平落後，加以蒙漢雜居，戰略上仍陷於孤立。關向應為之一再強調，大青山游擊根據地「北靠外蒙古，戰略意義不在今天而在將來」〔註 29〕，此即意味著根據地必須鞏固。至 1940 年，根據地活動範圍東起豐鎮，西至包頭，中間包括涼城、陶林、歸綏、武川等地區，北面是烏蘭花、百靈廟，與外蒙古相連接，中貫平綏鐵路，南聯晉西北及同蒲線北段。〔註 30〕

三、建立騎兵支隊抗擊日偽

日偽自佔領歸綏、包頭一線地區之後，即依託平綏線和公路網建立據點，各據點之間通過電話或電臺聯繫，一有情況，周邊日偽軍即使用汽車或騎兵迅速增援。與之作戰過程中，支隊因為多是步兵而易失先機。〔註 31〕並且，

〔註 26〕受三：《正在鞏固的大青山游擊根據地》，《西線》創刊號，1939 年 1 月，第 23 頁。

〔註 27〕小林：《大青山根據地時怎樣建立起來的》，《西線》第 2 卷第 2 期，1939 年 11 月，第 42 頁。

〔註 28〕賀龍、蕭克、關向應：《致李井泉、姚喆並王尚榮、朱輝照電——關於長期支持大青山游擊戰爭的指示》（1938 年 11 月 10 日），中共內蒙古自治區委員會黨史資料徵集委員會、內蒙古自治區檔案館：《大青山抗日游擊根據地資料選編》（中冊），第 14～15 頁。

〔註 29〕《關向應給李井泉信》（1939 年 1 月 9 日），中共內蒙古自治區委員會黨史資料徵集委員會、內蒙古自治區檔案館：《大青山抗日游擊根據地資料選編》（中冊），第 19 頁。

〔註 30〕楊超倫：《大青山抗日根據地剪影》，《群眾》第 5 卷第 17、18 期合刊，1941 年 1 月 5 日，第 426 頁。

〔註 31〕固陽縣黨史資料徵集委員會、固陽縣縣志編修辦公室編：《固陽史料會要》（第七輯），第 34 頁。

大青山地區多是丘陵、平原地帶，根據地在向山區之外發展壯大時，也因步兵行動較慢而不易實現。1938 年 11 月，中共中央認為在這一地區的戰鬥必須建立騎兵部隊，並指示要尊重蒙民風俗習慣，「勿侵犯蒙民利益，特別是收買馬匹必須切實教育部隊」，還要吸收蒙古人中的知識分子，培養蒙民幹部，做蒙民工作。〔註 32〕

為籌建騎兵，駐紮在綏南的支隊 1 營雪夜步行 40 多公里奔襲歸綏郊區陶卜齊，繳獲土匪部隊戰馬 100 餘匹。同時，支隊通過抗日民族統一戰線工作，動員當地蒙古王公捐獻部分馬匹。另外，姚喆親自去比利時人在當地開辦的教堂，向神甫宣傳共產黨和八路軍的宗教政策，比利時神甫不但不再阻止教徒支持抗日，還將教堂裏的馬匹捐獻給了大青山支隊。〔註 33〕為盡快形成戰鬥力量，姚喆帶頭訓練，強化射擊技術和戰鬥動作，培養騎兵部隊的搜索能力，並通過各種訓練涵養騎兵勇敢進取的氣魄，輕快敏捷的動作，旺盛的進取心。〔註 34〕至 1939 年夏天，支隊基本上都是按照騎兵的作戰要求進行了改制，支隊由此改為「八路軍大青山騎兵支隊」（簡稱「騎兵支隊」）。至 1940 年春季，騎兵支隊擁有三個實力壯大的營級單位，分駐綏南、綏中、綏西地區。1940 年 5 月 25 日，120 師領導賀龍等人向中共中央請示將大青山騎兵支隊的營建制改為團的番號。1940 年冬，中央軍委批准將綏南的騎兵第 1 營改為騎兵第 1 團；綏中的騎兵第 2 營改為騎兵第 2 團；綏西的騎兵第 3 營改為騎兵第 3 團。姚喆任大青山騎兵支隊司令員（李井泉於 5 月奉命調回晉西北），司令部下轄騎兵 1、2、3 團及教導大隊、四支隊（1941 年 12 月改為騎兵支隊獨立營）。〔註 35〕

1939 年 9 月起至 1940 年，騎兵支隊在大青山根據地與日偽進行了 120 多次戰鬥，比較大的戰役有：陶林戰鬥（挺進陶林）、烏蘭花戰鬥（將日偽趕至烏蘭花外）、蠻汗山戰鬥、巴洞窯子戰鬥、包頭附近戰鬥等等。〔註 36〕其中，

〔註 32〕《關於大青山游擊根據地統一戰線問題的指示》（1938 年 11 月 20 日），中共內蒙古自治區委員會黨史資料徵集委員會、中國人民解放軍檔案館、內蒙古自治區檔案館：《大青山抗日游擊根據地資料選編》（歷史檔案部分），第 8～9 頁。

〔註 33〕固陽縣黨史資料徵集、固陽縣縣志編修辦公室編：《固陽史料會要》（第五輯），第 23 頁。

〔註 34〕《騎兵的訓練》，《軍事雜誌》建軍專號第一輯，1941 年 6 月 6 日，第 47 頁。

〔註 35〕《大青山騎兵支隊與游擊隊》，《武川文史資料》2010 年，第 35 頁。

〔註 36〕楊超倫：《大青山抗日根據地剪影》，《群眾》第 5 卷第 17、18 期合刊，1941 年 1 月 5 日，第 426 頁。

1939 年 12 月，日軍「步炮騎聯合有一聯隊之眾」，分由武川、固陽、歸綏、包頭、薩拉齊等地向根據地進犯，企圖切斷我國際交通線，騎兵支隊積極參戰，和根據地其他部隊「前後十天中，大小戰鬥不下十數次」，粉碎了日軍的侵略企圖。〔註 37〕1940 年 3 月底，西竄河套的日軍遭傅作義部隊重創，日軍此後全部撤回大青山地區。4 月份，騎兵支隊破壞歸綏包頭間、歸綏平地泉間鐵路十餘里，電話線數十里，炸毀鐵橋十餘座，阻敵十餘日不能運輸。具體戰鬥統計見下表。

大青山抗戰兩年戰鬥統計表（1938.9～1940.6）

	作戰次數	爭取偽軍反正	俘虜		傷斃		繳獲	
			日軍	偽軍	日軍	偽軍	武器	彈藥
第一週年	40	200	2	117	277	105	104	6280
第二週年	80			120	283	194	492	32834
合計	120	200	2	237	560	299	596	39114
備考	支隊兩年負傷 199 人，陣亡 196 人。							

資料來源：中共內蒙古自治區委員會黨史資料徵集委員會、內蒙古自治區檔案館：《大青山抗日游擊根據地資料選編》（中冊），內蒙古人民出版社 1987 年版，第 120 頁。

在堅持大青山抗日鬥爭過程當中，騎兵支隊積累了豐富的對敵鬥爭經驗，在充分認識到根據地是在沒有後方的作戰背景下，他們利用騎兵的優勢，積極擴大活動範圍向外發展，從而有效地克服了戰鬥減員和草料給養不足等困難；同時，針對騎兵目標大，容易被敵發現的特點，騎兵支隊往往「分散為若干小單位單獨活動，經常指示他們行動方針和單獨領導的原則，鍛鍊他們的單獨作戰能力」，而在遭遇日偽圍攻時，騎兵支隊則採用「突出外線，迅速派部隊襲擊敵人的據點」，這樣使得抗日游擊隊據點增多，以連為單位分散活動進一步活躍，東到集寧，武川平綏鐵路，北達烏蘭花、土木爾臺的廣大區域內都是騎兵支隊的戰鬥場所。如在 1941 年初粉碎日偽五路圍攻蠻漢山時，「我軍突出外線，攻打平地泉據點，繳槍 20 餘枝，獲馬 90 餘匹，把圍城之敵星夜調動回去，使敵未能達到圍攻的目的」。〔註 38〕

〔註 37〕受三：《騎兵支隊戰果輝煌》，《西線》第二卷第 5 期，1940 年 2 月，第 22 頁。

〔註 38〕《一年來騎兵游擊戰爭的經驗》，《八路軍軍政雜誌》1941 年第三卷第 2 期，1941 年 8 月，第 30～31 頁。

四、1942 年大青山游擊根據地發展受挫

進入戰略相持階段之後，日本「為迅速恢復蒙疆地區的治安」，從大同、豐鎮、集寧、歸綏、包頭等地集中兵力向大青山根據地展開圍攻，至 1940 年初，攻擊掃蕩根據地達 15 次之多。〔註 39〕根據地由此進入特別困難期，中共中央書記處為此指示大青山，「為求得長期生存，不要過分刺激敵人，應麻痹敵人，減少敵人注意，避免引起報復掃蕩，不要使我基本游擊區人力、物力枯竭。對大青山游擊區不應在報紙上宣傳」。並且，一再指明大青山是游擊區，不要企圖變成為鞏固的根據地，「在蒙民地帶應加強對蒙民統戰工作和秘密工作，我漢人軍隊不應去活動，以免引起敵人注意及蒙民誤會」。還要注意地方工作，要提拔本地幹部，「減租減息不應實行，只應從稅收政策上去改善貧苦人民的生活」。〔註 40〕

為剿滅大青山游擊區，日軍自 1941 年 6 月至 1942 年底連續掃蕩，尤其是 1942 年日軍加大掃蕩蠻汗山地區的力度，「通晉西北交通已感困難，每次經過蠻汗山時即受敵追擊堵截，與晉西北交通有隔斷可能」。〔註 41〕同期，晉西北地區也正遭受日偽的反覆掃蕩，根據地面積迅速縮小，人口大幅度減少。如林楓向中央彙報「晉西北只有人口七十萬至一百萬」，中共中央電令「檢查如此迅速縮小的原因，與周（士第）甘（泗淇）商討積極開展游擊戰爭向敵人擠地盤的具體方案，必須振奮軍心民心，否則地區再縮前途甚壞」。〔註 42〕

1942 年 3 月至 6 月，日偽加大進攻大青山地區的兵力，實行統一指揮，「採取游擊動作，以疲勞我軍」。〔註 43〕1942 年 7 月 20 日起，日軍集中萬餘人兵

〔註 39〕軍事科學院軍事歷史研究部：《中國人民解放軍戰史》第二卷，軍事科學出版社 1987 年版，第 168 頁。

〔註 40〕《中共中央書記處對大青山工作的意見》（1941 年 8 月 9 日），中共內蒙古自治區委員會黨史資料徵集委員會、中國人民解放軍檔案館、內蒙古自治區檔案館：《大青山抗日游擊根據地資料選編》（歷史檔案部分），第 8～9 頁。

〔註 41〕《姚喆、張達志致賀龍、關向應、周士第、甘泗淇、軍委電——關於敵人掃蕩蠻汗山區情況的報告》（1942 年 2 月 12 日），中共內蒙古自治區委員會黨史資料徵集委員會、內蒙古自治區檔案館：《大青山抗日游擊根據地資料選編》（中冊），第 173 頁。

〔註 42〕《晉西北要積極開展游擊戰爭》（1942 年 10 月 31 日），《毛澤東軍事文集》第二卷，第 688 頁。

〔註 43〕塞北軍分區司令部：《1942 年年終軍事工作總結報告》，見中共內蒙古自治區委員會黨史資料徵集委員會、中國人民解放軍檔案館、內蒙古自治區檔案館編：《大青山抗日游擊根據地資料選編（歷史檔案部分）》，第 401 頁。

力掃蕩大青山，其中，日偽步騎兵五千餘人採取夜間行動分路進攻綏中區，「支隊直屬機關目下因在綏中區無法活動，已於本月二日夜向南轉移蠻汗山外」。〔註 44〕留守部隊在二團彭寶山帶領下，「每天在山溝內隱蔽的堅持了半月工夫，最後由於敵汽車、騎兵搜山，實在無法隱蔽存在下去」，最後被迫向南轉移到右玉東山破虎堡。〔註 45〕針對根據地極其艱苦的境地，晉西北軍區指示是，「應即以一部隊伍配備適當幹部，分成小的便衣，游擊隊掩護地方機關人員分散，鑽進原地活動。現在天氣尚未寒冷，必要時在野外宿營，縱有部分犧牲，在所不惜」。〔註 46〕9 月，除留下部分兵力堅持當地游擊之外，騎兵支隊直屬機關大多撤退到山西偏關。1942 年 10 月，中共晉綏分局決定將大青山抗日游擊根據地的領導機關與雁北軍分區合併，成立八路軍塞北軍分區，由姚喆任司令。至此，大青山抗日游擊根據地轉入地下狀態。

1943 年，塞北軍分區派遣原來大青山騎兵支隊的第 1、2 團會師綏遠敵後，與堅持鬥爭的第 3 團配合收復大青山根據地，至 1944 年秋，基本恢復大青山地區的綏西、綏南、綏中游擊區。

五、大青山地區抗日游擊工作的檢視

抗戰期間，中共開闢大青山游擊根據地從事綏遠地區的民族解放事業，為拱衛陝甘寧邊區、擴大華北地區的敵後抗戰發揮了較大作用。1942 年根據地發展受挫本文認為主要如下幾個因素。

毛澤東在論游擊戰當中也一再強調，必須要有主力部隊，並且，「支持游擊戰爭的力量，是以八路軍的正規軍作基幹的」〔註 47〕。大青山支隊進入綏

〔註 44〕《姚喆、張達志致中央軍委、周士第、甘泗淇、康生、李克農電——關於敵人掃蕩綏中情況的報告》(1942 年 8 月 3 日)，中共內蒙古自治區委員會黨史資料徵集委員會、內蒙古自治區檔案館：《大青山抗日游擊根據地資料選編》(中冊)，第 188 頁。

〔註 45〕《張達志致姚喆、周士第、甘泗淇、中央軍委電》(1942 年 8 月 27 日)，中共內蒙古自治區委員會黨史資料徵集委員會、內蒙古自治區檔案館：《大青山抗日游擊根據地資料選編》(中冊)，第 190～191 頁。

〔註 46〕《周士第、甘泗淇致姚喆、張達志、白成銘電——關於依靠人民、分散兵力活動的指示》(1942 年 8 月 20 日)，見中共內蒙古自治區委員會黨史資料徵集委員會、中國人民解放軍檔案館、內蒙古自治區檔案館編：《大青山抗日游擊根據地資料選編 (歷史檔案部分)》，第 94 頁。

〔註 47〕《關向應給李井泉的信》(1939 年 1 月 9 日)，中共內蒙古自治區委員會黨史資料徵集委員會、內蒙古自治區檔案館：《大青山抗日游擊根據地資料選編》(中冊)，第 19 頁。

遠之初，由八路軍第 120 師直屬騎兵營一連和該師 358 旅的 715 團為基礎，另有第二戰區總動員會第四游擊支隊，計 2000 餘人。〔註 48〕實際上這也是 120 師能夠拿出的兵力，因為 120 師開赴山西之際，兵力共 6000 人〔註 49〕。1938 年 12 月，715 團主力奉命挺進冀中，大青山根據地只留下該團一個營和游擊第四支隊，總兵力減少到千人以下。1940 年夏，大青山騎兵支隊，包括四支隊在內也只有 1100 餘人馬〔註 50〕，至 1942 年日偽秋季大掃蕩之際，支隊減員到 918 人。〔註 51〕同期，傅作義治下的國民黨綏遠省，一開始僅僅後套五原、臨河兩縣和安北半個縣，生存堪虞。〔註 52〕不過，傅作義在 1940 年克服五原之後，即行開發當地，在原來的兩個半縣的基礎上，開發出 7 個縣的班底，並推行寓兵於農和保護民力、獎勵農耕的措施。〔註 53〕傅作義能在綏西立穩腳跟，還在於該部兩個步兵軍、一個騎兵軍和一個步兵旅，並且還有三個游擊隊，此外還有第八戰區副司令長官戰鬥序列的伊盟榆林地區的鄧寶珊部第 22 軍、馬占山部東北挺進軍、門炳岳部騎七師等。大青山支隊在堅持對敵鬥爭過程當中，也認識到要有一個相對穩定的根據地和相當的兵力作保障。因為在一個地廣人稀的西北地區，「只有打擊敵人才能得到擴大與補充」。〔註 54〕由此可見，兵力不足是大青山根據地發展受制的重要原因。

抗戰期間，毛澤東一再強調戰爭的基本原則是保存自己消滅敵人。〔註 55〕

〔註 48〕另說 2300 餘人，見魏宏運、左志遠：《華北抗日根據地史》，檔案出版社 1990 年版，第 65 頁。

〔註 49〕《彭德懷自述》，人民出版社 1981 年版，第 220 頁。並且，王震所率的 359 旅 1939 年 8 月受命回師陝北鞏固陝甘寧邊區，晉西北抗日根據地兵力也顯不足。

〔註 50〕《關於貫徹中央對綏遠工作指示的意見》，1940 年 7 月 24 日，中共內蒙古自治區委員會黨史資料徵集委員會、中國人民解放軍檔案館、內蒙古自治區檔案館編：《大青山抗日游擊根據地資料選編（歷史檔案部分）》，第 21～22 頁。

〔註 51〕中共內蒙古自治區委員會黨史資料徵集委員會、中國人民解放軍檔案館、內蒙古自治區檔案館編：《大青山抗日游擊根據地資料選編（歷史檔案部分）》（上冊），內蒙古人民出版社 1986 年版，第 417 頁。

〔註 52〕文思：《我所知道的傅作義》，中國文史出版社 2004 年版，第 118 頁。

〔註 53〕文思：《我所知道的傅作義》，中國文史出版社 2004 年版，第 113 頁。

〔註 54〕《十六個月來大青山支隊工作總結報告》（1939 年 12 月），中共內蒙古自治區委員會黨史資料徵集委員會、內蒙古自治區檔案館：《大青山抗日游擊根據地資料選編》（中冊），第 72 頁。

〔註 55〕《抗日游擊戰爭的戰略問題》（1938 年 5 月），《毛澤東軍事文集》第二卷，第 232 頁。

如何保存自身，首當其衝的是自身的發展壯大，這在華北地區可方式多樣，「建設了根據地，可以徵收救國公糧；沒有建設根據地之前，即捐、借、指派、沒收漢奸財物」。〔註 56〕但在西北民族地區則難以推行。綏遠地區地廣人稀，物質供給困難，如果不按照根據地方式建設，則無以保障後勤；如按照根據地方式建設，中央對該地區的指示是減租減息不應實行。並且，在綏遠地區，不僅存在日偽敵對勢力，還存在國民黨頑固勢力，為求得根據地的生存發展，勢必有較多的軍事鬥爭。由此可見，支隊對中央賦予大青山根據地隱蔽游擊以圖將來的戰略理解不透徹，執行政策的水平較低。中共中央對大青山抗日游擊根據地的戰略定位和發展方針無疑是正確的，給支隊的戰略任務也是考慮到在民族地區開展敵後抗戰的艱巨性的。但是，支隊在實際執行過程當中，所遇見的困難程度遠遠超過了當初的預想。

首先是自然環境的惡劣。如大青山地區冬季氣候寒冷，「（支隊）無論怎樣保護也免不了受凍，甚至凍破皮。在春季的晴天，雖午前、午後有些熱，而早晚及夜間同樣的冷，六月下雪也不稀奇。去年一年，每月發病數目約占整個部隊的 34%，其中凍瘡占多數」。而支隊醫務方面不健全，冬防知識不夠，缺醫少藥，1938 年曾「凍病及傷兵約四百人，殘廢送回晉西北二十餘名」。〔註 57〕還有吃莜麵引起的消化不良等。〔註 58〕

其次，民族地區情況複雜程度大。日軍扶持德王成立「偽蒙古聯盟自治政府」，該政府管理綏遠全省及察哈爾盟，盟下設縣，各縣設有偽縣政府、偽警察署、偽保安軍務所等組織，並且為對付敵後游擊戰實行過「並鄉運動」。「鄉長們都按時應召到縣政府開會，區公所也加了個受過敵人訓練的協助員稅卡的招牌矗立在鄉鎮的大街上」。鐵路兩旁五里以內的村莊都編入「愛路村」——負有保護交通線及電線的責任。「遇有我軍經過時，必須呈報日寇，否則以通匪論罪。不少的蒙民受了日寇欺騙和麻醉，造成了許多蒙漢的仇視與對立，蒙民自以為今天是蒙民的世界，可以對漢人採取報復侮辱」，因此民族工

〔註 56〕《彭德華自述》，人民出版社 1981 年版，第 227 頁。

〔註 57〕《十六個月來大青山支隊工作總結報告》（1939 年 12 月），中共內蒙古自治區委員會黨史資料徵集委員會、內蒙古自治區檔案館：《大青山抗日游擊根據地資料選編》（中冊），第 69 頁。

〔註 58〕《120 師騎兵支隊司令部軍事工作總結報告》（1940 年 6 月），中共內蒙古自治區委員會黨史資料徵集委員會、內蒙古自治區檔案館：《大青山抗日游擊根據地資料選編》（中冊），第 115 頁。

作困難較大。〔註59〕1941年6月，騎兵支隊反映，「部隊活動區域均是草地和草原，又無房子及糧食草料，雪很厚，冬季部隊無法活動」，尤其是「我們現做蒙古工作幹部太少，不會說蒙話」，而日本人則化裝打入「廟中做喇嘛，有些地方，有日人內做特務工作，因此對我們工作有很大妨害」。〔註60〕

再次，支隊本身工作也存在問題，在進軍大青山初期的勝利鼓舞下，也忽視了敵後抗戰艱巨性。如執行隱蔽政策不夠，為收編韓伍等武裝，「派代表住在韓伍部隊內，暴露關係，結果韓伍被解決」。綏西地區也是如此，在日軍掃蕩中，「與我有關係的保甲團被破壞，地方幹部託和清縣長等犧牲三人，被捕二人，薩縣及武川三、八區幹部都受損失」。為此，晉西北指示大青山地區的意見是，要堅持長期游擊戰爭及正確執行隱蔽政策。〔註61〕又如地方工作方法簡單，綏察行政公署在反敵人治安強化運動當中，給各級政府的指示是，「命令各鄉長及便衣隊，到處強制收繳良民證，尤其是對於小商販要首先沒收焚燒」。〔註62〕造成了與部分民眾的對立。

總之，大青山抗日游擊根據地後期發展受挫與綏遠黨的工作經驗不足有關，如在組織形式領導方式上「儘量模仿根據地與不選擇地照抄蘇維埃時代的做法」〔註63〕。1942年2月，中共晉西區委對大青山三年來的工作做出了基本總結，指出了問題所在，「過去綏遠區委沒有認真地研究與執行1940年4月中央對於綏遠敵佔區工作的決定（即「積蓄力量，以準備將來的局面」），

〔註59〕李井泉：《一年餘來的大青山游擊戰爭》（1940年10月25日），《大青山抗日游擊根據地資料選編》（中冊），第127頁。

〔註60〕姚喆、張達志：《致賀龍、關向應、甘泗淇電——關於盡快選派蒙古族幹部到大青山地區開展工作的報告》，（1941年6月30日），中共內蒙古自治區委員會黨史資料徵集委員會、中國人民解放軍檔案館、內蒙古自治區檔案館編：《大青山抗日游擊根據地資料選編》（上冊），第103頁。

〔註61〕《賀龍、關向應致彭德懷並毛澤東、朱德、王稼祥電：關於大青山應實行隱蔽政策的意見》（1941年4月），中共內蒙古自治區委員會黨史資料徵集委員會、中國人民解放軍檔案館、內蒙古自治區檔案館編：《大青山抗日游擊根據地資料選編》（上冊），第87頁。

〔註62〕中共中央書記處致賀龍、林楓電：《關於糾正大青山反敵治安運動中過左偏向的指示》，1941年12月12日，中共內蒙古自治區委員會黨史資料徵集委員會、中國人民解放軍檔案館、內蒙古自治區檔案館：《大青山抗日游擊根據地資料選編》（歷史檔案部分），第17頁。

〔註63〕如實行「養活一個半人的工資、十小時工作制、二五減租」等，見中共內蒙古自治區委員會黨史資料徵集委員會、中國人民解放軍檔案館、內蒙古自治區檔案館編：《大青山抗日游擊根據地資料選編（歷史檔案部分）》，第28頁。

對於綏遠敵佔區形勢認識不夠，在隱蔽政策的執行上不堅決、不明確與不徹底，領導作風上粗枝大葉，黨政軍幹部間存在不團結現象」。因此不僅妨礙了更大成績的獲得，而且使黨的各方面的工作受到了不必要的損失。「我們黨在群眾中沒有深厚的基礎，群眾沒有大量發動與組織起來，綏遠環境基本上還是敵佔區」。〔註64〕由此可見，這個結論基本是中肯的。

當然，大青山抗日游擊根據地的鬥爭喚起和團結蒙漢一切力量一致抗日，粉碎日寇分裂中國的滿蒙計劃，挺進大青山從事敵後游擊，不僅拱衛了陝甘寧邊區，還為後來中共經略內蒙地區積累了許多寶貴經驗。這個成就是必須充分肯定的。

〔註64〕《中共晉西區委關於綏遠工作的指示》，1942年2月5日，中共內蒙古自治區委員會黨史資料徵集委員會、中國人民解放軍檔案館、內蒙古自治區檔案館編：《大青山抗日游擊根據地資料選編》（歷史檔案部分），第25頁。

參考文獻

一、檔案類

1. 中國第二歷史檔案館藏：8/21。
2. 中國第二歷史檔案館藏：773-1383。
3. 中國第二歷史檔案館館藏民國檔案：三（6）-724、914、922。
4. 三臺縣檔案館藏民國檔案：4-1-2、6、55、72、73、75、76、77、78、79、80、81、83、85、86、87、88、89、90、91。
5. 三臺縣檔案館藏民國檔案：10-2-77。
6. 三臺縣檔案館藏民國檔案：11-1-78、81。
7. 三臺縣檔案館藏民國檔案：10-8-2、105、107、115、130、234、247、253、334、432、438、441。
8. 宜賓市檔案館藏民國檔案：2-1-362、768、407、551、1007、1035。
9. 中江縣檔案館藏民國檔案：6-1-57、207。
10. 南溪縣檔案館藏民國檔案：2-1-52、155。
11. 南溪縣檔案館藏民國檔案：11-1-91、323。
12. 南溪縣檔案館藏民國檔案：10-1-52。
13. 江安縣檔案館藏民國檔案：2-1-45、76。
14. 成都市檔案館藏民國檔案，38-3-25、57。
15. 成都市檔案館藏民國檔案：93-2-197。
16. 山西省檔案館藏革命歷史檔案：A52-4-1-1。
17. 山西省檔案館藏革命歷史檔案：A52-4-7-2。
18. 山西省檔案館藏革命歷史檔案：A52-4-90-2。

19. 山西省檔案館藏革命歷史檔案：A52-4-5-4。
20. 山西省檔案館藏革命歷史檔案：A67-1-50-9。
21. 山西省檔案館藏革命歷史檔案：A67-4-1-2、3。
22. 山西省檔案館藏革命歷史檔案：A67-4-2-1、4、5。
23. 山西省檔案館藏革命歷史檔案：A67-4-7-4、7。
24. 山西省檔案館藏革命歷史檔案：A67-6-49-1、3。
25. 山西省檔案館藏革命歷史檔案：A68-1-15-5、6、7、17、19、21、24、27、29、30、34、42、44、47。
26. 山西省檔案館藏革命歷史檔案：A68-3-1-21。
27. 山西省檔案館藏革命歷史檔案：A68-3-5-1、13。
28. 山西省檔案館藏革命歷史檔案：A68-3-10-10。
29. 山西省檔案館藏革命歷史檔案：A68-6-7-15。
30. 山西省檔案館藏革命歷史檔案：A68-6-9-6。
31. 山西省檔案館藏革命歷史檔案：A68-6-9-7、14。
32. 山西省檔案館藏革命歷史檔案：A68-6-24-35、36、42、43、44；。
33. 山西省檔案館藏革命歷史檔案，A71-4-49-1、2。
34. 山西省檔案館藏革命歷史檔案：A71-4-35-3。
35. 山西省檔案館藏革命歷史檔案：A71-4-50-1。
36. 山西省檔案館藏革命歷史檔案：A182-1-50-9。
37. 山西省檔案館藏革命歷史檔案，A198-4-4-1。
38. 襄垣縣檔案館藏中共襄垣縣政府檔案，案卷號：234。
39. 襄垣縣檔案館藏中國共產黨襄垣縣委員會檔案，案卷號：21、48、52、95。
40. 山西省中陽縣檔案館藏檔案：2-2-19。
41. 山西省太谷縣檔案館藏太谷縣公安局檔案：17-1-1、3。
42. 山西省太谷縣檔案館藏舊政權檔案，2-6-10、13。
43. 河南省財政廳、河南省檔案局合編：《晉冀魯豫抗日根據地財經史料選編（河南部分）》，檔案出版社 1985 年版。
44. 中共內蒙古自治區委員會黨史資料徵集委員會、中國人民解放軍檔案館、內蒙古自治區檔案館：《大青山抗日游擊根據地資料選編》（歷史檔案部分），內蒙古人民出版社 1986 年版。
45. 中共內蒙古自治區委員會黨史資料徵集委員會、內蒙古自治區檔案館：《大青山抗日游擊根據地資料選編》，內蒙古人民出版社 1987 年版。

46. 中國第二歷史檔案館：《中華民國史檔案資料彙編》第五輯第一編軍事（一），江蘇古籍出版社 1997 年版。
47. 中國第二歷史檔案館：《中華民國史檔案資料彙編》第五輯第二編軍事（一），江蘇古籍出版社 1998 年版。
48. 晉綏邊區財政經濟史編寫組：《晉綏邊區財政經濟史資料選編》（農業編），山西人民出版社 1986 年版。
49. 河南財政廳、河南檔案館合編：《晉冀魯豫抗日根據地財經史料選編（河南部分）》（一），檔案出版社 1985 年版。
50. 晉綏邊區財政經濟史編寫組：《晉綏邊區財政經濟史資料選編》（總論編），山西人民出版社 1986 年版。

二、日記類

1. 《蔣介石日記（手稿）》，斯坦福大學胡佛研究院檔案館藏。
2. 《邵元沖日記》，上海人民出版社 1990 年版。
3. 《徐永昌日記》，臺北，中央研究院近代史研究所 1991 年版。
4. 沈醉著，公安部檔案館編注：《沈醉日記》，群眾出版社 1991 年版。
5. 《馮玉祥日記》，江蘇古籍出版社 1992 年版。
6. 《吳宓日記（1943～1945）》，生活・讀書・新知三聯書店 1998 年版。
7. 黄炎培著，中國社會科學院近代史研究所整理：《黄炎培日記》第 7 卷，華文出版社 2008 年版。

三、報刊

1. 《申報》
2. 《新華日報》
3. 《盛京時報》
4. 《抗戰日報》
5. 《新中華報》
6. 《人民日報》
7. 《光明日報》
8. 《中央日報》
9. 《上海市政府公報》
10. 《湖北省政府公報》
11. 《北平市市政公報》
12. 《廣州市市政公報》

13.《廣東民政公報》
14.《江西省政府公報》
15.《朝暉半月刊》
16.《外交月報》
17.《時事月報》
18.《國防論壇》
19.《外交評論》
20.《新醫藥刊》
21.《中華醫學雜誌》
22.《醫學週刊集》
23.《醫藥評論》
24.《科學》
25.《醫藥觀》
26.《中西醫學報》
27.《東方雜誌》
28.《紹興醫藥學報》
29.《大眾醫刊》
30.《青浦醫藥學報》
31.《中醫雜誌》
32.《國醫正言》
33.《醫界春秋》
34.《社會醫藥》
35.《內政消息》
36.《新生活週刊》
37.《衛生公報》
38.《同濟醫學季刊》
39.《地理學報》
40.《浙江民政月刊》
41.《醫藥學》
42.《浙江省昆蟲局年刊》
43.《中山醫報》
44.《西南邊疆》

45.《公共衛生月刊》
46.《軍醫公報》
47.《校聲》
48.《醫藥學》
49.《新醫與社會彙刊》
50.《農村月刊》
51.《鐵道衛生季刊》
52.《民智月報》
53.《新醫藥刊》
54.《西南邊疆》
55.《科學世界》
56.《民國醫學雜誌》
57.《昆蟲與植病》
58.《光華醫藥雜誌》
59.《戰地文化》
60.《傷兵之友》
61.《廣東軍醫雜誌》
62.《醫學週刊集》
63.《司法行政公報》
64.《國民政府公報》
65.《軍政公報》
66.《雲南省政府公報》
67.《黨軍日報》
68.《建國日報》
69.《殘不廢月刊》
70.《地理學報》
71.《河南行政月刊》
72.《中華公論》
73.《國民公論》
74.《上海週報》
75.《合作與民眾》
76.《後方勤務半月刊》

77.《社會學刊》
78.《實業統計》
79.《山西黨史通訊》
80.《中華教育界》
81.《西北論衡》
82.《南針週刊》
83.《文匯年刊》
84.《中央週刊》
85.《共產黨人》
86.《婦女共鳴月刊》
87.《僑務月報》
88.《統一評論週報》
89.《黨內通訊》
90.《大亞洲主義與東亞聯盟月刊》
91.《文藝戰線》
92.《八路軍軍政雜誌》
93.《西線》
94.《群眾》
95.《軍事雜誌》

四、著作

1.《左傳》，劉利譯注中華書局 2007 年版。
2.（晉）干寶：《搜神記》，中華書局 2012 年版。
3.（清）田雯：《黔書》，任可澄編《黔南叢書》第二集第四冊，貴陽文通書局 1924 年刊印。
4. 胡鴻基：《公共衛生概論》，商務印書館 1931 年 9 月。
5. 程湘帆：《小學課程概論》，上海商務印書館 1932 年版。
6. 李景漢：《定縣社會概況調查》，中華平民教育促進會 1933 年發行。
7. 毛澤東：《論新階段》，新華日報館印行，1939 年 1 月 1 日。
8. 孫子樂：《四川兵役概說》，四川省軍管區兵役指導委員會 1939 年 12 月印行。
9. 程澤潤：《兵役概論》，國民出版社 1940 年版。
10. 林震鏞：《兵役制概論》，正中書局 1940 年版。

11. 蔣介石：《中國之命運》，重慶正中書局 1943 年印行。
12. 馮子超：《中國抗戰史》，正氣書局、廣益書局 1946 年版。
13. 趙曾儔等編：《抗戰紀實》（第二冊），商務印書館 1947 年版。
14. 齊武：《一個革命根據地的成長》，人民出版社 1957 年版。
15. 艾蕪：《山中送客記》，《艾蕪短篇小說選》，人民文學出版社 1978 年版。
16. 內蒙古軍區《大青山抗日鬥爭史》編寫組：《大青山抗日鬥爭史》，內蒙古人民出版社 1985 年版。
17. 《中日關係八十年之證言》（第五冊），哈爾濱出版社 1989 年（內部發行）。
18. 劉梅、李建國：《太行革命根據地教育簡史》，山西教育史志編審委員會 1989 年（內部）。
19. 李世瑜：《現代華北秘密宗教》，上海文藝出版社 1990 年版。
20. 魏宏運、左志遠：《華北抗日根據地史》，檔案出版社 1990 年版。
21. 魏宏運、左志遠：《華北抗日根據地史》，檔案出版社 1990 年版。
22. 中共黎城縣委黨史研究室：《中國共產黨黎城縣簡史》（1937～1949），新華出版社 1991 年版。
23. 許國生、陳宇華：《山西縣區經濟發展史略》，山西經濟出版社 1992 年版。
24. 張國祥：《山西抗日戰爭史》（下卷），山西人民出版社 1992 年版。
25. 劉欣、景占魁：《晉綏邊區財政經濟史》，山西經濟出版社 1993 年版。
26. 軍事科學院歷史研究部：《中國抗日戰爭史》（下），解放軍出版社 1994 年版。
27. 清慶瑞：《抗戰時期的經濟》，北京出版社 1995 年版。
28. 朱克文等著：《中國軍事醫學史》，人民軍醫出版社 1996 年版。
29. 劉寅生、房鑫亮編：《何炳松文集》第四卷，商務印書館 1997 年版。
30. 王曉衛：《中國軍事制度史．兵役制度卷》，大象出版社 1997 年版。
31. 陸仲偉：《一貫道內幕》，江蘇人民出版社 1998 年版。
32. 夏明方：《民國時期自然災害與鄉村社會》，中華書局 2000 年版。
33. 蔣夢麟：《西潮．新潮》，嶽麓書社 2000 年版。
34. 臧運祜：《七七事變以前的日本對華政策》，社會科學文獻出版社 2000 年版。
35. 陸仲偉：《民國會道門》，福建人民出版社 2002 年版。
36. 魏宏運：《二十世紀三四十年代太行山地區社會調查與研究》，人民出版社 2003 年版。
37. 札奇斯欽：《我所知道的德王和當時的內蒙古》，中國文史出版社 2005 年版。

38. 陳廷煊：《抗日根據地經濟史》，社會科學文獻出版社 2007 年版。
39. 費孝通：《鄉土中國》，上海人民出版社 2007 年版。
40. 陳廷湘等著：《近三十年中國現代思想史研究》，巴蜀書社 2012 年版。
41. 李常寶：《抗戰時期正面戰場榮譽軍人研究》，人民日報出版社 2014 年版。
42. 王建朗：《兩岸新編中國近代史・民國卷（上）》，社會科學文獻出版社 2016 年版。
43. 董顯光：《蔣總統傳》（二），臺北，中央文物供應社 1956 年版。
44. 吳相湘：《第二次中日戰爭》（上），臺灣綜合月刊社 1973 年初版。
45. 薛光前：《八年對日抗戰中之國民政府（1937～1945）》，臺灣商務印書館 1978 年版。
46. 李雲漢：《宋哲元與七七抗戰》，傳記文學出版社 1978 版。
47. 〔日〕服部卓四郎：《大東亞戰爭全史》第 1 冊，北京商務印書館 1984 年版。
48. 伊斯雷爾・愛潑斯坦著，陳瑤華等譯：《中國未完成的革命》，新華出版社 1987 年版。
49. 〔美〕馬斯洛著，許金聲等譯：《動機與人格》，華夏出版社 1987 年版。
50. 〔美〕費正清著，趙復三譯：《中國之行》，新華出版社 1988 年版。
51. 〔美〕羅爾斯著，何懷宏譯：《正義論》，中國社會科學出版社 1988 年版。
52. 〔英〕班威廉・克蘭爾著，斐然等譯：《新西行漫記》，新華出版社 1988 年版。
53. 〔日〕石島紀之著：《中國抗日戰爭史》，鄭玉純等譯校，吉林教育出版社 1990 年版。
54. 〔美〕費正清著，陸惠勤等譯：《對華回憶錄》，知識出版社 1991 年版。
55. 〔日〕安井三吉：《圍繞宋哲元冀察政權的若干問題》，《中國人民抗日戰爭紀念館文叢》（第五輯），1995 年。
56. 〔古希臘〕亞里士多德著，吳壽彭譯：《政治學》，商務印書館 1996 年版。
57. 〔法〕福柯著：《權力的眼睛：福柯訪談錄》，嚴鋒譯，上海人民出版社 1997 年版。
58. 〔美〕費正清著，劉尊棋譯：《偉大的中國革命（1800～1985）》，世界知識出版社 2000 年版。
59. 〔美〕柯文著：《歷史三調：作為事件、經歷和神話的義和團》，杜繼東譯，江蘇人民出版社 2000 年版。

60. 〔美〕費正清著，劉尊棋譯：《偉大的中國革命（1800～1985）》，世界知識出版社 2000 年版。

61.〔澳〕古德曼著:《中國革命中的太行抗日根據地社會變遷》，田酉如等譯，中央文獻出版社 2003 年版。

62. 〔美〕莫里斯·邁斯納：《毛澤東的中國及其後：中華人民共和國史》（港譯版），杜蒲譯，香港中文大學出版社 2005 年版。

63. 〔美〕杜贊奇：《文化、權力與國家：1900～1942 年的華北農村》，王福明譯，江蘇人民出版社 2006 年版。

64. 〔美〕查爾斯·霍頓·庫利：《社會組織》（英文版），中國傳媒大學出版社 2013 年版。

五、資料集

1. 江西省政府統計室編：《江西年鑒》，1935 年 10 月。

2. 教育部：《小學課程標準》，正中書局 1943 年版。

3. 陳楨國等編：《現行重要法規叢刊——兵役法規》，上海大東書局 1947 年版。

4. 華北軍區後勤部：《華北軍區衛生建設史料彙編》，1949 年 10 月內部印行。

5. 日本防衛廳戰史室編，天津市政協編譯組譯：《華北治安戰》（下冊），天津人民出版社 1982 年版。

6. 蔡尚思主編：《中國現代思想史資料簡編》第四卷，浙江人民出版社 1983 年版。

7. 北京軍區後勤部黨史資料徵集辦公室：《晉察冀軍區抗戰時期後勤工作史料選編》，軍事科學院出版社 1985 年版。

8. 中國社會科學院經濟研究所現代經濟史組：《中國革命根據地經濟大事記》，中國社會科學出版社 1986 年版。

9. 軍事科學院軍事歷史研究部：《中國人民解放軍戰史》第二卷，軍事科學出版社 1987 年版。

10. 章伯鋒、莊建平編：《抗日戰爭》，「軍事卷」第二卷（上），四川大學出版社 1997 年版。

11. 中共中央黨史研究室：《中共黨史大事年表》，人民出版社 1987 年版。

12. 中共中央文獻研究室編:《周恩來年譜（1898～1949）》，中央文獻出版社、人民出版社 1989 年版。

13. 皇甫束玉等編：《中國革命根據地教育紀事 1927.7～1949.9》，教育科學出版社 1989 年版。

14. 中共中央馬克思恩格斯列寧斯大林著作編譯局編譯：《列寧全集》第 29 卷，人民出版社 1990 年版。
15. 中共山西省委黨史研究室：《太行革命根據地史料叢書之四·政權建設》，山西人民出版社 1990 年版。
16. 《董必武年譜》編輯組編：《董必武年譜》，中央文獻出版社 1991 年版。
17. 中央檔案館編：《中共中央文件選集》，中共中央黨校出版社 1991 年版。
18. 中共中央文獻研究室、中國人民解放軍軍事科學院：《毛澤東軍事文集》第二卷，軍事科學出版社、中央文獻出版社 1993 年版。
19. 中共中央文獻研究室編：《毛澤東年譜（1893～1949）》，人民出版社、中央文獻出版社 1993 年版。
20. 李文海等：《近代中國災荒紀年續編 1919～1949》，湖南教育出版社 1993 年版。
21. 《毛澤東軍事文集》，軍事科學出版社、中央文獻出版社 1993 年版。
22. 山西省檔案編：《太行黨史資料彙編》（第 4 卷），山西人民出版社 1994 年版。
23. 李文海等編：《中國近代史大災荒》，上海人民出版社 1994 年版。
24. 楊秀峰：《楊秀峰文存》，人民法院出版社 1997 年版。
25. 王焰主編：《彭德懷年譜》，人民出版社 1998 年版。
26. 中國第二歷史檔案館：《中華民國檔案資料彙編》第五輯第二編「政治」（五），江蘇古籍出版社 1998 年版。
27. 高恩顯編：《第四野戰軍衛生工作史（1945 年 8 月～1950 年 5 月）》，人民軍醫出版社 2000 年版。
28. 中央檔案館、中國第二歷史檔案館和吉林省社科院合編：《日本帝國主義侵華檔案資料選編——華北事變》，中華書局 2000 年版。
29. 文思：《我所知道的傅作義》，中國文史出版社 2004 年版。
30. 郭汝瑰、黃玉章：《中國抗日戰爭正面戰場作戰記》，江蘇人民出版社 2005 年版。
31. 中共中央文獻研究室編：《朱德年譜 1886～1976》，中央文獻出版社 2006 年版。
32. 張研、孫燕京主編：《民國史料叢刊》第 270 冊，大象出版社 2010 年版。
33. 張明金、劉立勤主編：《侵華日軍歷史上的 105 個師團》，解放軍出版社 2010 年版。
34. 何應欽：《八年抗戰之經過》，中國陸軍司令部 1946 年印行。
35. 秦孝儀：《總統蔣公大事長編初稿》卷四上冊，財團法人中正文教基金會 1978 年版。

36. 蔣緯國：《國民革命戰史第三部．抗日禦侮》第十卷，（臺）黎明文化事業公司印行 1978 年初版。
37. 蔣緯國總編著：《國民革命戰史．抗日禦侮》（第一卷），（臺）黎明文化事業公司印行 1978 年初版。
38. 蔣緯國總編著：《抗日禦侮》第六卷，（臺）黎明文化實業股份有限公司 1978 年初版。
39. 秦孝儀總編：《總統蔣公大事長編初稿》卷 4，臺北財團法人中正文教基金會 1978 年版。
40. 張士琦整理：《戴雨農先生全集》（上），（臺）國防部情報局 1979 年版。
41. 日本防衛廳防衛研究所戰史室著，田琪之譯：《中國事變陸軍作戰史》第一卷第一分冊，中華書局 1979 年版。
42. 秦孝儀主編：《中華民國重要史料初編．對日抗戰時期．緒編（一）》，中國國民黨中央委員會黨史委員會 1981 年版。
43. 秦孝儀主編：《中華民國重要史料初編．對日抗戰時期》緒編（三），中國國民黨中央委員會黨史委員會 1981 年版。
44. 秦孝儀主主編：《中華民國重要史料初編．對日抗戰時期．第六編．傀儡組織（二）》，中國國民黨中央委員會黨史委員會 1981 年版。
45. 日本防衛廳戰史室編：《華北治安戰》（上），天津市政協編譯組譯，天津人民出版社 1982 年版。
46. 日本防衛廳戰史室編，天津市政協編譯組譯：《華北治安戰》，天津人民出版社 1982 年版。
47. 日本防衛廳防衛研究所戰史室著：《中國事變陸軍作戰史》第 3 卷第 2 分冊，田琪之等譯校，中華書局 1983 年版。
48. 〔日〕服部卓四郎：《大東亞戰爭全史》第一冊，商務印書館 1984 年版。
49. 張其昀：《先總統蔣公全集》第一冊，臺北，中國文化大學出版部 1984 年版。
50. 日本防衛廳戰史室編纂：《日本軍國主義侵華資料長編》（上），天津市政協編譯委員會譯校，四川人民出版社 1987 年版。
51. 日本防衛廳戰史室：《日軍對華作戰紀要叢書（一二）—大戰前之華北治安作戰（一）》，（臺）國防部史政編譯局譯印 1988 年版。
52. 高素蘭編注：《蔣中正總統檔案．事略稿本 31》，臺北國史館 2008 年版。
53. 南開大學馬列主義教研室，中共黨史教研組編：《華北事變資料選編》。
54. 中國第二歷史檔案館編：《抗日戰爭正面戰場》下冊，江蘇古籍出版社 1987 年版。
55. 全國政協《晉綏抗戰》編寫組：《原國民黨將領抗日戰爭親歷記．晉綏抗戰》，中國文史出版社 1994 年版。

56. 湖北省政協文史和學習委員會編：《湖北文史資料》第 31 輯，湖北人民出版社 1990 年版。
57. 政協天津市委員會文史資料研究委員會編:《天津文史資料選輯》第 2 輯，天津人民出版社 1979 版。
58. 全國政協文史資料委員會編：《文史資料存稿選編——抗日戰爭》，中國文史出版社 2002 年版。
59. 中國人民政治協商會議湖南省委員會文史資料研究委員會編:《湖南文史資料選輯》第 39 輯，湖南文史雜誌社 1990 年版。
60. 全國政協文史資料研究委員會編：《文史資料選輯》第 1 輯，中華書局 1960 年版。
61. 中國人民政治協商會議湖南省委員會文史資料研究委員會編:《湖南文史資料選輯》第 18 輯，湖南人民出版社 1984 年版。
62. 政協湖南委員會文史資料研究委員會編《湖南文史資料》第 26 輯，湖南人民出版社 1987 年版。
63. 何應欽:《何上將抗戰期間軍事報告》(上冊)，臺灣文星書店 1962 年版。
64. 固陽縣黨史資料徵集委員會、固陽縣縣志編修辦公室編:《固陽史料會要》（第七輯)。
65. 固陽縣黨史資料徵集、固陽縣縣志編修辦公室編：《固陽史料會要》(第五輯)。
66. 《武川文史資料》2010 年。

六、回憶錄

1. 閻錫山：《閻錫山早年回憶錄》，臺北傳記文學出版社 1968 年版。
2. 秦德純：《秦德純回憶錄》，傳記文學出版社 1973 年版。
3. 彭德懷：《彭德懷自述》，人民出版社 1981 年版。
4. 顧祝同：《墨三九十自述》，(臺）國防部史政編譯局 1981 年版。
5. 劉伯承：《劉伯承回憶錄》，上海文藝出版社 1981 年版。
6. 徐懋庸：《徐懋庸回憶錄》，人民文學出版社 1982 年版。
7. 趙榮聲：《回憶衛立煌先生》，中國文史出版社 1985 年版。
8. 張治中：《張治中回憶錄》，文史資料出版社 1985 年版。
9. 李聚奎：《李聚奎回憶錄》，解放軍出版社 1986 年版。
10. 徐向前：《歷史的回顧》，解放軍出版社 1987 年版。
11. 蘇志榮等編：《白崇禧回憶錄》，解放軍出版社 1987 年版。

12. 胡蘭畦：《胡蘭畦回憶錄（1936～1949）》，四川人民出版社 1987 年版。
13. 程子華：《程子華回憶錄》，解放軍出版社 1987 年版。
14. 呂正操：《呂正操回憶錄》，解放軍出版社 1988 年版。
15. 張國燾：《我的回憶》，現代史料編刊社 1989 年版。
16. 王新亭：《王新亭回憶錄》，解放軍出版社 1992 年版。
17. 鄭建邦等：《我的戎馬生涯——鄭洞國回憶錄》，團結出版社 1992 年版。
18. 李宗仁口述、唐德剛撰寫：《李宗仁回憶錄》，華東師範大學出版社 1995 年版。
19. 《康澤自述及其下落》，臺北傳記文學出版社 1998 年版。
20. 楊尚昆：《楊尚昆回憶錄》，中央文獻出版社 2001 年版。
21. 洪學智：《洪學智回憶錄》，解放軍出版社 2002 年版。
22. 蔣廷黻：《蔣廷黻回憶錄》，嶽麓書社 2003 年版。
23. 陳錫聯：《陳錫聯回憶錄》，解放軍出版社 2004 年版。
24. 《陳誠先生回憶錄——抗日戰爭》，（臺）國史館 2004 年版。
25. 劉汝明：《劉汝明回憶錄》，中華書局 2014 年版。
26. 〔日〕稻葉正夫編，天津市政協編譯委員會譯：《岡村寧次回憶錄》，中華書局 1981 年版。
27. 〔日〕土肥原賢二刊行會編，天津市政協編譯組譯：《土肥原秘錄》，中華書局 1980 年版。

七、方志

1. 原平縣志編纂委員會：《原平縣志》，中國社會科學出版社 1990 年版。
2. 洛寧縣志編纂委員會編：《洛寧縣志》，生活·讀書·新知三聯書店 1991 年版。
3. 靈石縣志編纂委員會：《靈石縣志》，中國社會科學出版社 1992 年版。
4. 忻州志編纂委員會：《忻州志》，中國科學技術出版社 1993 年版。
5. 黎城縣志編纂委員會：《黎城縣志》，中華書局 1994 年版。
6. 文水縣志編纂委員會：《文水縣志》，山西人民出版社 1994 年版。
7. 陽曲縣志編纂委員會：《陽曲縣志》，山西古籍出版社 1999 年版。
8. 郟縣地方史志編纂委員會編：《河南郟縣》，中州古籍出版社 1996 年版。
9. 山西省史志研究院編：《山西通志·民政志》，中華書局 1996 年版。
10. 涉縣地方志編纂委員會：《涉縣志》，中國對外翻譯出版公司 1998 年版。
11. 神池縣志編纂委員會：《神池縣志》，中華書局 1999 年版。

12. 寧武縣志編纂委員會：《寧武縣志》，中華書局 1999 年版。
13. 靜樂縣志編纂委員會：《靜樂縣志》，紅旗出版社 2001 年版。

八、論文

1. 鄭玉純：《從策劃「華北五省自治」到「冀察政務委員會」成立的始末》，《北京師範大學學報》1985 年第 4 期。
2. 常凱、蔡德金：《試論冀察政務委員會》，《近代史研究》1985 年第 4 期。
3. 周育民：《一貫道前期歷史初探——兼談一貫道與義和團的關係》，《近代史研究》1991 年第 3 期。
4. 徐乃力：《抗戰時期國軍兵員的補充與素質的變化》，《抗日戰爭研究》1992 年第 3 期。
5. 楊天石：《黄郛與塘沽協定的善後交涉》，《歷史研究》1993 年第 3 期。
6. 史滇生：《抗戰時期國民政府的兵員徵補》，《軍事歷史研究》1995 年第 2 期。
7. 方秋葦：《抗戰時期的〈兵役法〉和兵役署》，《民國檔案》1996 年第 1 期。
8. 楊聖清：《中條山戰役研究述論》，《近代史研究》1997 年第 3 期。
9. 黄安餘：《簡述抗戰時期國民政府的兵役制度》，《民國檔案》1998 年第 3 期。
10. 石建國：《抗戰時期國民政府的壯丁徵兵制度探析——以河西走廊為中心的考察》，《軍事歷史研究》2002 年第 2 期。
11. 左鵬：《宋元時期的瘴疾與文化變遷》，《中國社會科學》2004 年第 1 期。
12. 仲華：《試論抗戰時期國民黨軍隊的兵員徵補》，《南京政治學院學報》2006 年第 3 期。
13. 韋磊：《1940 年代費正清對中國共產黨的認識》，《重慶社會科學》2006 年第 6 期。
14. 劉貴福：《抗戰中期的國共配合作戰問題——以百團大戰、中條山戰役為中心的討論》，《抗日戰爭研究》2007 年第 2 期。
15. 韓志遠：《王覺一與末後一著教新探》，《近代史研究》2007 年第 4 期。
16. 沈志華：《斯大林與 1943 年共產國際的解散》，《探索與爭鳴》2008 年第 2 期。
17. 鄧野：《日蘇中立條約在中國的爭議及其政治延伸》，《近代史研究》2009 年第 6 期。
18. 楊奎松：《關於中條山戰役過程中國共兩黨的交涉問題——兼與鄧野先生商榷》，《近代史研究》2010 年第 4 期。

19. 吳宏亮：《中國共產黨與河南紅槍會》，《中州學刊》2010 年第 5 期。
20. 盧雲峰：《變遷社會中的宗教增長》，《北京大學學報（哲社版）》2010 年第 6 期。
21. 董安祥等：《1941～1943 年中國北方大旱的特點及其影響》，《乾旱氣象》2011 年第 4 期。
22. 康小懷等：《抗戰時期陝甘寧邊區小學教員隊伍建設初探》，《甘肅社會科學》2012 年第 1 期。
23. 申國昌：《抗戰時期晉察冀邊區小學教育研究》，《抗日戰爭研究》2012 年第 3 期。
24. 孟醒：《彭真、林彪和東北局》，《文史精華》2013 年第 2 期。
25. 唐力行：《城鄉之間：1947 年歙縣旅滬同鄉會撲滅家鄉瘧疾運動會》，《史林》2013 年第 1 期。
26. 劉大禹：《酆悌與長沙文夕大火新探》，《民國檔案》2013 年第 4 期。
27. 江沛：《哀鳴四野痛災黎：1942～1943 年河南旱災述論》，《河南大學學報（社會科學版）》2014 年第 3 期。
28. 王龍飛：《戰爭與革命時空下的小學教員與學生——以陝甘寧邊區為中心》，《南京大學學報（哲學·人文科學·社會科學）》2014 年第 5 期。
29. 陳建寧等選輯：《國民政府監察院調查長沙文夕大火相關史料》，《民國檔案》2015 年第 1 期。
30. 包巍、劉會軍：《冀察政務委員會的組織變動與對日折衝》，《民國檔案》2015 第 3 期。